Rainer Lächele / Jörg Thierfelder (Hg.)
Das evangelische Württemberg zwischen Weltkrieg und Wiederaufbau

QUELLEN UND FORSCHUNGEN
ZUR WÜRTTEMBERGISCHEN
KIRCHENGESCHICHTE

Herausgegeben von Martin Brecht und Hermann Ehmer

Band 13

Rainer Lächele / Jörg Thierfelder (Hg.)

Das evangelische Württemberg zwischen Weltkrieg und Wiederaufbau

Calwer Verlag Stuttgart

Gedruckt mit freundlicher Unterstützung
der Evangelischen Landeskirche in Württemberg und
der Stiftung der Württembergischen Hypothekenbank
für Kunst und Wissenschaft

Die Deutsche Bibliothek – CIP-Einheitsaufnahme

Das evangelische Württemberg zwischen Weltkrieg und Wiederaufbau
Rainer Lächele/Jörg Thierfelder (Hg.). – Stuttgart: Calwer Verl., 1995
(Quellen und Forschungen zur württembergischen Kirchengeschichte; Bd. 13)
ISBN 3-7668-3289-1
NE: Lächele, Rainer [Hrsg.]; GT

ISBN 3-7668-3289-1

© 1995 by Calwer Verlag Stuttgart
Alle Rechte vorbehalten
Wiedergabe, auch auszugsweise, nur mit
Genehmigung des Verlags
Satz: Karin Proba, Calwer Verlag
Umschlaggestaltung: Ellen Steglich, Stuttgart
Fotos: Zerstörte Stuttgarter Stiftskirche (Stadtarchiv Stuttgart, F 2045/63);
Blick in das Innere einer Notkirche (Landeskirchliches Archiv Stuttgart)
Druck und Verarbeitung: WB-Druck, Rieden am Forggensee

Inhalt

Einleitung 7

Siegfried Hermle
Der württembergische Landeskirchentag in den Jahren 1933 bis 1947 .. 11

Eberhard Röhm
Der württembergische Protestantismus und die »Judenfrage«
im Zweiten Weltkrieg 32

David J. Diephouse
Wanderer zwischen zwei Welten? Theophil Wurm und die Konstruktion
eines protestantischen Gesellschaftsbildes nach 1945 48

Hermann Ehmer
Karl Hartenstein und Helmut Thielicke. Predigt in der Grenzsituation .. 71

Martin Widmann
Paul Schempp – Hermann Diem – Kurt Müller – Alfred Leikam –
Georges Casalis: Der Vorschlag eines Neuanfangs im Jahre 11
nach Barmen für die Kirche Jesu Christi in Deutschland und anderswo . 89

Diethard Buchstädt
Die Sozietät und die Kirchlichen Bruderschaften 113

Thomas Schnabel
Protestantismus und Parteiengründung nach 1945 133

Christoph Nösser / Rulf Jürgen Treidel
Evangelische Akademien als neue Form des kirchlichen Engagements
in der Öffentlichkeit nach 1945 152

Rulf Jürgen Treidel
Die Diskussion um die Mitbestimmungsgesetzgebung in
Württemberg-Baden und die Evangelische Akademie Bad Boll 154

Christoph Nösser
Das Engagement der Evangelischen Akademie Bad Boll
in der Frage der westdeutschen Wiederbewaffnung 171

Jörg Thierfelder
Bekenntnisschule oder Gemeinschaftsschule? Der Streit um
die Schulform in Württemberg nach dem Zweiten Weltkrieg 195

Ulrich Nanko
Von »Deutsch« nach »Frei« und zurück? Jakob Wilhelm Hauer
und die Frühgeschichte der Freien Akademie 214

Eva-Maria Seng
Zwischen Kontinuität, Notkirche und Neuanfang: Evangelischer
Kirchenbau in Württemberg 1925 bis 1955 234

Rainer Lächele
Vom Reichssicherheitshauptamt in ein evangelisches Gymnasium –
Die Geschichte des Eugen Steimle 260

Bibliographie 289

Die Autoren 307

Einleitung

»Evangelisches Württemberg zwischen Weltkrieg und Wiederaufbau« – das ist ein anspruchsvoller Titel. Doch will er eigentlich nicht mehr als ein Gelände umreißen, das kaum vermessen ist. Das Stichwort »Weltkrieg« läßt sich historiographisch genau festlegen mit der Zeit des Zweiten Weltkrieges zwischen dem 1. September 1939 und dem 8. Mai 1945. Doch was verbirgt sich hinter dem »Wiederaufbau«? Wann begann er, und wann war er abgeschlossen?
Gleichwohl: Wer sich mit dieser Zeit beschäftigt, wird bald erkennen müssen, daß die sogenannte »Stunde Null« als Epochenscheide mehr und mehr bezweifelt wird. Genau wird also zu unterscheiden sein, was Kontinuität besaß und was abbrach. Das gilt letztlich auch für die Kirche. Die Herausgeber und Autoren des Buches wollen versuchen, den Blick zu weiten und sich mit einer konkret eingrenzbaren geographischen Größe – also Württemberg – befassen. Spannend ist diese Zeit zwischen dem Anfang vom Ende der mörderischen Politik Hitlers und dem wirtschaftlichen Wiederaufstieg Deutschland allemal. Hier begann so manches, was bis heute nachwirkt.
Man denke an die Erosion und Mobilisierung der deutschen Gesellschaft, deren allmählich in Gang kommende Angleichung an die liberalen Demokratien Westeuropas. Man könnte nach der Auflösung konfessioneller Schranken in Deutschland fragen. Wann setzte sie ein? Ohne den Verlust der deutschen Ostgebiete und die Vertreibung, ohne den Rollenverlust der alten Aristokratie läßt sich dieser Vorgang kaum erklären.
Württemberg kann in diesem Kontext also ein Beispiel sein, an dem sich zeigen läßt, welche Rolle etablierte Religion in Form der württembergischen Landeskirche in den Modernisierungs- und sicher auch Säkularisierungsprozessen dieser Zeit spielte. Zweifellos gab es nach 1945 einen »religiösen Frühling«, doch hinter den Kulissen – und das schon vor 1945! – veränderten sich die kirchlichen Strukturen tiefgreifend. Auch wäre zu fragen, ob sich – parallel zum Katholizismus – so etwas wie ein protestantisches Milieu nach dem Zweiten Weltkrieg auf eine religiöse Rolle innerhalb der Kirchenmauern beschränkte. Begann sich eine Größe wie protestantische Prägung, Sprache, eventuell auch Mentalität aufzulösen? Über alledem steht die Frage nach Kontinuität und Neuanfang.
Diese Fragen stellen hohe Ansprüche an dieses Buch. Im Gegensatz dazu

steht ein miserabler Forschungsstand, was sich schon daran zeigt, daß ein durchdachtes, überzeugendes und zielvoll geplantes Forschungskonzept noch aussteht. Die Schwierigkeit eines solchen Unterfangens liegt bereits in der jeweiligen Gewichtung von Kontinuität und Diskontinuität. Wie stark war etwa der gesellschaftliche Modernisierungsprozeß zwischen den zwanziger und fünfziger Jahren, wenn man die industrielle Modernisierung, die Verstädterung und die Entwicklung der Massenkommunikation bedenkt? Diese Modernisierungsperiode scheint quer zu den gängigen Schablonen wie »1933 bis 1945« zu stehen. Dabei gilt jedoch, daß solche Kontinuitäten nicht gegen den historischen Einschnitt von 1945 ausgespielt werden sollten, sondern unterschiedliche Ebenen der Periodisierung anzeigen.

Der geographische Bezugspunkt aller Untersuchungen dieses Buches ist Württemberg. Und damit steht auch die *Evangelische Landeskirche in Württemberg* im Mittelpunkt. Sie bestand über die »Stunde Null« hinweg fort, was sich schon institutionell an der Gestalt des Landesbischofs Theophil Wurm zeigen läßt, der bis 1949 im Amt verblieb. Auch die Kirchenleitung blieb bis auf wenige Ausnahmen dieselbe. Institutionelle Kontinuität stellt also eine prägende Konstante dieser Geschichte dar.

Wo konnten wir Forschungslücken füllen? Ein Desiderat stellten die Aktivitäten des württembergischen Landeskirchentages im Krieg dar. Welche Rolle diese Institution in einer auf die Führungsrolle Theophil Wurms zugeschnittenen Kirchenleitung spielte, beleuchtet Siegfried Hermle. Eine Geschichte der Landeskirche zwischen 1939 und 1950 zu schreiben, ohne Wurm einzubeziehen, wäre wohl schwerlich sinnvoll. David Diephouse, der seit Jahren an einer wissenschaftlichen Wurm-Biographie arbeitet, befaßt sich hier mit Wurms vom Kaiserreich geprägter politischer Konzeption und deren teils erfolgreicher, teils gescheiterter Modernisierung. Eberhard Röhm, der seit Jahren dem Thema »Juden–Christen–Deutsche« auf der Spur ist, wird sich der bislang ebenfalls vernachlässigten Frage nach dem Verhältnis der württembergischen Protestanten zu den Juden widmen. Eine bedeutende Leistung läge allein schon darin, prosopographisch einen Überblick über die uns interessierende Zeit zu geben. Karl Hartenstein und Helmut Thielicke, zwei wesentliche und bislang nur in Ansätzen untersuchte Gestalten, nimmt Hermann Ehmer in den Blick.

Einen gewissen Schwerpunkt bildet die Untersuchung der radikalen Bekennenden Kirche in Gestalt der *Sozietät* und der *Kirchlichen Bruderschaft* in Württemberg. Auch hier liegt der Schwerpunkt der Studien von Martin Widmann und Diethard Buchstädt auf der Untersuchung der Nachkriegsverhältnisse, auf dem Umgang der *Bekennenden Kirche* mit ihrem Erbe in einer völlig veränderten Situation. Wenig liegt näher in der Geschichte der unmittelbaren Nachkriegszeit als die Beziehung zwischen evangelischer Kirche und den politischen Parteien. Thomas Schnabel handelt hier von der

frühen parteipolitischen Neutralität der evangelischen Kirchenleitung, die angesichts des Parteienpluralismus geboten war.
Eine echte Novität in der Forschungslandschaft, gerade auf dem wichtigen Gebiet der Beziehungen zwischen Kirche und Gesellschaft, stellt der Blick auf die *Evangelische Akademie Bad Boll* dar. Rulf Treidel und Christoph Nösser, beide Mitarbeiter des Münsteraner Projektes »Evangelische Akademien«, können hier erste Früchte ihrer Bemühungen präsentieren. Zu diesem Themenbereich gehört auch der Beitrag von Ulrich Nanko, der sich mit der *»Freien Akademie«*, einer Realisierung des Akademiegedankens auf freireligiösem Wege durch den Tübinger Indologen Wilhelm Hauer, beschäftigt. Auf das Verhältnis von Kirche und Schule im Nachkriegswürttemberg geht Jörg Thierfelder ein, denn angesichts der Parolen »Umerziehung« und »Rechristianisierung« war dieses Thema nach 1945 höchst brisant. Eng verbunden mit dem Komplex »Schule« ist die Gestalt des Einsatzgruppenführers Eugen Steimle, der 1943 zum Studienrat am Stuttgarter Dillmann-Realgymnasium eingesetzt wurde. An ihm sollen die Strukturen des protestantischen Milieus in Württemberg aufgezeigt werden, die es erlaubten, einen solchen Mann nach Verurteilung und Gefangenschaft als Lehrer an einer evangelischen Schule wieder zu beschäftigen. Den bis heute sichtbaren Folgen des Krieges, nämlich dem Wiederaufbau der zerstörten Kirchenbauten, gilt der Beitrag von Eva Seng.
In diesem Band steht der kirchliche Alltag am Rande. Ein Grund dafür ist, daß es keine Untersuchung gibt, die auch die regional sehr unterschiedlichen Verhältnisse Württembergs berücksichtigt. Das Leben im urbanen Stuttgart bot eben ganz andere Seiten als in einem hohenlohischen Dorf; Weltkrieg und Wiederaufbau wurden in einer Weingärtnergemeinde unweit Heilbronn anders wahrgenommen als in einem Dorf auf der Schwäbischen Alb. Wir hoffen, mit dieser Publikation regionale und lokale Untersuchungen anzuregen, die die Voraussetzung für eine umfassende Darstellung bilden.

Essingen / Denkendorf, im Mai 1995   *Rainer Lächele / Jörg Thierfelder*

Siegfried Hermle

Der württembergische Landeskirchentag in den Jahren 1933 bis 1947[1]

Trotz der zwischenzeitlich ansehnlichen Literatur zum Thema »Württembergische Landeskirche in der Zeit des Nationalsozialismus« liegt bislang noch keine Studie vor, die sich mit der Rolle der gewählten kirchlichen Körperschaften in dieser Zeit beschäftigt. In einschlägigen Veröffentlichungen wird allenfalls beiläufig auf den *Landeskirchentag* eingegangen, wobei auch zumeist lediglich die Ereignisse des Jahres 1933 Beachtung finden. Im folgenden sollen in sechs Abschnitten, nach einer knappen Skizze des historischen Hintergrundes, vornehmlich das Geschehen im Vorfeld der Wahl sowie die Ereignisse in den Jahren 1934 und 1939 in den Blick genommen werden; abschließend ist noch knapp auf die Sitzungen des *Landeskirchentags* bis 1947 einzugehen.

Die Stellung des Landeskirchentags in der Kirchenverfassung und die historischen Hintergründe

In der württembergischen Kirchenverfassung von 1920 war das – in Anlehnung an den politischen Bereich – *Landeskirchentag* genannte Gremium nicht das unmittelbar kirchenleitende Organ, war in Paragraph 31 der Kirchenverfassung doch festgehalten, daß dem »Kirchenpräsidenten [...] die oberste Leitung der Landeskirche« zukomme.[2] Der *Landeskirchentag* war – und ist bis heute! – lediglich Vertretungsorgan der »Gesamtheit der evangelischen Kirchengenossen«[3]; Vertretungsorgan eben gegenüber der eigentlichen Kirchenleitung, die in den Händen des Landeskirchenpräsidenten und des *Oberkirchenrats* liegt. So bedurfte es eines Zusammentritts des *Landeskirchentags* nur zur Vornahme von Wahlen und um Gesetze, besonders das Haushaltsgesetz, zu erlassen. Bezeichnend ist auch, daß der *Landeskirchentag* zentral wichtige Funktionen vor allem im Bereich des Personalwesens in seiner ersten Sitzung an einen Ausschuß delegierte, der ihm in keiner Weise Rechenschaft schuldig war.[4] Gestärkt wurde die an sich schwache Position des *Landeskirchentags* nur durch die Direktwahl seiner Abgeordneten.[5]

Vergegenwärtigen wir uns den historischen Hintergrund, so war im Blick auf unser Thema einschneidend, daß sich in der evangelischen Kirche mit den *Deutschen Christen* [DC] eine Kirchenpartei etabliert hatte, die sich unumwunden auf die Seite Hitlers stellte und die in den ersten Monaten des Jahres 1933 mit geradezu atemberaubendem Tempo ihre Organisationsstruktur ausbaute. Lauthals wurden vor allem die Bildung einer einheitlichen Reichskirche und Mitbestimmung für die DC in der evangelischen Kirche gefordert. Nach hier nur stichwortartig andeutbaren Wirren um den Kapler-Ausschuß, die Nominierung Friedrich von Bodelschwinghs zum Reichsbischof und die Einsetzung eines Staatskommissars für die preußischen Kirchen wurde schließlich am 11. Juli 1933 durch Vertreter aller deutscher Landeskirchen eine »*Verfassung der Deutschen Evangelischen Kirche*« gebilligt.[6]. Diese Verfassung wurde durch Reichsgesetz vom 14. Juli 1933 bestätigt. Zugleich war in diesem Gesetz angeordnet, daß bereits am 23. Juli »Neuwahlen für diejenigen kirchlichen Organe« durchzuführen seien, »die nach geltendem Landeskirchenrecht durch unmittelbare Wahl der kirchlichen Gemeindeglieder gebildet werden«[7].

Einwände kirchlicherseits gegen diese Wahlanordnung wurden durch Verweis auf das am 24. März erlassene *Ermächtigungsgesetz* ebenso zurückgewiesen, wie Klagen über die Kürze der Frist. Bei einer Besprechung im *Reichsinnenministerium* wurden die Kirchenvertreter darauf hingewiesen, daß Wahlen gar nicht durchgeführt werden müßten, wenn Einheitslisten eingereicht würden[8]. Und in der Tat, das württembergische Wahlgesetz von 1929 enthielt beispielsweise in Paragraph 13.2 die Bestimmung: »Ist in einem Kirchenbezirk nur ein gültiger Wahlvorschlag eingereicht worden, so findet keine Abstimmung statt, sondern es gelten die im Wahlvorschlag genannten Bewerber und Ersatzmitglieder als gewählt.«[9]

Die Wahl vom 23. Juli 1933 in der Württembergischen Landeskirche

Ein bei Gerhard Schäfer nicht wiedergegebenes Dokument gibt Einblick in die entscheidende Weichenstellung für den Umgang mit dieser aufoktroyierten Wahl in der württembergischen Kirche.

Schon am 15. Juli fand zwischen Wurm und vier Vertretern der konservativ-pietistischen Gruppe I eine Unterredung statt.[10] Man kam überein, »dass es am besten wäre, wenn sich alle Gruppen auf einen einheitlichen Wahlvorschlag in jedem Bezirk vereinigen könnten, dann würde eine Abstimmung in Wegfall kommen«. Einer der Teilnehmer an jener Besprechung, Otto Seiz [1887–1957], Schriftführer der Gruppe I, suchte daraufhin noch an demselben Tag das Gespräch mit Vertretern der DC. Deren Repräsentanten, so ist aus einem Schreiben Seiz' an einen Bekannten zu erschließen[11], nahmen die Idee von Einheitslisten wohlwollend auf. Seiz berichtete ferner, daß man die Liste der seitherigen Mitglieder der Landeskirchenversammlung durchgegangen sei. Von Seiten der DC wären »bei Gruppe II sehr viele Abgeordnete abgelehnt [worden], bei Gruppe I [...] die über 70 Jahre Alten und nur vereinzelte andere«. Die DC verlangten für sich etwa 20 Sitze und brächten für diese »Leute in Vorschlag, die voll und ganz zu Gruppe I sich bekennen«. Im übrigen hätten sich die Vertreter der DC auch damit einverstanden erklärt, daß den *Jungreformatoren* einige Sitze vorbehalten werden sollten.

Nachdem Seiz die Mitglieder und Vertrauensleute seiner Gruppe auf dieses Procedere mit der Begründung eingeschworen hatte, daß »öffentliche Auseinandersetzungen aus Anlaß der kirchlichen Wahlen« in Anbetracht der Zeitlage untunlich seien, ließ sich auch die liberale Gruppe II nach kontroverser Diskussion auf dieses Vorgehen ein. Man habe, so der Schriftführer dieser Gruppe, Adolf Schnaufer [1874–1958], in einem Schreiben an die Abgeordneten und Vertrauensleute, drei Möglichkeiten gesehen. Entweder bringe man »in allen irgend aussichtsreichen Bezirken einen eigenen Vorschlag ein und kämpft für ihn«, oder man trete zur Wahl gar nicht erst an, oder aber man treffe eine Vereinbarung und erspare so »den Kirchenbezirken die Vornahme einer Wahl«[12]. Lediglich der dritte Vorschlag könne, so die Einschätzung der Vertrauensleute, einen »Riss durch unser evangelisches Volk« vermeiden und »unserem volkskirchlichen Gedanken die weitere Entfaltungsmöglichkeit retten«. Die Absprache habe nun ergeben, daß »viele wertvolle Mitglieder unsere[r] Gruppe zum Opfer gebracht werden müssen«. Schnaufer zeigte sich gleichwohl befriedigt darüber, daß »unter den von der Glaubensbewegung [...] vorgeschlagenen Männern nicht wenige sind, die zu den Freunden der Gruppe II gehören oder der Gruppe nahestehen«.

Am 18. Juli schlossen Beauftragte der Glaubensbewegung, der Gruppe I und Gruppe II unter ausdrücklicher Einverständniserklärung Wurms eine Vereinbarung, in der den DC die Mehrheit im neuen *Landeskirchentag* eingeräumt wurde; sie sollten 32 der 61 Sitze erhalten, die Gruppe I 21 und die Gruppe II 7.[13] Sowohl die Gruppe I wie die Gruppe II nominierten nur Abgeordnete, die bereits dem *2. Landeskirchentag* angehört hatten; die DC benannten hingegen ausschließlich Kandidaten, die bislang noch nicht Mitglieder dieses Gremiums waren. Vereinzelt kam es zu lebhaften Auseinandersetzungen über die von den DC präsentierten Personen. So drängten die Pfarrer des Dekanats Sulz entschieden darauf, nicht einen auswärtigen Kandidaten akzeptieren zu müssen, sondern einen ihrer Amtsbrüder, der zu den DC gehörte, zu nominieren. Der Widerstand, so berichtete der Dekan an den *Oberkirchenrat*, sei erst nach der Veröffentlichung jener Übereinkunft vom 18. Juli aufgegeben worden[14]. Aus Loyalitätsgründen verzichtete man darauf, am bisherigen geistlichen Vertreter des Dekanats festzuhalten.

Keinen Abgeordneten stellten letztlich die *Jungreformatoren*. Deren Repräsentanten waren nicht in die Gespräche mit einbezogen worden, man setzte sie nur vom Ergebnis der Beratungen in Kenntnis und trug ihnen vier Sitze an. In einem Rundschreiben an die Pfarrerschaft erklärten die *Kirchlich-theologischen Arbeitskreise* Württembergs daraufhin, daß man es »als die Gruppe des Bekenntnisses abgelehnt [habe], sich auf solchem Wege unter Übergehung der sachlichen Fragen mit einigen Sitzen beschenken zu lassen«[15].

In der *Württembergischen Landeskirche* kam der 3. *Landeskirchentag* also ohne Beteiligung der Kirchenglieder durch Absprache zustande. Aber neben zahlreichen Stimmen, die dieses Vorgehen in den höchsten Tönen priesen, gab es auch noch eine ganz andere:

Bereits drei Tage nach der Wahl erhob der Rielingshäuser Pfarrer Christoph Schulz [1876–1958] Einspruch gegen die »Wahl« des Marbacher Abgeordneten. Zwar sei der Kirchenleitung durch Reichsgesetz eine verfassungsgemäße Durchführung der Wahl unmöglich gewesen, doch hätte sie unbedingt »dem Kirchenvolk Gelegenheit zur Auseinandersetzung mit der neuen ›Glaubensbewegung deutscher Christen‹« geben müssen.[16] Die Kirchenverfassung und das Wahlgesetz forderten eindeutig die Wahl der Abgeordneten durch das Kirchenvolk. Da eine »Gruppenvereinbarung [...] an sich verfassungswidrig« war, hätte der Landesbischof aufgrund seines Gelübdes dagegen Einspruch einlegen müssen – er aber stellte sich im Gegenteil mit seiner Autorität hinter diese Absprache. Um des Friedens willen einen Wahlkampf zu vermeiden, sei bei der bekannten, dem biblisch-reformatorischen Zeugnis entgegenstehenden Haltung der DC – Schulz erinnerte unter anderem an deren Haltung zum Alten Testament und zur Erbsünde – »Ungehorsam gegen den Herrn der Kirche«. Selbst von Vertretern der Marbacher DC sei »die bisherige Unkirchlichkeit oder das kirchliche Desinteressement des Benannten zugegeben« worden. Auch wenn in Aussicht gestellt wurde, dies werde künftig besser, so sei es im Blick auf Apg. 6,3 »Unsinn, [...] einen ABC-Schützen wegen guter Gaben in Hoffnung seiner künftigen Ausbildung zum Lehrer zu machen«. So könne von »Wahl« keine Rede sein – denn eine Wahl würde den Kirchengenossen eine Verantwortung zuweisen –, sondern nur von Aufnötigung.

Schulz, der seinen Einspruch auch dem Abgeordneten gesandt hatte, sah sich sofort wütenden Angriffen des DC-Landesorganisationsleiters Wilhelm Rehm [1900–1948] ausgesetzt. Der in Marbach Gewählte, so wurde Schulz vorgehalten, habe »jahrelang in vorderster Front gegen den Bolschewismus« gekämpft und werde nun als Christ zweiter Klasse diffamiert. Dabei habe er mehr kirchlichen Sinn bewiesen als ein »ehemaliger Volksdienstler oder Demokrat, [der] mit dem Marxismus paktierte«[17]. Schulz wurde aufgefordert, sich zu äußern, widrigenfalls man für irgendwelche Folgen keine Verantwortung übernehmen könne.

Wie sich der *Oberkirchenrat* verhielt, ist schnell berichtet: In einem Aktenvermerk vom 7. Oktober wurde festgehalten, daß sich der Landesbischof dahin entschieden habe, »von einer Auseinandersetzung mit Pfarrer Rehm über die Schreiben abzusehen, andererseits aber auch [...] von einer Verfügung gegen Pfarrer Schulz wegen der ausfälligen Bemerkung gegenüber dem Landesbischof in der Wahleinsprache Abstand zu nehmen«[18]. Der Wahleinspruch selbst wurde dem *Landeskirchentag* entgegen den Bestimmungen des Wahlgesetzes nicht vorgelegt und daher auch nie entschieden.[19]

Der württembergische Landeskirchentag in den Jahren 1933–1947 15

Wurm selbst war es also, der in Aufnahme des in Berlin gemachten Vorschlags, Wahlen durch die Aufstellung von Einheitslisten zu umgehen, den entscheidenden Anstoß dafür gab, die als abträglich erachteten unmittelbaren Wahlen zu vermeiden. Es gelang ihm, Vertreter der ihm nahestehenden Gruppe I für seinen Plan zu gewinnen, und vor allem deren Sprecher Seiz war es dann, der diese Vorgehensweise entschieden propagierte. Daß Wurm bei der Gruppe I offene Türen für den Vorschlag einer Einheitsliste finden würde, war bei deren Skepsis gegen eine auf demokratische Weise gewählte Kirchenvertretung nicht verwunderlich. Da zudem damit gerechnet werden mußte, daß die DC Methoden aus dem politischen Bereich auch in den kirchlichen Wahlkampf einführen würden, fürchtete man, daß die Harmonie, die bislang die kirchlichen Wahlen gekennzeichnet hatte, zerstört werde und auch in Württemberg zumindest ansatzweise jene Polarisierung aufbrechen könnte, die in der preußischen Kirche schon sichtbar war. Daß beide Gruppen so rasch einer Übereinkunft zustimmten, mag aber auch damit zusammenhängen, daß man um die eigene Position im *Landeskirchentag* bangte, war doch abzusehen, daß die DC viele Personen zum Urnengang bewegen könnten, die kaum aus Verbundenheit mit der Kirche, sondern als überzeugte Nationalsozialisten wählen würden. Insoweit hatte diese Übereinkunft einen unbestreitbaren Vorteil: Die DC hatten keine Zweidrittelmehrheit und konnten daher nicht aus eigener Kraft die Kirchenverfassung ändern oder den Landesbischof zum Rücktritt zwingen.

Es ist erstaunlich und wohl nur aus den Zeitumständen zu erklären, daß die Forderung der DC nach der Mehrheit im *Landeskirchentag* ohne jeden erkennbaren Widerspruch akzeptiert wurde. Allenfalls könnte der kluge Schachzug der DC, durch die Auswahl der Kandidaten sowohl die Gruppe I als auch die Gruppe II zu beruhigen, ins Feld geführt werden, hatten doch beide Gruppen den Eindruck, die genannten Persönlichkeiten ständen ihnen selbst nahe. Dennoch bleibt es im Rückblick höchst fragwürdig, daß einer Gruppierung, die ihren eigenen Aufstieg einem politischen Umbruch verdankte, ganz selbstverständlich die Führung im *Landeskirchentag* überlassen wurde. Diese Fragwürdigkeit wird verstärkt, wenn man bedenkt, daß eine Verfassungsbestimmung, die wohl als Ausnahmeregelung gedacht war, benutzt wurde, um die eigentliche Intention der Verfassung, die Direktwahl der Abgeordneten, zu unterlaufen.[20]

Äußerst problematisch ist auch die Haltung Wurms. Wenn er sich mit dieser Absprache ausdrücklich einverstanden erklärte, so machte er es Opponenten nahezu unmöglich, durch die Aufstellung von Gegenkandidaten Protest zum Ausdruck zu bringen. Wie die Vorgänge im Dekanat Sulz zeigen, zog die in der Landeskirche unumstrittene Stellung Wurms und sein überragendes Ansehen Gegner der Übereinkunft in einen Loyalitätskonflikt, der dazu führen konnte, auch gegen die eigene Gewissensüberzeugung zu handeln.

So ist diese von den Zeitgenossen hochgelobte Vermeidungsstrategie aus kirchenpolitischen und verfassungsrechtlichen Gründen sowie im Blick auf den

Umgang der etablierten Gruppen mit der Macht in der Kirche und der offenkundigen Entmündigung der Kirchenglieder als höchst ambivalent und zweifelhaft zu beurteilen.

Die erste Sitzungsperiode und Stellungnahmen des 3. Landeskirchentags aus dem Jahre 1934

Über die erste Zusammenkunft des *3. Landeskirchentags* am 12. September 1933 kann hier nur angemerkt werden, daß die DC die Mehrheit in allen Ausschüssen erlangten und aus ihren Reihen auch der Präsident der Versammlung kam: der Friedrichshafener Stadtpfarrer Dr. Karl Steger [1889–1954]. In den von den DC initiierten Gesetzesentwürfen wurde zum einen angeregt, ein Instrumentarium zu schaffen, um mißliebige, das heißt den Prämissen des Nationalsozialismus gegenüber kritisch eingestellte Pfarrer disziplinarisch belangen zu können, zum andern aber die Einführung des Arierparagraphen gefordert. Die Gruppe I setzte sich hingegen dafür ein, Maßnahmen zur Schaffung lebendiger Gemeinden jede Förderung angedeihen zu lassen. Vor allem aber stimmte der *Landeskirchentag* einem bis zum 1. April 1934 befristeten Ermächtigungsgesetz zu, das dem Kirchenpräsidenten die Gesetzgebungsbefugnis übertrug.

Zum Konflikt zwischen Wurm und den DC, die in Württemberg übrigens bereits im September 1933 als kirchenpolitische Gruppe entscheidend an Einfluß verloren hatten, kam es im März 1934, als die DC-Mehrheit im Ständigen Ausschuß ihre Zustimmung zum Haushaltsplan davon abhängig machte, daß endlich die DC auch in der Kirchenleitung Einfluß erhalten sollten. Die weitere Entwicklung führte schließlich zum sogenannten ersten »Einbruch« des Reichsbischofs in die *Württembergische Landeskirche*.[21] Wurm hatte auf den 16. April 1934[22] eine Versammlung des *Landeskirchentags* einberufen, um dieses Gremium, das zwischenzeitlich durch Austritte aus der DC-Fraktion im Gegensatz zum *Ständigen Ausschuß* keine DC-Mehrheit mehr hatte, den Steuerbeschluß fassen zu lassen. Reichsbischof Ludwig Müller [1883–1945] suchte dies auf Intervention der DC zu verhindern, indem er auf den 15. April erneut den *Ständigen Ausschuß* zusammenrief, um ihm den Haushaltsplan und die notwendigen Steuerbeschlüsse vorzulegen. Ersteres war jedoch unnötig, da Wurm den Haushaltsplan noch mit Hilfe des Ermächtigungsgesetzes in Geltung gesetzt hatte, das zweite aber nach der erfolgten Einberufung des *Landeskirchentags* unmöglich, da der Ausschuß laut Verfassung nur dann wirksam werden konnte, wenn Entscheidungen »nicht bis zum nächsten Zusammentritt *des Landeskirchentags* aufgeschoben werden können«[23]. Dennoch tagte der *Ständige Ausschuß* und nahm trotz eines ausdrücklichen Protestes der Nicht-DC-Mitglieder die Gesetze an. Als sich Wurm weigerte, die Sitzung des

Kirchenparlaments auszusetzen, präsentierte der *Rechtswalter der Deutschen Evangelischen Kirche (DEK)*, Ministerialdirektor August Jäger [1887–1949], ein bereits gedrucktes Gesetz, durch das die Versammlung auf den 11. Juni verschoben und bestimmt wurde, daß die Einberufung des *Landeskirchentags* und des *Ständigen Ausschusses* sowie die Auflösung des *Landeskirchentags* »bis auf weiteres der Zustimmung des Reichsbischofs« bedürfe.[24]

Dagegen protestierten nun nicht nur der *Oberkirchenrat* und zahlreiche Gruppen der Landeskirche[25], sondern auch Mitglieder des *Landeskirchentags*. Die Gruppen I und II wandten sich an die Pfarrer mit der Bitte, beim *Reichspräsidenten* und anderen wichtigen Politikern gegen die Maßnahmen des *Reichsbischofs* Einspruch einzulegen.[26] Am 27. April bestritt die Mehrheit der Abgeordneten dann gegenüber dem Reichsbischof entschieden die Rechtsgültigkeit der Verordnung vom 15. April und forderte ihre Rücknahme, da von Württemberg keine Gefährdung für die Verfassung der DEK ausgehe und deren Art. 6 Abs. 1 für einen solchen Eingriff keine Handhabe biete.[27] Den DC sei es einzig darum gegangen, eine »Bloßstellung« im *Landeskirchentag* zu verhindern.[28]

Obwohl der *Landeskirchentag* nicht zusammengerufen wurde, erhoben die Abgeordneten weiter gemeinsam ihre Stimme in den sich verschärfenden Auseinandersetzungen des Jahres 1934. Die beiden Gruppen I und II agierten nun zusammen mit ehemaligen DC. Beispielsweise wandte sich diese – wie sie sich nannte – Mehrheitsgruppe gegen Stellungnahmen des Präsidenten des Landeskirchentags, die dieser zu den Vorfällen um den 15. April an alle Dekanat- und Pfarrämter versandt hatte.[29] Die drei Gruppensprecher[30] protestierten im Namen der Landeskirchentagsmehrheit bei Steger und erklärten in einem Brief an alle Geistlichen der *Württembergischen Landeskirche*, daß das Vorgehen Stegers »außerhalb der Befugnisse seines Amtes als Präsident des Landeskirchentags liege und daß er überhaupt das Vertrauen der Mehrheit des Landeskirchentags nicht mehr besitze«[31].

Erfolglos erhob die Mehrheitsgruppe Ende Mai 1934 ihre Stimme zu den von der Reichskirche betriebenen Einigungs- und Eingliederungsplänen[32], und auch als von seiten der Reichskirchenregierung im Sommer 1934 eine rigide Gleichschaltungspolitik verfolgt wurde, wandte sich die Mehrheit des *Landeskirchentags* an den *Reichsbischof*: »Hinter der äußerlich vollzogenen Eingliederung von 22 Landeskirchen«, so hieß es in einem Schreiben vom 21. Juli, verberge »sich eine Unsumme von Unrecht und Gewalt.«[33] Nachdem nun die *Nationalsynode* in willkürlicher Weise umgestaltet worden sei, befürchte man, daß diese eine neue Reichskirchenverfassung verabschiede, »durch die auch die Württ. Evang. Landeskirche zwangsweise der Reichskirche unter ihrer gegenwärtigen Führung ›eingegliedert‹ werden soll«. Dagegen erhebe man um des »evang. Glaubens und Gewissens willen [...] den entschiedensten Widerspruch«[34]. Drei Wochen später legten die Angehörigen der Mehrheitsgruppen des *Landeskirchentags* nach einer Besprechung mit Mitgliedern des *Oberkirchenrats* schließlich Rechtsverwahrung gegen die Beschlüsse der *Nationalsynode* ein.[35]

Doch dieser Protest verhallte wie die vorangegangenen Äußerungen wirkungslos, und Anfang September spitzten sich die Ereignisse auch in Württemberg in dramatischer Weise zu. Durch Verordnung des *Rechtswalters der DEK* vom 3. September sollte die *Württembergische Landeskirche* in die Reichskirche eingegliedert werden.[36] Dagegen erhob nun nicht nur Wurm, sondern auch wieder die Mehrheitsgruppe des *Landeskirchentags* umgehend Einspruch.

Für unseren Zusammenhang sind zwei Ereignisse der folgenden Tage erwähnenswert: Zum einen wurde Wurm, dem man finanzielle Unregelmäßigkeiten vorwarf, am 14. September 1934 beurlaubt und der Ebinger Pfarrer Eberhard Krauß [1891–1944] zum geistlichen Kommissar der *Württembergischen Landeskirche* eingesetzt. Zum andern lehnten die der Gruppe I und II angehörenden Mitglieder des *Ständigen Ausschusses* es ab, an einer vom Präsidenten des Landeskirchentags auf den 25. September einberufenen vertraulichen Sitzung dieses Gremiums teilzunehmen, in der die Beurlaubung Wurms hätte sanktioniert werden sollen.

Doch diese Verweigerung ging ins Leere: Der *Reichsbischof* erließ am 28. September ein Gesetz, durch das der *Landeskirchentag* völlig verändert wurde. Eine neu einzurichtende *Landessynode* sollte nur noch aus 18 Mitgliedern, dem Landesbischof und einem Vertreter der Tübinger Fakultät bestehen.[37] Doch es bereitete dem *Geistlichen Kommissar* ausgesprochene Mühe, diese neue Landessynode zusammenzusetzen. Da zwölf Mitglieder der Synode aufgrund des Verhältnisses der Wahlen vom 23. Juli 1933 zu berufen waren, standen der Gruppe I in der Synode vier, der Gruppe II einer und den DC sieben Abgeordnete zu. Für die Gruppe II erklärte sich der Biberacher Abgeordnete Karl Elsenhans zur Mitarbeit in der Synode bereit, aus der Gruppe I stellte sich jedoch niemand zur Verfügung[38], und die Evangelisch-theologische Fakultät Tübingen kam der Aufforderung, eine Person aus ihren Reihen zu benennen, ebenfalls nicht nach.[39] Obgleich also neben Elsenhans schließlich nur noch DC-Mitglieder der Synode angehörten[40] und damit Paragraph 1 des Gesetzes in eklatanter Weise verletzt war, wurde die Synode für den 9. Oktober zu einer ersten Sitzung einberufen.[41]

Daß diese Synode, deren einzig berichtenswerte Tat darin bestand, den beurlaubten Landesbischof zur Ruhe zu setzen, jedoch nur ein kurzes Intermezzo war und die von ihr gefaßten Beschlüsse Makulatur blieben, hängt mit hier nicht darzustellenden Vorgängen zusammen, die schließlich zum Empfang der suspendierten Bischöfe Meiser und Wurm am 30. Oktober 1934 durch Hitler führten.[42] Wurm, der nun sein Amt wieder übernehmen konnte, erklärte als eine seiner ersten Amtshandlungen die vom *Reichsbischof* verfügte Änderung der württembergischen Kirchenverfassung »als rechtsungültig«[43].

Bemerkenswert sind für das Jahr 1934 die bis dahin gänzlich unüblichen Äußerungen von Landeskirchentagsmitgliedern zu kirchenpolitischen Fragen, auch wenn der *Landeskirchentag* nicht einberufen war. Die Mehrheit des Landeskirchentags nahm in dieser Phase die ihr von der Kirchenverfassung zugewiesene Rolle als Stimme des Kirchenvolks ernst und suchte kirchlichen wie staatlichen Organen die tatsächliche Haltung und Einstellung der Kirchenglieder vor Augen zu führen. Daneben verteidigte man mit großem Engagement die dem Kirchenparlament zugewiesene Position gegen Versuche, es auf unrechtmäßige Weise zu einem bedeutungslosen Gremium zu machen. Dieses Vorgehen zeugt nicht nur von einem wachsenden Selbstbewußtsein des *Landeskirchentags*, sondern spielte auch in der Auseinandersetzung des Jahres 1934 eine bislang zu wenig beachtete Rolle: Die mit dem Anspruch, die Mehrheit des Kirchenparlaments und des Kirchenvolks zu repräsentieren, auftretenden Abgeordneten bildeten eine nicht zu unterschätzende Stütze für den unter Druck stehenden Landesbischof. Sie riefen die Pfarrer auf, gegen Maßnahmen der Reichskirchenleitung bei maßgeblichen politischen Stellen zu protestieren, machten mit aller Entschiedenheit deutlich, daß der Präsident des *Landeskirchentags* seine Kompetenzen überschritt und Vorgänge falsch berichtete, sie mischten sich in die Debatte über die künftige Gestaltung der Landeskirchenverfassung ein und widersetzten sich den Eingliederungsmaßnahmen des *Reichsbischofs*. Dies alles geschah in enger Bindung an Wurm, dessen Zustimmung und wohl auch Unterstützung sich die Abgeordneten sicher sein konnten. Ja, manche Anzeichen deuten sogar darauf hin, daß Wurm selbst die entscheidenden Impulse zu diesem offensiven Vorgehen der Mehrheit des Landeskirchentags gegeben hatte – und gestützt wird diese Vermutung durch die weiteren Ereignisse.

Der Landeskirchentag in den Jahren bis 1939

Da aufgrund der nun wieder in Geltung gesetzten Kirchenverfassung die Beteiligung des *Landeskirchenausschusses* bei Stellenbesetzungen unerläßlich war, mußte ein Ausgleich zwischen der Kirchenleitung und den DC-Mitgliedern in diesem Gremium gesucht werden. Nach einer Aussprache zwischen Wurm und Steger am 29. April 1935 teilte Wurm den Dekanatämtern mit, daß sich Steger entschuldigt habe und nun »der dienstliche Verkehr des Landesbischofs mit dem Landeskirchenausschuß wieder aufgenommen worden« sei.[44] Im übrigen tagte auch der *Ständige Ausschuß* wieder und erließ bis 1939 vor allem die zur Verabschiedung des landeskirchlichen Haushaltsplans nötigen Gesetze.[45]

Verschiedene, ab Herbst 1934 angestellte Überlegungen zur Umgestaltung des *Landeskirchentags* wurden zunächst nicht weiter verfolgt, da die Frage in den Mittelpunkt rückte, ob auch in Württemberg – wie vom *Reichskirchenminister* und dem 1935 eingerichteten *Reichskirchenausschuß* gewünscht – ein alle kirchliche Gruppen umfassender Ausschuß eingerichtet werden sollte.[46] Es ist hier nicht der Ort, die Diskussion um die Einsetzung eines Kirchenausschusses in Württemberg nachzuzeichnen, erwähnt sei jedoch, daß Wurm auch in dieser Frage von den Vertretern der Mehrheitsgruppen des *Landeskirchentags* Unterstützung erhielt. Am 12. Februar 1936 lehnten sie die Bildung eines Ausschusses ab und wiesen jede Umbildung der synodalen Organe zurück. Allenfalls sei denkbar, daß ein Ausschuß als Notlösung wirken könne, »bis die synodalen Organe wieder von der Gemeinde her gebildet werden können«[47].

Diese Idee einer Übergangslösung wurde umgesetzt, als Mitte 1936 die Verhandlungen über die Bildung eines Kirchenausschusses in Württemberg nicht weiter vorankamen. Den Dekanatämtern teilte die Kirchenleitung am 22. August 1936 mit, man habe den Wunsch, »mit einer Anzahl von Gemeindegliedern, die das Vertrauen der kirchlichen Gemeinden und Bezirke des Landes in besonderem Maße besitzen, in regelmäßige Fühlung zu treten«[48]. Deshalb sollten die Kirchenbezirkstage zusammentreten, um in geheimer Wahl einen Vertreter für einen Beirat zu benennen. Vorgeschlagen könnten nur Personen werden, die sich an Bibel und Bekenntnis gebunden wüßten. Der Landesbischof entscheide »unter tunlichster Berücksichtigung der Vorschläge der Kirchenbezirke über die Zusammensetzung des Beirats«, wobei ihm vorbehalten wäre, »seinerseits bis zu 6 weitere Mitglieder des Beirats nach dessen Anhörung zu bestellen«.

Der Beirat, dessen Arbeit hier nicht eingehender geschildert werden kann, wurde also – ganz parallel zur verfassungsmäßigen Stellung des *Landeskirchentags* – als Vertretung der Kirchengenossen konzipiert. Da der Rat aber ohne verfassungsrechtliche Grundlage war, konnte er die dem *Landeskirchentag* von der Verfassung zugewiesenen Funktionen nicht übernehmen; er diente lediglich als Beratungsgremium und stützte sich folglich allein auf seine »geistliche Autorität«[49] – und den Willen Wurms und der Kirchenleitung. Daß Wurm auf diese Weise seine Entscheidungen bestätigen lassen und dem Kirchenvolk andererseits sein Vorgehen vermitteln wollte, um sich so dessen Unterstützung zu versichern, liegt auf der Hand. Diese Funktion, die bisher durch die Wurm ergebenen Abgeordneten des alten *Landeskirchentags* übernommen worden war, sollte neu strukturiert werden, da Bezirke, die 1933 an einen DC-Abgeordneten gefallen waren, bei entsprechenden Versammlungen nicht vertreten waren und außerdem ein neues Gremium die Möglichkeit zu Beratungen ohne Beisein von DC-Anhängern bot.

Die Restitution des Landeskirchentags 1939 und dessen Arbeit bis 1945

Bis zum Jahre 1939 – also sechs Jahre! – kam die Kirchenleitung ohne eine Plenumssitzung des *Landeskirchentags* aus. Die unumgänglichen Gesetze, beispielsweise zur Feststellung des Haushaltsplans, wurden als vorläufige Gesetze durch den *Ständigen Ausschuß* des *Landeskirchentags* erlassen[50]. Allerdings endete die Legislaturperiode des 1933 gewählten Kirchenparlaments am 23. Juli 1939, und da die Landeskirche dieses verfassungsmäßigen Organs bedurfte – dem unter anderem allein die Wahl des *Kirchenpräsidenten* und der Mitglieder des Landeskirchenausschusses [LKA] sowie bestimmte Gesetzgebungsakte vorbehalten waren –, mußte nach Möglichkeiten gesucht werden, wie unter den Bedingungen des Jahres 1939 eine Neubildung des *Landeskirchentags* möglich war.[51]

Nachdem von staatlicher Seite zum Ausdruck gebracht worden war, daß man keine Direktwahlen wünsche, verabschiedete der *Ständige Ausschuß* des *Landeskirchentags* ein vorläufiges kirchliches Gesetz, durch das die Wahldauer des bestehenden *Landeskirchentags* verlängert wurde. Da der Ausschuß seinen Beschluß jedoch an die Zustimmung des *Kultministeriums* band, vom Ministerium aber keine Antwort einging, berief Wurm kurzerhand den *Landeskirchentag* selbst auf den 13. Juli 1939 ein. Zehn Tage vor Ablauf der Wahlperiode sanktionierte der *Landeskirchentag*, der »infolge Todes oder Verzichts oder Verlusts einer für die Wahl erforderlichen Eigenschaft« nur noch 41 Mitglieder zählte[52], in einer nur zweistündigen Sitzung die seit 1933 vom Ständigen Ausschuß erlassenen Gesetze. Vor allem aber nahm er ein Gesetz an, durch das die »am 23. Juli 1939 zu Ende gehende Wahlzeit [...] bis auf weiteres verlängert« wurde[53]; zur Beratung über die künftige Gestaltung des *Landeskirchentags*, wurde ein Ausschuß eingerichtet.[54]

Dieser Ausschuß empfahl schließlich am 16. Oktober die Annahme eines Gesetzes, das die Nachwahl von Abgeordneten durch den *Landeskirchentag* »nach vorausgegangener Anhörung des Kirchenbezirksausschusses« vorsah[55] und vor allem dem vergrößerten *Ständigen Ausschuß* praktisch die gesamte Gesetzgebungskompetenz des *Landeskirchentags* übertrug. Als der *Oberkirchenrat* am folgenden Tag dem *Kultministerium* diesen Gesetzesentwurf mit der Bitte um Stellungnahme zukommen ließ, da »die vorgesehenen Bestimmungen teilweise den Bestand, die Geschäftsordnung und die Befugnisse der landeskirchlichen Steuervertretung berühren«, reagierte das Ministerum ablehnend.[56] Die Wahldauer sei ohne staatliche Anerkennung verlängert worden, und daher sehe man sich nicht in der Lage, die Richtlinien über die Ergänzung des *Landeskirchentags* und die Veränderungen im Blick auf den *Ständigen Ausschuß* anzuerkennen. Allerdings sei man bereit, »bis auf weiteres auf die Mitwirkung einer landeskirchlichen Steuervertretung an dem Beschluß über die Erhebung der Landeskirchensteuer zu verzichten«.

Wurm gab sich mit diesem Bescheid nicht zufrieden, da seines Erachtens eine kirchliche Stelle an der Steuergesetzgebung mitwirken sollte. In einem Schreiben an das Ministerium beklagte er, daß nun der alte Ständige Ausschuß, der »nach dem bisherigen, staatlich anerkannten kirchlichen Recht gewählt ist«, »den landeskirchlichen Steuerbeschluß zu fassen« habe, »wogegen für sonstige Angelegenheiten der nach den neuen Bestimmungen verlängerte und ergänzte

Landeskirchentag bezw. der ergänzte Ständige Ausschuß zuständig wäre«[57]. Diese Doppelung sei mißlich, so Wurm, und man bitte nochmals um Anerkennung der getroffenen Regelungen.

Doch das *Kultministerium* blieb bei seiner Haltung, so daß der auf den 13. Dezember erneut einberufene *Landeskirchentag* ein Gesetz verabschiedete, das den gegebenen Verhältnissen Rechnung zu tragen suchte: Zuwahl, Vergrößerung und Befugnisse des *Ständigen Ausschusses* wurden entsprechend den Vorlagen mit 30 zu zwei Stimmen angenommen. Beigefügt war dem Gesetz jedoch ein Paragraph 5, in dem bestimmt war, daß es hinsichtlich »der landeskirchlichen Steuervertretung [...] bei den [bisherigen] gesetzlichen Bestimmungen« bleiben solle.[58] In der Aussprache hatte Rehm vor diesem Schritt eindringlich gewarnt, da die nun eingeschlagene Entwicklung »jederzeit vom Staat her als illegal und ungültig bezeichnet« werden könne.[59] Wurm wies diese Kritik zurück; man habe »lediglich das Maß von Selbsthilfe für notwendig erachtet, zu dem wir sachlich und formell, auch juristisch, berechtigt sind, und lassen dem Staat völlig die Tür offen, nun wieder [...] in das alte Verhältnis einzutreten, das nach unserer Auffassung eigentlich eine Änderung überhaupt nicht erfahren hat«[60].

Der *Landeskirchentag* nahm nach der Verabschiedung dieses Gesetzes sogleich die Nachwahl der ausgeschiedenen Abgeordneten vor. Insgesamt wurden im Dezember 1939 25 Wahlbezirksabgeordnete neu gewählt und das Recht der Zuwahl nach Paragraph 4 Absatz 4 der Kirchenverfassung bei sechs Personen in Anspruch genommen – wobei auffallend ist, daß 14 der Neu- und fünf der Zugewählten bereits Mitglieder des Beirats gewesen waren[61]. Nachdem der LKA[62] ergänzt worden war, wurde das Kirchenparlament vertagt, da weitere Beratungspunkte nicht vorgesehen waren.

Betrachtet man die Bemühungen der Kirchenleitung zur Restitution des *Landeskirchentags*, so ist zunächst herauszustellen, daß sie bestrebt war, einen rechtlosen Zustand zu vermeiden und alle ihre Beschlüsse durch Rückversicherung bei staatlichen und kirchlichen Stellen abzusichern. Es sollte unter allen Umständen vermieden werden, dem Staat irgendeinen Anlaß zu einem Eingriff in die Landeskirche zu geben, der mit einer nicht rechtmäßigen Handlung hätte begründet werden können. Die Orientierung an den gültigen Gegebenheiten war für Wurm und den *Oberkirchenrat* oberstes Gebot. Anerkannte Rechtsverhältnisse durften keinesfalls tangiert werden, weshalb man die nötige Neuordnung mit möglichst wenigen Eingriffen in bestehende Gesetze bewerkstelligen wollte. Dieser Vorgabe wurde die eigentlich unabdingbare Neuwahl des gesamten *Landeskirchentags* untergeordnet. Man war bereit, von vornoherein auf die in der Verfassung vorgeschriebenen »allgemeinen, gleichen, unmittelbaren und geheimen Wahl[en]«[63] zu verzichten. Vielmehr nahm man ein in der Kirchenverfassung angelegtes Element, die Zuwahl von Abgeordneten, auf und wandelte es dahingehend um, daß nach Anhörung von Vorschlägen betroffener Kirchenbezirke auf diesem Weg auch frei gewordene Sitze wiederbesetzt werden konnten. Durch dieses Procedere wurde jegliche präjudizierende Wirkung vermieden und der eingeschlagene Weg deutlich als Übergangs- und Notordnung charakterisiert. Um am status quo nichts zu verändern, war man sogar bereit, den 1933 gewählten *Ständigen Ausschuß* weiter als das in Haushalts- und Steuersachen maßgebliche Gremium beizubehalten und damit für zentrale Fragen der Landeskirche zwei Kollegien zu haben. Da die Landeskirchenverfassung – im übrigen bis heute – keine Möglichkeit bietet, gewählte Funktionsträger zur Rechenschaft zu ziehen und gegebenenfalls abzuwählen, blieb der Deutsche Christ Steger Präsident der – wie es die Sozietät einmal spöttisch ausdrückte – »restaurierten«[64] Synode. Ebenfalls behielten die *Deutschen Christen* Rehm und Schairer ihre Sitze im *Ständigen Ausschuß*.

Wenn die Kirchenleitung allerdings der Öffentlichkeit gegenüber betonte, daß sie diese Versammlung zum Austausch benötige und als Stimme der Gemeinde nicht entbehren könne[65], so ist diese Äußerung kritisch zu hinterfragen, plante der *Oberkirchenrat* doch, die rechtlichen Aufgaben des *Landeskirchentags* an den *Ständigen Ausschuß* zu übertragen und dadurch das Plenum zu einem reinen Beratungsorgan zu degradieren, das zudem, so Wurm in einem Schreiben an das *Kultministerium*, künftig »nur noch bei den wichtigsten Anlässen, insbesondere zur Vornahme von Wahlen und Bestätigung der vom Ständigen Ausschuß erlassenen Verordnungen zusammentreten« wird.[66] Um »den staatlichen Belangen Rechnung zu tragen«, war Wurm also bereit, den *Landeskirchentag*, der ja als Relikt des Parlamentarismus galt, zugunsten einer weitgehend autonom arbeitenden Kirchenleitung noch weiter ins Abseits zu stellen. Allerdings: Wie noch zu zeigen sein wird, benutzte Wurm dieses Gremium gezielt dafür, um der Position der Kirche in Konfliktsituationen Nachdruck zu verleihen.

Daß der *Landeskirchentag* in den folgenden Jahren tatsächlich vor allem ein Wahlorgan war und immer dann von Wurm einberufen wurde, wenn er einer besonderen Unterstützung bedurfte, zeigt ein Blick auf die drei in den Jahren 1940 bis 1943 abgehaltenen Versammlungen.

Die 5. Sitzung des *3. Landeskirchentags* brachte am 27. Februar 1940 die Neuwahl von vier Abgeordneten[67], die Ergänzung des *Ständigen Ausschusses*[68] sowie einen Lagebericht Wurms, in dem auf die seit Kriegsbeginn eingetretene Erschwerung der kirchlichen Arbeit hingewiesen und auf die besondere Verpflichtung des Protestantismus zur Abwehr der Gegner des deutschen Volkes abgehoben wurde; allerdings sei auch eine »Besserung und Entspannung der Lage« eingetreten.[69] Auch die 6. Sitzung am 2. September 1941 stand zunächst im Zeichen von Wahlen, dann allerdings hatte sich die Versammlung mit zwei aktuellen Konflikten zu befassen: Wurm berichtete über die Beschlagnahmung der evangelischen Seminare und über die Kürzungen der Staatszuschüsse. Zu beiden Bereichen verabschiedete der *Landeskirchentag* Resolutionen, in denen die staatlichen Stellen um die Rücknahme der Maßnahmen ersucht wurden[70]. Die 7. Sitzung am 13. Juli 1943 brachte neben Nachwahlen, die je einstimmige, ohne Aussprache erfolgte Sanktion von Verordnungen, sowie einen Bericht Wurms zur Lage.[71] Zudem nahm der *Landeskirchentag* zwei Anträge an. In einem wurde Wurm für seine Bemühungen um die Einheit der *Deutschen Evangelischen Kirche* gedankt und »die 13 Sätze des Einigungswerkes für eine gute Grundlage zu gemeinsamem Handeln in der DEK« begrüßt.[72] In der zweiten Resolution bezog der *Landeskirchentag* Stellung in drei aktuellen, das Verhältnis von Kirche und Staat betreffenden Fragen: Zunächst wurde die Kirchenleitung gebeten, weiterhin beim Wehrkreiskommando vorstellig zu werden, damit »die nur garnison- oder arbeitsverwendungsfähigen Geistlichen« nicht eingezogen, bzw. wieder entlassen würden, da sonst »die geordnete kirchliche Versorgung der Gemeinden« gefährdet sei.[73] Im zweiten Abschnitt wurde die Kirchenleitung aufgefordert, sich auch »weiterhin nachdrücklich« für die Rückgabe der Seminare einsetzen, und zuletzt wurde sie ersucht, »die staatlichen Stellen von der Unrichtigkeit« einer Urteilsbegründung des Reichsfinanzhofs zu überzeugen, in der behauptet worden war, im »Alten Testament werde die jüdische Rasse und ihre Geschichte verherrlicht«. Es gelte, »einer ungünstigen Auswirkung dieser Urteilsbegründung für den Dienst der Kirche vorzubeugen«. Ob diese Initiativen irgendwelche Folgen zeitigten, war nicht erhebbar, doch mögen sie zumindest Wurm in seinen Bemühungen eine willkommene Unterstützung gewesen sein.

Da sich der *Landeskirchentag* bis Kriegsende nicht mehr versammelte, ist hier der Ort, ein Resümee zu ziehen: Von den 1933 ins Amt gekommenen 60 Bezirksabgeordneten waren bis zum Jahre 1943 genau 50 Prozent ausgeschieden: 26 der ursprünglich 34 DC-Abgeordneten hatten auf das Mandat verzichtet oder waren aufgrund anderer Ursachen zurückgetreten, fünf hatten sich frühzeitig von dieser Gruppierung gelöst, drei behielten ihre Sitze bis 1945. In der Gruppe I ergaben sich drei Veränderungen, und in der Gruppe II war Elsenhans, nachdem er sich für die 1934 eingesetzte Synode zur Verfügung gestellt hatte, zurückgetreten. Auch der Vertreter der Fakultät hatte gewechselt; für den 1941 verstorbenen Paul Volz war Karl Fezer in den *Landeskirchentag* eingetreten.

Die *Württembergische Landeskirche* behielt während der gesamten Zeit des Nationalsozialismus ihre von der Kirchenverfassung vorgegebenen Organe. Daß die Kirchenleitung aber fast sechs Jahre auf die Einberufung des *Landeskirchentags* verzichten konnte und er auch nach seiner Restitution nicht mit wirklich bedrängenden Fragen betraut wurde[74], veranschaulicht, wie wenig diese Vertretung letztlich als adäquater und notwendiger Gesprächspartner angesehen wurde. Nachdem die DC schon bald ihre Mehrheit verloren hatten, wäre es ab Ende 1933 durchaus denkbar gewesen, den *Landeskirchentag* einzuberufen. Dies blieb aus, da Wurm fürchtete, die drohenden Auseinandersetzungen könnten die Kirche spalten. Daß ein öffentliches Austragen der Differenzen vielleicht aber auch positive Seiten hätte haben können, war wohl in der damaligen Situation nicht denkbar. Als Wurm den *Landeskirchentag* 1934 und 1939 dann doch zusammenrief, geschah dies eindeutig aufgrund kirchenpolitischer Erwägungen. Der *Landeskirchentag* wurde von Wurm im Kampf um die Macht in der Kirche gezielt als ein Instrument eingesetzt, das seine Position stärkte. Ein kritischer, begleitender Partner konnte der *Landeskirchentag* nicht sein, und er war wohl zudem nicht willens und auch nicht fähig, direkteren Einfluß zu suchen. Die in der Kirchenverfassung vorgesehene Bestimmung, daß der Kirchentag einzuberufen sei, wenn dies von einem Drittel der Abgeordneten verlangt wird[75], wurde nicht in Anspruch genommen, und die sehr engagierte Begleitung der Kirchenleitung im Jahre 1934 fand keine Fortsetzung. Vielmehr verlagerten sich die Beratungen zunächst in ein von Wurm eingesetztes Gremium, den Beirat der Kirchenleitung. Da in der Verfassung einige Bereiche allein dem *Landeskirchentag* zur Erledigung vorbehalten waren, mußte dieser um der rechtlichen Handlungsmöglichkeiten willen auch nach dem Ende der Wahlperiode 1939 unbedingt weiter arbeitsfähig bleiben. Die von Wurm angestrebte rechtliche Absicherung der Verlängerung der Wahlperiode und der Neuwahl der ausgeschiedenen Abgeordneten mißlang, da der Staat seine Zustimmung verweigerte. Dennoch zog die Kirchenleitung diese nach außen ungesicherte Position Verhältnissen vor, die im innerkirchlichen Bereich einen gänzlichen Bruch mit der verfassungsmäßigen Ordnung bedeutet hätten. Daher wurde zumindest nach kirchlichen Vorgaben rechtmäßig die Wahldauer verlängert und die Nachwahl geregelt, so daß der Weiterbestand der verfassungsmäßigen Organe gesichert war. Daß deren Zusammenkünfte dann überwiegend der Erledigung routinemäßig anfallender Aufgaben dienten, daß die verabschiedeten Resolutionen vor allem die unmittelbare kirchliche Arbeit zu stützen suchten und zudem weitgehend Maßnahmen betrafen, die von der Kirchenleitung längst eingeleitet waren, ist bezeichnend für die dem *Landeskirchentag* von der Kirchenleitung eingeräumte Stellung.

Der 3. Landeskirchentag in den Jahren 1945 bis 1947

Schlaglichtartig soll an drei Punkten abschließend noch die weitere Geschichte des *3. Landeskirchentags* beleuchtet werden.

1. Sechs Wochen nach der Befreiung Deutschlands vom Nationalsozialismus legte zuerst der amtierende Präsident des württembergischen *Landeskirchentags* Steger sein Mandat nieder[76], einige Zeit später folgten seinem Schritt drei weitere Abgeordnete, die ehedem zur Fraktion der DC gehört hatten.[77] Außer zwei Personen, die sich schon frühzeitig der Gruppe I angeschlossen hatten, waren nun keine ehemaligen DC mehr Mitglieder des *Landeskirchentags*.

2. Obgleich der neue württembergische Kultminister Theodor Heuss [1884–1963] das Gesetz über die Verlängerung der Wahlperiode von 1939 im November 1945 bestätigte[78], erhob sich in der Landeskirche eine lebhafte Debatte, über die Rechtmäßigkeit des *Landeskirchentags*; verbunden war diese Diskussion mit der Forderung nach einer umgehenden Neuwahl. Auf ein Votum sei kurz eingegangen:

Der Marbacher Dekan Heinrich Pfisterer [1877–1947] protestierte gegen den Plan, noch die 3. Landessynode »über eine tiefgreifende Änderung des kirchlichen Wahlgesetzes« beschließen zu lassen und dann erst Neuwahlen durchzuführen.[79] Dieser Kirchentag beruhe, so Pfisterer an Wurm, auf einer vom Staat unrechtmäßig angeordneten Wahl und gehe auf das Ermächtigungsgesetz für Hitler zurück. Die Kirchenleitung habe seinerzeit nicht nur der Verkürzung der Wahlperiode des 2. *Landeskirchentags* zugestimmt, sondern auch »die staatliche Anordnung der kirchlichen Wahlen vorbehaltlos als rechtsgiltig [sic!] anerkannt und die Verschlechterung des Wahlrechts für diese Wahlen aus dem Reichsgesetz übernommen«. Man dürfe diesem *Landeskirchentag*, der »seine Legalität der Diktatur Hitlers verdankt«, jetzt nicht »mit einer verfassungsändernden Neugestaltung des kirchlichen Wahlrechts« beauftragen, vielmehr sollte man ihn möglichst bald auflösen und den Kirchenmitgliedern die Möglichkeit geben, »unter den seither so gänzlich veränderten Verhältnissen endlich wieder ihre Willensmeinung unbevormundet kund[zu]tun«. Doch diese Proteste verhallten ungehört.

3. Am 27. Juni 1946 versammelte sich vielmehr erstmals wieder die Vertretung der Kirchengenossen, um neben Nachwahlen, Gesetzessanktionierungen und der Entgegennahme eines ausführlichen Berichts des Landesbischofs auch eine Entschließung anzunehmen. In ihr hieß es: Man habe neu erkannt, daß Jesus Christus allein der Herr der Kirche sei und daß die Kirche »alle ihre Arbeit, auch ihre Ordnung in den Dienst seines Wortes stellen muß«[80]. Es sollten so bald als möglich Neuwahlen durchgeführt werden, und die Kirche habe dann »den Dienst der Pfarrer und der Gemeinden, das Werk der Jugenderziehung und der tätigen Liebe, ihre Leitung, ihre Verfassung und ihr Verhältnis zum Staat« nach dieser Erkenntnis zu ordnen.

Die bereits am 26. November 1946 abermals zusammengerufene Versammlung verabschiedete dann eine neue Wahlordnung, die jedoch im Blick auf den *Landeskirchentag* weitgehend die Bestimmungen von 1929 aufnahm. Der *Landeskirchentag* sollte also weiterhin ein die Kirchengenossen vertretendes Organ bleiben, das als Gegenüber der eigentlichen Kirchenleitung konzipiert war. Erhalten blieb die unmittelbare Wahl ebenso wie die Bestimmung, mit der 1933 den DC der Weg geebnet wurde, daß nämlich eine Wahl nicht durchgeführt werden mußte, wenn nur ein Wahlvorschlag vorliegt.[81] Neu war ein christologisch bestimmtes Gelöbnis, das die Abgeordneten abzulegen hatten, und in Paragraph 6.1 (2) wurde explizit festgehalten, daß nur Personen wählbar seien, »die einen christlich ehrbaren Lebenswandel führen und ihre dem Glauben und Bekenntnis der Kirche entsprechende Haltung durch Teilnahme am Gottesdienst und am kirchlichen Leben der Gemeinde an den Tag legen«[82]. Mit den schließlich am 16. November 1947 durchgeführten Wahlen und dem ersten Zusammentritt des *4. Landeskirchentags* am 19. Januar 1948[83] war die bewegte Geschichte des *3. Landeskirchentags* zu einem Ende gekommen.

Abschließend bleibt noch darauf hinzuweisen, daß es in der *Württembergischen Landeskirche* nach dem Ende der Nazidiktatur im Blick auf die Verfassung und ihre Organe trotz der Erklärung des *Landeskirchentags* von 1946 keine Veränderungen gegeben hat. Die 1920 verabschiedete Kirchenverfassung gilt in ihren Grundzügen bis heute, und bis heute haben die in der Zeit des Kirchenkampfs deutlich gewordenen Auffassungen über eine evangeliumsgemäße Kirchenleitung in den Verfassungstext keinen Eingang gefunden. Haben viele Landeskirchen – natürlich in ganz verschiedenen Ausprägungen – die in den Barmer Thesen am nachhaltigsten zum Ausdruck gekommenen Einsichten über das Wesen der Kirchenleitung in ihre Kirchenverfassungen einfließen lassen[84], so steht dies in Württemberg noch aus.

Mit Wilhelm Maurer ist zu betonen, daß eine Synode, die sich lediglich als kirchliche Volksvertretung sieht, »nicht geistlich handeln« kann. Denn nach dem »naturrechtlichen Repräsentationsbegriff gibt es für die Synode kein geistliches, sondern nur ein in weltlich-politischer Form rivalisierendes Gegenüber; sie muß eifrig auf die Wahrung ihrer und die Beschränkung der bischöflichen Rechte bedacht sein«. Will man jedoch die Synode als Teil der Kirchenleitung sehen und ihr eine geistliche Leitung zuerkennen, dann kann man nicht von formalen Rechtsstrukturen ausgehen und die Synode als quasi parlamentarisches Vertretungsorgan begreifen. Bischof und Synode müssen sich vielmehr einander gegenübertreten und gemeinsam die Kirche leiten – dieser Grundsatz sollte durch eine Revision der Verfassung auch in der *Württembergischen Landeskirche* verankert werden. Dieses sicher nicht einfache Projekt ist in meinen Augen eine zwar späte, aber nach wie vor notwendige Konsequenz aus den dargestellten Vorgängen um den *Landeskirchentag* in den Jahren 1933 bis 1947.[85]

Anmerkungen

1 Eine ausführlichere Fassung dieses Beitrags gedenke ich in Kürze in einem Band mit Studien zur württembergischen Kirchenverfassungsgeschichte vorzulegen.
2 Amtsblatt des Württembergischen Evangelischen Konsistoriums und des Synodus Bd. 19 Nr. 37 vom 25.6.1920, S. 206.
3 Ebd., S. 200 (§4.1).
4 Dieses »Landeskirchenausschuß« genannte Gremium steht in der Tradition der für den Fall, daß der König einmal nicht mehr der evangelischen Religion angehören sollte, vorgesehenen Kirchenregierung (vgl. Hermle, Kirchenregierung, bes. S. 235ff.).
5 Amtsblatt, wie Anm. 2, S. 200 (§4.2).
6 Vgl. Scholder, Kirchen Bd.1, S. 388–481; Text: Kirchliches Jahrbuch für die Evangelische Kirche in Deutschland 1933–1944, hg. von Joachim Beckmann. Gütersloh ²1976, S. 27–29 (KJ 1933).
7 Nicolaisen, Dokumente, Bd. 1, S. 108.
8 Ebd., S. 71. 74.
9 Amtsblatt, wie Anm. 2, Bd. 24 Nr. 15 vom 11.11.1929, S. 103.
10 Teilnehmer waren der Präsident des 2. Landeskirchentags Hermann Röcker, Dr. Julius Fischer, Prälat Theodor Schrenk und Otto Seiz (Schreiben Seiz' an »Lieber Freund« vom 16.7.1933 [Landeskirchliches Archiv Stuttgart (LKAS), D1, 43]).
11 Wie Anm. 10.
12 Schreiben Schnaufer an Abgeordnete und Vertrauensleute der Gruppe II vom 18.7. (LKAS, D1, 43).
13 Die abgesprochene Sitzverteilung verschob sich allerdings zugunsten der DC, da zwei Abgeordnete der Gruppe I zu ihnen übertraten: der Ebinger Stadtpfarrer Eberhard Krauß und der Abgeordnete des Dekanats Brackenheim, Schulrat David Hähnle.
14 Schäfer, Dokumentation Bd. 2, S. 311.
15 Ebd., S. 313.
16 Ebd., S. 329; folgendes Zitate ebd., S. 330.
17 Ebd., S. 337.
18 Ebd., S. 345.
19 Vgl. § 21 u. 22 des Wahlgesetzes von 1929 (Amtsblatt, wie Anm. 2, Bd. 24 Nr. 15 vom 11.11.1929, S. 105).
20 In § 4.2 der Kirchenverfassung war ausdrücklich bestimmt, daß die Abgeordneten »im Weg der allgemeinen, gleichen, unmittelbaren und geheimen Wahl« zu wählen seien (Amtsblatt, wie Anm. 2, S. 200).
21 Vgl. u. a. Scholder, Kirchen Bd. 2, S. 111f., Meier, Kirchenkampf Bd. 1, S. 448ff.
22 Amtsblatt, wie Anm. 2, Bd. 26 Nr. 24 vom 6.4.1934, S. 256.
23 So hieß es in §29.1 des Kirchenverfassungsgesetzes (Amtsblatt, wie Anm.1, S. 205).
24 Schäfer, Dokumentation Bd.3, S. 157.
25 Vgl. ebd., S. 158–176.
26 Vgl. ebd., S. 176f.
27 Vgl. KJ 1933, wie Anm. 6, S. 28.
28 Schäfer, Dokumentation Bd. 3, S. 178.
29 Vgl. ebd., S. 192ff., 194ff.
30 Dr. Walter Widmann, Dr. Edmund Rau und Wolfgang Zeller.
31 Schäfer, Dokumentation Bd. 3, S. 216f. – Ausführlich widerlegten sie die Darstellung Stegers und wiesen insbesondere auf die Unrechtmäßigkeit sowohl des Vorgehens des Reichsbischofs als auch Stegers hin.

32 Man sei zwar für eine geeinte DEK, doch könnten nicht einfach »die Befugnisse der Organe der Landeskirche an die DEK übertragen und die Landesbischöfe in ihrem ganzen Aufgabenkreis dem Reichsbischof unterstellt werden« (ebd., S. 310).
33 Ebd., S. 428.
34 Ebd., S. 429. – Diese Opposition, so hieß es weiter, beruhe nicht auf einer politischen Auffassung, sondern »ruht auf der Überzeugung, daß [...] die Reinheit und die Freiheit der evangelischen Verkündigung wirklich bedroht ist«. Man sei mit dem Ziel einer geeinten DEK durchaus einig, doch müßten zunächst »ernste Schritte zur Beseitigung des unheilvollen Streites getan werden« (ebd., S. 429f.).
35 Schreiben vom 15.8.1934 (ebd., S. 504ff.). – Die Nationalsynode tagte am 9.8.1934 (vgl. Meier, Kirchenkampf Bd. 1, S. 214ff.).
36 Vgl. Hermelink, Kirche, S. 136.
37 »Kirchengesetz zur Änderung der Verfasung der Evangelischen Landeskirche Württembergs« vom 28.9.1934, in: Amtsblatt, wie Anm. 2, Bd. 26 Nr. 34 vom 6.10.1934, S. 342ff.; folgendes Zitat ebd., S. 342.
38 Der das Dekanat Knittlingen vertretende Mühlacker Stadtpfarrer Otto Rieger erklärte sich nur unter der Bedingung zur Mitarbeit bereit, daß sich die »durch das Kirchengesetz vom 28. Sept. zugemessene Zahl von Abgeordneten aus Gruppe I und II zusammenfindet« (Schreiben Rieger an Krauss vom 5.10.1934 [LKAS, Altreg. Gen. 125 I]). Als einziger aus Gruppe I wolle er aber nicht antreten.
39 Die Fakultät teilte mit, eine Wahl sei derzeit nicht möglich, da drei Personen abwesend seien (Schreiben vom 8.10. [LKAS, Altreg. Gen. 125 I]).
40 Von den 17 DC waren zwölf bereits Mitglieder des 3. Landeskirchentags; vgl. Mitgliederliste in: Amtsblatt, wie Anm. 2, Bd. 26 Nr. 34 vom 6.10.1934, S. 344.
41 Vgl. ebd., S. 345.
42 Vgl. Meier, Kirchenkampf Bd. 1, S. 218, 453ff.
43 Vgl. Amtsblatt, wie Anm. 2, Bd. 23 Nr. 37 vom 29.11.1934, S. 365f.
44 Schäfer, Dokumentation Bd. 4, S. 92. – Vgl. den Wortlaut der Erklärung ebd., S. 92 und den Entwurf ebd., S. 91 Anm. 102.
45 Vgl. z. B. Gesetz über den landeskirchlichen Haushaltsplan für das Rechnungsjahr 1935 (Amtsblatt, wie Anm. 2, Bd. 27 Nr. 9 vom 25.5.1935, S. 73ff.) oder 1936 (ebd. Nr. 25 vom 25.5.1936, S. 195ff.).
46 Vgl. zur Ausschußpolitik des Reichskirchenministers Meier, Kirchenkampf Bd. 2, S. 78ff.
47 Schäfer, Dokumentation Bd. 4, S. 560.
48 Ebd., S. 779; folgendes Zitat ebd., S. 781.
49 So die Einschätzung des Landesbruderrates vom 22.10.1936 (ebd., S. 783).
50 Vgl. zum Haushaltsplan oben Anm. 45.
51 Dieselbe Dringlichkeit bestand im übrigen im Blick auf die Kirchengemeinderäte und die Kirchenbezirkstage nicht, da in der Kirchengemeinde- bzw. Kirchenbezirksordnung bestimmt war, daß diese Gremien ihr Amt auch nach Ablauf der Wahlzeit bis zu einer Neuwahl fortsetzen können.
52 Schäfer, Dokumentation Bd. 6, S. 97. – Am 8.1. waren es gar nur noch 39 Mitglieder (Bericht Wurms »über die derzeitige Lage« [LKAS Altreg. Gen. 125 II]).
53 Amtsblatt, wie Anm. 2, Bd. 29 Nr. 9 vom 17.7.1939, S. 91.
54 Vgl. Schäfer, Dokumentation Bd. 6, S. 101.
55 Ebd., S. 102.
56 Schreiben vom 17.10.1939 an den Kultminister (LKAS Altreg. Gen. 125 II); folgendes Zitat: Schreiben des Kultministers vom 31.10. (ebd.).
57 Schreiben Wurm an den Kultminister vom 7.11.1939 (ebd., S. 105).

58 Kirchliches Gesetz über den Landeskirchentag (ebd., S. 107). – Das Gesetz war wieder dem Kultministerium vorgelegt worden, ohne daß jedoch eine Stellungnahme einging. Die ebenfalls um Zustimmung gebetene Kirchenkanzlei der DEK teilte am 13.1.1940 mit, daß gegen das Gesetz keine Bedenken bestünden, so daß es im Amtsblatt veröffentlicht werden könne (in: Erlaß an Dekanatämter vom 19.1.1940 [Schäfer, Dokumentation Bd. 6, S. 110f.]).

59 Mit dieser Bemerkung bezog sich Rehm darauf, daß der Abgeordnete Dill, Mitglied des LKA, auf staatliche Weisung hin im Juli 1939 sein Mandat zurückgegeben hatte (vgl. Schreiben vom 18.7.1939 [LKAS Altreg. Gen. 125 IV] und Schäfer, Dokumentation Bd. 6, S. 101f.).

60 Vgl. maschinenschriftliches Protokoll der 4. Sitzung des 3. Landeskirchentages vom 13.12.1939 (Bibliothek des OKR Stuttgart), S. 28.

61 Bedenkt man, daß vier weitere ehemalige Mitglieder des Beirats in späteren Jahren zu einem Mandat im Landeskirchentag gelangten, so wird die Bedeutung diese Gremiums für den Neuaufbau der Vertretungskörperschaft noch unterstrichen. Der Beirat wurde dann im Januar 1940 aufgelöst (vgl. Schäfer, Dokumentation Bd. 6, S. 95f.).

62 Bestehend aus Dr. Steger, Wurm und – für den ausgeschiedenen Dr. Dill neu gewählt – Dr. Rau.

63 Amtsblatt, wie Anm. 2, S. 200.

64 Schäfer, Dokumentation Bd. 6, S. 719.

65 Vgl. u. a. ebd., S. 711.

66 Ebd., S. 103.

67 Insgesamt sahen sich fünf Personen nicht in der Lage, das ihnen 1939 angetragene Mandat anzunehmen. Der fünfte Sitz blieb bis 1941 vakant, da man hoffte daß der Tübinger Abgeordnete Dr. Rapp doch noch die Genehmigung zur Annahme des Mandats vom Reichsstatthalter erhalten könnte (vgl. LKAS Altreg. Gen. 125 V).

68 Mitglieder waren die Abgeordneten Dr. Steger (als Präsident), Rehm, Dr. Schairer, Sauter, Seiz, Dr. Volz, Zeller II [gewählt auf der Juli Sitzung 1939], Dr. Lempp, Dr. Rau, Stooss, Dr. Widmann, wobei die ersten sechs zugleich den für die Steuerfragen zuständigen »alten« Ständigen Ausschuß bildeten.

69 Vgl. Schäfer, Dokumentation Bd. 6, S. 710ff. – Zitat: ebd., S. 714.

70 Vgl Schäfer, Wurm, S. 256ff.; Resolutionen ebd., S. 263f. (Seminare); 264f. (Staatsleistungen). Erwähnenswert erscheint, daß beide Resolutionen ohne Aussprache mit einer Gegenstimme (Seminare) bzw. einstimmig angenommen worden waren. – Vgl. zu den Seminaren jetzt: Thierfelder, Kampf, bes. S. 151.

71 Vgl. – wie auch zu den vorangegangenen Sitzungen des Landeskirchentags – das maschinenschriftliche Protokoll, das in der Bibliothek des Oberkirchenrats in Stuttgart zugänglich ist.

72 Protokoll, wie Anm. 60, 7. Sitzung vom 13.7.1943, S. 68. – Vgl. zum Einigungswerk: Thierfelder, Einigungswerk.

73 Protokoll, wie Anm. 60, 7. Sitzung vom 13.7.1943, S. 67.

74 Vgl. z. B. das »Wort zum Weg der Kirche« der schlesischen Bekenntnissynode (KJ 1933 [wie Anm. 6], S. 381ff.) oder die »Auslegung des Fünften Gebotes« durch die altpreußische Bekenntnissynode vom 16./17.10.1943 (ebd., S. 383ff.).

75 Vgl. § 12.1 der Kirchenverfassung von 1920 (Amtsblatt, wie Anm. 2, S. 200).

76 Er ermächtigte seinen Stellvertreter Rau zu der Erklärung, daß er aus gesundheitlichen Gründen, wegen der schwierigen Verkehrsverhältnisse und weil er »als Vertrauensmann der Deutschen Christen zu dem Amt eines Präsidenten des LKTages vorgeschlagen wurde« von diesem Amt und als Mitglied des Landeskirchentags zurücktrete (Schreiben vom 25.7.1945 [LKAS Altreg. Gen. 125 II]). Wurm bescheinigte Steger am 2. August, daß er nach der

»Ära Müller – Jäger [...] im Landeskirchentag und Landeskirchenausschuß in loyaler Weise mitgearbeitet habe[...] und auch in schwierigen Situationen für die Belange der Kirche gegenüber staatlichem Druck eingetreten« sei (Konzept, ebd.).
77 Schairer, Lohß und Schall.
78 Vgl. Briefwechsel vom November 1945 (ebd.). – Im übrigen wurde durch eine kirchliche Verordnung vom 9.11.1945 die landeskirchliche Steuervertretung dem aktuellen Ständigen Ausschuß übertragen (Amtsblatt, wie Anm. 2, Bd. 32 Nr. 7 vom 30.1.1946, S. 62).
79 Schreiben Dekan Pfisterer, Marbach, an Wurm vom 7.5.1946 (LKAS Altreg. Gen. 125 II).
80 Amtsblatt, wie Anm. 2, Bd. 32 Nr. 14 vom 14.5.1946, S. 114.
81 Vgl. § 48.8 (Amtsblatt, wie Anm. 2, Nr. 32 vom 25.5.1947, S. 258) mit § 13.2 des Gesetzes von 1929 (ebd., Bd. 24 Nr. 15 vom 11.11.1929, S. 102).
82 Amtsblatt, Anm. 2, Nr. 32 vom 25.5.1947, S. 247.
83 Bereits am 10. Januar hatten sich die gewählten Synodalen in Bad Boll zu einer Rüstzeit getroffen.
84 Vgl. Maurer, Bischofsamt, S. 427ff.; folgende Zitate: ebd., S. 427.
85 Vgl. hierzu jetzt auch: Albert Stein: Reform der württembergischen Kirchenverfassung? In: ok-Informationen Heft 2 Juni 1994, S. 7–10.

Eberhard Röhm

Der württembergische Protestantismus und die »Judenfrage« im Zweiten Weltkrieg

Ich möchte mich dem Thema mit der Schilderung von drei Szenen aus Württemberg am Vorabend des Zweiten Weltkriegs nähern.

Szene 1: Im Frühjahr 1939 hatte Pfarrer Karl Böckheler von Klosterreichenbach den »Israeliten« Michael Singer zu taufen.[1] Singers Frau war evangelisch und – in der Sprache der Nazis – »Arierin«. Es war vermutlich das erste Mal, daß Böckheler in seiner Amtszeit vor einer solchen Situation stand. Vorausgegangen war ein halbjähriger Taufunterricht und die von der Landeskirche bei Juden geforderte zusätzliche halbjährige Wartezeit. Erstaunt und unwillig über eine solche Sondermaßnahme hatte Böckheler dem Oberkirchenrat vorgehalten, in der Schrift gebe es nirgendwo eine derartige Bewährungsfrist. Selbst bei Paulus dauerte diese in Damaskus nur drei Tage.

Immerhin, im Gegensatz zu einigen deutschchristlich geleiteten Landeskirchen, die im März 1939 per Gesetz »Juden« in Zukunft grundsätzlich aus der Kirchengemeinschaft ausgeschlossen hatten, galt dies für Württemberg nicht. Wie sehr jedoch auch hierzulande regelrechte Berührungsängste gegenüber Judenchristen bestanden, erlebte Böckheler bei einer kleinen Episode um das beschlagnahmte Rundfunkgerät der Familie Singer.

Zu Beginn des Krieges hatten alle Juden ihre Rundfunkapparate abzugeben, so auch Michael Singer. Die »arische« Ehefrau machte geltend, daß *sie* Eigentümerin des Geräts sei und beantragte beim Landratsamt dessen Rückgabe. Pfarrer Böckheler befürwortete das Gesuch mit einem kurzen Zusatz und dem Hinweis auf die Krankheit des gehbehinderten und fast blinden 72jährigen Ehemannes. Diesen recht harmlosen Vorgang nahm der NSDAP-Kreisleiter zum Anlaß, Böckheler öffentlich als Handlanger eines Juden zu diffamieren. Die alsbald erfolgte Kritik am Kreisleiter von der Kanzel in Klosterreichenbach herab entzweite die Pfarrerschaft um Freudenstadt. Bislang hatte der Kirchenbezirk sich mit dem »Goldfasanen« einigermaßen arrangiert gehabt. Karl Böckheler allerdings sah die Sache grundsätzlicher. »Ich hätte kein gutes Gewissen gehabt, wenn ich der Frau als Seelsorger nicht beigestanden hätte. Auch wenn es sich nur um den nicht eben lebenswichtigen Radioapparat handelte«, schrieb er am 19. November 1939 dem Oberkirchenrat. »Genau so wie ich mich nachher bei der Verhaftung von Herrn Singer anläßlich des Münchner Attentats[2] für ihn durch eine Anfrage beim Amtsgericht verwendet habe, habe ich es auch in dieser ›kleinen‹ Sache tun müssen. Ich bin auch heute noch der Überzeugung, daß jeder Geistliche verpflichtet war, so zu handeln, wenn er anders Gott mehr fürchtet als Menschen.«

Die Pfarrerskollegen gingen gegenüber dem »Eiferer« auf vorsichtige Distanz. Der Freudenstädter Dekan Theodor Gerhardt rückte noch deutlicher von ihm ab, indem er das Ganze – in nicht untypischer Weise – ins Psychologische abschob. In seinem Bericht an den Oberkirchenrat heißt es:
»Ich hätte mir den Seelsorgedienst auch so denken können: Man lehrt den 72jährigen kranken Mitchristen dafür danken, daß er durch diese Maßnahme des Staates von einem solchen Verflachungsinstrument losgekommen ist, von dem er sich aus eigenem Entschluß nicht hätte trennen können. Es gibt für einen, der krank an der Schwelle des Todes steht, anderes, worauf er zum Heil seiner Seele dringender zu hören hätte.«

Szene 2: Anfang Juli 1939 wandte sich der sächsische Pfarrer Ernst Lewek an Landesbischof Wurm mit der Bitte um Übernahme in den württembergischen Kirchendienst. Ihm war auch jeder andere kirchliche Dienst »lieb und wert«.[3] Lewek war »Nichtarier«, wie die Nazis ihn definiert hatten; er war allerdings nur »Mischling ersten Grades« – eine grauenhafte Nürnberger Sprachregelung –, also ein den »Ariern« gleichgestellter »Halbjude«. Trotzdem war Lewek in Sachsen schon eineinhalb Jahre lang aus seiner Gemeinde vertrieben und jetzt endgültig suspendiert worden mit der Begründung, es widerspreche »nationalsozialistischem Rechtsempfinden, daß ein nichtarischer geistlicher Amtsträger arische deutsche Volksgenossen seelsorgerlich betreut«.

In der württembergischen Landeskirche gab es keinen Arierparagraphen. Finanziell wäre Lewek der württembergischen Landeskirche auch kaum zur Last gefallen. Er hatte Anspruch auf ein Ruhegehalt aus Sachsen. Dennoch kam aus Stuttgart eine unzweideutige Absage. Die Begründung – wie schon bei der Ablehnung von Pfarrer Werner Sylten im November 1935: »Schwierigkeiten gegenüber staatlichen und politischen Stellen.«[4] Interessant ist der Zusatz in der Absage an Lewek: »Die Vermittlung einer Stelle in der Inneren Mission in Württemberg erscheint uns nach Erfahrungen, die wir in letzter Zeit mit württembergischen Bewerbern gemacht haben, ebenfalls nicht aussichtsreich zu sein.«

Situation 3: Die württembergische Landeskirche ist durch Julius von Jans Bußtagspredigt vom 16. November 1938 nicht nur in die kirchliche Zeitgeschichte, sondern auch in die Schulbücher als Heimstatt öffentlichen Protests gegen Rechtswillkür und Judenhaß eingegangen. So offen es überhaupt nur ging, hatte Pfarrer von Jan das Niederbrennen von Synagogen, die Verhaftung von Menschen, nur weil sie einer anderen Rasse angehörten, ein Verbrechen genannt.[5]

Nachdem von Jan ein Jahr später, am 15. November 1939, vom Sondergericht zu einem Jahr und vier Monaten Gefängnis verurteilt worden war, hatte die Kirchenleitung nach Kirchenrecht automatisch ein Disziplinarverfahren zu eröffnen.[6] Sie schlug das Verfahren – das sei zu ihrer Ehre gesagt – nieder. Dennoch kritisierte der Oberkirchenrat von Jan, er sei in der »Polemik« zu weit gegangen. Gleichzeitig suchte er den schwer Geprüften mit zwei interessanten Argumenten vor weiteren Angriffen in Schutz zu nehmen. Zum einen versuchte die Kirchenleitung die eindeutige Gewissensentscheidung von Jans zu psychologisieren: »Schwere Erfahrungen, die sich bei ihm gestaut haben«, seien bei ihm »zum Ausbruch gekommen«, »Hemmungen, die von der Vernunft her sich nahelegten, auf die Seite geschoben worden«. Zum andern war der Oberkirchenrat »überzeugt, daß Pfarrer von Jan mit seiner scharfen Kritik der Ausschreitungen vom 9. November 1938 nicht [wie das Sondergericht behauptete] ›gegen die Juden- und Rassenpolitik des Führers und der Reichsregierung überhaupt in aufreizender und hetzerischer Weise Stellung genommen‹ hat, sondern lediglich die Ausschreitungen vom 9. November verurteilt hat.«

War letzteres eine Schutzbehauptung zugunsten des außer Landes verwiesenen Pfarrers oder traf zu, was der Oberkirchenrat unterstellte? Keine Kritik an der Juden- und Rassenpolitik des Führers?! So sehr sich Julius von Jan mit dem ersten Argument, der Psychologisierung seiner Predigt, mißverstanden fühlen mußte[7] – die Kirche durfte, das war seine Überzeugung, dem Konflikt mit dem Staat nicht um jeden Preis ausweichen –, so sehr hatte der Oberkirchenrat mit dem zweiten Argument recht. Wie sein Bischof so bejahte auch Julius von Jan in gewisser Hinsicht tatsächlich »die Juden- und Rassenpolitik des Führers und der Reichsregierung«. Im Juni 1939 hatte von Jan in sein Tagebuch notiert:

»Ich habe dem Staat nie das Recht bestritten, den verderblichen Einfluß des Judentums auf unser Volk durch Gesetze zu unterbinden und habe diese Gesetze nie kritisiert. Höchstens hatte ich ab und zu Stellung genommen gegen die starke Selbsttäuschung, als käme *alles* Unglück im deutschen Volk von den Juden und wären wir Arier die edelsten Menschen, wenn keine Juden unter uns wohnen würden.«[8]

Die »Judenfrage«

Vier Felder lassen sich benennen, in denen sich die »Judenfrage« für die Kirche zu Beginn des Zweiten Weltkriegs – und nicht erst jetzt – gestellt hat:

1. *Judentaufe.* So marginal dieses Problem war, an ihr zeigte sich besonders deutlich, wie ungeklärt das Verhältnis zum Judentum war. Ein ganzer Kirchenbezirk kam anläßlich eines beschlagnahmten Judenradios theologisch aus dem Tritt.

2. *Arierparagraph.* Etwa 60 Prozent der württembergischen Pfarrer hatten 1933 die Pfarrernotbundverpflichtung unterschrieben und protestierten damit gegen die Einführung des staatlichen Arierparagraphen in der Kirche. Die Konsequenz hätte doch wohl sein müssen, nicht nur monatlich den Beitrag zur Unterstützung notleidender Pfarrer zu überweisen, sondern auch die Aufnahme

verfolgter »nichtarischer« Pfarrer von außerhalb in die »intakte« württembergische Landeskirche zu fordern.

3. *Solidarität mit allen Verfolgten.* Mit der Reichspogromnacht und noch mehr mit dem Beginn des Zweiten Weltkriegs setzte eine deutlich erkennbare neue Qualität der Judenverfolgung ein. Dafür war die hohe Strafe für von Jan ein deutliches Indiz. Jetzt waren Protest und Solidarität in Wort und Tat gefordert, ja vielleicht sogar politischer Widerstand, das »Dem-Rad-in-die-Speichen-greifen«, wie es Bonnhoeffer schon 1933 erwogen hatte, und zwar nicht nur für die getauften »Nichtarier«, sondern für alle verfolgten Juden. Inwieweit war man dazu in der württembergischen Landeskirche bereit?

4. *Theologie und Verkündigung.* Die traditionelle Staatsloyalität und die tief verwurzelte traditionelle Judenfeindschaft, wie sie selbst bei von Jan zum Ausdruck kommen, machen verständlich, warum die Kirche bei diesem Thema meist schwieg. Blieb das so, auch als die Deportationen begannen? Was wußte die Kirche? Was hatte sie zu sagen?

Judentaufen

Entgegen dem Eindruck, den antisemitische Nazi-Hetzblätter und auch radikale Deutsche Christen verbreitet haben, spielten im kirchlichen Alltag Judentaufen so gut wie keine Rolle. Das gilt jedenfalls für Württemberg; etwas anders lag es in Preußen. Die kirchenamtliche Statistik weist für die Jahre 1933 bis 1939 gerade 43 Übertritte vom Judentum zur *Evangelischen Landeskirche in Württemberg* auf, nach 1935 waren es nie mehr als zwei in jedem Jahr.[9] In Württemberg lebten aufgrund der jahrhundertealten judenfeindlichen Landespolitik schon immer sehr viel weniger Juden als anderswo.

Bei den wenigen Anträgen auf Genehmigung einer Judentaufe in Württemberg – sie sind alle im *Landeskirchlichen Archiv* aktenkundig – fällt die Unsicherheit der damit befaßten Pfarrer auf. Ein Pfarrer aus Horb hatte Zweifel, ob er eine »Frau jüdischen Blutes« taufen durfte, die für sich und ihre drei »halbjüdischen« Kinder im Februar 1944 um die Aufnahme in die evangelische Landeskirche bat. Ihr Mann, der »Arier« war, und sie dadurch schützte, lebte von ihr getrennt mit einer anderen Frau zusammen. Allen Beteiligten war klar, daß eine Scheidung bedeutete, daß »sie dann fortgebracht würde«, wie es im Bericht an den Oberkirchenrat heißt. Bereits fünf Jahre zuvor war jene Frau aus der jüdischen Religionsgemeinschaft ausgetreten. Die beiden schon schulpflichtigen älteren Kinder besuchten den evangelischen Religionsunterricht. Über seine Gewissenserforschung Anfang 1944 schreibt der Horber Pfarrer:

»Ich habe nicht den Eindruck, daß ihr Wunsch nach der Taufe auf echtem, tieferem Heilsverlangen beruht, sondern daß sie bestenfalls ihren Kindern eine Zugehörigkeit zur christlichen Kirche wünscht, weil sie ihnen den jüdischen

Glauben und damit die Verschärfung ihrer bürgerlichen Rechtsnachteile als Halbjuden nicht auferlegen möchte.« Und er fährt dann fort:

»Mir persönlich fällt, wie ich offen gestehe, der Gedanke einer Judentaufe ungemein schwer. Trotz gelegentlicher Berührungen mit der Judenmission habe ich Zweifel, ob sie kirchlich möglich ist; die Situation ist, auch abgesehen von den heutigen Rechtsverhältnissen in Deutschland, in der Gegenwart nicht dieselbe wie in apostolischer Zeit. Dazu ist wohl kein Zweifel, daß die Taufe einer reinblütigen Jüdin nicht nur mir, sondern der ev. Kirche überhaupt sehr übel genommen würde und unangenehme Folgen haben könnte, die ich nur dann freudig auf mich zu nehmen bereit wäre, wenn ich unter dem klaren Eindruck stünde, daß die Petentin in voller Aufrichtigkeit nach dem Heil in Christus verlangt und die Ablehnung ihrer Bitte eine Zuwiderhandlung gegen den Befehl Jesu wäre.«

Der Oberkirchenrat übernahm den negativen Vorschlag des Horber Pfarrers: Die Frau wird – man schreibt das Jahr 1944! – nicht in die evangelische Kirche aufgenommen, »hingegen ihren drei halbarischen Kindern kann der Besuch des evangelischen Religionsunterrichts sowie die Teilnahme am Kindergottesdienst gestattet« werden, wie es in der Antwort aus Stuttgart heißt. Außerdem wird ihnen die »Zulassung zum Konfirmandenunterricht und nach vorangegangener Taufe zur Konfirmation in Aussicht gestellt«.[10]

Eine ähnliche Haltung zeigte Dekan Adolf Dörfuß, Ludwigsburg. Er befürwortete zwar im November 1940 die Taufe eines seit fünfzehn Jahren mit einer evangelischen Frau verheirateten Juden, jedoch nur nach »längerer Warte- und Probezeit«. Dörfuß fügte als grundsätzliche Bedenken noch hinzu: »Meine Stellung zum Judentum ist nicht erst seit 1933 so, daß ich in der Ehe einer evangelischen Frau mit einem Juden eine Sünde nicht bloß gegen das Volk, sondern gegen die evangelische Glaubensüberzeugung sehe.«[11]

Arierparagraph

Die Einstellung der württembergischen Kirchenleitung zu »nichtarischen« Pfarrern läßt sich kaum besser umschreiben als durch einen Briefentwurf von Oberkirchenrat Wilhelm Pressel für Landesbischof Wurm vom Januar 1940. Die Landeskirche erteilte in diesem Schreiben dem in Geldnot geratenen Eisenacher »Institut zur Erforschung und Beseitigung des jüdischen Einflusses auf das deutsche kirchliche Leben«, einem typischen DC-Unternehmen, eine wenig freundliche Absage. Freilich wollte Stuttgart gleichzeitig dem Mißverständnis vorbeugen, als huldige die Landeskirche irgendwelchen philosemitischen Tendenzen. Pressel formulierte, was Wurm dann auch übernahm:

»Unsere Württembergische Landeskirche hat sich dank ihrer Tradition von den Vätern her und dank der gewissenhaften, dem Evangelium dienenden und in die Sache eindringenden Arbeit ihrer theologischen Fakultät von jüdischem

Einfluß auf religiös-kirchlichem Gebiet frei gehalten und sich gegen gewisse, das gesamte deutsche Geistesleben bedrohende philosophisch-religiöse, jüdische Strömungen behauptet im Gehorsam gegen das die Kirche verpflichtende Wort Gottes. Das zeigte sich u. a. auch darin, daß unter rund 1 300 württembergischen evangelischen Pfarrern sich im Jahr 1933 unseres Wissens keine nichtarischen Geistlichen befanden. Es war auch dem starken Einfluß der hochangesehenen Tübinger Fakultät zu danken, daß der Senat der Universität Tübingen bei den Berufungen den philosemitischen Tendenzen anderer Universitäten sich nicht anschloß. Getreu ihrer bisherigen Haltung wird die Württembergische Landeskirche auch fernerhin allen Judaismus auf religiösem und geistigem Gebiet bekämpfen.«[12]

Bei dieser Haltung war es konsequent, daß die Landeskirche Anfragen von »nichtarischen« Pfarrern von außerhalb ablehnte. Dies gilt bis zum Zweiten Weltkrieg. Wie Siegfried Hermle und Rainer Lächele nachgewiesen haben, hatte die Landeskirche ja faktisch, wenn auch nicht rechtlich, längst den Arierparagraphen für ihre Theologen eingeführt, als sie im Dezember 1935 der Regelung zustimmte, daß die Aufnahme ins Tübinger Stift vom Nachweis der »arischen Abstammung« abhängig gemacht wird.[13]

Um so erstaunlicher ist, daß in der Kriegszeit, verstärkt seit 1942, die württembergische Landeskirche mindestens fünf »nichtarische« Theologen von außerhalb für kürzere oder längere Zeit in ihren Dienst gestellt hat.[14] Gründe für den Sinneswandel lassen sich nur vermuten. Es herrschte Pfarrermangel. Die Judenverfolgung nahm immer grausamere Züge an. Wurm und seine Mitarbeiter waren über die Vernichtungsaktionen im Osten genauestens informiert. Durchweg aber fanden die Betreffenden jeweils einen persönlichen Fürsprecher in der Kirchenleitung, nicht zuletzt den seit 1941 zur Kirchenleitung gehörenden Stuttgarter Prälaten Karl Hartenstein.

So bekam der braunschweigische Vikar Helmut Goetze, »Mischling zweiten Grades«, dank Fürsprache von Oberkirchenrat Dr. Hans Ostmann die Gelegenheit, ab Dezember 1939 bis zu seiner Einberufung zur Wehrmacht im April 1940 als Vikar und Pfarrverweser in Neuenbürg die zweite Phase seiner theologischen Ausbildung zu Ende zu bringen. Ihm wurde während eines kurzen Heimaturlaubs im Januar 1941 sogar die Pfarrstelle Allmersbach im Tal ständig übertragen. Helmut Goetzes Vater, Pfarrer Alfred Goetze, nach der Pogromnacht in Braunschweig wegen seiner »halbjüdischen« Abstammung vom Dienst suspendiert, übernahm seit Frühjahr 1942 die Kriegsstellvertretung seines Sohnes. Nach dem Soldatentod von Helmut Goetze im Februar 1943 wurde dem jetzt 63jährigen Vater die Pfarrstelle als Pfarrverweser direkt übertragen.

Im August 1942 wurde ein in Heidelberg promovierter, aus Stettin stammender Theologe, »Halbjude«, in Stuttgart ordiniert und wurde Vikar, später Pfarrer in Württemberg.

Seit Februar 1943 stand der aus Brandenburg kommende Dr. Wolfgang Schweitzer, ebenfalls »Mischling ersten Grades«, im württembergischen Kirchendienst. Zuletzt wurde er sogar in der exponierten Stellung eines Landesjugendvikars bei Landesjugendpfarrer Manfred Müller eingesetzt. Schweitzer floh im August 1944 bei Nacht und Nebel vor der Gestapo nach Frankreich. Fluchtadressen im Elsaß hatte ihm Oberkirchenrat Pressel besorgt.

Schließlich ist noch Pfarrer Max Weber aus Nassau-Hessen zu nennen, dessen Entlassung durch das Landeskirchenamt Darmstadt in den Informationen der Bekennenden Kirche als besonders krasser Fall herausgestellt wurde. Weber war lediglich »Mischling zweiten Grades«.[15] Ihm wurden bis Kriegsende in Württemberg verschiedene Kriegsstellvertretungen anvertraut.

Die Aufnahmebereitschaft der *Württembergischen Landeskirche* war nicht unbegrenzt, das muß man sehen. Während derselben Zeit gab es weiterhin auch Ablehnungen von »nichtarischen« Pfarrern. Die Furcht, daß der Staat die plötzlich erwachte »Judenfreundlichkeit« der Kirchenleitung zum Anlaß einer Kürzung der strittig gewordenen Staatszuschüsse zu den Pfarrersgehältern nehmen würde, war nicht unbegründet. Dennoch bleibt auffällig, daß die *Württembergische Landeskirche*, die sich 1940 noch rühmen konnte, schon 1933 eine judenreine Pfarrerschaft gehabt zu haben, am Ende der Nazizeit mehr Pfarrer jüdischer Abstammung im Dienst stehen hatte als jede andere Landeskirche.

Konkrete Hilfe für die Verfolgten

Neben der relativ kleinen Zahl an »nichtarischen« Theologen gab es die große Zahl verfolgter Juden insgesamt, darunter auch viele evangelische Gemeindeglieder. Was tat die Kirche für sie? Nach der Volkszählung vom Mai 1939 waren von den mehr als 6000 Juden und jüdischen »Mischlingen« in Württemberg und Hohenzollern, die damals getrennt nach den Rassekriterien der Nazis erfaßt wurden, knapp 1100 evangelisch. Man zählte 188 evangelische »Volljuden«, 525 »Mischlinge ersten Grades« und 376 »Mischlinge zweiten Grades«.[16] Nach einer namentlichen Liste vom Juni 1942 mit 242 in »Mischehe« lebenden Juden waren davon 233 evangelisch. Von diesen lebten 192 in einer sogenannten »privilegierten Mischehe«. Bis zum Januar 1943 hatte sich die Zahl der in »jüdischer Mischehe« lebenden Protestanten auf 108 reduziert, wovon 86 den Vorzug einer »privilegierten Mischehe« für sich in Anspruch nehmen konnten.[17]

Spätestens nach den Synagogenbränden im November 1938 waren mindestens die zweihundert evangelischen »Volljuden« akut gefährdet und dringend der Hilfe bedürftig. Um diese Zeit hatte die *Bekennende Kirche* endlich in Berlin ein zentrales Hilfsbüro, das sogenannte »*Büro Pfarrer Grüber*«, mit 35 hauptamtlichen Mitarbeitern eingerichtet. Vergleichbares gab es auf jüdischer und katholischer Seite schon längst. In allen größeren Städten Deutschlands gab es seit Anfang 1939 Kontaktstellen, sogenannte Vertrauensstellen, des *Büros Pfarrer Grüber*, die mit Duldung und Wissen der Gestapo arbeiteten. Auch in Stuttgart gab es eine Vertrauensstelle des *Büros Pfarrer Grüber* in der Oberen Bachstraße 39.[18] Sie unterstand dem Geschäftsführer der Inneren Mission, Pfarrer Immanuel Fischer, ihn vertrat im Krieg Pfarrer i. R. Alfons Schosser. Die Geschäftsführung der Vertrauensstelle hatte der als »Jude« arbeitslos gewordene Zahnarzt Dr. Erwin Goldmann bei halbtägiger Anstellung. Er war zuvor schon Vorsitzender des *Paulusbundes* in Württemberg gewesen, einer Interessengemeinschaft »nichtarischer« Christen.

Die Stuttgarter Hilfsstelle wurde von der Landeskirche mit einem jährlichen Beitrag aus dem Pfingstopfer in Höhe von 1 200 RM ausgestattet. Zahlungen erfolgten bis in das Jahr 1942 hinein, also weit über die Zeit der Schließung des *Büros Pfarrer Grüber* in Berlin im Januar 1941 hinaus. Die Kirchenleitung hatte die Stuttgarter Hilfsstelle im Frühjahr 1944 geschlossen, nachdem bekannt wurde, daß Goldmann in einer Doppelrolle mit dem Sicherheitsdienst der SS zusammenarbeitete.[19] Wie vielen Menschen durch die Stuttgarter Vertrauensstelle konkret geholfen wurde, wissen wir nicht, da keine Unterlagen mehr vorhanden sind.

Es gab ganz gewiß auch andernorts noch mehr Fälle an mutiger Einzelhilfe, über die man nichts mehr erfahren wird. Angesichts der brutalen Verfolgung war es dennoch viel zu wenig. Zwei Beispiele kennt man sehr genau, das Schicksal des Ehepaars Ackermann, alias Krakauer, und des Ehepaars Pineas, zwei jüdische Berliner Familien, die – mit falschen Papieren versehen – über eine schwäbische Pfarrhauskette überlebten. Es waren vor allem Pfarrer, die zur *Kirchlich-theologischen Sozietät* und zur *Bekenntnisgemeinschaft* in Württemberg gehörten, die ihr Haus für die Flüchtenden öffneten. Die Schaltstelle in Süddeutschland war Kurt Müller, Pfarrer der *Reformierten Gemeinde* in Stuttgart. Einem der Retter, Richard Gölz, Pfarrer in Wankheim und Musikdirektor am Tübinger Stift, wurde sein mutiges Verhalten zum Verhängnis. Gölz wurde kurz vor Weihnachten 1944 verhaftet und bis Kriegsende im Konzentrationslager Welzheim festgehalten. Seine Familie hatte das Ehepaar Pineas versteckt und unterstützt und wurde dabei beobachtet und denunziert.[20]

Keine äußere Trennung von Judenchristen

Als im September 1941 für alle Juden im Reichsgebiet das Tragen des gelben Sterns angeordnet wurde, empfahl die *Kirchenkanzlei der DEK* den Landeskirchen, »geeignete Vorkehrungen zu treffen, daß die getauften Nichtarier dem kirchlichen Leben der deutschen Gemeinden fernbleiben«. Nachdem die Gestapo im Februar 1941 nicht nur das *Büro Pfarrer Grüber*, sondern auch den letzten Hort für getaufte Juden in Deutschland, nämlich die Räume der Berliner Judenmission, geschlossen hatte, waren die Schlußsätze des DEK-Rundschreibens nur als blanker Zynismus zu verstehen: »Die getauften Nichtarier werden selbst Mittel und Wege suchen müssen, sich Einrichtungen zu schaffen, die ihrer gesonderten gottesdienstlichen und seelsorgerlichen Betreuung dienen können. Wir werden bemüht sein, bei den zuständigen staatlichen Stellen die Zulassung derartiger Einrichtungen zu erwirken.«[21]

Landesbischof Wurm war wohl der einzige Bischof, der dieses Ansinnen klar zurückwies. Vom Evangelium her sei »der Ausschluß der getauften Nichtarier nicht zu rechtfertigen«, schrieb Wurm an die Kirchenkanzlei zurück.[22] Zu einem öffentlichen Protest gegen die unmenschliche Brandmarkung eines jeden einzelnen Juden entschloß man sich auch in Württemberg jedoch nicht. Die charakteristische Doppelstrategie der Landeskirche kommt sehr klar im Protokoll der entscheidenden Sitzung des *Oberkirchenrats* am 16. September 1941 zum Ausdruck, wenn Wilhelm Pressel formulierte:

»Die Agape des Neuen Testaments weist unsere seelsorgerliche und praktische Liebe und Teilnahme auf diese in äußerer und innerer Not befindlichen christlichen Brüder und Schwestern hin, so wenig die rassischen Schranken übersehen werden können und so wenig wir ihnen unter der staatlichen Rassegesetzgebung äußerlich helfen können. Es wird freilich auch von den in Betracht kommenden, übrigens wenigen Christen auch Takt und Zurückhaltung erwartet werden müssen.«[23]

Vergeblich hatte darum Pfarrer Hermann Diem, einer der führenden Köpfe der *Kirchlich-theologischen Sozietät*, am 5. Dezember 1941 Landesbischof Wurm aufgefordert, den Pfarrern, wenn nicht eine Kanzelabkündigung, so doch wenigstens eine Musterpredigt zum 3. Advent zukommen zu lassen, in der auf den unlöslichen Zusammenhang von Juden und Christen verwiesen wird.[24] Vier Tage zuvor war der erste Transport von tausend Juden vom Sammellager auf dem Stuttgarter Killesberg nach Riga abgegangen.

Die Antwort, die Diem drei Tage später von Wurm erhielt, charakterisiert treffend die Position der Landeskirche. Wurm verwies auf Briefe an Goebbels, Himmler und Hitler, die unterwegs waren und in denen er die »Behandlung der Nichtarier« angesprochen habe. Zu einer spektakuläreren Aktion war er nicht bereit. Wurm fügte noch hinzu: »Ich habe selbstverständlich auch nichts dagegen, wenn Amtsbrüder sich gedrungen fühlen, am dritten Advent aus dem gegebenen Text heraus darauf hinzuweisen, welchen Fluch die Ablehnung des durch Jesus Christus gebrachten Heils dem einst erstberufenen Volk gebracht habe und daß jedes Volk, das diesen Ruf ausschlage, das Gericht zu erwarten habe.«[25]

In einer für das *Reichskirchenministerium* verfaßten Denkschrift vom Dezember 1941 scheute Wurm auch eine offene Sprache nicht. Unter Anspielung auf die Morde an Behinderten heißt es: »Diese krasse Verletzung der

Heiligkeit des Lebens hat zusammen mit Gerüchten über massenhafte Tötungen im Osten bei gottesfürchtigen Menschen die Befürchtungen hervorgerufen, daß eines Tages ein göttliches Strafgericht über Deutschland kommen könnte.«[26]

Theologie und Verkündigung

Wie ich mich selbst aus meiner Jugend noch erinnern kann, kreiste der theologische Streit mit radikalen Kirchengegnern um zwei Fragen: War Jesus ein Jude? Und: Ist das Alte Testament ein Judenbuch?

Die groteske, um nicht zu sagen wahnwitzige Behauptung, Jesus sei kein Jude gewesen, die ein deutschchristlicher Religionslehrer uns Schülern 1940 ins Heft diktiert hatte[27], war für meine Eltern der Anlaß, meinen Bruder und mich aus dem Religionsunterricht abzumelden. Doch auch bei bekennenden Pfarrern haben wir nicht gelernt, daß Jesus vor allem Jude war.

Ähnlich unsicher war die Haltung im theologischen Streit um das Alte Testament. Zwar hat die württembergische Landeskirche sich heftig und mit Erfolg zur Wehr gesetzt, als Kultminister Mergenthaler 1937 per Erlaß aus dem Religionsunterricht als ordentlichem Lehrfach »gewisse Teile des alten Testaments« verbannen wollte.[28] Als jedoch 1943 der *Reichsfinanzhof* der *Privilegierten Württembergischen Bibelanstalt* die Steuervergünstigungen entziehen wollte mit dem Argument, sie drucke Bibeln, die das Alte Testament enthielten, ein Buch, das »die jüdische Rasse und ihre Geschichte verherrlicht«, bot man in einem von der *Theologischen Fakultät der Universität Tübingen* angeforderten Gutachten das gesamte Arsenal antijüdischer Bibelauslegung auf. Als Kronzeugen mußten nicht nur Jesus selbst und Paulus herhalten, sondern wie selbstverständlich auch der »schärfste Gegner des Talmudjudentums«, Martin Luther, dessen Übersetzung man ja weiterhin drucken wollte, und – man glaubt es kaum – auch Theodor Fritsch mit seinem *Handbuch der Judenfrage*, dem legendären »Antisemitismuskatechismus«.

Das vom Dekan der Theologischen Fakultät, dem Alttestamentler Professor Adolf Weiser, unterzeichnete Gutachten berief sich vor allem auf »Neuere Forschungen« des Tübinger Neutestamentlers Gerhard Kittel und seines Schülers, des Orientalisten und Neutestamentlers Karl Georg Kuhn.[29] Beide hatten sich dem nationalsozialistischen *»Reichsinstitut für Geschichte des neuen Deutschland«* verdingt und publizierten seit dessen Gründung innerhalb der »Forschungsabteilung Judenfrage« reichlich massive antijüdische Beiträge. Ganz auf der Spur Kittels und Kuhns argumentierte das Gutachten folgendermaßen:

»Es ist unmöglich, das Volk und die Rasse, aus der das Alte Testament hervorgegangen ist, und von denen es redet, mit dem Judentum gleichzusetzen. Neuere Forschungen haben erwiesen, daß die körperlichen, geistigen und seelischen Rassenmerkmale, die das heutige Judentum kennzeichnen, erst durch Rassenmischung und unter den Umwelteinflüssen entstanden sind, denen die Juden in der Diaspora ausgesetzt waren, d. h. zu einer Zeit, als das Alte Testament bereits im wesentlichen feststand.« Das Gutachten unterscheidet im AT eine prophetische und eine nationalistische Linie und fährt dann fort: »Jesus knüpft in seiner Predigt wie in seinem ganzen Auftreten ausschließlich an die prophetische Linie des Alten Testaments an. Er bekämpft, widerlegt und enttäuscht immer wieder das religiös-nationalistische Selbstbewußtsein und die aus ihm abgeleiteten politischen Hoffnungen des Spätjudentums.«[30]

Schlimmer hätte ein solches Gutachten nicht ausfallen können. Auf Kosten der Juden, gegenüber denen man jede Form der geistlichen Verbundenheit preisgab, sollten die Steuerprivilegien der Bibelanstalt gerettet werden. Es war die jahrhundertelang tradierte antijudaistische Bibelauslegung, wie wir sie als Theologiestudenten von denselben theologischen Lehrern auch noch nach 1945 gelehrt bekommen haben.

Proteste von Landesbischof Wurm

Dennoch muß man sagen, daß die *Württembergische Landeskirche* nicht einfach zur heraufkommenden Judenvernichtung geschwiegen hat. Der Evangelische Oberkirchenrat hat sehr genau die dramatisch sich zuspitzende Lage der Juden in Deutschland wahrgenommen. Im April 1942 war der zweite Judentransport aus Stuttgart mit 286 Personen, darunter die letzten jüdischen Kinder der Stadt, in die Gegend von Lublin abgegangen. Im Juli folgten weitere Todestransporte nach Auschwitz, im August 1942 ein Transport mit 1 100 Personen nach Theresienstadt. Unaufhaltsam rollten die Züge vor aller Augen. Als schließlich auch die jüdischen Partner aus geschiedenen »Mischehen« und aus Ehen, in denen der »arische« Partner verstorben war, zu den Sammellagern gebracht wurden, entschloß sich der inzwischen 75jährige Landesbischof zu einer neuen, in dieser Form einmaligen Protestaktion in Form von weiteren Briefen an die höchsten Staatsstellen. Wurm war inzwischen zum allseits anerkannten Sprecher des Protestantismus in Deutschland geworden.[31] Dies gab seinen Schreiben besonderes Gewicht. Es war wohl auch der Grund, warum die Nazis erstaunlicherweise nie Hand an ihn gelegt haben.

Am 28. Januar 1943 sprach Wurm in einem Schreiben an Ministerialdirektor Gottlob Dill im württembergischen *Innenministerium* in einer unerhörten Offenheit die ihm bekannt gewordenen Mordaktionen an. Dill, ein überzeugter Nationalsozialist, war als Repräsentant der *Deutschen Christen* Mitglied des *Landeskirchentags* und des *Landeskirchenausschusses* und darum noch am ehesten Ansprechpartner auf staatlicher Seite für die Kirche. Im einzelnen heißt es:

»In weiten Kreisen, nicht bloß in konfessionell-christlichen, ist man bedrückt durch die Art und Weise, wie der Kampf gegen andere Rassen und Völker geführt wird. Man erfährt durch Urlauber, was in den besetzten Gebieten an systematischer Ermordung von Juden und Polen geschieht. Auch diejenigen, die die Vormacht des Judentums auf den verschiedenen Gebieten des öffentlichen Lebens schon damals, als fast die gesamte Presse philosemitisch gerichtet war, für einen Schaden gehalten haben, können nicht annehmen, daß ein Volk berechtigt ist, ein anderes Volk durch Maßnahmen, die jedem einzelnen ohne Rücksicht auf persönliche Verschuldung treffen, auszurotten. Menschen ohne richterlichen Urteilsspruch lediglich wegen ihrer Zugehörigkeit zu einem anderen Volkstum oder wegen ihres kranken Zustandes zu Tode zu bringen, widerspricht dem klaren göttlichen Gebot und darum auch den Begriffen von Recht und Menschlichkeit, wie sie in einem Kulturvolk unentbehrlich sind.«

Wurm schließt seinen Brief mit dem Hinweis: »Viele Volksgenossen empfinden solche Vorgänge nicht bloß als Not, sondern auch als Schuld, die sich bitter rächen kann. [...] Die evang. Kirche hat in der Öffentlichkeit von all dem geschwiegen, um das deutsche Volk nicht vor dem Ausland bloßzustellen. Aber wenn jetzt neue und große Opfer vom Volk verlangt werden, dann sollte ihm auch eine Entlastung in moralischer Hinsicht gewährt werden.«[32]

Mit fast denselben Worten schrieb Wurm Briefe an Reichsstatthalter Murr (8. Februar), das *Reichskirchenministerium* (12. März), an den *Reichsminister des Innern* (14. März) und schließlich noch einmal an Hitler persönlich (16. Juli). Gerade das Schreiben an Adolf Hitler zeichnete sich durch besondere Entschiedenheit und Klarheit aus. Daraus wenige Sätze:

»Nachdem die dem deutschen Zugriff unterliegenden Nichtarier in größtem Umfang beseitigt worden sind, muß auf Grund von Einzelvorgängen befürchtet werden, daß nunmehr auch die bisher noch verschont gebliebenen sogenannten privilegierten Nichtarier erneut in Gefahr sind, in gleicher Weise behandelt zu werden. [...] Diese Absichten stehen [...] im schärfsten Widerspruch zu dem Gebot Gottes und verletzen das Fundament alles abendländischen Denkens und Lebens: das gottgegebene Urrecht menschlichen Daseins und menschlicher Würde überhaupt.«[33]

Dreierlei scheint mir an den Briefen bemerkenswert zu sein:
1. Wurm nennt schonungslos die Verbrechen beim Namen und fordert ein Ende der völlig rechtlosen »Ausrottung« von Juden und Judenchristen. 2. Wurm spricht von der Schuld des deutschen Volkes, wie viele dies empfunden hatten, und vom göttlichen Gericht, das darum jetzt über Deutschland kommt, wie die militärischen Mißerfolge zeigten. 3. Nach wie vor hält Wurm an seinen antijüdischen Vorurteilen fest. Dies gilt auch für die Zeit nach 1945.

Der Münchner Laienbrief

Im selben Jahr, im Frühjahr 1943, hat Hermann Diem einen zweiten Versuch unternommen, die Kirche zu einem öffentlichen Wort zur Judenverfolgung zu veranlassen. Eine von ihm für einen Münchner Laienkreis um die Verleger Lempp und Claasen formulierte kurze Denkschrift war als Grundlage für eine Kanzelerklärung des bayerischen Landesbischofs Meiser bestimmt. Nachdem Meiser abgelehnt hatte, kursierte der Text und wurde später in der Schweiz veröffentlicht. Auch Landesbischof Wurm beschäftigte sich damit. Das Wort gehört zum Überzeugendsten, was auf evangelischer Seite im Dritten Reich in der »Judenfrage« gesagt wurde. Es heißt da:

»Als Christen können wir es nicht länger ertragen, daß die Kirche in Deutschland zu den Judenverfolgungen schweigt. [...] Dem Staat gegenüber hat die Kirche die heilsgeschichtliche Bedeutung Israels zu bezeugen und jedem Versuch, [...] das Judentum zu vernichten, aufs äußerste zu widerstehen. [...] Jeder Nichtarier, ob Jude oder Christ, ist heute in Deutschland der unter die Mörder Gefallene, und wir sind gefragt, ob wir ihm wie der Priester und Levit, oder wie der Samariter begegnen. [...]

Die Kirche muß bekennen, daß sie als das wahre Israel in Schuld und Verheißung unlösbar mit dem Judentum verknüpft ist. Sie darf nicht länger versuchen, vor dem gegen Israel gerichteten Angriff sich selbst in Sicherheit zu bringen. Sie muß vielmehr bezeugen, daß mit Israel sie und ihr Herr Jesus Christus selbst bekämpft wird.«

Hermann Diem, der das Manuskript auch Landesbischof Wurm zugeschickt hat, wollte aus theologischen Gründen, daß die Kirche endlich an die Öffentlichkeit geht. Am Ende heißt es:

»Das Zeugnis der Kirche muß öffentlich geschehen, sei es in der Predigt, sei es in einem besonderen Wort des bischöflichen Hirten- und Wächteramtes. Nur so kann es seine Aufgabe erfüllen, allen denen, die legislativ oder exekutiv an dieser Verfolgung mitwirken und zugleich den betroffenen Juden und der in ihrem Glauben angefochtenen christlichen Gemeinden die schuldige Unterweisung der Gewissen zu geben. [...]

Darum treibt uns neben dem Mitleid für die Verfolgten die Angst, das Predigtamt unserer Kirche könne durch sein Schweigen sein Dasein sichern wollen um den Preis, daß es dafür seine Vollmacht zu binden und zu lösen verliert. Und damit wäre alles verloren – mit der Kirche wäre auch unser Volk verloren.«[34]

Weder in Bayern noch in Württemberg wurde der Münchner Laienbrief verlesen. Auch Diem wagte dies nicht in alleiniger persönlicher Verantwortung. Zu Wurms Briefen ist zu sagen, daß sie durchaus eine Breitenwirkung hatten. Sie wurden mit Wurms Wissen und Billigung verbreitet. Einige, wie der zitierte Brief an Hitler, wurden sogar über ausländische Sender ausgestrahlt. Im August 1943 bekamen alle Pfarrämter die an Reichsstatthalter Murr gerichteten Protestschreiben zugesandt mit dem ausdrücklichen Hinweis, sie in geeigneter Weise auch den Gemeinden zur Kenntnis zu bringen.³⁵

Ein erneuter Protest Wurms bei der Reichskanzlei im Dezember 1943 gegen die Ausweitung der Verfolgung auf »Mischlinge« und »Mischehen« führte dann schließlich zu einer ultimativen Verwarnung von Wurm durch die Reichsregierung. »Ich verwarne Sie hiermit nachdrücklich und ersuche Sie, sich in Zukunft auf das peinlichste in den durch Ihren Beruf gezogenen Grenzen zu halten und Ausführungen zu Fragen der allgemeinen Politik zu unterlassen. Ich rate Ihnen ferner dringend, sich in Ihrem persönlichen und beruflichen Verhalten die größte Zurückhaltung aufzuerlegen. Von einer Beantwortung dieses Schreibens bitte ich abzusehen«, schrieb Reichsminister Lammers eigenhändig per Einschreiben am 3. März 1944 aus dem Feldquartier.³⁶ Dies konnte nur als letzte Ankündigung vor der Verhaftung verstanden werden.

Schuldbekenntnis

Es lag nicht in der Macht der Kirchen, die Todeswalze aufzuhalten. Die Frage während des ganzen Dritten Reiches war, inwieweit die Kirche noch Kirche blieb. Es ist eine schmerzliche Erkenntnis, wie lange es nach 1945 gedauert hat, bis die evangelischen Kirchen ein überzeugendes Wort zu ihrer Rolle in der Judenfrage fanden. Gewiß nicht zufällig kam in Württemberg die erste wirkliche Schulderklärung den Juden gegenüber von der *Kirchlich-theologischen Sozietät* in einem Wort vom 9. April 1946. In ihm heißt es:

»Wir sind mutlos und tatenlos zurückgewichen, als die Glieder des Volkes Israel unter uns entehrt, beraubt, gepeinigt und getötet worden sind. Wir ließen den Ausschluß der Mitchristen, die nach dem Fleisch aus Israel stammten, von den Ämtern der Kirche, ja sogar die kirchliche Verweigerung der Taufe von Juden geschehen. Wir widersprachen nicht dem Verbot der Judenmission. [...] Wir haben indirekt dem Rassedünkel Vorschub geleistet durch die Ausstellung zahlloser Nachweise der arischen Abstammung und taten so dem Dienst am Wort der frohen Botschaft für alle Welt Abbruch.«³⁷

Anmerkungen

1 Vgl. zum folgenden Schriftwechsel im Fall Michael Singer, Klosterreichenbach (1.11.1938 bis 11.12.1939), Schäfer, Landeskirche Bd. 6, S. 15–40, besonders S. 18.27.35.
2 Offenbar fanden nach dem Bürgerbräu-Keller-Attentatsversuch von Georg Elser am 8.11.1939 auch Verhaftungen von Juden statt, obwohl dieses Attentat von den Nazis mit einer Verschwörung von Kommunisten und dem englischen Geheimdienst in Zusammenhang gebracht wurde. Bullock, Hitler, S. 551f.

3 Vgl. zum folgenden Landeskirchenamt Sachsen an Ernst Lewek (27.6.1939) und OKR Stuttgart an Ernst Lewek (13.7.1939). Landeskirchliches Archiv Stuttgart (LKAS) Altreg. Gen. 365 III, sowie Röhm/Thierfelder, Juden–Christen–Deutsche Bd. 3/1, Kap. 24.
4 OKR Stuttgart an Luth. Bekenntnisgemeinschaft in Thüringen (5.11.1935). LKAS Altreg. Gen. 365 II. Zum weiteren Schicksal Syltens vgl. Röhm/Thierfelder, Juden–Christen–Deutsche, Bd. 3/2, Kap. 48.
5 Vgl. zum »Fall« von Jan ausführlich Röhm/Thierfelder, Juden–Christen–Deutsche Bd. 3/1, Kap. 5 sowie Schäfer, Landeskirche Bd. 6, 120–164.
6 Vgl. zum folgenden Dekanatsarchiv Kirchheim/Teck: OKR Stuttgart an Evang. Dekanatamt Kirchheim (29.6.1940).
7 Mit Recht hatte der Vorsitzende des Sondergerichts auf die Schlußsätze der Predigt verwiesen: »Es ist herausgesagt vor Gott und in Gottes Namen! Nun mag die Welt mit uns tun, was sie will. Wir stehen in unseres Herrn Hand.« Urteil in der Strafsache gegen Julius von Jan (15.11.1939). Schäfer, Landeskirche Bd. 6, S. 134.
8 Tagebuch von Jan. Kopie im Besitz des Verfassers.
9 OKR Stuttgart an Kirchenstatistisches Amt der DEK (27.12.1940). LKAS Altreg. Gen. 523. In Brandenburg, wo traditionell die meisten Juden innerhalb des Deutschen Reiches gelebt haben, fanden zwischen 1934 und 1939 852 Judentaufen, im gesamten Bereich der Altpreußischen Union im selben Zeitraum 1 002 Judentaufen statt. Übersicht über Übertritte vom Judentum zur evangelischen Kirche in der DEK (o.D.). LKAS Altreg. Gen. 523. Altreg.
10 Stadtpfarramt Horb an OKR (9.2.1944) mit Antwortschreiben als Randnotiz (24.2.1944). Ebd.
11 Südstadtpfarramt Ludwigsburg an OKR (8.11.1940). LKAS Altreg. Gen. 523. Interessanterweise wurde Dörfuß in gleicher Weise wie Julius von Jan Ende November 1938 von Parteiseite als »Judenknecht« geschmäht. Am Dekanatsgebäude war ein Plakat mit dieser Aufschrift angebracht worden. Schäfer, Landeskirche Bd. 6, S. 114.
12 OKR an Institut zur Erforschung und Beseitigung des jüdischen Einflusses auf das deutsche kirchliche Leben, Eisenach, (15.1.1940). LKAS Altreg. Gen. 523. Eine ähnliche Formulierung (»Die Württembergische Landeskirche gehört zu denen, deren Pfarrstand überhaupt keinen Semiten aufweist.«) hatte Wurm bereits in Predigten, die später gedruckt wurden, im Frühjahr 1937 in der Stiftskirche in Stuttgart, in Eßlingen und in Ulm verwendet. Wurm, Christus, S. 10.
13 Vgl., auch zum folgenden, Hermle/Lächele, Landeskirche. Die mit der württembergischen Ministerialabteilung für höhere Schulen abgestimmte Neufassung der Aufnahmebedingungen zum Eintritt ins Evang. Stift ist im Amtsblatt der evang. Landeskirche in Württemberg, Band 27, Nr. 17, vom 9. Dezember 1935, veröffentlicht worden. Vgl. dazu auch Röhm/Thierfelder, Juden–Christen–Deutsche Bd. 2/1, Kap. 25.
14 Vgl. zum folgenden Hermle/Lächele, Landeskirche, S. 207–211; Röhm/Thierfelder, Juden–Christen–Deutsche Bd. 3/1, Kap. 25 und 26.
15 BK-Rundschreiben (O.D.). Evangelisches Zentralarchiv Berlin (EZA): HZ 1. Niemöller, Kampf und Zeugnis, S. 460f.
16 Statistik des Deutschen Reichs, Band 552,4, Berlin 1944, S. 6f.
17 Listen der in Württemberg und Hohenzollern in Mischehe Lebenden (25.6.1942 und 29.1.1943). LKAS Altreg. Gen. 153,I.
18 Vgl. zum folgenden verschiedene Aktennotizen (18.3.1939, 23.12.1940), Schriftwechsel OKR/IM (10.1.1941, 1.6.1942, 10.6.1942) und Tätigkeitsberichte bzw. Rückblicke von Mitarbeitern der Hilfsstelle Stuttgart (31.11.1939, 9.6.1942, Februar 1955, 10.2.1964). LKAS Altreg. Gen. 153.

19 Vgl. eine von Goldmann korrigierte Aktennotiz »Die Anfänge der Hilfsstelle für Rasseverfolgte in Stuttgart« [Februar 1955]. LKAS Altreg. Gen. 153, sowie Goldmann, Zwischen zwei Völkern. Goldmann blieb nicht nur zeitlebens ein extremer Nationalist, sondern bekannte sich in seiner Autobiographie – 84jährig – noch voll zu seiner Mitarbeit beim SD. Es berührt schon merkwürdig, wenn der ehemalige Leiter der Stuttgarter Hilfsstelle für »nichtarische« Christen schreibt: »Ich muß gestehen, daß ich, trotz des persönlichen Schicksals [...], einen Teil der völkisch bedingten Maßnahmen gegen die Juden als unvermeidlich um Deutschlands willen anerkennen mußte.« (Ebd. S. 194)
20 Vgl. Krakauer, Lichter, bes. S. 132–136; Hermann und Herta Pineas, Berichte; Widmann, Sozietät, S. 182.
21 Rundschreiben der DEKK (22.12.1941). KJB 1933–1944, 2.A., S. 461.
22 Wurm an DEKK (6.2.1942). EZA, 1/C3/172, Bl. 64f.
23 Aktennotiz über die Aussprache bei der Kollegiums-Sitzung des OKR am 16.9.1941 (18.9.1941). LKAS Altreg. Gen. 153.
24 Hermann Diem an Landesbischof Wurm (5.12.1941). LKA Bielefeld: 5,1 – 673, Fasc. 2.
25 Wurm an Diem (8.12.1941). LKA Bielefeld: 5,1 – 673, Fasc. 2. Entwurf des Schreibens: LKAS Altreg. Gen. 523.
26 Wurm an RKM (9.12.1941). Schäfer/Fischer, Wurm, S. 279.
27 Vgl. den Hefteintrag Faksimile: Röhm/Thierfelder, Evangelische Kirche, S. 78f.
28 Vgl. Röhm/Thierfelder, Juden-Christen-Deutsche Bd. 2/1, Kap. 16.
29 Vgl. zu beiden, wie zum Folgenden, Heiber, Frank, S. 452–455.462–464 und Röhm/Thierfelder, Juden-Christen-Deutsche, Bd. 2/1, Kap. 23.
30 Gutachten der Evang.-Theologischen Fakultät der Universität Tübingen für die Privil. Württ. Bibelanstalt (17.4.1943). Kopie im Besitz des Verf.
31 Vgl. Wurm an Goebbels (1.4.1942). Schäfer/Fischer, Wurm, S. 296. Vgl. zum folgenden Thierfelder, Wurm und Judenverfolgung.
32 Wurm an Dill (28.1.1943). Schäfer/Fischer, Wurm, S. 381.
33 Wurm an Hitler (16.7.1943). Schäfer/Fischer, Wurm, S. 305–307.
34 Wider das Schweigen der Kirche zur Judenverfolgung. Offener Brief an Landesbischof D. Meiser. In: Diem, Sine vi, S. 108–111. Erstmals veröffentlicht: Schweiz. evang. Pressedienst, 14.7.1943, Nr. 28, Bl. 5.
35 Vgl. Schäfer/Fischer, Wurm, S. 381f. Ähnlich sprach Wurm in einem Brief an die Stuttgarter Pfarrer von der »großen Schuld«, die das deutsche Volk auf sich geladen hat, »durch die Art, wie der Kampf gegen Angehörige anderer Rassen und Völker vor dem Krieg und im Krieg geführt worden ist«. Und er fährt fort: »Und wenn wirs nicht gebilligt haben, so haben wir doch oft geschwiegen, wo wir hätten reden müssen und sollen.« Schäfer/Fischer, Wurm, S. 168.
36 Wurm an Reichsminister Lammers (20.12.1943) und Lammers an Wurm (3.3.1944). Schäfer/Fischer, Wurm, S. 311–315.
37 Vgl. Widmann, Sozietät, S. 188.

David J. Diephouse

Wanderer zwischen zwei Welten?
Theophil Wurm und die Konstruktion eines protestantischen Gesellschaftsbildes nach 1945

Als der württembergische Landesbischof Theophil Wurm 1948 im Alter von 80 Jahren aus dem Amt schied, war er nicht nur die überragend Gestalt seiner Heimatkirche im 20. Jahrhundert, sondern auch einer der profiliertesten Kirchenführer im deutschen Protestantismus überhaupt.[1] Für Otto Dibelius wie für viele Zeitgenossen war er »unser alter Vater Wurm«[2], ein ehrwürdiges Vorbild des »anderen Deutschland«, dessen unermüdlichen Bemühungen für kirchliche Einheit und für die unbeschränkte Verkündigung des Evangeliums es wesentlich zu verdanken war, daß die evangelische Kirche als Institution und gesellschaftliche Größe das Dritte Reich mehr oder weniger intakt überdauern konnte, und dessen mutiges Eintreten für Menschenrechte in zahllosen Protestschreiben gegen NS-Maßnahmen, besonders gegen Euthanasie und Völkermord, ihm internationale Anerkennung gebracht hatte. Seine Vermittlungsarbeit zwischen den kirchenpolitischen Fronten machte ihn nach 1945 zum einzig denkbaren Kandidaten für den Vorsitz des provisorischen EKD-Rates, und damit zum Sprecher des gesamtdeutschen Protestantismus und »Anwalt Deutschlands«[3].

Kirchenhistoriker haben diese »Hagiographie« inzwischen mit vielen kritischen Akzenten versehen. Seine tief verwurzelten nationalistischen Sympathien führten Wurm anfangs, wie er selbst später einräumte, zu folgenschweren Fehleinschätzungen des Nationalsozialismus; darüber hinaus bleibt es fraglich, ob es dem Altkonservativen jemals gelang, ein überzeugter Demokrat zu werden. Im nachhinein auffallend ist zudem der unverkennbare, von Adolf Stoecker geerbte Antisemitismus, der seine Befürwortung der Menschenrechte bis in die Nachkriegszeit hinein wesentlich hemmte. Manche seiner öffentlichen Stellungnahmen, wie zum Beispiel zu den Kriegsverbrecherprozessen, sind dem heutigen Historiker ebenso problematisch wie sie Wurm selbstverständlich waren.[4] Damit will man weder Wurms große kirchlichen Verdienste noch seine bewundernswerten persönlichen Eigenschaften verkennen. Im Gegenteil: gerade in seiner Komplexität und Widersprüchlichkeit gewinnt Wurm an Bedeutung für die heutige Geschichtsschreibung.

Wurms letzte Jahre waren bemerkenswert für die außerordentliche Fülle seiner Interessen und Verpflichtungen. Ein vollständiges Porträt würde deshalb den Rahmen dieses Aufsatzes sprengen. Einige Aspekte sind schon behandelt worden, unter anderen sein *Kirchliches Einigungswerk* und die damit verbundenen Auseinandersetzungen mit dem bruderrätlichen und dem lutherischen Flügel der *Bekennenden Kirche* über das Vermächtnis des Kirchenkampfes, dazu auch seine umstrittenen Kampagnen, die ganze Besatzungszeit hindurch, gegen Maßnahmen der Militärregierung.[5] Im folgenden beschränken wir uns auf einige Überlegungen zum Gesellschaftsbild, das Wurms Diskurs in diesen Jahren sozialer, politischer, und geistiger Umwälzung zwischen Weltkrieg und Kaltem Krieg prägte.

Fast alle Beobachter sind sich schon längst darüber einig, daß das Jahr 1945 keine »Stunde Null« in der deutschen Geschichte war. Kirchlich ging es, wie besonders Martin Greschat hervorgehoben hat, weder um Neuanfang noch um Restauration, weder um die Neubelebung eines alten volkskirchlichen Milieus noch um das entscheidende Hervortreten von neuen Strukturen und Verhaltensweisen. Diese Jahre sind vielmehr als die besonders intensive Spätphase eines komplexen, langdauernden Prozesses sozialer Wandlung und Umformung anzusehen, der sich bis in die Anfangszeit der Industrialisierung zurückführen läßt.[6] In diesem Kontext darf man in Wurm als dem »großen alten Mann der evangelischen Kirche«[7], dessen Leben praktisch diese ganze Kulturepoche umfaßt, gerade die Verkörperung von alten Mentalitäten und Handlungsformen sehen, die im Laufe seines langen öffentlichen Wirkens wohl immer weniger zu den sozialen und politischen Realitäten paßten, andererseits aber ihre elementare Gestaltungskraft nie einbüßten.

Wurm war sich der wachsenden Spannung zwischen »Einst und Jetzt«[8], zwischen den Loyalitäten seiner Jugend und den Lebenszuständen seines Alters, durchaus bewußt. Diese Spannung versuchte er zu beseitigen, indem er sich auf eine inzwischen bekannt gewordene Säkularisierungsthese berief, die die Ursache nationaler Katastrophen auf einen angeblichen nationalen Glaubensabfall zurückführte und zu einer gründlichen »Rechristianisierung« des deutschen Volkes als der unerläßlichen Voraussetzung des Wiederaufbaus aufrief.[9] Wurm verstand diese »Rechristianisierung« als ein immer gültiges, im Wesen des Evangeliums verwurzeltes Erneuerungsprogramm – auch wenn er, was die unmittelbare Zukunft betraf, nicht gerade zuversichtlich war. Hier stellt sich die Frage, inwieweit Wurm in der Lage war, seine festen vaterländischen und volkskirchlichen Überzeugungen auf die neuen Verhältnisse der Nachkriegszeit zu übertragen: ob er faktisch fest an die hohe Rhetorik einer konservativen Utopie gebunden war, oder ob einige Modernisierungstendenzen auch in seinem traditionellen Denkmuster sichtbar wurden. Daß es sich hier um Nuancen und kleine Akzentverlagerungen handelt, liegt auf der Hand. Es mögen aber wohl gerade solche Nuancen sein, die das Bild von einer Übergangszeit am besten beleuchten.

I

Wurm war ganz bewußt ein Kind des Kaiserreiches, dem der »Kanonendonner von Belfort« 1870 immer lebendig in Erinnerung blieb.[10] »Meine ganze Liebe und Anhänglichkeit«, sagte er rückschauend 1949, »gingen zurück in das große Kaiserreich, in dem ich meine Jugend habe erleben dürfen, und ich bin heute noch der Meinung, daß [...] trotz all dem Unerfreulichen, was auch damals in Staat und Volk vorhanden war, wir niemals später eine solche Sicherheit und auch eine solche Freiheit genossen wie unter diesem oft falsch verdächtigten Staatswesen, dessen Gründer Bismarck gewesen war.«[11] Wurm blieb der nationalprotestantischen Gesinnung, die er aus Pfarrhaus und Schule mitbekam, zeitlebens treu; darin lag also das Rohmaterial seines späteren Denkens und Handelns.[12]

Eine Triebfeder der Mentalität, die Wurm vertrat, war die Überzeugung, daß Gott nicht ein unpersönliches summum bonum ist, sondern der Herr der Geschichte, der den Bund mit seinem Volk gerade in der Geschichte, insbesondere durch große nationale Ereignisse, pflegt. Die Geschichte jeder Nation, auch der deutschen, verstand sich also in erster Linie als ein kosmisches Drama von Gnade und Gericht, Verheißung und Verantwortung. In dieser Geschichtsdeutung erschien der Staat, oder besser die monarchische Staatsordnung, nicht nur als Machtfaktor, sondern auch als moralische Größe. Gottesfurcht forderte auch Staatstreue; wer in Deutschland das Reich Gottes suchte, mußte in dem neuen Kaiserreich auch Gottes Reich erblicken, insofern als es die Züge einer christlichen Lebensordnung trug. Thron und Altar schienen in dem Sinn miteinander verbunden zu sein, daß beide gemeinsam die Aufgabe hatten, das Volk als ein Christenvolk zu erhalten und zu fördern. In diesem Zusammenhang gewann die Volkskirche ihre besondere Bedeutung, und zwar nicht als bloßer Verwaltungsapparat, sondern als lebendige Gesamtgemeinde, die nicht nur eine kleine Schar von aktiven Mitgliedern sammelte, sondern auch für die Erhaltung christlicher Werte und Verhaltensweisen in der Öffentlichkeit sorgte. Eine christliche Gesellschaft ließ sich nicht auf persönliche Autonomie aufbauen, sondern auf die gesunden Bindungen und Verbindungen, die in Gesellschaftsbegriffen wie Familie, Gemeinde oder Staatsbürgerschaft impliziert waren, sowie in der dauernden Pflege der mit diesen Schöpfungsordnungen verbundenen sozialen Tugenden. Ohne diese innerliche Gesundheit wäre äußerlicher Wohlstand schließlich umsonst.

Dieses Weltbild war für Wurm weit mehr als das unreflektierte Klischee eines in der lutherischen *Zweireichelehre* gut geschulten konservativen Bürgertums; es war zugleich so etwas wie die Destillation seiner eigenen Lebenserfahrungen. Ein festes Bewußtsein von Gottes Führung als die Grundlage menschlicher Existenz war bei ihm schon in der Kindheit erwacht, als er einen lebensgefährlichen Absturz von dem steilen Rand des Karrenbergs bei Mössingen ohne Verletzung überstand.[13] Familie und Familienbeziehungen als Mikrokosmos einer geordneten christlichen Gesellschaft waren ihm in seinem Elternhaus lebendig – man denke an den prägenden Einfluß seiner tiefgläubigen, leider früh verstorbenen Schwester Mathilde[14] – und sind besonders sichtbar gewesen in der vielbemerkten Treue und Anhänglichkeit, in dem Kontrapunkt von Patriarchat und Partnerschaft, die das eheliche Leben mit seiner Frau Marie durch mehr als fünfzig Jahre charakterisierten. (Es mag in dieser Hinsicht vielleicht nicht ganz zufällig gewesen sein, daß Wurm gerade seinen Hausarrest im Herbst 1934 als den eigentlichen Höhepunkt des Kirchenkampfes betrachtete.[15]) Durch Stiftsleben und Studentenverbindungen, Gemeindeleben und Gemeinschaftsbeziehungen ließ sich die Kirche wiederum als eine Art erweiterte Familie erleben, und damit auch als Modell der bürgerlichen Gesellschaft überhaupt. Bei allem »Respekt vor den weltlichen Gewalten,« bei aller »unbedingten Bevorzugung des Staates vor der Kirche«[16], zu denen auch Wurm sich immer bekannte, hat man doch den Eindruck: Für Wurm konnte es aufgrund persönlicher Erfahrungen nie um ein rein hierarchisches Verhältnis zwischen den Schöpfungsordnungen gehen, sondern nur um deren dynamisches Gleichgewicht. Gerade diese Idealvorstellung spiegelt sich in dem Bild von dem Marktplatz in Schwäbisch Hall, wie er das in einer Predigt von 1943 beschrieb: »Kirche, Rathaus und Bürgerhäuser stehen, verbunden durch die zum Ort der Anbetung hinaufführende Freitreppe in einer so harmonischen Verbindung, wie man sie selten irgendwo anders antreffen wird.«[17]

Daß dieses Bild nicht der sozialen Wirklichkeit entsprach, war auch Wurm völlig bewußt. Selbst in der Glanzzeit seines geliebten Kaiserreiches konnte man »Volk« kaum mit »Christenvolk« gleichsetzen. Politische Einheit und industrielles Wachstum hatten offensichtlich nicht der Christianisierung, sondern gerade der weiteren Säkularisierung der deutschen Gesellschaft Vorschub geleistet. Diese Erkenntnis war der unmittelbare Anlaß zu dem defensiven Projekt des Nationalprotestantismus, dem sich auch Wurm, besonders als Leiter der Stuttgarter *Evangelischen Gesellschaft*, vor 1914 widmete, nämlich die angeblichen Feinde einer gesunden christlich-bürgerlichen Lebensordnung mit allen Mitteln zu bekämpfen. Einerseits handelte es sich hier um soziales Engagement, um den tatkräftigen Einsatz der christlichen Gemeinde gegen die unmittelbaren Begleiterscheinungen der Modernisierung, seien es Wohnungsnot oder Jugendkriminalität. Andererseits handelte es sich darum, Warnrufe zu erheben und die christliche Bürgerschaft zu mobilisieren gegen »fremde« Werte und fremdes Verhalten wie auch gegen deren soziale Träger. Wenn schon der Katholizismus in ein nationalprotestantisches Gesellschaftsbild nicht ganz paßte, so lag die Hauptgefahr vermutlich in den säkularen geistigen Traditionen der Aufklärung, die man besonders in der »gottlosen Sozialdemokratie« und in dem »jüdischen Literatentum« zu erblicken glaubte, und die man für den Verfall herkömmlicher Werte und die Auflösung herkömmlicher sozialer Bindungen verantwortlich machte. Daß Wurm ein großer Verehrer von Adolf Stoecker war und blieb, ist in diesem Kontext kaum verwunderlich. Denn wie Stoecker, wenn auch in seiner eigenen schwäbischen Tonart, zielte Wurm auf die »mentale Integration der Deutschen in das neue Reich«[18] – wobei er Integration allerdings nicht nur öffentlich-politisch, sondern auch geistig-kirchlich verstand, nämlich als die Durchdringung des ganzen nationalen Lebens mit dem Ethos des Evangeliums, damit das Deutsche Reich dem Reich Gottes gleich werde.

Der Zusammenbruch von 1918 war für diese Mentalität katastrophal. Dem schon fünfzigjährigen Wurm, damals noch zweiter Stadtpfarrer in der evangelischen Diasporastadt Ravensburg, schien es, wie er rückblickend in seinen Memoiren schrieb, »als ob mein Leben unsonst gewesen wäre.«[19] Selbst wenn die sogenannte Trennung von Staat und Kirche eine begrüßenswerte Befreiung der Volkskirche von staatlicher Vormundschaft versprach, so drohte das Weimarer »System« viele alte Selbstverständlichkeiten der Kirchen- und Staatsordnung in Frage zu stellen. Insbesondere ließ dieses den wachsenden kulturellen und gesellschaftlichen Pluralismus der Moderne wie noch nie gelten und verdrängte dabei, wie es schien, weiter die Kirche und den christlichen Glauben als öffentlichkeitsgestaltende Kräfte. Pluralismus gab Anlaß zum Pessimismus; die Folgerung lag nahe, daß das deutsche Volk wie der verlorene Sohn des bekannten Gleichnisses sein großes Vatererbe, erworben in den welthistorischen Ereignissen des vorigen Jahrhunderts, weitgehend verschleudert hatte. Äußere Not, in der Form von politischer Instabilität oder wirtschaftlichen Krisen, sei letztlich nur das Symptom einer tieferen inneren Not, des Abweichens des Volkes von den Ordnungen und Tugenden einer christlichen Lebensweise.

So wollte Wurm wie viele andere im deutschen Protestantismus die nationalsozialistische Machtübernahme als eine große historische, das heißt auch gottgegebene Möglichkeit begrüßen, die ersehnte Partnerschaft mit der Staatsobrigkeit wiederherzustellen, um dabei die Rechristianisierung Deutschlands mit erneutem Eifer aufzunehmen. So waren die Bekenntnis- und Organisationsfragen des Kirchenkampfes für Wurm immer Fragen von sozialer Wirklichkeitsgestaltung.[20] In seiner Eröffnungspredigt vor dem württembergischen *Landeskirchentag* in September 1933 stellte er die Zukunftsalternativen heraus: »Wird unsere evangelische Kirche, die seit anderthalb Jahrhunderten immer stärker zurückgedrängt worden ist aus dem Volksleben, den verlorenen Boden zurückgewinnen? [...] Oder werden die Erschütterungen der Gegenwart, die auch das Verhältnis von Staat und Kirche berühren, diese endgültig unfähig machen zu solchem Dienst?«[21] Die Antwort wurde ihm trotz anfänglicher Begeisterung bald klar: der NS-Staat war kein Mittel des nationalen Heils, sondern eben die endgültige Verkörperung der Säkularisierung, die das deutsche Volk seit einem Jahrhundert innerlich verdorben hatte. Wie er einem württembergischen Amtsbruder Anfang 1944 schrieb: »Das war und ist eben das Tragische, daß eine von uns begrüßte Erneuerungsbewegung, der wir volle Sympathie entgegenbrachten, [...] sich als aufs engste mit einem völkischen Freidenkertum verknüpft erwiesen hat.«[22] Einige Monate vorher, in einer Predigt im Ulmer Münster, hatte er seinem Kulturpessimismus freien Lauf gelassen: An die Möglichkeiten menschlicher Selbstverbesserung könnte kein nüchterner Mensch längst mehr glauben. »Die gottferne Humanität hat sich in eine gottlose Bestialität verwandelt. Die Welt hat Christus ausgestoßen, nun muß sie dem Teufel dienen. [...] Vom Sieg über die bösen Geister haben wir heute nicht viel zu rühmen.«[23]

Dieser Pessimismus war allerdings kein Rezept für Passivität, und Wurms Antwort auf die Herausforderungen der NS-Zeit gehört zu den bekanntesten Kapiteln der Kirchenkampfgeschichte. Durch Predigtarbeit und persönliche Fühlungnahme, durch Protestschreiben und Einigungsbestrebungen arbeitete er unablässig dafür, alle kirchlich gesinnten Kreise im deutschen Protestantismus als Gegengewicht zu dem Totalitätsanspruch des Dritten Reiches zu sammeln und im Namen dieses evangelischen Kaders die Ansprüche des Evangeliums geltend zu machen. »Hat unser Volk noch [...] eine Sendung?« fragte er am Totensonntag 1943. »Es kommt darauf an, ob im deutschen Volk Salzkraft, Lichtkraft vorhanden ist. [...] Dazu sind doch wir [Christen] berufen!«[24] So zielte die öffentliche Aufgabe der Kirche immer weniger auf die Unterstützung einer Staatsordnung und immer mehr auf eine erhoffte Neugestaltung der Gesellschaftsordnung; der Staat wurde nur noch ein abhängiges, nicht mehr ein notwendiges Mittel zur Rechristianisierung.

Damit waren für Wurm wohl spätestens seit Stalingrad die Weichen schon auf Erneuerung gestellt. Der endgültige Zusammenbruch von 1945 brachte keine kirchliche Desorientierung wie 1918, trotz des beispiellosen Ausmaßes der Niederlage und der andauernden theologischen und kirchenpolitischen Kontroversen im evangelischen Lager. Wurm war mehr als bereit, den Aufbau eines neuen Deutschlands mit allen kirchlichen Mitteln zu fördern und dabei selbst eine prominente Rolle einzunehmen. So machte er Württemberg vorübergehend zu der Schaltzentrale des ganzen deutschen Protestantismus; die letzten vier Jahren seiner Amtsführung brachten ihm noch mehr öffentliche Aufgaben jeder Art als in der Zeit des Kirchenkampfes. Schon diese Tatsache legt die Frage nahe, ob oder inwieweit Wurm in den neuen politischen und gesellschaftlichen Zuständen seine Einstellung zur Gesellschaftsordnung »modernisieren« konnte oder wollte. Diese Frage möchte ich zumindest skizzenhaft untersuchen anhand von drei wiederkehrenden Motiven –, ein seelsorgerliches, ein ethisches, ein politisches – die (unter anderen) Wurms öffentliche Rhetorik und Stellungnahmen in der

Nachkriegszeit charakterisierten. Damit läßt sich vielleicht etwas von dem Wesen wie auch von den Grenzen des Gesellschaftsbildes erblicken, mit dem er am Abend seines Lebens noch versuchte, sich mit einer für ihn diffusen und wohl immer noch fremden Modernität abzufinden.

II

Wurm verstand sich als Landesbischof in erster Linie als Seelsorger. Besonders am Anfang der Besatzungszeit bildete der Ruf nach Umkehr und Schuldbekenntnis einen unverkennbaren Bestandteil dieser öffentlichen Seelsorgearbeit. Buße und Umkehr als Voraussetzungen der Erneuerung: das war nicht nur ein zentrales Thema aller christlichen Verkündigung, sondern auch eine logische Folgerung von Wurms Geschichtsverständnis, das in jedem nationalen Unheil Gericht und zugleich Gnade verspürte. In dem großen Hirtenbrief an die württembergische Pfarrerschaft vom 16. Oktober 1944, der schon bewußt auf Nachkriegsverhältnisse vorausschaute, hatte Wurm geltend gemacht, daß der seelsorgerliche Trostdienst eine Ergänzung bedürfe in dem kirchlichen Ruf nach »Buße, Demütigung, Verzicht auf Selbstruhm und Selbstvertrauen [...] Ohne dies Wunder innerer Umkehr gibt es kein Wunder äußerer Hilfe.«[25] So hieß es schon in seiner Ansprache an die Gemeinden vom 10./12. Mai 1945, die man während des ersten großen Gottesdienstes in Stuttgart nach der Kapitulation verlas: »Je mehr wir derselben göttlichen Gnade trauen, die uns mitten in dem furchtbaren Gericht über menschliche Anmaßung und Selbstüberhebung leitet und trägt, desto tatkräftiger können wir zusammenwirken, um die Wunden, die der Krieg geschlagen hat, zu heilen, so weit das möglich ist. Wir wollen also nicht von Gott Rechenschaft fordern, warum er so Furchtbares hat geschehen lassen, sondern wir wollen in der Abkehr von ihm und von seinen Lebensordnungen die tiefste Ursache unseres Elendes erblicken.«[26] Wenige Tage später hieß es in der Tübinger Stiftskirche: »Deutsches Volk, du hast dich auf einen Irrweg locken lassen und mußt zurück und darfst Gott dankbar sein, wenn er dich noch einmal einen neuen Anfang machen läßt, [...] nicht mit Menschenvergötterung, sondern mit Dienst des wahren Gottes.«[27] »Der Weg nach Hause«, behauptete Wurm in einer Neujahrspredigt 1946, »geht ja nicht bloß um die Heimkehr der Gefangenen, auch nicht bloß um die Wiedervereinigung der zerrissenen und durch die deutschen Länder irrenden Familien – es geht darum, daß ein ganzes Volk umkehrt und heimkommt zu dem Gott, den es verlassen hat.«[28]

Diese Auslegung der Zeitlage war angesichts der Zentralität der Schuldfrage von mehr als rein innerkirchlicher Bedeutung. Die bekannte *Stuttgarter Schulderklärung* vom Oktober 1945 spielt immer noch eine wichtige Rolle in der Geschichte dieser Zeit, und zwar nicht nur in der Kirchengeschichte. Obwohl diese Erklärung nicht unmittelbar von Wurm stammte, so war er an ihrem Zustandekommen wesentlich beteiligt; die Autoren der beiden Hauptentwürfe, Hans Asmussen und Otto Dibelius, standen ihm kirchenpolitisch nahe. Die Stuttgarter Erklärung, nach Barmen der wohl meistzitierte und meistanalysierte Text der Kirchlichen Zeitgeschichte[29], trägt viele Züge einer kulturkritischen Denkweise, unter anderen die charakteristische Verbindung von Schuld und Leiden, Selbstkritik und Selbstentschuldigung, die man auch in Wurms Äußerungen immer wieder begegnet. Auffallend ist auch die Identifikation des Nationalsozialismus nicht als konkretes historisch-politisches Phänomen, sondern als »Geist« sowie die implizite Berufung auf Versöhnung als der Kehrseite des Schuldbekenntnisses – eine Ansicht, die sich später vielfach in der Wendung »Vergebung statt Vergeltung« ausdrücken ließ.[30]

Diese letzteren Tendenzen lassen sich wohl zum Teil auf den unmittelbaren Anlaß der Stuttgarter Erklärung zurückführen, nämlich das praktisch wie symbolisch wichtige Treffen mit ausländischen Vertretern der ökumenischen Bewegung. Es kennzeichnete aber Wurms Gebrauch von »Umkehr« als rhetorischen Topos, daß Buße und Schuldbekenntnis hier immer ziemlich allgemein blieben. Weder setzten sie eine explizite, ausdifferenzierte Diagnose der neuesten politischen Vergangenheit voraus, noch implizierten sie die Notwendigkeit solcher Diagnosen für einen wirksamen Umkehrprozeß. Zwar sprach Wurm ganz offen, wie schon öfters vor 1945, von den Verbrechen des Hitlerregimes. Seine Auslegung der Stuttgarter Erklärung vor dem Stuttgarter Pfarrkonvent in Dezember 1945 betonte als »unwidersprochene Tatsache« die deutsche Verantwortung für den Kriegsausbruch sowie für den Massenmord.[31] Es fehlte aber bei solchen Äußerungen trotz Wurms scharfsinniger Geschichtskenntnis die klare Auseinandersetzung mit den konkreten historischen Ursachen des Dritten Reiches, auch der Mitverantwortung bestimmter sozialer Gruppen und Mentalitäten für die Konsolidierung des NS-Staates. Hier kam es höchstens zu einem etwas vagen Hinweis auf das Versagen der »führenden Schichten«. Meistens aber, wie in den schon zitierten Ansprachen, begnügte Wurm sich mit der Behauptung, die deutsche Katastrophe sei letztlich ein trauriges Symptom der Modernität, ein Beweis für den allgemeinen sozialen und geistigen »Zusammenbruch des Abendlandes, der am sichtbarsten in Deutschland geschah«, wie es in einem Zeitungsaufsatz von 1947 hieß.[32]

Ganz typisch für diese Haltung war eine Adventserklärung, die Wurm als EKD-Ratsvorsitzender 1945 herausgab. Da hieß es: »Wir fühlen es alle: Jetzt wird abgerechnet, nicht bloß über das, was in den letzten zwölf Jahren geschehen ist – jetzt gehts um die Aufdeckung einer Schuld, die in langen Jahrzehnten zu einer ungeheuren Höhe aufgelaufen ist! Was an Gottentfremdung außerhalb der christlichen Gemeinde, was an Verleugnung des Herrn und seines Evangeliums innerhalb der Gemeinde geschehen ist, spricht wider uns und kann nicht widerlegt werden.« Was alsdann zu der kaum überraschenden Folgerung führte: »Daß *wir* loskommen von den Neigungen und Verirrungen, die unser Unglück herbeigeführt haben, daß wir entschlossen umkehren und einen neuen Anfang machen, darauf kommts an.«[33] Nach 1946, unter dem Eindruck der Kriegsverbrecherprozesse und anderer Besatzungsmaßnahmen, sollte Wurm sogar diese Formulierung zunehmend relativieren, indem er deutsche Kriegsverbrechen mit den Missetaten der Alliierten nun weitgehend parallelisierte. So zum Beispiel 1949: »Was die Mordkommandos des Dritten Reiches bei den Juden [...] an Unrecht und Jammer angerichtet haben, kann nicht aus der Welt geschafft werden, kann nicht ungeschehen gemacht werden, und die Folgen werden auch weiterhin unheimlich nachwirken. Genau so ist es, wenn wir an das Entsetzliche denken, was unsere Volksgenossen im Osten durchzumachen hatten: das ist ebensowenig aus der Welt zu schaffen, und das wird auch sicher weiterwirken als ein Fluch durch viele Jahrhunderte hindurch.«[34] Schon Hinweise auf Kollektivschuld, auf der Wurm stets bestand, und die auch eine logische Folgerung seines Geschichtsverständnisses war, wirkten in dieser Hinsicht eher relativierend als intensivierend, soweit es um die politische Verantwortung bestimmter Personen und Gesellschaftsgruppen ging.

Kulturpessimistisches Klagen war an sich kaum dazu geeignet, den Rahmen eines neuen kirchlichen Diskurses oder gar die Grundlagen eines neuen Gesellschaftsethos zu schaffen. Bei Wurms vielen öffentlichen Äußerungen zum Thema Schuld und Umkehr ging es aber letzten Endes nicht um ein ausgewogenes historisches Urteil, sondern um einen eindringlichen seelsorgerlichen Appell. Man hat manchmal den Eindruck, daß der genaue »politische« Inhalt des Schuldbekenntnisses Wurm weniger bestimmte als der allgemeine Geist von Bußfertigkeit und der Wille zur Umkehr, die sich darin zum Ausdruck kamen. Denn nur eine aus dem Schuldbewußtsein entstehende Demut könnte die Menschen offen machen für die Gnade Gottes, die wiederum als die eigentliche Triebkraft der Geschichte die nötige Voraussetzung jeder wahren Gesellschaftserneuerung darstellte. In diesem Sinn konnte Wurm auf materielles oder politisches Elend als Gottes »letztes Gnadenangebot« hinweisen: »Nicht die Selbstrechtfertigung gibt uns den Mut, Ruinen wieder aufzubauen, Zerstörtes wieder zurechtzubringen. Wenn wir einen solchen Mut bekommen sollen, dann kann er nur davon kommen, daß wir wissen: Gott ist dem Sünder gnädig.«[35] Wer dazu bereit sei, gehörte zu einer »Aristokratie der Gesinnung und des Geistes,« ohne die die Nation nie zu ihrer wahren sittlichen Sendung zurückfinden würde.[36]

So hoffte Wurm auf eine wirksame Opposition, wenn auch nur seitens einer kirchlichen Minderheit, gegen Egoismus und Materialismus als den herrschenden, gesellschaftsgestaltenden Prinzipien. In einer Ansprache im Juni 1947 bei der Eröffnung der *Evangelischen Akademie* in Bad Herrenalb schlug Wurm als Maßstab des sozialen Wiederaufbaus vor, »daß unser ganzes Leben auf andere Grundsätze aufgebaut wird, daß besonders die Parole ›Gut ist, was mir nützt, recht ist, was mir Gewinn bringt‹ auf allen Lebensgebieten verlassen wird. Davon darf sich niemand ausnehmen, und wer jetzt noch, und wäre es ein im KZ und durch andere Dinge bewährtester Antifaschist, in seinem Privatleben nach solchen Grundsätzen handelt, ist unbrauchbar für den Wiederaufbau.«[37] Man sieht in dieser Äußerung eine kaum verhüllte Kritik an dem amerikanischen Versuch, durch die Entnazifizierung eine soziale Revolution herbeizuführen; sie bezeugt aber auch die Erkenntnis, daß in sittlicher Hinsicht alles beim alten geblieben war. Die Stuttgarter Erklärung, mußte Wurm konstatieren, hatte »immer noch nicht das rechte Verständnis« gefunden; der deutsche Alltag ergab immer noch ein trübes Bild von »ungerechte[m] Erwerb, Schwarzhandel, Diebstahl, Raub und Unzucht«, also von der Zerbrechung der »letzten sittlichen Bindungen«[38].

Anlaß zur Hoffnung fand Wurm allerdings in den wachsenden ökumenischen Beziehungen der Nachkriegszeit. Sein herzliches Verhältnis zu dem germanophilen Bischof von Chichester, George Bell, war für Wurm wohl ein Vorbild für eine neue, von Versöhnung durchdrungene Weltordnung.[39] Auch die *Moralische Aufrüstung*, die von dem deutsch-amerikanischen Pastor Frank Buchman gegründete Erneuerungsbewegung, bedeutete für Wurm einen wichtigen Schritt in dieselbe Richtung. *Moralische Aufrüstung* stellte den Versuch dar, eine neue Sozialethik zu verwirklichen, indem man die Grundlagen des gesellschaftlichen Lebens, des öffentlichen wie des privaten, auf vier absolute Maßstäbe reduzierte: Ehrlichkeit, Reinheit, Selbstlosigkeit, Liebe. Dieses zwar nicht mehr ausgesprochen christliche Konzept war für Wurm gerade deshalb attraktiv, weil es versprach, alte Gegensätze von Klasse, Konfession, und nationaler Identität zu beseitigen. Für ihn handelte es sich hier um »Ökumene im weitesten Sinn des Wortes; keine kirchliche Ökumene wie Genf, aber Dienst an der Menschheit mit dem Einsatz der besten Kräfte.«[40] Wurm war Frank Buchman schon 1934 in Stuttgart begegnet. Nach dem Ende des Krieges setzten sie sich wieder in Verbindung, und Wurm war dreimal, zwischen 1947 und 1949, Teilnehmer an den in Caux bei Montreux stattfindenden Konferenzen der Bewegung. Auch andere maßgebende Persönlichkeiten im öffentlichen Leben Württembergs und Badens nahmen an diesen Treffen teil, darunter Paul Bausch, Theodor Bäuerle, und Reinhold Maier, die zusammen mit Wurm und anderen eine »Stuttgarter Mannschaft« der *Moralischen Aufrüstung* bildeten. In Caux fand man sich »auf neuen Wegen«, schrieb Wurm 1948 über seine dortigen Aufenthalte. »Man redet hier zwar wenig vom Kreuze Christi; man lebt aber von der Kraft des Kreuzes. [...] Alle Menschen im Haus bilden eine große Familie« – da sieht man schon eine wichtige Affinität mit Wurms idealem Gesellschaftsbild – »tragen füreinander geistige

Verantwortung und dienen einander mit der alltäglichen Arbeit. Man darf sagen: hier ist die klassenlose Gesellschaft verwirklicht.« Insofern als Politik die »Gestaltung des Zusammenlebens der Menschen und Völker« war, gewann auch die *Moralische Aufrüstung* in Wurms Augen eine politische Bedeutung als ein Symbol für die zukünftige Wiederherstellung einer sittlich geordneten Gesellschaft.[41]

III

Die Rhetorik von der »Umkehr« bot Wurm ein plausibles Vokabular von kulturkritischen Begriffen, um die geistigen Verhältnisse der Nachkriegszeit mit Sinn zu füllen. Dieses Vokabular war so einheitlich, wie es vereinbar war mit traditionellen christlich-konservativen Denkkategorien. Andererseits blieb es unvermeidlich innerkirchlich orientiert, selbst wenn man die Kerngemeinde derer, die Salz und Licht sein wollten, wie bei Caux auf alle Menschen guten Willens erweiterte. Mehr auf eine breite Öffentlichkeit orientiert war demgegenüber ein zweites Motiv in Wurms Rhetorik: der Primat des Rechts als Grundlage eines gesunden Gesellschaftslebens. Im Laufe des Kirchenkampfes kam Wurm zu der festen Überzeugung, daß die Kirche nicht nur zum Trost und zur Mahnung berufen war, sondern auch zu der Befürwortung und Verteidigung von Recht und Gerechtigkeit, wenn nötig auch gegen die Willkür des Machtstaates.

Die Betonung der Verteidigung des Rechts als Aufgabe der Kirche war ein klares Ergebnis wiederholter staatlicher Verstöße gegen das alte nationalprotestantische Ideal der staatlichen Partnerschaft mit der Kirche nach 1933. Auch wenn Philosophie und Theologie sich seit jeher mit Fragen der Naturrechtslehre beschäftigt hätten, so sei dies, wie Wurm 1946 bei einer Juristentagung in Bad Boll bemerkte, ohne praktische Bedeutung für kirchliche Handlungen gewesen: »Denn das Recht, die Rechtsordnung, die Rechtspflege, befand sich im alten Deutschland – das darf man wohl sagen – in guten Händen.«[42] Dieser praktische Rechtspositivismus gründete sich zum guten Teil in der »Auffassung, auch in unserer [damaligen] monarchischen Zeit, daß auch der Herrscher dem Recht sich beugen muß«[43]. Wurm sah seine Zuversicht auf die Tugend des Staatsoberhaupts in der Gestalt des alten Kaisers Wilhelm I. versinnbildlicht, den er einmal als Jugendlicher anläßlich eines Kaiserbesuchs in Ludwigsburg gesehen hatte. »Schon [des Kaisers] Erscheinung flösste Ehrfurcht ein. Man wußte, er war ein demütiger Christ, und er hat [...] auch seine Macht nicht mißbraucht [...]«[44] Das braune Hemd der Hitlerbewegung in ähnlicher Weise als ein Symbol von öffentlicher Tugend zu sehen, erwies sich, wie bekannt, bald als eine gefährliche Illusion. Spätestens nach der Legalisierung von Mord, wie sie in der Röhm-

Affäre 1934 offen zu Tage trat, sah Wurm die Weichen gestellt für eine neue Unrechtsordnung, in der ein totalitärer Staat »nicht bloß [...] offenbare Vergehen gegen das Strafgesetzbuch unangefochten und ungesühnt ließ, sondern [...] selber zu Gewalttaten, zu Gesetzesverletzungen aufforderte und sie vollziehen ließ«[45]. So schien es ihm trotz aller Staatsloyalität keine andere Möglichkeit zu geben, als die ganze Autorität seines Amts und seiner Person für die Verteidigung von Recht und Gerechtigkeit einzusetzen. Die Kirche hätte von da an, wie er später schrieb, »nun einmal beides zu treiben: das Gesetz und das Evangelium.«[46]

Die Berufung auf das »Gesetz,« sowohl im engeren Sinn von Gesetzlichkeit wie auch in dem erweiterten Sinn von biblisch fundierten Menschenrechten, wie zum Beispiel in den berühmten Protestschreiben der Kriegsjahre, prägte Wurms öffentliches Handeln vor 1945 in dem Maße, daß man den *Evangelischen Oberkirchenrat* wohl als eine Art Nebenregierung in Württemberg beschreiben könnte (man denke an den bekannten Flüsterwitz: »Wie es doch den Murr wurmt, wenn der Wurm murrt«). Diese öffentliche Verteidigung der herkömmlichen Rechtsordnung veranlaßte Wurm, wie viele Zeitgenossen in ökumenischen Gruppen und Widerstandskreisen, über das Wesen und die Grundlagen des Rechts, über die Beziehung zwischen Naturrecht und christlicher Ethik nachzudenken. Seine eigene Besinnungsarbeit führte schließlich zu dem Ergebnis, daß man nur noch »mit der revolutionären Kraft naturrechtlichen Denkens den verrotteten und verrosteten Hütern irgendeines überlebten positiven Rechts beikommen« könnte.[47]

Wenn solche Äußerungen auf eine gewisse Modernisierung von Wurms Argumentation hindeuten, so war sein Naturrechtsgedanke in der Tat wie auch in der Praxis alles andere als revolutionär. Wurms Begriff von Naturrecht hatte ja wenig mit der Aufklärung und nur bedingt etwas mit der katholischen Naturrechtslehre-Tradition gemeinsam. Für ihn waren Naturrechte sowieso weniger in der Natur als in der Schrift begründet; sie bildeten eine ethische Grundnorm, die sich aus biblischer Offenbarung (auch im Alten Testament) und christlichem Sittlichkeitsgefühl aufbauen ließ. So kam Wurms Behauptung von (Natur-) Recht in mancher Hinsicht seinem Ruf nach Buße und Umkehr nah. Auch die Wurzeln der neuzeitlichen »Rechtskrise« entdeckte er kulturpessimistisch in den marktwirtschaftlichen Begleiterscheinungen des Modernisierungsprozesses, etwa in einer »Ausbreitung der materialistischen Denkweise, für die eben der materielle Vorteil des einzelnen entscheidend ist für das Recht oder Unrecht von Handlungen« – und die selbst wiederum das Symptom einer noch tiefer liegenden Entfremdung von Gott war.[48] Die praktische Anwendung dieser Konzeption, war nach 1945 vornehmlich in der heftigen und anhaltenden Polemik zu erkennen, die Wurm gegen die Kriegsverbrecherprozesse und Entnazifizierungsmaßnahmen jener Jahre führte.

Wurms zahllose Interventionen in Entnazifizierungsverfahren und sein profiliertes Eintreten für Angeklagte und Verurteilte in den Kriegsverbrecherprozessen sind schon andernorts behandelt worden; seine Polemik gegen die Politik der Militärregierung war und bleibt kontrovers.[49] Hier genügt es festzustellen, daß für Wurm die Durchführung dieser Politik rhetorisch bald an die Stelle der früheren NS-Maßnahmen trat. In beiden Fällen erkannte er die Auswirkungen eines Rechtspositivismus, der die Rechtsgrundlage letztendlich menschlicher Macht oder dem unmittelbaren politischen Vorteil dieser oder jener Gruppe unterwerfen wollte. So konnte er 1948 freimütig dem späteren amerikanischen Außenminister John Foster Dulles schreiben: »Es ist meine feste Überzeugung, daß die gute Sache, der sich die USA verschrieben haben, gegen die mächtigen Störenfriede auf allen Seiten nur dann zum Sieg gelangen kann, wenn sie den Hitlergeist auch bei sich selber völlig austreiben und wenn Recht und Gerechtigkeit niemand zu liebe und niemand zu leide, sondern nur aus der Sache heraus gesprochen wird.«[50] Manchmal ging er so weit und behauptete, die »Rechtszerstörung in Deutschland« sei durch alliierte Besatzungsmaßnahmen »womöglich noch größer« als unter dem Nationalsozialismus.[51] Er sah eine gesunde Rechtsauffassung auf doppelte Weise verletzt: einmal dadurch, daß das jetzt geltende Rechtsprinzip »Kriegsverbrechen« ganz von den Siegern stammte, deren eigene Kriegsführung auch nicht immer einwandfrei gewesen war; zum anderen dadurch, daß die Militärregierung ihr Säuberungsprogramm nicht in Zusammenarbeit mit den Kirchen und angeblich verantwortungsbewußten Schichten der Gesellschaft durchführte, sondern Ratgeber unter den Kommunisten, den ehemaligen KZ-Häftlingen und den Emigranten« suchte, von denen kaum mehr als »Zorn und Rachelust« zu erwarten wäre.[52]

Wurms Argumentation war vielleicht stärker emotional als rational geprägt. Einerseits wollte er auf einem allgemeingültigen »natürliche[n] Rechtsempfinden« bestehen, um die Alliierten der Willkür und Einseitigkeit zu bezichtigen – wie implizit in seinem offenen Brief an Winston Churchill, in dem er Potsdam und Nürnberg mit »der früheren Politik des Neides und Hasses« gleichsetzte und forderte, es sollte »nicht mehr zweierlei Recht geben für die Völker, das Selbstbestimmungsrecht für die einen, die Unterwerfung unter eine Tyrannei für die anderen [...]«[53] Andererseits wollte er aber das rechtspositivistische Prinzip *nulla poena sine lege* (also keine Strafe ohne geltendes Gesetz) in Anspruch nehmen, um dabei die NS-Parteimitgliedschaft vielfach zu entschuldigen. Diese Widersprüchlichkeit war an sich nicht untypisch für eine althergebrachte bürgerliche und nationalprotestantische Denkweise, die den tendenziösen politischen Charakter der »staatserhaltenden« (hier vielleicht »rechtserhaltenden«) Position nicht anerkennen wollte.[54] Sicher hoffte Wurm inständig auf die Wiederherstellung von rechtsstaatlichen Verhältnissen nach dem Krieg; Recht sollte der sozialen Integration dienen, wie Umkehr sozialer Erneuerung dienen sollte. Selbst seine Berufung auf universale Rechtsmaßstäbe war aber zu sehr von patriotischen und altkonservativen Sensibilitäten beschränkt, als daß sie die Grundlage einer neuen evangelischen Sozialethik hätte bilden können. Indem Wurm die große moralische Autorität seiner Person und seines Amtes für die Verteidigung des alten Bürger- und Beamtentums zur Verfügung stellte, wirkte er nicht unwesentlich, ob gewollt oder ungewollt, gegen eine Neuorientierung politischer Kultur in der Anfangsphase der neuen Republik.

IV

Wurms politische Sprache blieb allerdings nicht völlig unverändert. Wenn er die Politik, besonders vor 1918, praktisch als einen auf selbstverständliche Staatstreue basierenden Verteidigungskampf gegen die Totengräber eines christlich-deutschen Gesellschaftsethos verstand, also gegen »Mammonismus« und Atheismus, so war diese Selbstverständlichkeit nach allen Erfahrungen im Dritten Reich nun endgültig vorbei. Dabei gerieten aber auch alte Feindbilder – die Gestalten des bedenklichen »Anderen«, dessen Existenz allein schon die Möglichkeit einer christlichen Kultur widersprach – ins Wanken. Auschwitz stellte alle herkömmliche Rhetorik über das angebliche »Judenproblem« auf schreckliche und tragische Weise in Frage; Gespräche mit Widerstandskreisen brachten ein neues Gefühl von Gemeinsamkeit sowohl mit Katholiken wie auch mit einigen Sozialisten. Wurm sprach wohl auch von sich selbst, wenn er einige Monate nach dem Kriegsende schrieb: »Manche, zwischen denen früher keine Brücke hin und her führte, haben in den Schützengräben des Krieges und hinter dem Stacheldraht der Konzentrationslager gelernt, daß auf der anderen Seite Menschen sind, die gleich ihnen ehrlich nach Recht und Wahrheit, nach Leben und nach Liebe trachten.«[55] Auch der Zustrom der Flüchtlinge und die allgemeinen sozialen und wirtschaftlichen Dislokationen der unmittelbaren Nachkriegszeit dienten dazu, die Konturen einer christlichen Gesellschaft mehr als je ungewiß zu machen. Wenn Wurm immer noch am liebsten zu den sozialen Leitbildern des 19. Jahrhunderts zurückgekehrt wäre, so nahmen diese jetzt insofern einen pluralistischeren Charakter an, als man sie mit einer neuen Betonung auf kirchliche Gesprächsbereitschaft als Rezept für die Integration unterschiedlicher Gesellschaftsgruppen und Anschauungen verband.

Die seit dem Sommer 1945 gegründeten *Evangelischen Akademien* waren ein Beweis für dieses gewandelte Gesellschaftsverständnis. Diese Akademien waren gerade als Stätten der »Gesprächsbegegnungen« gedacht; der Standort der ersten Akademie – Bad Boll mit seinen vielen Blumhardt-Erinnerungen –

hatte in dieser Hinsicht schon eine symbolische Bedeutung. Wurm interessierte sich lebhaft für die Akademiearbeit und war selbst Teilnehmer, als Redner oder Gast, bei vielen Veranstaltungen in Boll und später auch anderswo. Bei einer Journalistentagung im Jahre 1946 stellte er die Grundlagen seiner neuen Auffassung heraus: Weil es nach evangelischer Auffassung dem Willen Gottes widerspreche, Menschen entweder zum Glauben oder zur Bejahung irgendeiner Überzeugung zu zwingen, suche die Kirche »den offenen geistigen Austausch mit allen, die zu einem ernsthaften Gespräch mit ihr bereit sind«[56]. Die von Wurm unterzeichneten Einladungsschriften zu den ersten Boller Gesprächen bezeugten vielfach den Versuch, diesen Geist von Offenheit mit den festen Voraussetzungen seiner konservativen Anschauung zu vereinen. So machte er beispielsweise schon bei der Eröffnungstagung im Herbst 1945 die »Männer des Rechts und der Wirtschaft« auf ihre moralische Verantwortung für den gesellschaftlichen Neubau aufmerksam: »Es war das Unheil der vergangenen Jahrzehnte, daß [...] wir glaubten, der Besitz oder die Macht oder der Fleiß oder die Klugheit oder das Tempo oder die Gewalt konnten allein ein Volk stark und glücklich machen [...]« Ein Aufruf an die Eisenbahner im Frühjahr 1946 sprach von dem Verkehrswesen als der Basis des Fortschritts und zugleich einem Instrument der Macht, von einem »Schlüssel, mit dem die Menschen die Schleusen des Segens oder des Fluches über sich aufschließen«. Die Einladung zu einer Frauentagung im Sommer 1946 versuchte sowohl die Familie wie auch den Beruf gelten zu lassen, bekundete Anerkennung für die Emanzipation der Frau, rief aber zugleich nach der Wiederanerkennung der »göttlichen Ordnungen, in denen allein wahres Leben und echte Freiheit möglich sind«[57].

Das Bild von der evangelischen Kirche als einer ehrlichen, wenn auch nicht ganz unparteiischen Gesprächspartnerin eignete sich besonders für Annäherungsversuche an die andere große Konfession in Deutschland. Wurm, der mit dem Ideal eines »Christentums ohne Vorzeichen« sozusagen von Haus aus aufgewachsen war – als Kind bei der *Basler Missionsgesellschaft* – hatte sich schon während des Dritten Reiches für interkonfessionelle Bestrebungen wie die *Una-Sancta-Bewegung* interessiert.[58] Nach 1945 schienen ihm gemeinsame Aktionen zunehmend als ein Gebot des Rechristianisierungsprojektes, schon aus taktischen Gründen: die »Streitigkeiten der verschiedenen Arten von Christen und Christentümern« habe in der Vergangenheit doch »der Welt Anlaß zu Spott und Kritik gegeben und der Ablehnung von jeder Art des christlichen Glaubens Vorschub geleistet«[59]. Trotz aller Verschiedenheiten von Lehre und kirchlicher Praxis sah er viele Möglichkeiten für Zusammenarbeit mit Katholiken, besonders im sozialen und kulturellen Bereich. Theologische Meinungsverschiedenheiten sollten »die beiden Konfessionen nicht hindern, gemeinsam für des Volkes Wohl zu arbeiten dadurch, daß alle Rechtsverhältnisse und Besitzverhältnisse daraufhin geprüft werden, ob sie dem Willen Gottes und dem von ihm gegebenen Gesetz der Gerechtigkeit entsprechen«[60].

Darin lag natürlich schon ein Argument für eine interkonfessionelle Sammelpartei wie die neu gegründete CDU. Wurm konnte sich als alter Deutschnationaler weitgehend mit der CDU identifizieren; im Gegensatz zu 1918 vermied er aber öffentliche parteipolitische Tätigkeit zugunsten der Rolle eines Nestors, der freundschaftliche Beziehungen zu führenden Personen aus allen politischen Lagern suchte und pflegte. Schon in der Weimarer Zeit hatte er die Idee einer alleingeltenden »christlichen« Partei abgelehnt[61]; nach 1945 gab er auch vor, nicht einsehen zu können, »warum die einen Parteien das Vorzeichen christlich für nötig halten und die andern es weglassen« – der lobenswerte Versuch, »die christlich Gesinnten aller Stände auch politisch zu sammeln, um die Aufgaben des Wiederaufbaus anders anzufassen als bisher«, dürfte »nicht mit dem Anspruch verbunden sein, alle christlich Gesinnten müßten sich dieser Organisation anschließen und die Entscheidungen gutheißen, die die christlich demokratische Partei im Einzelnen trifft«[62]. Wenn Wurm den Ausgleich zwischen städtischen und ländlichen Interessen in der alten Zentrumspartei als lobenswert betrachtete, so konnte er sein Mißtrauen über die angebliche Machtbegier katholischer Politiker nicht ganz loswerden – er sei, schrieb er noch 1950, »nicht umsonst sieben Jahre in Ravensburg. Wieviel [fuhr er fort] läßt die katholische Bevölkerung ihren ausgesprochenen Vertretern in der Öffentlichkeit durchgehen, was sich evangelische Männer, die als Vertrauenspersonen der bewußten Christen gelten, nie leisten dürften?«[63] In der neuen Bonner Regierung fand er noch keine »wirklich christliche Politik«. Konrad Adenauer sei »wohl ein schlauer Fuchs«, der »aber dann auch mit den Erfolgen eines Fuchses sich begnügen muß«[64]. Der ganze Ton der demokratischen Alltagspolitik mit ihrer Mischung von Konkurrenz und Kompromissen war ihm eigentlich zuwider. »Wenn man die romanischen Völker um eines beneiden kann«, schrieb er Ende 1949, »so ist es die Eleganz ihrer Polemik. Sie fechten mit dem Florett, der Deutsche schlägt mit dem Knüppel drein.«[65]

Wurms Judenbild nach 1945 verriet einen noch höheren Grad von Ambivalenz als seine allgemeine politische Einstellung. Auch hier gab es viele mögliche Ansätze zu einer Neuorientierung. Die Weltanschauungskämpfe im Dritten Reich verstärkten Wurms Engagement für das Alte Testament, das sowieso die Hauptquelle seines Geschichtsverständnisses darstellte, und damit auch seine Erkenntnis von dem großen geistigen Erbe, das Juden und Christen verband. Verfolgung und Völkermord kennzeichneten jüdische Mitbürger zudem als die »mundtot gemachten« par excellence, für deren Menschenwürde die Kirche einzutreten hatte. Daß er 1938 gegen die Pogrome der Reichskristallnacht nicht öffentlich protestiert hatte, plagte Wurm bis zum Ende seines Lebens.[66] Nach Kriegsende, und zwar schon im Juni 1945, wurde er der erste evangelische Kirchenführer, der sich an die Vertreter einer jüdischen Gemeinde wandte, um der Solidarität der Kirche mit ihren »Leiden und Tränen« Ausdruck zu geben.[67] Auch die allgemeinen Hinweise in der *Stuttgarter Schulderklärung* auf eine »Gemeinschaft der Leiden« und eine »Solidarität der Schuld« verstand er wohl in diesem Sinn.[68]

Selbst ein tiefes Gefühl von Empörung und Betroffenheit genügte aber nicht, die stereotypen Kulturbilder einer Lebenszeit wegzuwischen. Zu dem Entwurf des vom *Reichsbruderrat* herausgegebenen »*Wortes zur Judenfrage*« vom 8. April 1948 äußerte er sich in Worten, die man schon vor 1933, ja von Adolf Stoecker selbst, hätte hören können: »Kann man in Deutschland ein Wort zur Judenfrage reden, ohne zu erwähnen, was das jüdische Literatentum am deutschen Volk gesündigt hat durch Verspottung des Heiligen seit den Tagen Heinrich Heines und was in manchen Gegenden das Bauerntum zu erleiden hatte durch jüdischen Wucher?«[69] Auch den Holocaust sah Wurm letztlich als ein schauderhaftes Symptom der allgemeinen Entkirchlichung und Entchristianisierung der deutschen Gesellschaft. Und weil Juden naturgemäß zu dieser Entwicklung beigetragen hatten, so trugen sie selber ein gewisses Maß an Mitverantwortung für den Aufstieg des Antisemitismus, wenn nicht gar für die Verbrechen des Hitlerstaates. »An der Stellungnahme [zu] Christus entscheidet sich das ewige Schicksal der Menschen. Und an der Stellungnahme zu ihm hat auch das deutsche Volk in seiner großen Mehrheit sich das Gericht geholt. Weil es an diesem zentralen Punkt versagte, stürzte es in alle die bösen Abgründe, die mit den Namen Säkularismus, Antisemitismus, Nihilismus usw. nur teilweise umschrieben sind. Das jüdische Problem ist unter all den vielen schlimmen Folgen einer verkehrten Einstellung zu Christus nur ein Teilgebiet [...]«[70] Von kirchlicher Gesprächsbereitschaft war hier kaum mehr die Rede. Angesichts des zentralen Traumas der neueren Geschichte blieb Wurm in einer veralteten nationalprotestantischen Denkweise gefangen, deren innere Widersprüche und unheilvolle Konsequenzen er nicht richtig wahrnehmen konnte.

Eher vorwärtsschauend war seine Einstellung gegenüber dem alten Bürgerschreck Sozialismus und seinen Massenorganisationen. Durch seine Kontakte mit Männern des Widerstands wie Julius Leber und dem Gewerkschaftsführer Wilhelm Leuschner kam Wurm zu dem Ergebnis, daß die Überwindung der alten Klassengegensätze sowohl möglich wie auch notwendig geworden war. Auf jeden Anlaß, wie zum Beispiel in seiner Rede vor der *Vorläufigen Volksvertretung für Württemberg-Baden* im Mai 1946, bezog er sich auf diese Gespräche, »worin wir uns gegenseitig sagen konnten: Jetzt stehen wir uns zum erstenmal in Deutschland als Kirchenmänner und als Arbeitervertreter anders gegenüber als vorher«. Für ihn lag »die Größe des heutigen Augenblicks« darin, daß »die Führer der politisch organisierten Arbeiterschaft sich nicht mehr als Propagandisten eines atheistischen Freidenkertums fühlen«, weil die Kirchen ihrerseits sich »nicht mehr fühlen, als wäre es [ihr] Auftrag, für alte, überlebte Privilegien, überhaupt für Privilegierte in der Gesellschaft und im Staat einzutreten [...]«[71] Auch wenn er – was bei seiner Kritik an der Entnazifizierung besonders auffällig war – die Regierungsfähigkeiten auch der gemäßigten Linken nicht sehr hoch einschätzte, so war er mehr als bereit, das Aufwachsen eines Vertrauensverhältnisses zu begrüßen, »wie es zwischen der englischen Labourpartei und den englischen Kirchen von jeher bestanden hat«[72]. Die historisch bedeutsame Annäherung, die nach seinem Tod zwischen engagierten Protestanten und der SPD stattfand, hätte er sich wahrscheinlich nicht vorstellen können; er hätte sie aber wohl verstanden und das *Godesberger Programm* von 1959 als eine Bestätigung seiner Hoffnungen begrüßt.

Offenkundig hat der Ausbruch des Kalten Krieges diesen Entwicklungen wesentlichen Vorschub geleistet, indem er das Feindbild des atheistischen Marxismus für Konservative wie Wurm vom Sozialismus als allgemeinem Begriff nun ganz konkret auf den sowjetischen Kommunismus verschob. Bis zum Kriegsende hatte Wurm die Sowjetunion noch im Rahmen seines alten Geschichtsbildes von Gericht und Gnade angesehen. »Stalin«, schrieb er Ende Januar 1945, »scheint zu dem Nebukadnezar ausersehen zu sein, der das Gericht an einem seinem Gott untreu gewordenen Volk vollziehen muß.«[73] Im Laufe des folgenden Jahres kam er dann wie viele anderen im Westen dazu, Stalin und Hitler gleichzusetzen als parallele Erscheinungen des gemeinsamen Phänomens Totalitarismus. »Wo haben denn die Schergen des dritten Reiches die Methoden gelernt, mit denen man ein Volk totalitär regiert, jeden Widerspruch insgeheim erstickt und die politisch Verdächtigen ohne Rechtsverfahren verschwinden läßt [?]«, fragte er rhetorisch bei einer Akademietagung im Herbst 1946. »Doch nirgends anders als in Moskau. [...] Und sind heute die politischen Methoden in der russisch besetzten Zone andere als im dritten Reich?«[74] Die Verschärfung des Konflikts zwischen den Supermächten durch die Krisen der nächsten drei Jahre machte ihn schließlich bereit, sogar ein geteiltes Deutschland als provisorische Notwendigkeit zu akzeptieren und die Begründung der Bundesrepublik als »politische Stabilisierung« zu begrüßen. »Besser noch einige Jahre politisch getrennt leben als sich gemeinsam unter das entwürdigende Joch einer Diktatur beugen«, schrieb er Anfang 1950.[75] Auch wenn er Deutschland dazu berufen glaubte, zukünftig auf jede Machtpolitik zu verzichten, und wenn es ihm eine dringende Aufgabe der Kirche schien, wie er einmal an Gustav Heinemann schrieb, »der Verharmlosung ja Glorifizierung des Kriegs wie sie bei uns [...] durch 1813 und 1870 entstanden ist, radikal ein Ende [zu] machen,« so wollte er aber gleich hinzufügen: »Soll es später einmal heißen: Die evangelische Kirche trägt die Verantwortung dafür, daß der Mongolensturm des 20. Jahrhunderts alles hinwegfegte?«[76] Nach dem Ausbruch des

Koreakrieges forderte er die Westmächte dementsprechend auf, »dem russischen Eroberungsdrang« nicht mehr nachzugeben; sie sollten »zu ihrer eigenen Sicherheit das östliche Weltreich in seine früheren Grenzen zurückwerfen«[77]. Hier ging die alte Orthodoxie »Nationalismus« fast unmerklich in die neue Orthodoxie »Antikommunismus« über.

V

Vom Bußprediger zum Gesprächspartner, vom Antimodernismus zum Antikommunismus: Will man die meist feinen Akzentverlagerungen dieser Entwicklungslinie als Modernisierung bezeichnen, so blieb die daraus resultierende Einstellung immer zugleich ein Blick zurück. Denn Wurm – und darin war er für nicht wenige Protestanten seiner Generation sicher typisch – konnte die neuen Verhältnisse der Nachkriegszeit trotz aller Weltoffenheit endlich nur im Rahmen einer idealisierten Vergangenheit verstehen. Diese milde Art von konservativer Utopie stellte ihm ein scheinbar noch brauchbares Begriffsvokabular zur Verfügung. Sie wirkte sich aber auch zu Ungunsten einer gründlichen Selbstkritik aus; die Angemessenheit gerade dieses Vokabulars in einer sichtbar pluralistischen sozialen und geistigen Umwelt blieb weitgehend ungeprüft. Der alte württembergische Parteiführer der SPD, Wilhelm Keil, ein Mann, der der Kirche immer wohlwollend gegenüberstand, erkannte darin einen erheblichen Mangel in der öffentlichen Haltung der Kirchenleitung. »Sie haben, verehrter Herr Landesbischof, mit herzenswarmen Worten an das christliche Gewissen Ihrer Hörer appelliert«, schrieb er 1948 über eine Predigt von Wurm. »Es fehlte [aber] der Hinweis auf eine besser zu gestaltende staatliche Ordnung. Die Ordnung, die zusammengebrochen ist, war auch nach Ihrer Überzeugung schlecht. Welche bessere kann an ihre Stelle treten? Diese Frage drängt sich antwortheischend auf.«[78] Für Wurm wie für viele Konservative hätte eine solche Antwort aber schon eine Überforderung bedeutet.[79]

Am Silvestersonntag 1950 notierte Marie Wurm in ihrem Tagebuch: »Heller, sogar mit der Zeit Sonnenschein, nach langer trüber Zeit! [...] Das Geläute wäre ja feierlich gewesen wenn es nicht so übertönt worden wäre.«[80] Dieses leicht melancholische Bild widerspiegelt wohl das Schicksal von Wurms Erneuerungsauffassung. Nach einer trüben Krisenzeit hatte eine Aufwärtsentwicklung nun scheinbar eingesetzt. Vieles war schon wiederhergestellt oder neu aufgebaut, kirchliche Strukturen standen noch fest, das Geläute kündete von dem Fortbestand alter sozialer Gewohnheiten. Aber die ehrwürdigen Kirchtürme, Symbole einer christlich geprägten Gesellschaft, wurden zugleich von den neuen Hochhäusern immer mehr aus dem Stadtbild gedrängt; das Geläute hatte immer mehr mit dem Lärm und Treiben einer aufwärtsstrebenden Wohlstandsgesellschaft zu kämpfen. Die Logik des Kalten Krieges, die auch Wurms Kulturkritik gewollt oder ungewollt unterstützte, hatte nicht nur die fortdauernde Stationierung von amerikanischen Truppen in einem geteilten Vaterland zur Folge, sondern auch mit der Zeit das Eindringen von Werten der amerikanischen Kultur, deren Orientierung am Individualismus und am materiellen Fortschritt den sozialen Grundeinstellungen Wurms in jeder Hinsicht widersprachen. Die Modernität, sonst immer als Frucht der Finsternis verpönt, trat nun mit den Kindern des Lichtes als Kulturgut ein; nach 1949 redete man viel lieber vom Wirtschaftswunder als vom »Wunder innerer Umkehr«.

Das Titelbild von Wurms Erinnerungen zeigt den Altlandesbischof einige Monate vor seinem Tod: auf einer Bank an der Bergkante seiner geliebten Schwäbischen Alb sitzend, im Hintergrund eine Burgruine, schaut er hinaus in die Landschaft – sozusagen wie Mose auf dem Berg Nebo.[81] Könnte er dabei in das Gelobte Land seiner eigenen Gesellschaftsauffassung hineinschauen, so wäre dieses, wie die Burg im Bild, nur noch eine historische Ruine gewesen: wohl stimmungsvoll, aber ohne praktische Funktion. Wurm blieb noch am Ende seines Lebens ein Wanderer zwischen zwei Welten: zwischen Vaterland und Reich Gottes, wie er als Lutheraner selber angab[82], aber auch zwischen der homogenen Gemeinschaft seiner Erinnerung und der pluralistischen Gesellschaft seiner Alltagserfahrung. Vielleicht sind dies Spannungen, die letztlich, bei aller historischen Bedingtheit, auch gewissermaßen – unter welchen sozialen oder ideologischen Vorzeichen auch immer – für jede Person oder Institution gelten, die *in* der Welt, aber nicht *von* der Welt sein will.

Anmerkungen

1 Dieser Aufsatz entstand aus einem größeren Forschungsprojekt über Wurms Leben; für großzügige Unterstützung bin ich dem Deutschen Akademischen Austauschdienst, der American Philosophical Society, und Calvin College zu Dank verpflichtet.
2 So Dibelius, Christ, S.258.
3 So die ZEIT vom 13.11.1949, Ausschnitt in Wurms Personalakten. Landeskirchliches Archiv Stuttgart (LKAS) Altreg. Personalakten W 275,6. Vgl. Sautter, Wurm.
4 Dazu besonders Vollnhals, Kirche; ders., Entnazifizierung.
5 Thierfelder, Einigungswerk; Smith-von Osten, Treysa.
6 Greschat, Neuanfang; ders., Kontinuität.
7 So Friedrich Langenfaß, Der »große alte Mann« der Evangelischen Kirche in Deutschland. D. Theophil Wurm zum Gedächtnis, in: ZW 24/1952–53, S. 576–588.
8 Einst und Jetzt, Rede vom 5.3.1947. LKAS D1/3,3.
9 Dazu Greschat,»Rechristianisierung«.
10 Wurm, Erinnerungen aus meinem Leben, Stuttgart 1953, S. 23.

11 Ansprache vom 11.2.1949. LKAS D1/194,1.
12 Zum Begriff Nationalprotestantismus siehe u. a. Lehmann, Pietism; ders., Germans; Nipperdey, Religion, S. 92–118; Scholder, Kirchen (engl. Ausg.: A Requiem for Hitler, S. 49–60).
13 Wie Anm. 10, S. 12.
14 Ebd., S. 30, S. 220.
15 Siehe z. B. das von Wurm herausgegebene Büchlein, Tagebuchaufzeichnungen aus der Zeit des Kirchenkampfes, Stuttgart 1951, das sich u. a. als eine Art Tribut an die Häuslichkeit bezeichnen läßt.
16 Wie Anm. 11.
17 Der rechte Geist, Predigt vom 28.2.1943 in Schwäbisch Hall. LKAS D1/2.
18 Greschat, Antisemitismus, S. 31. Viele von Wurms Schriften aus der Zeit vor 1914 bieten Variationen dieses Themas, z. B. Die deutsche Sozialdemokratie, ihre Grundsätze und ihre Taktik, Stuttgart 1907.
19 Wie Anm. 10, S. 65.
20 Wurms praktische Einstellung läßt sich auch in seinen eher »theologischen« Schriften erblicken, z. B.: Lebensrätsel und Gottesglaube, Stuttgart 1932; Der lutherische Grundcharakter der württembergischen Landeskirche, Stuttgart 1938.
21 Gläubig werden, aber nüchtern bleiben! Predigt zur Eröffnung des 3. Landeskirchentags am 11. September 1933, Stuttgart 1933, S. 3–4.
22 Zit. nach Schäfer, Landesbischof, S. 354–355.
23 Das Große und das Größte, Predigt vom 31.10.1943. LKAS D1/109,1. Vgl. u. a. Schäfer, wie Anm. 22, S. 456–459.
24 Predigt vom 21.11.1943 in Waiblingen. LKAS D1/2.
25 Wie Anm. 22, S. 468.
26 Euer Herz erschrecke nicht! Stuttgart 1945, S. 14 (Ex. in LKAS D1/2). Vgl. »Wort des Herrn Landesbischofs«, vom 12.5.1945. LKAS D1/230.
27 Was darf man von der Kirche erwarten? Vortrag in der Stiftskirche in Tübingen am 29. Mai 1945. LKAS D1/3,3.
28 Fünfzig Jahre im Dienste der Kirche, Stuttgart 1950, S. 131.
29 Dazu u. a. Greschat, Schuld; Besier/Sauter, Christen.
30 So z. B. in dem Wort an die Christen in England vom 14.12.1945, Abschrift. LKAS D1/230. Vgl. Greschat, wie Anm. 29, S. 129–132.
31 Ansprache des Herrn Landesbischof im Stuttgarter Pfarrkonvent am 4. Dezember 1945 über die Schuldfrage. LKAS D1/3,3.
32 Die evangelische Kirche in Deutschland an der Jahreswende 1947, Neue Zeitung (München) vom 30.12.1947, masch. Abschrift. LKAS D1/2,3.
33 Zum 1. Advent, Abdr. LKAS D1/208.
34 Die Aufgabe des Christen in der Welt, Evangelisches Kirchenblatt für Mannheim vom 3.7.1949, masch. Abschrift. LKAS D1/3,2.
35 Rechtfertigung, Predigt vom 12.8.1945 in Ulmer Münster. LKAS D1/2.
36 Unsere Gewissensbindung in ungeordneten Zeiten, undatierter Vortrag. LKAS D1/103,1.
37 Undatiertes Ms. LKAS D1/204.
38 An die evangelische Pfarrerschaft Deutschlands, 14.3.1947, Abdr. LKAS D1/214.
39 Siehe dazu den umfangreichen Briefwechsel in LKAS D1/235.
40 Wie Anm. 10, S. 212.
41 Auf neuen Wegen. Flugblatt [o.J.] in LKAS D1/4. Masch. Abschrift in LKAS D1/3,2. Wurms Briefwechsel mit Buchman und anderen zum Thema Caux s. in LKAS D1/236.
42 Ansprache vom 4.10.1946, unvollständiges Ms. LKAS D1/202.

43 Ebd.
44 Wie Anm. 8.
45 Wie Anm. 42.
46 Zur Frage des Naturrechts, in: ZW 23/1951, S. 197.
47 Wie Anm. 10, S. 213.
48 Wie Anm. 42.
49 Wie Anm. 4.
50 Wurm an Dulles vom 18.10.1948. LKAS D23/2,8.
51 Wie Anm. 46, S. 192.
52 Ebd.
53 Wurm an Churchill, undatierte Abschrift. LKAS D1/286,2.
54 Vollnhals, Kirche, S. 69–84, bietet eine sehr nützliche Analyse dieser Argumentation.
55 An die Männer aus Arbeiterschaft und Handwerk in Württemberg, Flugblatt von November 1945. LKAS D1/202.
56 An die Mitarbeiter der deutschen Presse, Flugblatt von Oktober 1946. Ebd.
57 Ebd., Sammlung von Flugblätter und Tagungsprogramme.
58 Dazu die Aktensammlung in LKAS D1/240.
59 Feindesliebe, in: ZW 20/1948, S. 172.
60 Wie Anm. 46, S. 200.
61 Dazu Lehmann, Pietismus, S. 310–312; Diephouse, Pastors, S. 288–289.
62 Das religiöse Problem in der neueren deutschen Geschichte, undatierter Vortrag. LKAS D1/4.
63 Wurm an Paul Bausch vom 2.11.1950. LKAS D1/295.
64 Wurm an Eugen Gerstenmaier vom 17.7.1950. LKAS Altreg. Personalakten W 275,6.
65 Weihnachtswünsche, Aufsatz für Einkehr. Bremer Kirchenzeitung vom 25.12.1949, masch. Abschrift. LKAS D1/194,1.
66 Zu Wurms Reaktionen auf NS-Judenpolitik siehe im allgemeinen Thierfelder, Bann; Röhm/Thierfelder, Juden; Gutteridge, Mouth, S. 241–246.
67 Dazu Hermle, Kirche, S. 282–285.
68 Vgl. Thierfelder, wie Anm. 66, S. 464.
69 Wurm an Herbert Mochalski vom 17.1.1948. LKAS D1/222,1. Vgl. Wurms Ablehnung, als Kirchenpräsident einen Festgruß zur Hundertjahrfeier der Jüdischen Gemeinde in Stuttgart 1931 zu veröffentlichen: »Ich könnte es ehrlicherweise nicht, ohne gleichzeitig auf die verhängnisvolle Rolle hinzuweisen, den ein großer Teil des jüdischen Literatentums seit hundert Jahren in der Entchristianisierung unsres Volkes spielt.« Wurm, Aktennotiz vom 29.10.1931. LKAS Altreg. Gen. 523a. Vgl. Röhm/Thierfelder, Juden, 1/S. 101. Ähnliches liest man übrigens in Wurms Stoecker-Würdigung von 1952, Adolf Stoeckers Kampf für Kirche und Volk, Berlin-Neukölln 1952.
70 Wurm an Friedrich Braun vom 8.11.1947, Abschrift. LKAS Altreg. Gen. 523a.
71 Die Stimme der Kirche 46/8. Ex. in LKAS D1/2.
72 Wie Anm. 62, S. 8.
73 Schreiben an die Deutsche Evangelische Kirchenkanzlei vom 24.1.1945. Evangelisches Zentralarchiv Berlin (EZA) Best. 2/151.
74 Unsere Verantwortung für die Wahrheit, Vortrag vom 24.11.1946. LKAS D1/202.
75 Undatierter Entwurf [Januar 1950]. LKAS D1/226.
76 Wurm an Heinemann vom 22.2.1950. LKAS D1/220.
77 Friede oder Freiheit, Vortrag vom 2.11.1950 in Bad Herrenalb. LKAS D1/3,2.
78 Keil an Wurm vom 5.4. 1948. LKAS D1/275.
79 Siehe dazu u. a. die letzte Seite von Wurms Erinnerungen.

80 Marie Wurm Tagebuch vom 31.12.1950, Photokopie im LKAS.
81 So Ernst Schieber, Alt-Landesbischof D. Theophil Wurm, in: Deutsches Pfarrerblatt 53/1953, S. 73.
82 Wie Anm. 10, S. 219.

Hermann Ehmer

Karl Hartenstein und Helmut Thielicke.
Predigt in der Grenzsituation

I

Für knapp zwei Jahre, von Herbst 1942 bis Sommer 1944, beherbergte das Pfarrhaus der Stuttgarter Stiftskirche, Kanzleistraße 5, zwei bedeutende Prediger, nämlich Karl Hartenstein, Prälat von Stuttgart, zugleich Stiftsprediger, und Helmut Thielicke, der einen landeskirchlichen Sonderauftrag innehatte. In den schweren Luftangriffen, die Stuttgart im Juli 1944 trafen[1], wurde das Pfarrhaus zerstört, das die Wohnstätte von Karl Gerok, Sixt Karl Kapff, Albert Knapp und anderen gewesen war, von denen jeder für ein Stück württembergischer, ja sogar deutscher Kirchen- und Geistesgeschichte steht. Gleichzeitig mit dem Pfarrhaus sank in jenen Tagen auch die Stiftskirche in Trümmer, die Hauptkirche der Stadt und des Landes, die Predigtstätte von Johannes Brenz und seinen Nachfolgern.

Die Zerstörung dieser Gebäude ist eigentlich nur ein Symbol dafür, daß in jenen Jahren eine ganze Welt unterging, die zuvor fahrlässig aufs Spiel gesetzt worden war. Im Rückblick fragt man sich, wie die Menschen, die diesen Untergang überlebten, ihn geistig und geistlich verarbeiten konnten. Vor allem stellt sich die Frage, wie sich die Prediger jener Zeit diesem Geschehen gestellt haben. Karl Hartenstein und Helmut Thielicke waren zwei dieser Prediger, die den Fragen, die das Zeitgeschehen und die Predigthörer an sie stellten, nicht ausgewichen sind. Es sollen deshalb hier die Predigten von Hartenstein und die Vorträge von Thielicke, die sie in der Endphase des Krieges, in einer Zeit der Grenzsituationen, gehalten haben, untersucht werden.

II

Karl Hartenstein[2] mußte mit Kriegsbeginn 1939 von seinem Amt als Direktor der *Basler Mission* zurücktreten, um dem nun ganz schweizerischer Leitung unterstellten Missionswerk eine Weiterarbeit zu ermöglichen. Er blieb freilich Bevollmächtigter der *Basler Mission* für Deutschland und versuchte von Korntal aus, wo er Wohnung genommen hatte, weiterhin im Sinne der Mission zu wirken. Als es sich zeigte, daß der Krieg sich doch längere Zeit hinziehen würde, erklärte er sich schließlich dazu bereit, in der württembergischen Kirche ein Amt zu übernehmen. Im Frühjahr 1941 wurde er zum Prälaten von Stuttgart, zugleich Mitglied des *Oberkirchenrats* und Stiftsprediger, ernannt und am 4. Mai in sein Amt eingesetzt.

Die Prälatur Stuttgart war 1934 anstelle der aufgehobenen Prälatur Reutlingen errichtet worden und umfaßte die drei Dekanate Stuttgart, Cannstatt und Degerloch mit 61 Gemeinden und rund 200 Pfarrern.[3] Einem württembergischen Prälaten obliegt neben seiner Mitwirkung bei Stellenbesetzungen die Aufsicht und Visitation der Pfarrer und Gemeinden seines Sprengels. Als *Pastor pastorum* soll sich der Prälat in erster Linie seelsorgerlich der Pfarrer und deren Familien annehmen. Dies war in der Kriegszeit, in der Hartenstein ins Amt getreten war, besonders wichtig, weshalb er sich mit großem Eifer dieser Aufgabe widmete.

Bei der hohen Zahl einberufener Pfarrer konnte die Versorgung der Gemeinden nur durch die Anspannung aller Kräfte einigermaßen sichergestellt werden. Ruheständler traten als Kriegsstellvertreter wieder ins Amt, Pfarrfrauen übernahmen wichtige Funktionen, Kirchengemeinderäte und Gemeinschaftsleute wurden als Lektoren für Lesegottesdienste eingesetzt. Hartenstein beteiligte sich an der Schulung dieser Kräfte und begrüßte die damit verbundene Stärkung des Laienelements, die ihm richtungweisend für die Zeit nach dem Kriege erschien.

Die im Amt verbliebenen Pfarrer waren mit Stellvertretungen überhäuft und hatten immer weniger Gelegenheit, sich fortzubilden und zur Besinnung zu kommen. Nachdem die kirchliche Presse 1941 eingestellt worden war, mußten Predigthilfen vervielfältigt und auf dienstlichem Wege versandt werden. Hartenstein wirkte ferner darauf hin, daß die Stuttgarter Pfarrer zu gemeinsamen Andachten zusammenkamen und die Pfarrer im Land sich auf regelmäßigen Konventen versammelten.

Mit dem Amt des Stuttgarter Prälaten war das des »Frühpredigers« an der Stiftskirche verbunden, d.h. ein reiner Predigtauftrag ohne einen abgegrenzten Seelsorgebezirk. Ferner hielt der Prälat im Winterhalbjahr Bibelstunden für die Stuttgarter Gesamtgemeinde. Diese beiden Aufgaben nahm Hartenstein besonders ernst; er sah sich damit in die Reihe der Stiftsprediger von Matthäus Alber über Karl Heinrich Rieger und Christian Römer hineingestellt. Nach der Zerstörung der Stiftskirche war Hartenstein schließlich der einzige Geistliche der Stiftskirche, der übriggeblieben war und im Pfarrhaus der Christuskirche auf der Gänsheide Wohnung gefunden hatte.

In der Stadt versammelte er allsonntäglich die sehr klein gewordene Stiftsgemeinde in allerhand Behelfsräumen zu seinen Predigten. Der Bombenkrieg trieb sie von einem Behelfsraum zum anderen, zuletzt war es der Saal der *Altpietistischen Gemeinschaft*, Furtbachstraße 16, zugleich Schlafsaal der Polizei[4], und die Hauskapelle der Franziskanerinnen, die der Stiftskirchengemeinde als Gottesdiensträume dienten. Hartenstein konnte deshalb den Amtsbrüdern auch Mut machen, »in den unmöglichsten Sälen und unter primitivsten Verhältnissen Gottesdienst zu halten«[5].

Die Gemeinde war dankbar für Predigten und Bibelstunden. Diese wurden – zumal als es keine kirchliche Presse mehr gab – mitstenographiert, geschrieben und vervielfältigt und haben sich deswegen zu einem großen Teil erhalten. Dies ist deshalb bedeutsam, weil Hartenstein beim Brand des Stiftspfarrhauses den größten Teil seiner Papiere und Bücher einbüßte. Es ist somit heute noch möglich, anhand der erhaltenen Nachschriften in das Wirken Hartensteins als Prediger Einblick zu nehmen.

Hartensteins Predigt ist, wie ein Blick in die Nachschriften zeigt, eschatologische Predigt, es ist Wortverkündigung im Blick auf den wiederkommenden Herrn. Dies läßt sich so gut wie an jeder seiner Predigten, Bibelstunden[6] und Ansprachen zeigen. Aus der Hoffnung auf den wiederkommenden Herrn schöpft Hartenstein den Trost für seine Gemeinde in den schweren Jahren des Krieges: »[...] die Schrift [...] macht uns gewiß, daß dieses Kreuz härter und diese Last drängender wird, je näher der Tag kommt, an dem Jesus Christus selbst Raum schafft und diese Gewalten überwindet und auf dieser neuen Erde seine Herrschaft aufrichtet. Nicht leichter, sondern schwerer wird der Weg der Gemeinde auf den Spuren der Passion. Wir müssen alle durch viel Trübsal eingehen in das Reich Gottes. Einen andern Weg kennt die Schrift nicht.«[7]

Die eschatologische Orientierung der Predigt Hartensteins hat ihre Wurzel vor allem in seiner intensiven Beschäftigung mit der Offenbarung in der Muße seiner Korntaler Zeit am Anfang des Krieges. »Hier taten sich ihm die Türen auf zu dem geheimnisvollen Reden Gottes mit den Menschen über der biblischen Prophetie.«[8] Hartensteins Auslegungen erschienen zuerst in Heftform, 1940 als Buch unter dem Titel »*Der wiederkommende Herr*«[9], das später mehrfach wieder aufgelegt wurde.

Im Vorwort erläutert er die Absicht seiner Arbeit und sichert sie zugleich gegen ein Abgleiten in schwärmerische Richtung ab: »Was ich wollte, war dies: der glaubenden Gemeinde Mut zu machen, sich an ein gründliches Studium der Offenbarung Johannes zu wagen. Es ist bewußt auf alle Ausdeutung des Buches auf die Gegenwart verzichtet. Wir müssen zuallererst wieder lernen, das heilige Buch in seinem biblischen Gesamtzusammenhang zu verstehen. Wer das nicht tut, für den wird alle Ausdeutung auf die Gegenwart müßiges Spiel neugieriger und sensationslüsterner Gedanken. Wer aber die Offenbarung aus dem biblischen Gesamtzeugnis heraus versteht, der wird auch die heutige Zeit in ihrem Lichte sehen lernen – ohne alle weiteren Worte.«

Zweifellos ist sich Hartenstein dessen bewußt gewesen, daß er mit seinem Bemühen um die Johannesapokalypse in einer – zumal württembergischen – Tradition stand. Nicht nur Johann Albrecht Bengel hatte sich eingehend mit dem letzten Buch der Bibel befaßt, auch der Stiftsprediger Christian Römer – Hartensteins Vorgänger – hatte seiner Gemeinde in Bibelstunden während des Ersten Weltkriegs die Offenbarung ausgelegt.[10] Hartenstein gibt in seinem Buch[11] zwar einen Überblick über die Geschichte der Auslegung der Offenbarung, geht aber rein typologisch vor und verzichtet auf die Berufung auf irgendeinen der Ausleger vor ihm. Dennoch darf Hartenstein hier als Fortsetzer der Tradition der schwäbischen Väter gesehen werden. In der Bibelstunde im Winter 1945/46 hat er sich mit seiner Gemeinde wieder mit der Offenbarung befaßt.

Hartensteins Auslegung der Offenbarung war ausdrücklich für die Gemeinde bestimmt, deshalb fand sie auch unmittelbaren Eingang in seine Predigt. Die Hoffnung auf den wiederkommenden Herrn bestimmte seinen Dienst und richtete seine Gemeinde in den ihr auferlegten schweren Prüfungen auf: »Der Dienst des Pfarrers geschieht in der Gegenwart, in unserer Gegenwart, das heißt in der Stunde, da zwischen Christus und den antichristlichen Gewalten der Kampf ausgetragen werden muß. Aber diesen Kampf besteht die Gemeinde nur, wenn sie von dem Sieg, von dem Ende, von dem wiederkommenden Herrn weiß, der das letzte und entscheidende Wort hat. Wie könnten wir in die Kämpfe, die Gott uns verordnet hat, hineingehen ohne zu wissen, daß es nicht um uns, nicht um unsere Namen, nicht um unseren Erfolg oder Versagen geht, sondern um Jesus Christus, um seine Zukunft, um sein kommendes ewiges Reich.«[12]

Seine Predigt im Abendgottesdienst der Diakonissenanstalt in der Woche nach einem der schwersten Luftangriffe auf Stuttgart faßt Hartenstein so zusammen: »Nehmt das heute abend aus dieser Stunde mit: Uns Menschen der Gemeinde Gottes, die wir um Christus wissen, leuchtet das große Licht des Tages Christi, der kommt. Uns Menschen der Gemeinde ist das Große geschenkt, das wahre Leben. Und uns Christen schenkt der Herr täglich das wache, nüchterne, feste Herz. Seid im Herrn Christus getrost. Amen.«[13]

Der eschatologische Ausblick auf den wiederkommenden Herrn wird vorweggenommen in seiner Gegenwart im Abendmahl. Hartenstein ist deshalb vor allem in der Endzeit des Krieges das sonntägliche Abendmahl immer wichtiger geworden.[14] »Dort gibt der bleibende erhöhte Herr seiner Gemeinde unter dem Zeichen von Brot und Wein die unerschütterliche Gewißheit seiner Gegenwart für Leib und Seele, für Zeit und Ewigkeit [...] hier verbindet sich der wiederkommende Herr mit seiner Gemeinde im Staube, so daß sie weiß, daß sie dies Mahl auf Erden hält, zusammen mit den heiligen Engeln und vollendeten Gerechten droben im Licht, und macht uns gewiß, daß wir einst an seinem Tisch und in seinem Reich mit ihm feiern dürfen.«[15]

Ganz ähnlich heißt es in Hartensteins Predigt zum Sonntag Misericordias Domini 1944: »Er [Gott] schafft an diesem Tisch wahrhaftige Gemeinschaft mit der oberen Schar, Zugang in das weite, offene Vaterhaus, ja er kommt zu uns. Darum feiern wir Abendmahl, weil wir diese Welt nicht bestehen können, ohne daß Gott selbst in unsere Herzen Einkehr hält.«[16]

Die eschatologische Predigt Hartensteins steht auch in einem inneren Zusammenhang mit seinem Verständnis der Mission. Seine Auslegung der Offenbarung hatte Hartenstein den »Brüdern und Schwestern in der Mission« gewidmet, und zwar deswegen, »weil gerade die Mission, die Verkündigung des Wortes bis an die Enden der Erde in unserer Generation, das entscheidende Zeichen für den kommenden Herrn ist«.[17] In einem Bericht über die Lage der Mission für die Freunde der *Basler Mission* vom Januar 1944 stellt er die Rückschläge auf den Missionsfeldern, aber auch den Aufbruch der jungen Kirchen dar.

In dieser Situation kommt er in die Nähe eines Versuchs, die Offenbarung auf die Gegenwart zu deuten: »[...] die erschütternde Lage der Völker und der Christenheit in der Welt lehrt uns heute mehr denn je auf das prophetische Wort der Bibel achten. Daß wir in einer entscheidenden Stunde der Gottesgeschichte mit dieser Welt stehen, merkt jeder Glaubende. Die Zeichen der Zeit sind unüberhörbar. Diese Gerichtszeiten sind ja voll Zeichen des kommenden Tages. Dieser Krieg ist nicht ein Krieg wie die früheren alle. Es ist ein endzeitliches Ringen [...] Gott und der Widersacher: dieses ganze Ringen wird immer mehr eine Einleitung, ein Präludium für den großen Kampf, von dem die Offenbarung uns kündet als dem letzten Kampf zwischen Christus und Antichrist.«[18]

Es geht Hartenstein hier freilich nicht darum zu bestimmen, welcher Punkt der Heilsgeschichte jetzt erreicht ist; dies wäre ein falscher Gebrauch des prophetischen Wortes. Dies hatte er in seiner Auslegung klargestellt: »Wir dürfen nie aus der Zeit die Offenbarung verstehen wollen, sondern immer aus der Offenbarung im Gesamtzeugnis der Schrift demütig und wartend die eigene Zeit zu verstehen versuchen.«[19]

Hartensteins Überzeugung, daß die Zeichen der Endzeit vorhanden seien, wurde durch den Fortgang der Weltgeschichte und der Kirchengeschichte nur gestärkt. Schon die *Weltmissionskonferenz von Tambaram* 1938 hatte er eschatologisch verstanden, wie er es in seiner Predigt zum Erscheinungsfest 1945 ausdrückt: »Nur dazu kamen wir zusammen, um uns Klarheit vom Herrn über den Weg der Kirche zu erbitten. In jenen Tagen in Südindien, da sich auch alle Mauern der Konfessionen legten und wir miteinander am Tisch des Herrn zusammenfanden, schauten wir etwas von der Erfüllung der Bitte des Herrn: ›Auf daß sich alle eines seien‹.«[20]

Im Vorwort zur zweiten Auflage seiner Auslegung der Offenbarung schreibt er im September 1948: »Während das Buch erneut in den Druck geht, ist eben die große erste Tagung des Weltrates der Kirchen in Amsterdam beendet worden. Sie kann als Ganze nur eschatologisch verstanden werden. Während die ganze Welt in Eins zusammenrinnt und trotz allen Rissen zwischen West und Ost als Ganze immer deutlicher ihr antichristliches Angesicht erhält, ruft der Geist des Herrn die Christenheit zu einer in der Geschichte nie gekannten Einheit in Ihm zusammen. Es entsteht in allen Völkern Gemeinde Jesu Christi (das endzeitliche Zeichen der Weltmission), und es entsteht in allen Völkern Kirche, die sich als Glied am Leibe Christi erkennt und zu einer neuen, tiefen Schau der Einheit in Christus heranreift.« Mission und Ökumene stehen somit im Zeichen des wiederkommenden Herrn; diese Signatur ist für Hartenstein so überwältigend, daß die Grenze zwischen einer Deutung der Offenbarung auf die Zeit und dem Ruf zum Hören auf das prophetische Wort zu verschwimmen scheint.

Aus ihrer eschatologischen Ausrichtung gewinnt Hartensteins Predigt auch ihre Aktualität, obwohl er bewußt auf aktualisierende Effekte verzichtet. Diese Aktualität haben die Machthaber des Dritten Reichs sehr wohl gespürt, denn Hartenstein wurde von der Gestapo mehrfach zu Verhören einbestellt, zumal dieser Mann mit seinen weltweiten Verbindungen, vor allem in die neutrale Schweiz, für sie ohnedies eine potentielle Gefahr darstellte.[21]

Es finden sich freilich nur wenige Beispiele in Hartensteins Predigten, in denen Einzelheiten des Zeitgeschehens benannt werden. So ist der Beginn der Invasion in der Normandie 1944 ein Ruf zu Gebet und Buße: »Nun ist die Stunde der Bewährung gekommen für unser Volk, um den furchtbaren Ansturm der Feinde an allen Fronten recht zu bestehen, für unsere Kirche, um im priesterlichen Dienst glaubend Tag und Nacht für die kämpfenden Brüder einzustehen, und für einen jeden von uns, um jetzt wirklich als Christ erfunden zu werden, um als Beter und als Büßer in der Stunde, in dieser Stunde der Bewährung bei Christus zu sein. Wir werden alle mehr als natürliche Kräfte bedürfen, um in den kommenden Monaten ein festes Herz zu bewahren. Und es wird uns im Grunde nichts helfen als der ungeteilte Blick des Jüngers auf seinen Herrn.«[22]

Als aktuell und gleichzeitig zeitkritisch ist ein Abschnitt aus seiner Silvesterpredigt 1943 zu verstehen. Es geht hier um den Begriff »Haltung«, den die Durchhaltepropaganda des Dritten Reichs besonders betonte. »Ist das der Gott, vor dem wir heute Abend stehen, Gemeinde? Nein. Solange diese Stiftskirche steht, und wenn sie im kommenden Jahr nach Gottes Willen zerfällt, solange auf dieser Erde eine Gemeinde Jesu Christi ist, und sie wird nach Gottes Willen nicht zerfallen, bekennen wir uns zu dem lebendigen Herrn, deinem Gott. Nicht der Gott Haltung, nicht der Gott Schicksal, nicht der Gott Macht regiert die Welt, sondern der allein, von dem wir kommen und zu dem wir gehen und der uns alle in Jesus Christus gerufen hat.«[23]

Deutlich genug und mutig zugleich ist auch seine Predigt zum ersten Advent 1944: »Gott kommt zu uns! Nein, wir können nicht zu ihm zurückfinden, die Kluft ist zu tief. Wir haben ja gerade den, der da kommt ans Kreuz geschlagen. Wir haben ja gerade den, von dem die Schrift sagt: Dein König kommt zu dir! abgesetzt. Wir haben seinen Namen nicht geheiligt. Wir haben uns selber einen Namen gemacht. Wir haben sein heiliges Reich nicht gesucht, wir haben unsere eigenen großen und kleinen Reiche gebaut.«[24]

Die Leidenszeit des Krieges und der Gewaltherrschaft mußte für Hartenstein auch in der Kirche den Grundstein für einen Neubeginn legen. Gleichnishaft dafür war ihm der am Silvesterabend 1943 vorgeahnte Untergang der Stiftskirche, dessen er am Kirchweihsonntag 1944 gedenkt: »Wir sehen darin die Hand des Herrn, der, Gemeinde, als ein heiliger Richter uns ein entscheidendes Zeichen unserer Zeit mit der Zerstörung unserer Gotteshäuser aufgerichtet hat. Die Zeit des christlichen Abendlandes ist zu Ende. [...] Denn was ist denn unsere Stiftskirche für viele Leute in unserer Stadt gewesen? Ein Kulturdenkmal, auf das man stolz war, über dem man den Drang des gotischen Menschen nach der Ewigkeit bewunderte. Eine Stätte, da man die Kunst und die Kultur des Menschen pries. Gemeinde! Unser Gott will keine Bewunderer und Zuschauer, sondern Jünger, und weil er die Jünger nicht findet, darum nimmt er die Gottesstätte weg, die ihm einst gläubige Jünger erbaut hatten.«

Aus dem Untergang der alten Kirche sollte eine neue Gemeinde entstehen: »Die kommende Stiftsgemeinde, und wir sind der Anfang davon, wird eine glaubende Gemeinde sein. Sie wird nicht mehr aus Tradition in die Kirche gehen und sie wird nicht ein Kulturdenkmal bewundern, sondern sie wird in ihrer schlichten Barackenkirche nach dem Kriege in ganz persönlicher Entscheidung jedes einzelnen ihr Leben ordnen vor dem Herrn. Sie wird in der Nachfolge Jesu bleiben und ihm folgen, wohin er sie führt. Sie wird alles preisgeben, was sie hat, auch ihre Kultur und ihre Dome, aber sie wird eines mit der ganzen Leidenschaft ihrer Seele festhalten, das Wort des Herrn, den Herrn, der das Wort ist, sie wird glaubende Gemeinde sein.«[25]

III

Eine neue Art von Gemeinde sammelte sich seit 1942 in der Stuttgarter Stiftskirche um Helmut Thielicke.[26] Dieser hatte sich 1940 vor das Ende seiner akademischen Laufbahn gestellt gesehen, als er weder in Heidelberg, wo er seit 1936 gelehrt hatte, noch an einer anderen Universität als Dozent berufen wurde.[27] Die Machthaber des Dritten Reichs hatten von ihm offenbar den Eindruck bekommen, daß er die Sache des christlichen Glaubens offensiv vertrat und auch andere dafür zu gewinnen wußte. Dem Wirken dieses Gegners wollte man deshalb die materielle Grundlage entziehen.

Einstweilen diente Thielicke einige Monate in der Wehrmacht, wurde aber Ende 1940 aus gesundheitlichen Gründen entlassen. Thielicke hatte sich währenddessen an Bischof Wurm mit der Bitte um Aufnahme in den württembergischen Kirchendienst gewandt,[28] und man hatte ihm Aussichten auf eine Anstellung eröffnet. In der Tat wurde er auf 15. Januar 1941 als Stellvertreter des zum Kriegsdienst einberufenen III. Stadtpfarrers in Ravensburg eingestellt.

Die Gestaltung seines Dienstes in Ravensburg ermöglichte es Thielicke, vielfachen Bitten um Vorträge aus dem gesamten Reichsgebiet nachzukommen. Der Erfolg dieser gutbesuchten Veranstaltungen trug ihm jedoch schließlich ein durch die Gestapo verhängtes Reise- und Redeverbot für das ganze Reich ein; zur weiteren Einschüchterung wurde ihm angedroht, daß er zur Arbeitsleistung in der Rüstungsindustrie verpflichtet werden würde.

Nachdem es gelungen war, eine Aufhebung des Reiseverbots zumindest für Württemberg zu erreichen, wurde Thielicke zum 1. Oktober 1942 nach Stuttgart berufen, um neben eigener wissenschaftlicher Arbeit in der Weiterbildung für Geistliche und pfarramtliche Hilfskräfte zu wirken.[29] Für die Zeit nach Kriegsende war er für die Leitung von Einführungskursen für heimkehrende Kriegsteilnehmer in Aussicht genommen. Damit war offensichtlich gemeint, daß Thielicke nach dem Krieg wieder ins akademische Lehramt zurückkehren sollte.[30] Inzwischen wurde ihm das eigens geschaffene »Theologische Amt« der Landeskirche übertragen.

Thielicke bekam auch den Auftrag, alle vier Wochen in einer Stuttgarter Kirche zu predigen.[31] Am bedeutsamsten wurde aber nicht so sehr dieser Predigtauftrag, sondern die Vorträge, die er seit dem 6. Mai 1943 donnerstag abends, anfänglich in der Markuskirche, dann in der Stiftskirche, unter dem Thema »Die Grundgedanken des christlichen Glaubens«[32] gehalten hat. Thielicke skizziert seine selbstgestellte Aufgabe folgendermaßen: »Ich hielt wöchentlich an den Donnerstagen in der Stiftskirche Vorträge, die in der später erschienenen Buchform[33] so etwas wie eine Laiendogmatik darstellen. Ich sagte mir: die Menschen brauchen in diesem Grauen des Krieges, der Fliegernächte und der zu Ende gehenden Schreckensherrschaft den Rückgriff auf die letzten Fundamente. Sie sollen wissen, was sie glauben dürfen. Sie müssen durch Sachlichkeit getröstet werden. Sie sollen inmitten alles dessen, was sie bis zum äußersten angreift, in die Stille des Nachdenkens kommen.«[34]

Wenn die Donnerstagsvorträge von Thielicke hier zum Gegenstand der Untersuchung gemacht werden sollen, muß selbstverständlich gefragt werden, ob es berechtigt ist, sie als Predigten zu bezeichnen. Diese Frage darf sicher positiv beantwortet werden, zumal Thielicke selbst sagt, daß er seine Dogmatik »gleichsam im Gottesdienst vortrage«.[35] Die Vorträge fanden in der Tat in einem – freilich reduzierten – gottesdienstlichen Rahmen statt und nahmen zumeist ein Schriftwort als Ausgangspunkt. Sie waren mit einer Dauer von etwa einer Stunde zweifellos länger als gewöhnliche Predigten und sicher überwog der lehrhafte Charakter. Gleichwohl dienten Thielickes Vorträge zweifellos der Erbauung der Zuhörer, so daß wenig oder eigentlich gar nichts dagegen spricht, sie als Predigten zu bezeichnen.

Andererseits handelte es sich tatsächlich um eine Vortrags- oder Vorlesungsreihe; Thielickes didaktische Bemühungen um den Gesamtzusammenhang sind deutlich zu erkennen: Er griff gelegentlich auf Gehörtes zurück oder gab eine Vorschau auf das, was er in den kommenden Stunden plante. Es war ihm wichtig, daß die Hörer folgen konnten und den Zusammenhang der einzelnen Vorträge verstanden. So heißt es einmal: »Wer genauer über den Inhalt der letzten Stunde orientiert sein möchte, bleibe nachher im Anfang des Diktats da, wenn der kurze Abriß verlesen wird.«[36] Als die Stiftskirche zerstört war und viele der regelmäßigen Zuhörer Mühe hatten, zu den Ausweichräumen nach Bad Cannstatt oder Ludwigsburg zu gelangen, machte er es sich zur Gewohnheit, den Inhalt der »letzten Stunde« jeweils zu Beginn kurz zu referieren und stellte so die Verknüpfung her.

Es war in der Tat eine Laiendogmatik, die Thielicke hier bot. Es wurden in diesen Vorträgen Themen angeschnitten und behandelt, die sich in späteren Jahren in den Werken Thielickes wiederfinden. Gewissermaßen im Ernstfall wurden somit hier Wege gebahnt, die später eingehender fundiert und weiter gemacht wurden. Diese Laiendogmatik hat selbstverständlich einen wohldurchdachten Aufbau. Thielicke ging aus von der Frage nach Glaube und Vernunft und lenkte dann zum Katechismus über, indem er in zwei Durchgängen zunächst die Gebote, alle unter dem Gesichtspunkt des ersten Gebots, behandelte.

Hierauf sprach er über die Bergpredigt und davon ausgehend über die Zwei-Reiche-Lehre. Nach einer Unterbrechung von Advent 1943 bis Frühjahr 1944 nahm Thielicke den ersten Glaubensartikel vor, den er am Problem des Sinnes der Geschichte und anhand von Weltanschauungsfragen verdeutlichte. Zuletzt, kurz vor der Zerstörung der Stiftskirche, sprach er in zwei Abenden noch über das Wunder. Thielicke war sich bewußt, daß seine Laiendogmatik damit keineswegs abgeschlossen war; zumindest hätte noch die Behandlung des zweiten und dritten Glaubensartikels dazugehört. Wegen der Zeitereignisse mußte diese Glaubenslehre unvollständig bleiben, und Thielicke nahm auch für die Druckfassung in Kauf, daß diese ein Fragment darstellte, zumal von hier aus »so viele Verbindungslinien nach fast allen Stücken der christlichen Lehre aufgewiesen« wurden.[37]

Hörer der Donnerstagsvorträge von Thielicke sprechen heute noch von ihnen als von außergewöhnlichen Erlebnissen. Dieses Erleben teilte sich auch dem Redner mit, denn Thielicke selbst schreibt darüber[38]: »Es waren in der Regel etwa dreitausend Menschen Abend für Abend versammelt; Generäle und Musketiere, Generaldirektoren und Arbeiter, Mütter und junge Mädchen, Schüler und Studenten. Nie wieder habe ich dieses Hören erlebt, nie wieder ist mir die vollziehende Kraft des geistlichen Wortes so spürbar nahe gerückt.«

Anfänglich scheinen die Vorträge die Zeitwirklichkeit auszublenden und somit im Zeitalter des totalen Krieges für die Zuhörer eine gewisse Stabilisierungsfunktion gehabt zu haben.[39] Es ist hier jedoch eine Entwicklung zu verzeichnen, denn nach einzelnen Anspielungen auf das Zeitgeschehen, wie die Sorge um Angehörige an der Front und die Furcht vor Luftangriffen, wird der Bezug auf die Situation immer deutlicher. Thielicke selber wollte auch nicht abgehoben von der Zeitsituation sprechen, wie er in einem der Vorträge über das fünfte Gebot[40] ausführt:

»Ich will an diesen Abenden die Grundwahrheiten des christlichen Glaubens nicht historisch darstellen, d. h. nicht als etwas, das früher einmal geglaubt worden ist und auf eine lange ehrwürdige Tradition zurückblickt, wobei wir uns dann bemühen, möglichst auch noch etwas Nützliches für uns herauszuschlagen. Nein, ich wollte an diesen Abenden etwas sichtbar machen, und zwar gerade an den Geboten sichtbar machen, was unsere eigene unmittelbare Lebenslage, auch unsere geschichtliche Lage, heute erhellt und uns unseren Lebensweg klärt.«

Die auch in der Heimat immer bedrängender werdende Realität des Kriegsgeschehens macht sich schließlich mehr und mehr in den Vorträgen Thielickes bemerkbar. Unter dem Eindruck eines kurze Zeit zurückliegenden Tagesangriffs[41] heißt es: »Es sollte doch so sein, [...] daß wir in jedem Augenblick alles, was wir tun und denken, an der Tatsache messen, daß wir in diesen Monaten nur durch eine hauchdünne Wand von der Ewigkeit geschieden sind, und daß in jeder Nacht die eine majestätische Faust von drüben her diese Wand durchstoßen und uns vor den Thron der leibhaftigen Majestät entbieten kann. Die Sintflut steigt um uns her mit unerbittlicher Konsequenz, und wir sind ja alle berufen, eine Arche zu bauen, die die Flut übersteht. Aber dieses Überstehen läßt sich wahrlich nicht vollziehen mit einer strammen Haltung oder mit Sturheit, denn es geht ja um etwas ganz anderes und geht um mehr als darum, daß wir mit der geraden Haltung des Soldaten von Pompeji untergehen.«[42]

Sieht man näher zu, so zeigt sich, daß Thielicke mutig die Auseinandersetzung mit der nationalsozialistischen Ideologie und deutschchristlichen Vorstellungen aufgenommen hat. Bei der Behandlung des fünften Gebots kommt ausführlich die Frage der Euthanasie zu Wort. Freilich wird die Tötung »lebensunwerten Lebens« nicht erwähnt, dafür geht aber Thielicke hier von zwei Filmszenen aus, die offenbar Teil einer subtilen Propaganda für die Euthanasie waren, um daran zu zeigen, daß in beiden Fällen gegen die von Gott verliehene Würde des Menschen verstoßen wird. Ganz in der Gegenwart ist Thielicke in den Vorträgen über die Zehn Gebote besonders von der Behandlung des fünften Gebots an, wo er immer wieder auf die Frage des Krieges zu sprechen kommt und von da aus zur Bergpredigt überleitet und hier die lutherische Zwei-Reiche-Lehre zugrundelegt.

Neben der biblischen Begründung seiner Aussagen fällt bei Thielicke der Rückgriff auf Literatur und Philosophie auf. Am meisten werden wohl Goethe und Nietzsche zitiert, letzterer vor allem als Kronzeuge für den »modernen« Menschen. Von den Philosophen werden natürlich Kant und Hegel genannt, von den Schriftstellern des 20. Jahrhunderts Oswald Spengler, Walter Flex, Reinhold Schneider, Jochen Klepper und andere. Die Vorträge sollten also zweifellos Gebildete ansprechen, ohne freilich die Zuhörerschaft auf diese Gruppe reduzieren zu wollen.

Im Fortschreiten der Zeit und der Kriegsbedrohung kam Thielicke immer deutlicher auf die zentralen Fragen des Daseins, auf die Grenzsituation[43] zu sprechen: »Wie ist's mit unserer Generation, die auf Trümmer, Ruinen und verkohlte Brandstätten mit jenem merkwürdigen Blick schaut, in dem für jeden die tiefe Resignation gegenüber dem Sinn unseres Schicksalsglaubens steht? Ich frage noch einmal: Wie wird unsere Generation auf der eine so ungeheure Hypothek von Blut und Trümmern liegt, diese Schicksalsnacht tragen, in der wir angekommen sind? Wird sie von der Götterdämmerung dann zu einem neuen Christustag aufbrechen? Wird sie von der Resignation, die sie trotz aller Tapferkeit befällt, aufbrechen zu einem neuen lebendigen Glauben?«[44]

Besonders bedeutsam für die Wirkung von Thielickes Vorträgen war, daß ähnlich wie bei Hartensteins Predigten – offenbar ohne große Organisation – für eine weite Verbreitung des Gehörten gesorgt wurde. Thielicke schreibt darüber: »Nachher blieben etwa zweihundert Sekretärinnen und ähnliche Leute da, denen ein kurzer Auszug des Vortrages diktiert wurde. Jede von ihnen vervielfältigte ihn[45], Schreibwarenläden stifteten Berge des knapp gewordenen Papiers, eine weitere Hörerkette übernahm ihrerseits Abschriften und Vervielfältigungen und alle diese Massen von Flugzetteln und Sendschreiben gingen dann an alle Fronten. So wurde in einer Zeit, als man nicht mehr drucken konnte – und als ganz bestimmt *ich* es nicht konnte! – wöchentlich eine Riesenauflage dieser Vorträge mit der Hand hergestellt und verschickt. Das Echo aus allen Ländern, in denen Soldaten kämpften, war außerordentlich.«[46] In der Tat klingt in den Vorträgen manchmal durch, daß Thielicke schriftliche Fragen gestellt wurden und er eine offenbar beachtliche Korrespondenz mit Leuten unterhielt, die die Nachschriften seiner Vorträge lasen.[47]

Selbstverständlich konnte auch Thielicke, dessen Vorträge jeden Donnerstag abend die größte Kirche der Stadt füllten, von den damaligen Machthabern nicht unangefochten bleiben. Die Drohungen der Gestapo blieben nach wie vor bestehen[48], eine Einberufung zu einem Arbeitseinsatz war immer noch möglich, zumal Thielicke kein eigentliches Pfarramt versah und das für ihn geschaffene »*Theologische Amt*« eine Hilfskonstruktion war. Besonders mußte irritieren, daß die Vorträge vor allem die Jugend ansprachen, so daß es darauf angelegt wurde, dies zu vereiteln. »Einmal wurde von der Hitler-Jugend der Versuch gemacht, eine Störungsaktion durchzuführen.

Statt der geplanten Sprechchöre, die verhindert werden konnten, kam es nur zu Steinwürfen gegen die Fenster der Kirche. Der Jugend wurde verboten, die Vorträge zu besuchen, ohne daß sie sich allerdings daran störte.«[49]

Ein Wendepunkt in Thielickes Vortragstätigkeit war die Zerstörung der Stiftskirche am 26. Juli 1944.[50] Die Vortragsreihe war um diese Zeit ohnedies in eine Sommerpause getreten, und Thielicke war mit seiner Familie in Urlaub gefahren und fand bei der Rückkunft die Stuttgarter Innenstadt mit Stiftskirche und Pfarrhaus zerstört vor.[51] Die Vortragsreihe konnte dann im September in der Cannstatter Stadtkirche wieder aufgenommen und als diese bald darauf auch beschädigt worden war[52], im Oktober als Doppelreihe im Gemeindehaus der Cannstatter Lutherkirche und in der Ludwigsburger Stadtkirche fortgesetzt werden, bis schließlich nur noch Ludwigsburg übrigblieb.[53]

Der erste Vortrag in Cannstatt[54] wurde ein »Nachruf auf die zerstörte Stiftskirche«, von der ja nur ein ausgeglühtes Gerippe übriggeblieben war. Am Anfang stand der Dank dafür, daß die Arbeit dennoch weitergehen konnte. Dann kam der Schmerz über die verlorene Stiftskirche zu Wort, verbunden mit der Überlegung, daß viele die Stätte der Verkündigung mehr geschätzt haben, als das Wort, das dort verkündigt wurde. Ähnlich hielt man es ja auch mit der geistlichen Musik, die oft als Selbstzweck angesehen wurde. Der Verlust des Gefäßes weist daher auf das Wort und den Herrn, den es verkündet. Ein »Rest« wird bleiben, und im Untergang wird Gottes Verheißung nur noch deutlicher, »denn Gott hat uns ein riesiges Ackerland gegeben und die Luft ist voller Verheißungen«.

Thielicke hatte, nachdem er in der Kanzleistraße ausgebombt worden war, in Korntal eine Wohnung gefunden und setzte die Arbeit von dort aus fort. Er schreibt darüber an Hartenstein: »Meine Tage sind jetzt tatsächlich ausgefüllter als je. Der Studentenabend, der Flakhelferabend auf der Stellung in Zuffenhausen (schrieb ich Ihnen schon, daß die dortigen Flakhelfer eine Abordnung schickten, ich möchte ihnen freiwilligen Religionsunterricht geben? [...] Sowas darf man natürlich nicht abschlagen) und dann die Donnerstagsvorträge. Auch meine Sonntage sind zum Platzen besetzt. Drei bis vier Veranstaltungen an einem Sonntag sind keine Seltenheit. An einem der nächsten Sonntage habe ich morgens in Korntal zu predigen, um ½3 U. in Cannstatt auf dem Männertag zu sprechen, um 5 Uhr in Ludwigsburg in der Stadtkirche den Vortrag und um 8 Uhr die Fragenbeantwortung für die Korntaler Jugend, in der hiesigen Kirche, die sie sich von mir gewünscht hat. Dazu kommen die auswärtigen Dekanatskonferenzen und mit der schönen Korntaler Muße, auf die ich mich gefreut hatte [...] ist es nichts.«[55]

Die Aktualität der Vorträge Thielickes wuchs nach der Zerstörung der Stiftskirche in einem atemberaubenden Maß. Die Vorträge in Cannstatt im September unmittelbar nach den Angriffen, die rund 1 000 Menschenleben gefordert hatten, befassen sich einmal mit den Fragen von Tod und Sterben[56] und zum anderen – wohl im Blick auf den 20. Juli[57] – mit dem Unterschied zwischen weltlichem und christlichen Vorsehungsglauben.[58] Der darauf folgende Vergleich der Völkergeschichte Israels und Deutschlands konzentriert sich freilich auf die alttestamentliche Gottesbegegnung Israels und auf entsprechende Aussagen Luthers zur Wiederentdeckung des Evangeliums in Deutschland durch die Reformation.

Der Zyklus der (erhaltenen) Nachschriften endet mit dem Vortrag vom 19. Oktober 1944, in dem eine biblische Geschichtsschau skizziert wurde. In der darauf folgenden, in Korntal gehaltenen Silvesterpredigt 1944[59] läßt Thielicke schließlich etwas anklingen von der bangen Frage nach dem, was wohl das kommende Jahr bringen wird: »Und das ist in der Tat unser aller Frage an dieser Jahresschwelle: Wie kommt die Menschheit vom Ufer dieses Silvestertages zu dem andern Ufer der nächsten Silvesternacht hindurch? Wie kommt sie durch das Meer des Leides und der Tränen hindurch, das wie ein Ozean die Räume unseres Planeten und die Zeit des kommenden Jahres füllt? Und noch mehr: Wie kommt sie mit fröhlichen Gedanken durch dieses Meer hindurch, wie kommt sie als eine lobende, als eine dankende Gemeinde, wie kommt sie als der Heerbann des Siegers hindurch?«

Thielicke war bis in die letzten Kriegswochen mit Predigtaushilfen, Vorträgen und Erarbeitung von Predigthilfen[60] beschäftigt, wenn auch die näherrückende Front die Reisetätigkeit mehr und mehr einschränkte und zuletzt stillegte. Auch nach Kriegsende war an eine sofortige Wiederaufnahme der Tätigkeit nicht zu denken, da die Besatzungsmacht strenge Ausgangssperren verhängt hatte. Schon am 6. Mai schrieb Thielicke an Hartenstein: »Hat es Sinn, jetzt an die Fortsetzung meiner Stuttgarter Vorträge zu denken? Wenn man den Massenandrang, bes. der Männer, zu den Gottesdiensten überall sieht, möchte man die Stunde auskaufen. Ich halte mich bereit für diesen mir so wichtig erscheinenden Dienst.«

Es gab aber allerhand Schwierigkeiten; der Wiederbeginn der Vorträge war zuerst auf den 2. Juni 1945 geplant und mußte dann auf den 30. Juni angesetzt werden. Thielicke gab hier, jeweils samstags um 17 Uhr im Saal des Furtbachhauses, eine Wiederholung der Vorträge, die er im Herbst und Winter in Bad Cannstatt und Ludwigsburg gehalten hatte, unter dem Gesamtthema »*Sinn und Unsinn der Geschichte*«.

Thielicke wurde von der Landeskultusverwaltung auf 1. August 1945 als Professor nach Tübingen berufen. Als er dies der Kirchenleitung mitteilte[61], betonte er, daß er auch unter den neuen Umständen an eine Fortführung des *Theologischen Amtes* und an eine Fortsetzung der Predigt- und Vortragstätigkeit in Stuttgart denke. In der Tat ist Thielicke in den folgenden Jahren zu vielbeachteten Predigten und zu Vorträgen nach Stuttgart gekommen.[62]

IV

Karl Hartenstein und Helmut Thielicke ist nicht nur gemeinsam, daß sie eine Zeitlang im selben Haus wohnten und dort unter den Gefährdungen des Bombenkriegs eine vertrauensvolle Hausgemeinschaft bildeten, an die sich beide zeitlebens gerne erinnerten. Beiden ist auch gemeinsam, daß das Dritte Reich und der Zweite Weltkrieg ihre ursprüngliche Lebensplanung zunichte gemacht haben. Hartenstein hatte sich der Mission verschrieben, Thielicke wollte Hochschullehrer werden. Beide mußten, nachdem ihre ursprünglichen Pläne gescheitert waren, einen Neuanfang wagen, und in Stuttgart überkreuzten sich somit ihre Lebenswege für einige Zeit. Auf diesem ihnen ursprünglich nicht vorgezeichneten Abschnitt ihres Lebensgangs haben sie der württembergischen und vor allem der Stuttgarter Kirche mit ihrer Gabe der Wortverkündigung gedient und konnten so vielen Menschen in schwerer Zeit beistehen.

Es muß jedoch festgehalten werden, daß beide, Hartenstein und Thielicke, diesen Dienst in einer ihnen jeweils eigenen Weise getan haben, wenn auch beide versuchten, den Menschen Hilfe in der sie bedrängenden Wirklichkeit zu geben und somit die Sinnfrage zu beantworten. Bei Thielicke ist unübersehbar, daß er von der Ethik herkommt und somit die Fragen des Christentums an die Welt[63] stellt, um auf der Grundlage der lutherischen Rechtfertigungslehre dem Christen Maßstäbe für sein Handeln in dieser Welt geben zu können. Dies dürfte wohl den großen Zuspruch erklären, die Thielickes Vorträge gefunden haben. Hartensteins Theologie ist hingegen von der Eschatologie bestimmt, von der her er die Fragen beantwortete, die die Weltwirklichkeit jener Zeit an das Christentum stellte. Man meint bei ihm gelegentlich die Gefahr zu spüren, in der diese Eschatologie stand, zur Apokalyptik zu werden.

Doch hat Hartenstein dieser Gefahr nicht nachgegeben, denn sonst hätte der Ausgang des Krieges, dessen endzeitliche Nöte ja keine neue Welt hervorbrachten, zu einer tiefen Ernüchterung führen müssen. Vielmehr entband der Untergang des Dritten Reichs bei Hartenstein gerade in der unmittelbaren Nachkriegszeit Kräfte für sein Wirken beim Wiederaufbau von Kirche und Gesellschaft.

Anmerkungen

1 Von den fünf Angriffen Ende Juli 1944 war es der in der Nacht auf den 26. Juli, in dem die Stuttgarter Innenstadt das Zentrum der Zerstörungen bildete, vgl. Bardua, Stuttgart, S. 115–126.

2 Geb. in Cannstatt am 25. Januar 1894, 1913–1914 und 1919–1921 Studium der Theologie in Tübingen, 1914–1918 Kriegsdienst, 1921 Vikar, 1922 Repetent am Tübinger Stift, 1923 Pfarrer in Urach, 1926–1939 Missionsdirektor in Basel, 1938 Teilnahme an der Weltmissionskonferenz in Tambaram/Indien, seit 1941 Prälat von Stuttgart, Stiftsprediger und Mitglied der württembergischen Kirchenleitung, 1948 Teilnahme an der Weltmissionskonferenz in Amsterdam, 1949 Mitglied des Rats der EKD, gest. in Stuttgart am 1. Oktober 1952. Vgl. Schwarz, Mission, S. 13–15. Zum folgenden vgl. Metzger, Hartenstein, S. 53ff.
3 Zum folgenden vgl. Metzger, Hartenstein, S. 194ff.
4 Hartenstein an Thielicke, 3. Oktober 1944, Landeskirchliches Archiv Stuttgart (LKAS) D 23/78: »Der Saal ... ist für Sie viel zu klein. Er ist zur Hälfte mit den ›Fallen‹ der Polizei belegt, zur Hälfte mit Stühlen bestellt, etwa 120 Plätze. Die Stühle müssen wieder weggeräumt werden und können erst Sonntag Früh aufgebaut werden.«
5 Metzger, Hartenstein, S. 210.
6 Hartenstein hat im Winter 1941/42 die Abrahamsgeschichte, 1942/43 den Propheten Jesaja, 1943/44 den Psalter, 1944/45 die Passionsgeschichte, im Winter 1945/46 die Offenbarung ausgelegt, vgl. Metzger, Hartenstein, S. 205.
7 Predigt über 1. Kor. 1,3–7 in der Stiftskirche am 8. März 1942, LKAS D 23 unverz., Nachschriften von Gertrud Heß. – Die nachstehenden Zitate sind dieser Sammlung entnommen. Schreibfehler der Vorlage wurden stillschweigend berichtet.
8 Metzger, Hartenstein, S. 56. Zum folgenden vgl. besonders Schwarz, Mission, S. 69ff.
9 Hartenstein, Herr. Falls nichts anderes bemerkt, beziehen sich die folgenden Ausführungen auf diese Auflage.
10 Römer – übrigens ein Mann der Mission wie Hartenstein – hatte seit Kriegsbeginn 1914 in Bibelstunden die Offenbarung ausgelegt. Diese erschienen unter dem Titel: Die Offenbarung des Johannes. In Bibelstunden erläutert, Stuttgart 1916, 2. Auflage 1917.
11 Hartenstein, Herr, S. 30–35.
12 Predigt über 1. Thess. 2,9–13 in der Stiftskirche am 3. Mai 1942.
13 Predigt über 1. Thess. 5,1–11 in der Theodor-Fliedner-Kapelle am 17. September 1944.
14 Metzger, Hartenstein, S. 64.
15 Bibelstunde über die Passionsgeschichte am 28. November 1944.
16 Predigt über Joh. 10,12–15, 27, 30 am 23. April 1944.
17 Hartenstein, Herr, Vorwort.
18 LKAS D 23 unverz., Nachschriften von Gertrud Heß.
19 Hartenstein, Herr, S. 19.
20 Predigt über 2. Kor. 12, 7–9 am 6. Januar 1945.
21 Metzger, Hartenstein, S. 61f.
22 Predigt über 2. Tim. 1,3–7 am 18. Juni 1944.
23 Predigt über 5. Mose 2,7 in der Stiftskirche am 31. Dezember 1943.
24 Predigt über Matth. 21,1–9 am 1. Advent, 3. Dezember 1944.
25 Predigt über Apg. 2,42 am 15. Oktober 1944 im Saal der Altpietistischen Gemeinschaft, Furtbachstraße 16. Druck: Schäfer, Landeskirche, Bd. 6, S. 1361–1366.
26 Geb. in Wuppertal-Barmen am 4. Dezember 1908, 1928–1932 Studium der Theologie und Philosophie in Greifswald, Marburg, Erlangen und Bonn, 1931 Promotion zum Dr. phil., 1934 Promotion zum Dr. theol., 1935 Lic. habil., 1936 Leiter des Theologischen Studienhauses in Erlangen, dann Dozent für Systematische Theologie und Religionsphilosophie in Erlangen, hierauf kommissarischer Ordinarius in Heidelberg, 1941 Anstellung in Ravensburg, 1942 in Stuttgart, Sommer 1945 Professor in Tübingen, 1954 in Hamburg, gest. daselbst 6. März 1986.

27 Zum folgenden vgl. – wo nichts anderes angemerkt – den autobiographischen Text Über Leben, Arbeit und Freunde, in: Thielicke, Begegnungen, S. 7–41, hier besonders S. 18–25, teilweise verändert und vermehrt wieder abgedruckt in: Thielicke, Kanzel, S. 9–80.
28 Thielicke, Gast, wo der hier besprochene Lebensabschnitt Thielickes S. 160–212 dargestellt ist. Wegen der größeren Zeitnähe werden hier jedoch vor allem die vorgenannten Texte herangezogen. Das Schreiben ist abgedruckt in: Schäfer, Landeskirche, Bd. 6, S. 1183f. – Daselbst S. 1185 noch weitere Angaben zur Wirksamkeit von Thielicke im württembergischen Kirchendienst.
29 Durch Erlaß vom 5. November 1942 teilte der Oberkirchenrat den Dekanatämtern mit, daß Thielicke beauftragt sei, in den einzelnen Bezirken »mit den Pfarrern und pfarramtlichen Hilfskräften kürzere oder längere Rüstzeiten abzuhalten«.
30 Thielicke, Über Leben, Arbeit und Freunde, S. 22, berichtet, daß Wurm »dem Sinne nach« gesagt habe: »Hier haben Sie ein Pfarrhaus und ein Monatsgehalt. Tuen Sie, was Sie wollen, damit Sie nach dem verlorenen Krieg für die Professur vorbereitet sind!« Gegen Ende des Krieges machte man sich in der Kirchenleitung Gedanken über die künftige Pfarrerausbildung und dachte für den Fall, daß diese an der Universität nicht mehr möglich sein würde, an die Gründung eines eigenen Instituts, an das Leute wie Dehn, Asmussen, Delekat, Thielicke und andere, die sämtlich in Württemberg untergekommen waren, berufen worden wären. Vgl. Hartenstein an Thielicke, 20.Januar 1945, LKAS D 23/78 sowie Schäfer, Landeskirche, Bd. 6, S. 1183–1191.
31 Da es sich um ein staatliches Pfarrhaus mit zweckgebundener Nutzung handelte, erschien es wohl tunlich, den Predigtauftrag eigens auszuweisen. – Über seinen Auftrag schreibt Thielicke in einem Freundesbrief vom 20. Juni 1943: »Meine Aufgabe besteht in der theologischen Weiterbildung der württembergischen Pfarrerschaft. Zu diesem Zweck fahre ich alle vierzehn Tage zu einer Rüstzeit in einen Dekanatsbezirk – immer nur bis streng an die Grenze des Ländles, denn sie ist für mich nach wie vor ein feuriger Stacheldraht, hinter den ich mich allerdings gerne verbannen lasse. So komme ich auch als Prediger auf viele Kanzeln. Die Amtsbrüder begrüßen meinen Dienst immer sehr freudig. Sie sehnen sich danach, für ein bis zwei Tage theologisch zu arbeiten, statt immer nur selbst auszugeben. Außerdem habe ich einen vierwöchentlichen Predigtauftrag in der hiesigen Pauluskirche. Jeden Mittwochabend versammelt sich die Studentengemeinde in unserer geräumigen Wohnung.« Thielicke, Auf Kanzel und Katheder, S. 29. – Formell wurde Thielicke am 14. Januar 1943 die Pfarrei Willmandingen übertragen.
32 So die Ankündigung eines Werbezettels, der den Neubeginn der Reihe nach der Pause in den Wintermonaten für den 13. April 1944 ankündigte, LKAS Altreg. PA T 31/II.
33 Thielicke, Glaube. Die nachstehenden Zitate aus den Vorträgen stammen jedoch – falls nichts anderes vermerkt – aus den erhaltenen Nachschriften der Vorträge und Predigten Thielickes in LKAS Altreg. PA T 31/II. Diese Nachschriften sind aufgrund von Hörfehlern usw. deutlich als solche zu erkennen. Ein Vergleich der Nachschriften mit der Druckfassung zeigt, daß sich diese eng an den vorgetragenen Wortlaut hält. Lediglich die Ein- und Überleitungen sind stärker überarbeitet.
34 Thielicke, Auf Kanzel und Katheder, S. 27.
35 Aus einem Freundesbrief, abgedruckt in: Der Glaube der Christenheit, S. 17.
36 Vortrag vom 20. April 1944.
37 Der Glaube der Christenheit, S. 11f.
38 Thielicke, Begegnungen, S. 23.
39 Möglicherweise spielte die im Mai 1943 gegenüber dem Oberkirchenrat geäußerte Drohung der Gestapo eine Rolle, die verlangte, daß Thielicke bei seinem Auftreten Zurück-

haltung üben solle. Weitere Warnungen gingen Thielicke im August 1944 direkt zu, LKAS Altreg. PA T 31/I. Seine Stellung war deshalb stets gefährdet.
40 Vortrag vom 30. September 1943.
41 Gemeint ist damit wohl der Angriff am 6. September 1943, 10.44 Uhr bis 11.10 Uhr. Wenige Tage zurück lag der Nachtangriff am 8. Oktober 1943, 0.02 Uhr bis 0.53. Beide Angriffe forderten je über 100 Menschenleben; vgl. Bardua, Stuttgart, S. 64–75.
42 Vortrag vom 14. Oktober 1943.
43 Im Rückblick sagt Thielicke dazu: »Das Wissen um die Vorläufigkeit und das Ende aller irdischen Dinge treibt gar nicht, wie man logisch erwarten sollte, zur Weltflucht, sondern es schenkt uns den Augenblick neu, gerade indem er zum *bloßen* Augenblick wird. Zugleich lehrt uns diese Grenzsituation das Große von dem Kleinen scheiden.« Thielicke, Begegnungen, S. 24f.
44 Vortrag vom 13. April 1944.
45 Diese Zusammenfassungen, von denen dem Vf. jedoch keine bekannt geworden sind, wären demnach von den oben erwähnten Nachschriften zu unterscheiden.
46 Merkwürdig ist, daß vierzig Jahre später diese Stuttgarter Wirksamkeit Thielickes weitgehend vergessen war; die Stuttgarter Zeitung vom 7. März 1986 druckte zum Tod von Thielicke lediglich einen aus Hamburger Sicht verfaßten Nachruf ab, in dem nur von seiner Tätigkeit als Pfarrverweser in Ravensburg die Rede ist. Die Stuttgarter Wirksamkeit übergehen ebenso die Redner der Hamburger Akademischen Gedenkfeier, vgl. Gedenken.
47 Aus einer ähnlichen, schon zu Beginn des Krieges geführten Korrespondenz ist erwachsen: Thielicke, Gott. Dies ist gleichsam ein Vorläufer zu Thielickes späterer Stuttgarter Wirksamkeit.
48 Vgl. Fischer / Schäfer, Landesbischof. S. 434f.
49 Der Glaube der Christenheit, S. 9f.
50 Vgl. Bardua, Stuttgart, S. 115–126.
51 In einem Freundesbrief vom November 1944 heißt es: »Wir kamen gerade aus unserem Urlaub am Bodensee und erfuhren unterwegs von dem schweren Doppelangriff auf Stuttgart. Als wir nach beispielloser Spannung und vielen Irrfahrten und Unterbrechungen endlich auf dem Bahnsteig in Bad Cannstatt standen, fragten wir einen Bahnbeamten, ob wir wohl noch ins Stuttgarter Stadtinnere zu unserer Wohnung vordringen könnten. Ich vergesse nie, wie er auf diese Frage hin nur zum Himmel deutete und sagte: ›Das ist Stuttgart.‹ Am Himmel aber stand eine riesige Wolkensäule, und die Sonne war verfinstert.« Hektographie, LKAS Altreg. PA T 31/II, Druck: Thielicke, Auf Kanzel und Katheder, S. 46. – Für diesen Fall war nach dem obengenannten Werbezettel bestimmt: »Sollte die Stiftskirche nicht benutzbar sein, so finden die Vorträge in der Leonhardskirche statt (Haltestelle ›Danziger Freiheit‹); bei deren Ausfall in der Markuskirche (Haltestelle ›Platz der SA‹ der Linien 1 und 5). Der endgültige Ort wird an den Sonntagen vorher von allen Kanzeln abgekündigt und im Sonnabend-Gottesdienstanzeiger der Presse jede Woche bekanntgegeben.« LKAS Altreg. PA T 31/II. Der Rückgriff auf die innerstädtischen Ausweichräume war nach den Angriffen im August nicht mehr möglich, weil die Leonhardskirche wie die Stiftskirche zerstört und die Markuskirche (wenn auch leichter) beschädigt war.
52 Schreiben von Hartenstein an Thielicke vom 21. September 1944, LKAS D 23/78. Der als innerstädtischer Vortragsraum ins Auge gefaßte Saal der Süddeutschen Gemeinschaft in der Eugenstraße 4 war gleichzeitig zerstört worden.
53 Freundesbrief vom November 1944, Druck: Schäfer, Landeskirche, Bd. 6, S. 1215–1221.
54 Hektographie, LKAS D 23/78.

55 Schreiben vom 6. Oktober 1944, LKAS D 23/78.
56 Thielicke berichtet darüber: »Einmal wurden wir [während eines seiner Vorträge] von einem Fliegerangriff überrascht, bei dem sich der übervolle Saal nicht schnell genug leeren konnte, und zwei Hörer wurden draußen getötet, darunter der Organist, der eben noch gespielt hatte. Ein anderes Mal stand ich vor einem großen Bombenloch. Eine Luftmine war in einen Keller eingeschlagen und hatte fünfzig Menschen getötet. Eine Frau trat auf mich zu und fragte, ob ich der und der wäre (wir liefen damals alle verdreckt und in abenteuerlicher Garderobe herum), und dann sagte sie zu mir: ›Auch mein Mann ist da umgekommen. Man hat nichts mehr von ihm gefunden, nur diese Mütze. Aber ich möchte Ihnen danken, daß Sie ihn beim letzten Vortrag auf den Tod vorbereitet haben.‹« Thielicke, Begegnungen, S. 23f., vgl. auch Schäfer, Landeskirche, Bd. 6, S. 1215–1221, hier S. 1217f.
57 Thielicke selbst war von den Verschwörern ins Vertrauen gezogen worden: »Ende Juni 1944 erschien Goerdeler bei mir und bat mich, für die geplante Regierungsproklamation der Aufständischen am Tage X diejenigen Sätze zu entwerfen, die den Passus über die Stellung des neuen Regimes zum Christentum enthielten. Das tat ich auch ... Drei Wochen später brach die Katastrophe des 20. Juli über uns herein, und ein großer Teil meiner Freunde nahm ein schreckliches Ende oder mußte durch grausame Qualen gehen.« Thielicke, Begegnungen, S. 24. Vgl. dazu auch: Fischer/Schäfer, Landesbischof, S. 348f.
58 Vom letzteren Vortrag ist keine Nachschrift erhalten. Das Thema geht jedoch aus der Zusammenfassung im Vortrag vom 5. Oktober 1944 hervor, außerdem findet sich der Vortrag in: Der Glaube der Christenheit, S. 391–402.
59 Hektographie, LKAS Altreg. PA T 31/II.
60 Zu nennen ist hier die Karl Hartenstein gewidmete Ausarbeitung »Gericht und Heimsuchung. Erwägungen zur Frage der ›konkreten‹ Gerichtspredigt«, die Thielicke im Februar 1945 fertigstellte. Ein Abdruck findet sich in: LKAS Altreg. PA T 31/I.
61 Schreiben vom 27. Juli 1945, gedruckt bei Schäfer, Landeskirche, Bd. 6, S. 1185f.
62 Vgl. Hermann Ehmer, Religiöses Leben; erscheint demnächst in: Edgar Lersch/Paul Sauer (Hg.), Stuttgart nach dem II.Weltkrieg.
63 So der Titel eines während des Krieges anonym in der Schweiz erschienenen Buches von Thielicke. Thielicke, Fragen.

Martin Widmann

Paul Schempp – Hermann Diem – Kurt Müller – Alfred Leikam – Georges Casalis:
Der Vorschlag eines Neuanfangs im Jahre 11 nach Barmen für die Kirche Jesu Christi in Deutschland und anderswo

Für die Geschichte der Bekennenden Kirche nach 1945 ist sachliche und theologische Voraussetzung die Geschichte der *Evangelischen Bekenntnisgemeinschaft in Württemberg* 1933–1945 und die Geschichte der *Kirchlich-theologischen Sozietät in Württemberg* 1930–1945.[1] Es war das Anliegen der im Titel genannten Personen, daß der Weg der Kirche Jesu Christi in Württemberg, in Deutschland und anderswo in der von den Bekenntnissynoden Barmen, Dahlem und Oeynhausen gewiesenen Bahn und Linie geradeaus weiterläuft. Weil manche wichtigen Namen und Gruppen, zum Beispiel alle Frauennamen und -gruppen, in den Titeln unserer Tagung nicht namentlich auftauchen, möchte ich gleich hier zu Beginn, ein für allemal, betonen, daß die *Evangelische Bekenntnisgemeinschaft*, für die die Namen Pfarrer Theodor Dipper, Paul Schmidt, Otto Mörike stehen mögen, der *Internationale Versöhnungsbund*, Pfarrer Rudolf Daur, und die *Religiösen Sozialisten*, Pfarrer Eberhard Lempp, und viele andere in der geistlichen Grundausrichtung der Sozietät verbunden waren. Nach meiner Meinung gilt dies, bei allem partiellen Dissens, auch für die Geistlichen in der württembergischen Kirchenleitung. Ich bedaure sehr, nicht näher darauf eingehen zu können, daß viele katholische Gemeinden und Kreise, Gemeinschaften und Einzelne, wie schon vorher, in der unsichtbaren Einheit des Glaubens an die alleinige Königsherrschaft Jesu Christi mit der *Bekennenden Kirche* Schritt hielten. Ich denke an den *Friedensbund Deutscher Katholiken*, Pater Stratmann, Max Joseph Metzger / Vater Paulus (hingerichtet am 17. April 1944), an Reinhold Schneider, dessen Friedenszeugnisse gegen die Wiederaufrüstung in der »Stimme der Gemeinde« erschienen,[2] an Walter Dirks und andere. Die unselige weltanschauliche »Versäulung« der Gesellschaft und der Kirchentümer stellte sich erst später wieder ein. Der antifaschistische Konsens war unmittelbar nach 1945 in den politischen Parteien, den antifaschistischen Komitees und Betriebsausschüssen, den humanistischen, pädagogischen, gewerkschaftlichen, kulturellen und literarischen Neuanfängen ein tragfähiges Fundament.[3] Das Phänomen »Gruppe 45/47« gab es in allen Bereichen, auch im religiösen und kirchlichen.

Ich werde mich hier auf die Präsentation der entscheidenden Texte von Schempp, Diem, Kurt Müller, Leikam und Casalis beschränken. Ich bin froh, daß ich den geschichtlichen Gesamtverlauf bis zur Verhärtung im Kalten Krieg nicht beschreiben muß. Es ist eine leidige Tatsache, daß der sogenannte kirchliche Wiederaufbau eher nach dem »Modell Selbstbehauptung« verlief, »nach dem bestechenden Vorbild des Katholizismus, hierarchisch und volkstümlich zugleich, liturgisch-sakramental und politisch einflußreich, weltflüchtig nach innen und welterobernd nach außen, geistlich anmaßend und weltlich klug«.[4] Es hilft uns aber wenig, dies ausgiebig zu beklagen. Mir ist viel wichtiger die Einsicht, daß der damalige Vorschlag eines Neuanfangs in der Kirche Jesu Christi in den Kernpunkten für uns heute so aktuell und so brauchbar ist wie vor 50 Jahren.

Neuanfang in der Evangelischen Kirche.
Die Einzelgemeinde ist der Ort, wo alle geistlichen Entscheidungen fallen

Hermann Diem[5] kehrte im September 1945 aus dem Kriegsgefangenenlager Livorno nach Ebersbach zurück. Sowohl die Arbeit in der Gemeinde als auch in der Sozietät wurde mit neuem Elan aufgenommen. Diem hatte den Entwurf einer Kirchenordnung, welche strikt von der Gemeinde ausgeht, in der die alleinige Königsherrschaft Christi gepredigt wird, mitgebracht, die im Lager von einer kirchlich-theologischen Arbeitsgemeinschaft von Pfarrern und Kirchenältesten »aus dem ganzen Reich«, darunter Kurt Scharf, Präses der *Brandenburgischen Bekenntnissynode*, ausgearbeitet worden war. Im Ausschuß der Sozietät, der Ende September bei Pfarrer Eugen Stöffler in Köngen tagte, wurde diese Kirchenordnung durchberaten und für die Evangelische Landeskirche in Württemberg zugeschnitten. Paul Schempp schrieb einen Kommentar dazu, der im Kleindruck angefügt wurde. Das 100 Seiten starke Büchlein: *Restauration oder Neuanfang in der Evangelischen Kirche?*[6] übergab Hermann Diem der Öffentlichkeit mit einem hoffnungsvollen Blick auf Landesbischof Theophil Wurm: »Die Württembergische Landeskirche (hat) ihre Leitung einem Mann anvertraut wie Landesbischof D. Wurm, der durch alle Schwierigkeiten einer traditionsgebundenen und traditionsbelasteten Kirchenpolitik hindurch das Ziel der Bekennenden Kirche trotz aller Irrungen und Wirrungen nie aus den Augen verlor. Ich hoffe, daß man in dieser Feststellung nicht eine Äußerung des uns Schwaben so gerne nachgesagten Lokalpatriotismus sehen wird. Das Handeln und die Persönlichkeit des im Inland und Ausland gleicherweise verehrten Vorsitzenden des Rates der Evangelischen Kirche in Deutschland ist nicht nur für uns in der *Württembergischen Landeskirche* eines der hoffnungsvollen Zeichen dafür, daß wir uns nicht umsonst um die Neuordnung der Kirche bemühen werden.« Weil die Sozietät die Stuttgarter Schuld- und Neubeginn-Erklärung des Rates der EKiD vom 18. Oktober 1945 für sich annehmen und bejahen konnte, wurde die Drucklegung der am 29. Mai 1945 von Paul Schempp verfaßten Schrift »Der Weg der Kirche«, welche mit ihrer scharfen Attacke gegen erste Tendenzen zur Selbstrechtfertigung bei Wurm und Asmussen die Kirchenleitung verärgert hatte, gestoppt.[7]

Die programmatische Erklärung der Kirchlich-theologischen Sozietät in Württemberg vom 9. April 1946

Die erste Vollversammlung der Sozietät nach dem Krieg war praktisch beim Besuch und Vortrag von Karl Barth in Stuttgart am 2. November 1945.[8] Barth wohnte bei seinem Schüler und Freund Kurt Müller, Pfarrer an der Reformierten Kirche in Stuttgart.[9] Kurt Müller hatte schon im September 1945 Barths *»Freundeswort nach draußen: Zur Genesung des deutschen Wesens«* im Verlag Franz Mittelbach, Stuttgart, herausgegeben.

Anfang 1946 begannen wieder die regelmäßigen Sozietätstagungen, möglichst am ersten Montag des Monats und meist in der Wohnung von Kurt Müller in Degerloch, Löwenstraße 99, wo auch das Sekretariat von Frau Ruth Ebermaier war. Die Sozietät beauftragte Paul Schempp, ihren besten und rhetorisch begabtesten Theologen, der als freier Schriftsteller in Kirchheim lebte, eine programmatische Erklärung zu verfassen »über ihren kirchlichen Willen, die Gemeinschaft am Leibe Jesu Christi in ihrer kirchlichen und theologischen Arbeit und Verantwortung zu bezeugen«. Bei der Sozietätstagung am 9. April 1946 in Stuttgart-Degerloch hielt zuerst Gerhard Ebeling ein großes Referat über »Kirchenzucht«, dann wurde nach Beratung und Aussprache die Erklärung gutgeheißen und beschlossen. Im Namen und Auftrag der Sozietät unterschrieben Hermann Diem, Ebersbach/Fils; Christian Berg, Kirchheim; Heinrich Fausel, Heimsheim/Maulbronn; Kurt Müller, Stuttgart; Paul Schempp, Kirchheim.[10]

Die herzbewegende Sprache, der freie Atem der im Dezember 1945 für junge Menschen von Paul Schempp[11] verfaßten Offenen Briefe »Frei und verantwortlich« – »Wer hilft der Jugend?« durchströmt den Text: »Wir sollen die Jugend nicht mit verschleiertem Bankrott betrügen, sondern ihr ein ehrliches Testament machen und ihr zum Erbe einen neuen Anfang geben als Menschen, die aus Leid und Schuld zu Brüdern wurden und ihren Söhnen den schaffenden Geist der Bewahrung, Erhaltung und Neubildung des menschlichen Geistes nach Seele und Leib zur Verpflichtung machen, ›bis‹ – um mit Hölderlin zu reden – ›erwacht vom ängstlichen Traum, die Seele dem Menschen aufgeht, jugendlich froh, und der Liebe segnender Odem wieder wie vormals oft, bei Hellas blühenden Kindern wohnt in neuer Zeit‹.«[12]

Teil I der Erklärung: »Wir stimmen in der Beugung unter Gottes Gericht der Erklärung des Rats der Evangelischen Kirche in Deutschland vom 18. Oktober 1945 (Stuttgarter Erklärung) einmütig zu und bekennen insonderheit unsere Schuld als Prediger und Glieder der Gemeinde Christi.« Die Schuld wird in realistischer und persönlicher, jedem Zeitgenossen verständlicher Sprache konkretisiert: Die Ermordung von Millionen Juden, Gliedern des Volkes Israel, der Massenmord an Unschuldigen, der kriegerische Überfall auf die Nachbarvölker, die Vergötzung unseres Volkes und seiner Machthaber, die Selbstauslieferung der Beamten und Soldaten, auch der Pfarrer, im Hitler-Eid an einen wahnsinnigen Diktator, der Rassenwahn, dem auch wir Pfarrer durch die Ausstellung zahlloser Nachweise der arischen Abstammung Vorschub leisteten, die Auflösung des Rechts, die Vergiftung der Jugend, – alles wurde hier gegenwärtig.

»Insoweit wir Pfarrer waren, sind wir dadurch besonders unseren Gemeinden gegenüber schuldig geworden. Wir bekennen unsere Schuld vor all denen, die unschuldig leiden mußten, vor all denen, die ungewarnt Gottes Gebote mit verkehrtem Willen zertreten haben, und vor all denen, die heute mehr als wir selber die furchtbare Last aller Folgen des gemeinsamen Irrwegs zu tragen haben. Wir bitten Gott um Jesu willen um Gnade und Vergebung für uns, für unsere Gemeinden, für die Kirchen, für die besiegten Völker und für alle Menschen, und wir bitten alle unsere Mitchristen, an denen wir schuldig geworden sind, uns zu vergeben, damit wir alle zusammen fröhliche Zeugen der Gnade unseres Herrn vor aller Welt sein und bleiben mögen.«

Im Teil II werden die Erklärungen von Barmen und Dahlem »aus der Schrift geschöpfte Einsichten von richtunggebender Bedeutung für die Verkündigung, für das Wesen und für die Ordnung der Kirchen in der Welt und für das rechte Verhalten gegenüber und in den Ordnungen der Staaten« genannt. Für den anstehenden kirchlichen Wiederaufbau wird gewarnt »vor dem Blendwerk einer äußerlichen Uniformierung und Bürokratisierung der Kirchen«, vor dem Modell Selbstbehauptung und kirchlicher Machtpolitik. »Die das Verlorene suchende und findende Gnade des Herrn allein macht die Kirche groß und nicht der mühselige Versuch, sich selbst zu behaupten und zu stärken.« »Wir sind ernstlich besorgt, man könnte und möchte heute die evangelischen Kirchen bauen nach dem bestechenden Vorbild des Katholizismus, hierarchisch und volkstümlich zugleich, liturgisch-sakramental und politisch einflußreich, weltflüchtig nach innen und welterobernd nach außen, geistlich anmaßend und weltlich klug.«

Der Teil III verzichtet darauf, die Kirchenordnung von der Predigt und der Einzelgemeinde her zu wiederholen, sondern er nennt einen Zehn-Punkte-Katalog der vordringlichsten Aufgaben.

»1. Konzentrierung aller Arbeit auf die lautere Wortverkündigung und zuchtvolle Sakramentsverwaltung; 2. Verselbständigung der Gemeinden, der Gemeindeverwaltungen und des Pfarramtes; 3. Förderung der Kenntnis der Bibel als einer Einheit göttlichen Offenbarungszeugnisses und nicht einer Spruchsammlung oder weltanschaulichen Tradition; 4. Schaffung eines Katechismus als eines Bekenntnisbuches der heutigen Gemeinden; 5. Abwehr der Zersplitterung der Gemeinden in Sonderorganisationen; 6. Abbau des weltlich-juristischen Verwaltungsapparates; 7. Anbahnung einer geistlichen Kirchenzucht durch die Gemeinden und echter Visitation durch die Kirchen; 8. Predigt der Verantwortlichkeit der Gemeinden, nicht bloß der Einzelnen, für Familie,

Wirtschaft, Staat, Kultur und Völkerwelt; 9. Steigerung der wissenschaftlichen Anforderungen für die Vorbildung der Geistlichen; 10. Klärung der geistlichen Gemeinschaft oder Trennung gegenüber den anderen Konfessionen und den sogenannten Freikirchen.«

Nur durch »solche, auf lange Sicht, mit großer Geduld, mit ernstem Fleiß und unbestechlicher Wahrheit und Liebe unternommene kirchliche Arbeit« kommen wir einem »Neuaufbau der Kirche« näher und »werden wir über den (Un)Geist des Nationalsozialismus wirklich Herr werden«, »abgesehen von der vorbildlich durchzuführenden Entnazifizierung gemäß den allgemein gültigen Verordnungen«.

Im Teil IV wird, gut bonhoefferisch, für die Kirche und die Gemeinden, für die Laien und die Geistlichen, die Leitlinie: Kirche für die mündige Welt, Kirche, die für andere da ist, entworfen. »Wir erwarten von unseren Gliedern und Freunden auch ehrliche Teilnahme und entschlossene Mithilfe gegenüber den furchtbaren Nöten und Fragen des staatlichen Beisammenseins auf Grund nüchterner und selbstloser Prüfung der Tatsachen und wehren uns gegen die Forderung der politischen Neutralität der Geistlichen.«

»Daß wir mit Leib und Seele, in Zeit und Ewigkeit, in Welt und Kirche einem und nur einem Herrn gehören, der uns erlöst und zum Licht der Heiden gesetzt hat, das ist Quelle und Norm unseres Glaubens, unserer Verkündigung und unseres Lebens, wie es auch der Grund unserer Hoffnung ist.«

Alfred Leikams biblisch begründete Kritik an der Arbeit der Sozietät

Ein Brief von Alfred Leikam[13], Korb am 2. Juli 1946, an Pfarrer Hermann Diem, Ebersbach, sei hier ausführlich wiedergegeben, weil er einen Eindruck vermitteln kann von der biblisch-theologischen Auseinandersetzung innerhalb der Sozietät. Die grundsätzliche Kritik Leikams richtet sich auf drei Punkte.

1) Leikam beklagt die Folgenlosigkeit der theologischen Arbeit. »Bei vielen Referaten hat man den Eindruck, daß sie um ihrer selbst willen gehalten werden. Es drängt sich einem das Bild der Epistel vom Sonntag Rogate, Jakobusbrief 1,21ff., auf, daß der Referent bzw. die Sozietät ihr kluges theologisches Angesicht im Spiegel des Referats beschaut, dann, nachdem sie beschaut hat, geht sie davon und vergißt von Stund an, wie sie gestaltet war.« So habe das Referat über die politischen Parteien und die theologische Ablehnung einer »Christlichen« Partei es versäumt, das Ergebnis zu realisieren in einer bindenden Mitteilung an den *Oberkirchenrat* und an die Gemeinden. »Es ist gerade so, wie wenn der Römerbrief mit dem 11. Kapitel aufhören würde. Wir sind wieder in derselben Lage wie im Dritten Reich. Es fallen politische Entscheidungen – gestern: man mußte in den Krieg ziehen, heute: man muß eine Partei wählen – und die Kirche steht »wortlos« dabei und überläßt die armen Men-

schen ihrem Schicksal.« »Will sich die Sozietät als Glied der christlichen Kirche erweisen, so hat sie ihre Arbeit in Liebe um des Nächsten willen zu leisten, einerseits um der theologischen Not des Pfarrstandes willen (weil die theologische Ausbildung mangelhaft ist), andererseits um der geistlichen und weltlichen Not der übrigen Gemeindeglieder willen (weil die Unterweisung durch den Pfarrstand mangelhaft ist), niemals aber um ihrer selbst, ihrer eigenen theologischen Bespiegelung willen.«

2) Leikam erinnert an gemeinsame Schuldverstrickungen und Versäumnisse von Kirchenleitung und Sozietät. »Einige Tatsachen: Der OKR hat es unterlassen, die Stellung des Christen zum Nationalsozialismus zu klären, und ist daher schuldig geworden, die Sozietät auch, der OKR hat es unterlassen, die Stellung zu den Juden und den anderen Verfolgten zu klären, die Sozietät auch; der OKR hat es unterlassen, die Frage über die Jugenderziehung zu klären, die Sozietät auch, der OKR hat es unterlassen, die Frage des (Hitler-)Eides zu klären, die Sozietät auch. Usw. usw. [...] Darf ich zur Frage des Eides feststellen, daß gerade die Klugheit der Sozietät es ihr verwehrte, hier klar zu sehen. Oder war der von der ganzen Sozietät geleistete Fahneneid etwas anderes als der von ihr geforderte, jedoch abgelehnte (Pfarrer-)Eid des OKR (Kirchl. Gesetz 20. Mai 1938)? Haben wir nicht bei dem Tempel Adolf Hitler geschworen und allem, was bei demselben war (DC, SA, SS, NSV usw.), Matth. 23,16–22? Bei meinem seinerzeitigen Streit mit dem Nationalsozialismus, auf meinen Beamteneid hingewiesen, erklärte ich schlicht, daß ich mich bei dessen Leistung über das Wesen des Nationalsozialismus geirrt hätte, heute jedoch eine Bindung an den alten oder neuen Eid ablehne. Neben theologischer Erkenntnis gibt es nämlich auch einen schlichten einfachen Glauben.«

»Seien wir doch ehrlich und nüchtern, entweder erkennen wir die Württ. Kirche als falsche Kirche, dann ist Trennung geboten, oder wir erkennen in ihr die wahre, wenn auch oft irrende und sündigende Kirche, dann ist Gemeinschaft und, wenn notwendig, eigener richtiger wegweisender Weg geboten. War es, um diese Gemeinschaft am Leibe Christi, der doch wohl der allverachtetste ist (Jes 53), zu bezeugen, geboten, eine solche aus einer reicheren theologischen Erkenntnis kommende Redeweise zu gebrauchen, wie sie wieder im 1. Teil von ›Restauration oder Neuanfang in der Evangelischen Kirche‹ gebraucht ist? Haben die Starken in der Sozietät einschließlich Paul Schempp ihren schwachen Brüdern in der Landeskirche bereits siebenzig mal siebenmal vergeben?«

3) So fordert Leikam konkrete Taten, wenn denn die Schulderklärung vom 9. April 1946 ernst gemeint ist: »1. Eine Erklärung der Sozietät an den Rat der EKiD als Zustimmung zur Stuttgarter Erklärung. 2. Eine besondere Erklärung jedes einzelnen Pfarrers der Sozietät an seine Gemeinde, in der die konkrete Schuld des Pfarrers und seiner Gemeinde bekannt wird. 3. Ein Bekenntnis dem OKR und Landesbischof gegenüber, inwiefern die Sozietät einschließlich Paul

Schempp durch ihr bisheriges Reden und Handeln einschließlich der neuesten Verlautbarungen ihnen gegenüber schuldig geworden ist. 4. Ein sonntägliches Bußgebet im Sinne von Daniel Kapitel 9.«

Auf der letzten Seite des langen Briefs macht Leikam noch einen eigenständigen Vorschlag zur Behandlung des »Gesetzes zur Befreiung von Nationalsozialismus und Militarismus«. Er schlägt der Sozietät folgendes Argument vor: »Nationalsozialismus und Militarismus sind ein Ausdruck der Sünde. Hiervon kann uns außer Christus niemand befreien, insbesondere kein weltliches Gesetz im Sinne einer seuchenpolizeilichen Maßnahme.«

»Liebe Mitchristen! Nationalsozialismus und Militarismus
sind nach Wurzel, Geist und Taten unchristlich«

In dem im Juli 1946 erschienenen Heft Kirche und Entnazifizierung[14] steht »*Ein Wort an die Gemeinden zum Entnazifizierungsgesetz*« zwar an zweiter Stelle hinter der »Denkschrift« der Sozietät, aber dieser seelsorgerliche, das Gespräch mit den Leuten suchende Text ist zeitlich zuerst entstanden. Paul Schempp entwarf dieses »*Wort an die Gemeinden*«, wie die vielen sprachlichen Parallelen in seinen gleichzeitigen Bibelauslegungen und Schriften beweisen. Hier ist nun Leikams Forderung und Bitte, die theologische Arbeit in der Liebe zum Nächsten für die Gemeinden zu tun, wirklich erfüllt. Für die zeitgeschichtliche Forschung wäre es wichtig, zu ermitteln, wo und wann und von wem, in welchen Gemeinden und Kreisen dieses Wort gelesen und vorgelesen, besprochen und beherzigt wurde. Das Wort ist überhaupt nicht doktrinär; ein armer Zeitgenosse unter noch ärmeren sucht in der furchtbaren Geschichtskatastrophe das hilfreiche Wort zu finden. »Liebe Mitchristen! Nationalsozialismus und Militarismus sind nach Wurzel, Geist und Taten unchristlich. Das hätten wir aus Gottes Wort erkennen sollen. Aber wir sind den falschen und bösen Weg gegangen und mitgegangen aus Irrtum oder aus Torheit oder aus Angst [...] Nun sind wir wohl bereit, anzuerkennen, daß Gottes Gericht über die Menschenvergötterung und Menschenverachtung bei uns ergangen ist. Aber dieses Gericht ist mit der ganzen Wahllosigkeit einer Katastrophe hereingebrochen; es hat Millionen vernichtet und hat uns Überlebende in willkürlicher Verschiedenheit getroffen, hat den einen Heimat, Hab und Gut genommen und die anderen nahezu verschont, hat die einen an den Rand der Verzweiflung geführt und andere kaum gestreift.«

Schempp sucht nun im ersten Teil das Ohr der Leute zu gewinnen für die Stuttgarter Erklärung des Rates der EKiD: »Wir alle sind schuldig! Ja, wir sind wahrhaftig nach dem, was in unserem Volk und durch unser Volk geschehen ist, an den Bußruf der Propheten und des Herrn Christus selber erinnert.« »Millionen Ermordeter, Millionen Verhungerter, Millionen ihrer Heimat und

Familie Beraubter klagen auch die an, die nur geschwiegen haben, und wir Christen dürfen nicht auf andere Steine werfen und uns selber rechtfertigen. Wir müssen vergeben und müssen gemeinsam die Lasten tragen und gemeinsam büßen und sühnen.«

Aber wir müssen auch auf diejenigen hören, die eine besondere Bestrafung der Hauptverantwortlichen fordern. So kommt es darauf an, daß »wir beides vereinen, das gemeinsame Schuldbekenntnis und das nüchterne Urteil über das verschiedene Maß der Verschuldung, die Vergebung und die Forderung nach gerechter Strafe und Sühne.« »Buße tun heißt aber auch, Verantwortung für die anderen zu tragen und furchtlos der Wahrheit und dem Recht zu dienen. Wenn wir glauben, daß Gott uns durch die Niederlage und den Zusammenbruch befreien wollte vom Nationalsozialismus und Militarismus, dann haben wir auch fröhlich und dankbar den Weg in diese Freiheit zu gehen, so steil und so schwer er für viele sein mag.« Erst im zweiten Teil des »*Wortes an die Gemeinden*« geht Schempp auf das »*Gesetz zur Befreiung von Nationalsozialismus und Militarismus*« ein. »Das Gesetz kann nur von außen wirken, kann nur strafen und hindern, kann nur Sühne fordern und das öffentliche Leben säubern und sichern. Es kann aber nicht die Herzen bekehren und vor Verbitterung und Verstockung beschützen. Was es aber kann in Strenge und Milde, um uns frei zu machen von einer bösen Vergangenheit, uns wieder ehrlich zu machen vor der Welt, das sollen wir fördern mit christlichem Mut und mit christlicher Demut vor Gott und den Menschen.« »Und wenn fünf Gruppen der Verantwortlichen unterschieden werden, so können wir das Vordringen zu gründlicher Einzelbehandlung und die Abstufung der Sühne und Säuberungsmaßnahmen nur gutheißen.«

»Liebe Mitchristen, wir sind nun auch verpflichtet, als solche, die sich unter die gewaltige Hand Gottes demütigen, uns ehrlich, nüchtern und furchtlos der menschlichen Anklage zu stellen, uns selber streng und gerecht zu prüfen ohne Beschönigung, ohne Verheimlichung, aber auch ohne Übertreibung, und dann, wenn uns menschliche Sühnemaßnahmen treffen sollten, sie willig anzunehmen in der frohen Gewißheit, daß der Vater im Himmel denen vergibt, die ihre Missetat bekennen und lassen.« So gibt Schempp konkreten seelsorglichen Rat den Betroffenen für ein ehrliches Verhalten vor den Kammern.

Nun zur Denkschrift: Sie wurde von Hermann Diem, Paul Schempp und Kurt Müller entworfen, wobei der Anteil des letzteren, der studierter Jurist und bewährter Rechtsanwalt war, für die strafrechtlichen, rechtsethischen und rechtstheologischen Überlegungen sehr hoch zu veranschlagen ist. In einer Reihe von Sitzungen im Ausschuß und in der Vollversammlung der Sozietät wurde die Denkschrift beraten, dann erschien sie Juli 1946.

Die Denkschrift hat nicht den persönlich-seelsorglichen und tapfer ermutigenden Gesprächston des »*Wortes für die Gemeinden*«. Und sie ist durchgehend geprägt von kritischer Polemik gegen die April und Mai 1946 erschienenen Erklärungen und Richtlinien des Rates der EKiD zur Entnazifizierung.

»Voraussetzung einer rechten Stellungnahme zur Frage der Entnazifizierung ist auch für die Kirche die Einsicht: der Nationalismus war und ist ein Verbrechen, er hat sich mit dem Militarismus verbündet und er ist mit Hilfe vermeintlich konservativer Kreise zur politischen Herrschaft und damit, seinem Wesen entsprechend, zur Alleinherrschaft gekommen.« »Bei der Frage der Entnazifizierung kommt es jetzt [...] entscheidend darauf an, daß der Nationalsozialismus selber, ohne Klausel und Vorbehalt, als der Feind erkannt und beseitigt wird.« Die Kirche »ist verpflichtet zum Trachten nach klarer Erkenntnis ihrer konkreten Teilnahme an der Schuld des Nationalsozialismus«. »Wenn es wahr ist, daß wir alle mitverantwortlich sind an dem Angriffskrieg und seinen Folgen, an dem Menschen zugefügten Unrecht, so ist das nicht bloß eine Schuld vor Gott, sondern sehr konkret Schuld vor Menschen. Das uns zugestandene Recht zu eigenen Sühnemaßnahmen und zu eigener Entseuchung darf darum nicht mit nationaler Selbstsucht, sondern muß mit nationaler Scham ausgeübt werden.«

»Die EKiD hat dem deutschen Volk mit ihren Verlautbarungen einen schlechten Dienst erwiesen, denn sie hat trotz eingestreuter eifriger gegenteiliger Behauptungen nach Geist und Wortlaut mindestens das Mitläufertum des Nationalsozialismus und Militarismus nach Kräften zu rechtfertigen und zu entlasten versucht mit Begründungen und Grundsätzen, die ein vorwiegend formal-juristisches Rechtsempfinden verraten, aber nicht das Rechtsempfinden derer, die beschämt und empört sind über das, was bei uns und eben durch uns ungestraft geschehen durfte.« Die ganze zweite Hälfte der Denkschrift befaßt sich sodann kritisch mit der sogenannten »Selbstreinigung der Kirche«, also mit der (Nicht-)Anwendung des Gesetzes auf die innerkirchlichen Verhältnisse. Die törichte Redeweise des Rates der EKiD von der »neuen Schuld und dem neuen Unrecht«, das die Amerikaner mit ihren Maßnahmen begingen, wird in der Sozietätsdenkschrift entschieden und würdig zurückgewiesen: »Wir können nur aufgreifen, was ein anderer zu diesem Punkte gesagt hat: ›Das geht über die Wahrheit hinaus! Hat man die Millionen Juden und Sozialisten schon wieder vergessen, denen wahrlich Schlimmeres widerfahren ist?‹«

Leider begann mit den offiziellen Stellungnahmen der Großkirchen zur Entnazifizierung das langsame Zurücksinken in den unseligen Deutschnationalismus. Daran konnte die Sozietätsdenkschrift nichts mehr ändern.[15] Als dann im Frühjahr 1948 das Scheitern des ganzen Unternehmens offenkundig wurde, verfaßte der Ausschuß der Sozietät noch eine bilanzierende Stellungnahme, am 14. Februar 1948.[16] »Es kann kaum mehr eine andere Möglichkeit bleiben, als die begangenen Fehler durch eine großzügige Amnestie zu bereinigen und endlich mit großer Sorgfalt und Gewissenhaftigkeit an die Behandlung der Hauptschuldigen zu gehen.« Das erste geschah, das andere nicht. – Die

Sozietät zieht die traurige Bilanz: »Die Entnazifizierung in der Kirche wurde genau so zu einem einzigen großen Akt der Selbstrechtfertigung der einzelnen Personen und dann der Kirche im Ganzen.«[17] »Große Teile des deutschen Volkes fühlen sich in ihrer nationalsozialistischen Vergangenheit gerechtfertigt.«

Doch am Schluß der Stellungnahme steht der wichtige, in die Zukunft weisende Satz: »Wenn Staat und Kirche aus dieser Katastrophe lernen, daß die Entnazifizierung als Aufgabe immer noch und jetzt erst recht vor uns steht, dann wäre immerhin einiges gewonnen.«

Von der politischen Verantwortung der Gemeinde, in der die Königsherrschaft Jesu Christi gepredigt wird. Wider die Bildung einer pseudo-»Christlichen« Partei

Die erste Konferenz der sogenannten Kirchenführer in Treysa nahm die Bildung einer »Christlichen« Partei mit Wohlwollen auf; aber die Gemeinden wurden nie darüber befragt. Hermann Diem konstatierte: »Wie man das theologisch legitimieren könnte, hat man in Treysa offenbar überhaupt nicht gefragt. Ich weiß nicht, wer für dieses unmögliche Papier (›Botschaft von Treysa‹) verantwortlich ist.«[18]

Die *Kirchlich-theologische Sozietät in Württemberg* ging von der 2. Barmer These, von der Predigt der Königsherrschaft Jesu Christi in allen Lebensbereichen, aus und forderte in ihrer Erklärung vom 9. April 1946: »Predigt der Verantwortlichkeit der Gemeinden, nicht bloß der Einzelnen, für Familie, Wirtschaft, Staat, Kultur und Völkerwelt«. Die Konzeption einer sich selbst behauptenden Kirche, welche »Christentum« als weltanschaulichen Machtfaktor gegen andere Weltanschauungen ins Spiel bringt, wurde ebenso abgelehnt wie die Gängelung durch die Amtskirche zugunsten einer »C«-Partei. »Wir wehren uns gegen die Forderung der politischen Neutralität der Geistlichen. Wir kennen weder in der Schrift noch in der Reformation eine sich selbst dienende Christenheit und Kirche und kein Christentum, [...] das nach Belieben sich seine Bindungen kirchlich diktieren läßt oder seine Freiheiten weltlich behaupten dürfte [...] Wir bestehen in der Freiheit, gerade weil die Liebe des Gesetzes Erfüllung ist, auch des Gesetzes der politischen Verantwortung.«

Auf den Sozietätstagungen und in den Heften der Schriftenreihe »*Kirche für die Welt*« wurde diese theo-christologische Ethik des Politischen biblisch-homiletisch und reformatorisch-theologisch behandelt.[19]

Paul Schempp unterschied die Kirche, die sich strikt als Kirche Jesu Christi versteht, von der Haltung eines Kirchentums, das sich auch als weltanschauliche Partei versteht. So lauten die Leitsätze Schempps »*Die Stellung der Kirche zu den politischen Parteien und das Problem einer christlichen Partei*«:

I Solange die Kirche, anstatt sich selbst als Volk Gottes, als Gemeinschaft der Heiligen, als der Leib Christi zu verstehen, in ihrem Selbstverständnis festhält an der Unterscheidung von wahrer und organisierter Kirche, ist sie eine Partei, auch wenn sie es noch so energisch bestreitet.

II Die organisierte Kirche als Partei bringt der Welt statt des Evangeliums Schwärmertum und Moral.

III Die organisierte Kirche als Partei schützt die wahre Kirche vor der Welt und ist darum ihre furchtbarste Bedrohung, weil sie ihr den Glauben ersparen will.

IV Wenn die Kirche bei dem genannten Selbstverständnis ihrer Zweiheit politisch verantwortlich und wirksam sein will, so ist es folgerichtig und klug, heute eine besondere »christliche« Partei zu gründen.

V Die katholische Kirche ist eine geschlossene Einheit bei aller Differenzierung und Beweglichkeit, und ihre Einheit ist bedingt durch ihr Selbstverständnis, ihr Dogma, ihren Aufbau, ihre Weltanschauung und ihre natürlich christliche Ethik und deshalb ist ihre Politik unteilbar kirchlich.

VI Die Stellung der organisierten evangelischen Kirche und der katholischen Kirche zur Christlich-Demokratischen Union ist nur scheinbar dieselbe.

VII CDU ist auf evangelischer Seite im Grunde die fragwürdige Teilnahme an dem Versuch, die christliche Einheitskultur des Mittelalters im neuen Gewande wiederherzustellen, ohne auf die evangelischen Bekenntnisse und die Scheidung der Konfessionen zu verzichten.

VIII Das Wort Gottes macht die Glieder der evangelischen Kirche verantwortlich und frei für politische Entscheidungen. – Zu unserer politischen Verantwortung gehört allerdings heute, zu sagen, das das Prädikat »christlich« bei der CDU ein Mißbrauch dieses Wortes ist, daß diese Partei selber der evangelischen Kirche schädlich ist gerade durch ihre Kirchenfreundlichkeit, weil sie den eigentlichen Schaden der Kirche verdeckt und dessen Wachstum fördert.

Karl Barth erkannte dann sofort nach der tatsächlichen Gründung der CDU den alten Unfug der Rechtslastigkeit und des Anti-Sozialismus, der sich unterm »C« verbarg, und er beklagte das »Bündnis mit Rom«. Im Brief schrieb Karl Barth am 16. Februar 1946 an Gustav Heinemann, Essen: »Ich bin dann doch erschrocken, als ich sah, daß Sie ausgerechnet von der mir tief unheimlichen Gestalt von Stöcker aus und via Christlichem Volksdienst auf die Christlich Demokratische Partei von heute hinauskommen [...] Was ist das im Sinn des Namens und Anspruchs dieser Partei ›Christliche‹? [...] Was ergibt sich endlich daraus, daß diese Partei nun immerhin den äußersten rechten Flügel in der ganzen Konstellation (KPD – SPD – FDP – CDU) bildet? Wer wird da ganz zwangsläufig Anschluß suchen und finden? Und was wird sich da unter Mißbrauch des ›Christlich‹ und unter Verhöhnung des ›Demokratisch‹ aufs neue breit zu machen wissen? [...] Und war und ist es nun wirklich auch in der praktischen Lage sehr realistisch, sich einerseits auf dieses Bündnis mit Rom, andererseits gleich wieder auf diese Abgrenzung nach links so systematisch, wie es mit einer solchen Parteibildung geschieht, festzulegen? – der evangelischen Kirche die Ellenbogenfreiheit, derer sie jetzt so dringend bedürfte, gleich wieder zu beschneiden? Mir kommt das Ganze, entschuldigen Sie, so gar nicht besinnlich vor.«[20]

»Wir waren als Kirche Christi zusammen« –
Die große Bad Boller Herbsttagung 12.–16. Oktober 1946

Im Kurhaus Bad Boll hielten die *Kirchlich-theologische Sozietät in Württemberg* und die *Gesellschaft für evangelische Theologie Sektion Süddeutschland* vom 12. bis 16. Oktober 1946 eine gemeinsame Tagung ab.[21] Die Teilnehmerliste zählt über 100 Namen: 22 Frauen der württembergischen, badischen und hessischen Sozietät, 65 Männer aus der württembergischen, badischen, pfälzischen, hessischen, Bremer Sozietät beziehungsweise KTA, aus der Rheinischen und Westfälischen Bruderschaft und aus dem Unterwegs-Kreis Berlin, Pfarrer Martin Niemöller, Pfarrer Markus Barth, sodann mehrere Professoren, unter anderem Ernst Wolf, Hans-Joachim Iwand, Rudolf Bultmann, Eduard Schweizer, Gerhard Ebeling, Alfred de Quervain, der Jurist Willy Hengstenberg, Dr. Rheinfelder (katholisch), Dominikanerpater Dr. Jacques Pollet, die Philosophen Gerhard Krüger und Wilhelm Weischedel. Alle vier Besatzungsmächte waren zu Gast: Karl Arndt, Kirchenoffizier bei der amerikanischen Militärregierung in Stuttgart, M. Baily, englischer Kirchenoffizier bei der Militärregierung, Mr. Finger, amerikanischer Vizekonsul in Berlin, Hans Holstein von der amerikanischen Militärregierung CID in Berlin, Herr Jermolajeff, russischer Kulturoffizier in Berlin, Oberst Marcel Sturm, französischer Feldbischof in Baden-Baden, mit Frau, Pastor Georges Casalis, französischer Militärpfarrer, Berlin.

Paul Schempp berichtete in dem Buch »*Evangelische Selbstprüfung*« vom fröhlichen Verlauf der Tagung: »Die etwa 80 ständigen Teilnehmer, in der Mehrzahl Theologen, waren alle Glieder der Bekennenden Kirche, und zwar – das muß hinzugefügt werden – des Teils der BK., der den Gang der kirchlichen Entwicklung in Deutschland schon seit 1935 und erneut seit dem Ende des Dritten Reiches mit mehr oder weniger Kritik als warnende Minderheit begleitet hat [...] Die Tagung als erste nach dem Kriege diente zunächst einmal der Wiederaufnahme der Gemeinschaft und der Klärung des gemeinsamen Blickfeldes. Es war eine fröhliche Arbeitsgemeinschaft. Sowohl die geistige wie die materielle Kalorienzahl – letztere dank einer Schweizer Spende – ist in diesen fünf Tagen für alle ziemlich sprunghaft in die Höhe gestiegen. Es traten weder kirchenpolitische noch konfessionelle Gegensätze auf. Das Abendmahl teilte

Pfarrer Kurt Müller nach reformiertem Brauch aus. Wir waren als Kirche Christi zusammen. Es wäre grundfalsch zu sagen, daß ausländische »Gäste« unter uns gewesen seien, weil ein französischer Militärgeistlicher, Pastor Casalis, und ein schweizerischer Pfarrer, Markus Barth aus Bubendorf, an der Tagung – und zwar sehr aktiv – teilnahmen [...] Pastor Casalis gab einen sehr interessanten Bericht über die Verhältnisse in Berlin, Martin Niemöller über die Brandenburgische Synode, und Pfarrer Barth erhellte uns etwas die kirchlichen Nöte und Fragen in der Oase der Schweiz.« In den Referaten von Hermann Diem, Hans-Joachim Iwand und Ernst Wolf ging es um die theologische und politische Fehlentwicklung des deutschen Luthertums, um den fatalen Neo-Konfessionalismus der Lutheraner in der EKiD, um die Frage nach der reformatorischen Wirklichkeit und Wirksamkeit der evangelischen Kirche heute bezüglich theologischer Verantwortung, Erkenntnis der Schuld, Wortverkündigung, Einzelgemeinde, Zugewandtheit zur »Welt«. Auf Anregung von Martin Niemöller wurde in Bad Boll ein Zusammenschluß der kirchlichen Sozietäten und theologischen Arbeitsgemeinschaften beziehungsweise Bruderschaften in allen Landeskirchen und in allen vier Zonen beschlossen. Die *Kirchlich-Theologische Arbeitsgemeinschaft für Deutschland* (KTAfD) wurde ins Leben gerufen, als Vorsitzender gewählt Pfarrer Hermann Diem, Ebersbach, als Geschäftsführer Pfarrer Kurt Müller, Stuttgart-Degerloch. Die KTAfD verfaßte als erstes Dokument einen dreiseitigen Brief »An die lieben gefangenen Mitchristen in England«, welcher dem Boten Markus Barth mitgegeben wurde. In diesem Brief ist das ekklesiologische Neuanfangskonzept der *Bekennenden Kirche* verbindlich und verständlich dargelegt.

Paul Schempps Katechismus für bekennende Gemeinden

Im Auftrag der Sozietät und der *Kirchlich-Theologischen Arbeitsgemeinschaft für Deutschland* schrieb Paul Schempp in der Kirchheimer Wohnung in wenigen Tagen im November 1946 einen Katechismus für die *Bekennende Kirche* in 80 Fragen und Antworten.[22] Schempp packte also als erster und einziger die in der Sozietätserklärung vom 9. April 1946 gestellte Aufgabe an: »Schaffung eines Katechismus als eines Bekenntnisbuches der heutigen Gemeinden.« Der Schemppsche Entwurf wurde als offizieller Sozietäts-Text an die Mitglieder der württembergischen Sozietät und der *Kirchlich-Theologischen Arbeitsgemeinschaft für Deutschland*, also in alle vier Zonen, verschickt. Pfarrer Kurt Müller bat im Begleitschreiben um sorgsame Lektüre und kritische Diskussion in den kirchlich-theologischen Arbeitsgemeinschaften; er stellte die Frage: »Welche Möglichkeiten bestehen, um das Urteil der Gemeinde über einen solchen Entwurf in echter Weise zu Gehör zu bekommen?« Denn: »wir zielen hin auf eine gemeinsame Lehrform der Bekennenden Kirche«.

Ein Katechismus soll nach der Meinung der Katechismusväter des 16. Jahrhunderts, Martin Luther und Johannes Brenz, »der Laien Biblia« sein, er soll die Gemeindeglieder in Sachen des Glaubens sprach- und urteilsfähig machen;[23] deshalb schrieb Schempp den Text zuerst für Erwachsene, ein Vorschlag für einen wesentlich kürzeren, sprachlich einfacheren Konfirmandenkatechismus sollte nachfolgen. In der Sozietätssitzung am 14. Januar 1947 in Degerloch hielt einer der Laien der Sozietät, Harald Buchrucker, Ludwigsburg, ein begeistert dankbares Referat zum Schempp-Katechismus.

Dem Stuttgarter *Oberkirchenrat* wurde der Schempp-Katechismus von der Sozietät auch übersandt. Oberkirchenrat D. Wolfgang Metzger, der Verfasser des neuen württembergischen Konfirmandenbuchs, hielt zwar den Schempp-Entwurf für »zu schwer«, übersandte aber der Sozietät eine ausführliche theologische Würdigung des Schempp-Katechismus (Schreiben A. 16906 vom 9. Januar 1947). Ihm antwortete wieder Paul Schempp selber im Auftrag der Sozietät in einem zehnseitigen Brief im Februar 1947: »Dieser (mein) Entwurf zielt hin auf eine Lehreinheit der Bekennenden Kirche in Deutschland.« »Wir glauben den Unterschied zwischen dem Entwurf der Kommission (Metzger) und dem Schemppschen Entwurf darin sehen zu müssen, daß dort die Richtung eingeschlagen ist, hinter den reformatorischen Katechismus zurück zu einer biblischen Heilslehre zu kommen, während hier der Weg von der Bibel über die reformatorischen Bekenntnisse und über die gemeinsame Erkenntnis von Barmen zu einem Bekenntnis unserer Zeit eingeschlagen wird.«

Erst 1958 erschien der Schempp-Katechismus im Druck im R. Müllerschön-Verlag, nun unter seinem Namen, mit dem Titel »*Christenlehre in Frage und Antwort*«.[24] Für die Druckfassung änderte Paul Schempp kühn in der Eingangsthese das Nein um in ein Ja. »Bist du ein freier Mensch? Antwort: Ja, denn ich gehöre mit Leib und Seele dem Herrn Jesus Christus wie alle Menschen.«

Der Schempp-Katechismus ist meines Erachtens die schönste Frucht des Neuanfangs der Kirche Jesu Christi im Jahre 12 nach Barmen. Von der ersten bis zur letzten Frage/Antwort durchzieht ihn der helle Ton der christozentrischen Botschaft von der freien Gnade Gottes für alle Welt (Barmen VI). »Dem Herren Jesus Christus gehören alle Menschen.« Damit ist endlich die christiano-zentrische Engführung der früheren Katechismen mit ihrem Interesse am einzelnen Christen-Individuum überwunden. An den Anfang stellt Schempp die Lehre vom Ewigen Wort Gottes, das in Jesus von Nazareth Mensch geworden ist. Jesus Christus ist »die Offenbarung des ewigen Gnadenbundes Gottes mit Juden und Heiden«. »Frage 4: Was ist der Gnadenbund Gottes? Antwort: Es ist der freie Wille der allmächtigen Liebe Gottes, durch Jesus Christus unser Vater zu sein.« Auch die Israelvergessenheit der früheren Katechismen ist bei Schempp überwunden. Zugleich ist der Schempp-Katechismus universalmenschheitlich orientiert: Alle Menschen – darunter auch ich – gehören dem Herrn Jesus Christus. Ein moderner Katechismus für heutige Menschen des 20.

Jahrhunderts ist er insofern, als er von der Eingangsfrage an »Bist du ein freier Mensch?« auf das Freiheits-Verlangen und das humane Pathos der Aufklärung und der Neuzeit bezogen ist. Im Sinne Bonhoeffers wird der Glaube an den dreieinigen Gott für die mündige Welt entfaltet. Es ist ein Katechismus für heutige bekennende Gemeinden, der die im engeren Sinne ekklesiologischen Fragen in den Fragen 67 bis 78 faszinierend im Anschluß an die Barmer Thesen behandelt. Wenigstens zwei Fragen seien hier zitiert, um einen Eindruck von der theologischen Prägnanz des Schempp-Katechismus zu vermitteln. »Frage 73: Ist nicht jede Gemeinde nur ein Teil und Glied der Kirche? Antwort: Es gibt nur eine Kirche Christi, die in vielen Gemeinden auf Erden sichtbar vertreten wird. In Offenheit für die Wahrheit und in wacher Verantwortung sind wir dankbar für die Gemeinschaft und den einmütigen Dienst der Verkündigung und der Ordnung in der Kirche, in der wir das Evangelium gehört haben und hören. Die Kirche ist aber nicht über den Gemeinden, sondern die Gemeinden sind in der Kirche.«

»Frage 78: Muß sich die Kirche und jeder Christ nicht absondern von der Welt und sich wehren gegen ihre Einflüsse und Mächte? Antwort: Die heilige Schrift bezeugt, daß Gott der Vater, Sohn und Heilige Geist allezeit in Gnade, Geduld und Gericht nicht wider, sondern für die Welt wirken. So ist auch die Christenheit der ganzen Welt, Juden und Heiden, die frohe Botschaft schuldig. Sie betet und arbeitet für alles Streben der Völker dieser unfreien Welt, friedlich und menschlich leben zu können. Sie hat aber mit gleicher Freudigkeit und Kraft wachsam zu sein, und darf sich nicht binden lassen durch die Ansprüche, Lockungen und Drohungen weltlicher Mächte.«

Das *Darmstädter Wort* vom 8. August 1947. Die ekklesiologische Alternative einer Prophetischen Gemeinde des lebendigen Christus. Der absolute Gegensatz zwischen Religion und Glauben

Die politische Entscheidung der Gemeinde Jesu Christi stand im Mittelpunkt von Karl Barths Vortrag *»Die Kirche – die lebendige Gemeinde des lebendigen Herrn Jesus Christus«*; Barth hielt ihn in den Sommermonaten des Jahres 1947 an mehreren Orten, auch vor dem (Reichs)*Bruderrat der Bekennenden Kirche* bei der Sitzung am 6. Juli 1947 in Darmstadt. Der anwesende Hans-Joachim Iwand bat daraufhin den Bruderrat: »Wir müssen einmal das heiße Eisen des Nationalismus anfassen. Wir dürfen uns heute nicht aufteilen lassen, auch nicht politisch in Ost und West. Die BK muß eine politische Linie haben, wir müssen heute vom Bruderrat aus sagen: Wir gehen einen neuen Weg.«[25] Schon am folgenden Tag legte Iwand dem Bruderrat einen Entwurf in acht Sätzen vor: Von den politischen Irrwegen des Deutschnationalismus, des Bündnisses mit den konservativen Mächten, des ideologisch-christlichen Frontdenkens »Die Guten gegen die Bösen«, der falschen Parole Christentum oder Marxismus. Ein zweiter Entwurf von Martin Niemöller hielt sich an Iwands acht Sätze, er konkretisierte die 4. These in einfacher, eindrücklicher Sprache: Mit der »Sammlung der Guten gegen die Bösen« haben wir »das freie Angebot der Gnade Gottes an alle unglaubwürdig gemacht und die menschliche Selbstgerechtigkeit in Nationalismus, Idealismus und Kapitalismus heilig gesprochen gegenüber dem Internationalismus, Materialismus und Sozialismus«.

Ein dritter Entwurf Karl Barths vom 10. Juli 1947 verkürzte auf sieben Thesen und sprach in der siebenten vom »Aufbau eines dem Recht, der Wohlfahrt und dem inneren und äußeren Frieden dienenden neuen deutschen Staatswesens«.

Die Jahrestagung der *Kirchlich-Theologischen Arbeitsgemeinschaft für Deutschland* und der *Gesellschaft für evangelische Theologie* wurde wieder im Kurhaus Bad Boll vom 21. bis 25. Juli 1947 abgehalten.[26] Bei dieser Tagung wurde nun in einem großen Kreis von Leuten der Bekennenden Kirche das bereits in den Entwürfen von Iwand, Niemöller und Barth akzentuierte Thema »die politische Entscheidung der Gemeinde« diskutiert. Pfarrer Kurt Müller verlas Karl Barths Vortrag »*Die Kirche – die lebendige Gemeinde des lebendigen Jesus Christus*«; Ernst Wolf referierte über das Problem der Sozialethik im Luthertum, Karl Gerhard Steck über »*Politischer Gottesdienst im Katholizismus der Gegenwart*«; Paul Schempp hielt das Referat »*Das Evangelium als politische Weisheit*«, und Hermann Diem sprach zum Thema »*Deutschland zwischen Ost und West*«. In der zusammenfassenden Diskussion im Plenum wurde der Barthsche Entwurf zum Bruderrats-Wort gutgeheißen, nur leicht verändert und ergänzt; so kam es zum (vierten) »Entwurf des Kreises der KThAfD vom 25. Juli 1947«; die siebente und letzte These hieß darin: »Inmitten des politischen Ringens hat die Kirche innerhalb und außerhalb aller Parteien die Aufgabe, zu sachgemäßem Handeln in Lösung und Freiheit von ideologischer Bindung und totalitärem Anspruch zu helfen.« Zu der Tagung des Bruderrats am 7./8. August 1947 wieder in Darmstadt konnten nur zwölf der 43 Eingeladenen kommen. Württemberg war vertreten durch Theodor Dipper und Hermann Diem. Unter dem Vorsitz von Martin Niemöller beschloß das Plenum nach gründlicher Diskussion der vier Entwürfe einstimmig das »*Wort des Bruderrats der EKD zum politischen Weg unseres Volkes.*« Darmstadt, den 8. August 1947. Die erste und die sechste These seien hier zitiert:

»1. Uns ist das Wort von der Versöhnung der Welt mit Gott in Christus gesagt. Dies Wort sollen wir hören, annehmen, tun und ausrichten. Dies Wort wird nicht gehört, nicht angenommen, nicht getan und nicht ausgerichtet, wenn wir uns nicht freisprechen lassen von unserer gesamten Schuld, von der Schuld der Väter wie von unserer eigenen, und wenn wir uns nicht durch Jesus Christus, den guten Hirten heimrufen lassen auch von allen politischen Wegen, auf welchen wir als Deutsche in unserem politischen Wollen und Handeln in die Irre gegangen sind.

6. Indem wir das erkennen und bekennen, wissen wir uns als Gemeinde Christi freigesprochen zu einem neuen, besseren Dienst zur Ehre Gottes und zum ewigen und zeitlichen Heil der Menschen. Nicht die Parole: Christentum und abendländische Kultur, sondern Umkehr zu Gott und Hinkehr zum Nächsten in der Kraft des Todes und der Auferstehung Jesu Christi ist das, was unserem Volk und inmitten unseres Volkes vor allem uns Christen selbst nottut.«

Georges Casalis,[27] der seit 1937 mit der Bekennenden Kirche in Deutschland gestritten und gelitten hat,[28] der als französischer Militärgeistlicher in Berlin 1946–1950 der ökumenische Freund der *Bekennenden Kirche* in Deutschland war,[29] fröhlicher Mitarbeiter und Mitkämpfer im Unterwegs-Kreis Berlin und in der *Kirchlich-Theologischen Arbeitsgemeinschaft für Deutschland* (und der Sozietät) war,[30] beschrieb in einem Vortrag zum 30. Jahrestag des *Darmstädter Worts* 1977 das persönliche Erleben und die fundamentale Bedeutung für die jüngste Kirchengeschichte, weit über Deutschland und den Protestantismus hinaus.[31]

»Frisch aus dem Widerstand (Résistance) kommend, wurde mir im Sommer 1945 von dem damaligen Präsidenten der Fédération Protestante, Marc Boegner, im Namen unserer Kirchen eine Versöhnungsmission in Deutschland erteilt. Ich fuhr – illegal – über den Rhein, nach Kehl und Baden-Baden, am 3. November 1945. Dies war knapp zwei Wochen nach der Stuttgarter Schulderklärung: Ich wurde selbst Zeuge der enormen Wirkung dieses Wortes, ganz besonders unter den teils kommunistischen, teils klerikal-katholischen Mitgliedern der Französischen Militärregierung [...] Es war unter ihnen ein Staunen, eine Bewunderung, eine Stille festzustellen: Diese deutschen Protestanten könnten wohl ein Neues in die Geschichte hineingebracht haben! Ein großer Teil meiner Zeit wurde damals der Erklärung und der Kommentierung der zur Erzeugung des Stuttgarter Dokuments führenden Geschichte der Bekennenden Kirche, auch der Theologie und dem Einfluß Karl Barths, der Persönlichkeit und der Bedeutung Martin Niemöllers, dem Sinn und der Tragweite der Barmer theologischen Erklärung von 1934 gewidmet: eine dankbare Tätigkeit!

Gleich nach Beginn des Jahres 1946 wurde ich nach Berlin (teilweise straf-) versetzt und wurde bald zu einem Mitbegründer des Unterwegskreises und seiner Zeitschrift. Dies und einiges andere, manche Vor- und Zwischenfälle, brachte uns sehr rasch in eine andauernde und sehr scharfe Spannung mit der dibelianischen Linie der damaligen Kirchenleitung. Wir wollten das, was wir als das eigentliche Erbe der Bekennenden Kirche betrachteten, nämlich eine ekklesiologische Alternative ganz speziell im Blick auf gesellschaftliche Verantwortung ausbauen und konkret aktualisieren. Das Darmstädter Wort (DW) wurde selbstverständlich von uns lebhaft begrüßt, in der Nummer 4 von ›Unterwegs‹ gedruckt und immer wieder kommentiert. Jeder von uns wurde in dieser Zeit zu einem Missionar dieser neuen und befreienden Botschaft. Ich pflegte damals die französischen evangelischen Kirchen schriftlich und unsere Militärregierung in Berlin mündlich zu informieren (man kann sich ausdenken, in welchem Geist ich diese zweideutige Aufgabe erfüllte!). Dies geschah in diesem Fall reichlich, und zwar mit einer doppelten Wirkung: a) eine neue Aufmerksamkeit für diese doch erstaunliche Produktion und mutige Richtung innerhalb des deutschen und Weltprotestantismus war mit einer gewissen Bewunderung und Verwunderung, besonders in diplomatischen Kreisen, verbunden. b) Eine steigende Mißtrauensreaktion kam zum Vorschein, zugleich bei reaktionären Politikern und konservativen Christen (beide manchmal in einer und derselben Person vereint!). Es wurde mit einem sicheren Instinkt in dem DW der Bruch gefürchtet, gespürt und gesehen mit einer tausendjährigen Tradition der Allianz der Kirche jeglichen Bekenntnisses und der Macht sämtlicher politischer Färbungen, zwischen Altar in allen ökumenischen Schattierungen und Thron aus Gottes- bzw. Volksgnade. Der politische Inhalt des DW war für alle diese Leute das Entscheidende [...], und sie haben recht, das DW so gelesen zu haben. – Das Stuttgarter Wort konnte zur Not unpolitisch oder als bloße Abrechnung mit einer falschen vergangenen Haltung der Kirche in der nationalsozialistischen Zeit interpretiert werden. Das DW dagegen hatte allgemeinen Charakter: es bezog sich nicht nur auf die Zeit zwischen 1933 und 1945, sondern auf die ganze Geschichte des deutschen Protestantismus (und nicht nur, wie ich meine, des deutschen!) von der Zeit der Reformation an. Es öffnete sehr deutlich einen neuren Weg, den einer prophetischen Gemeinde, mit kritischer Funktion jeder, ja jeder Gesellschaft gegenüber [...] Eine Scheidung der Geister fand tatsächlich angesichts des Dokuments statt: Seine Gegner hatten verstanden, was für eine Bedrohung ihrer Position dieses bedeutete, und sie wissen es bis heute: Das ist die permanente Aktualität des DW. – Die Kernpunkte, die die bleibende Bedeutung des DW ausmachen a) Vaterlandsliebe gegen Nationalismus (These 2). b) Das Evangelium als Gottes und der Menschen Revolution (These 3), c) der absolute Gegensatz zwischen Religion und Glauben (These 3 und 4). Religion ist ein System von Garantien und Versicherungen, Glaube ist Wagnis der ganzen Existenz in der Gewißheit des lebendigen Jesus. d) Die Tragweite des Marxismus (These 5), e) Freude an der Versöhnung (These 1 und 7), f) Das Rechte tun.«

> »Allein Christus selber ist unser Anfang,
> unsere Hilfe und unsere Kirchenleitung«

Als Vorsitzender der *Kirchlich-Theologischen Arbeitsgemeinschaft für Deutschland* (KTAfD) schrieb Paul Schempp 1948 und 1949 an alle Mitglieder, Freunde und BK-Geschwister Berichte über die Tagungen (Bad Boll 17.–23. September 1948, Herborn 7.–8. Juni 1949, Dresden 5.–9. September

1949) und ermunternde Vorschläge zur nötigen kirchlich-theologischen Arbeit. Die Rundbriefe Schempps vom 19. Oktober 1948 und 10. Juni 1949 seien hier zitiert als schöne theologische Episteln zum »Weg der Kirche Jesu Christi« in schwierigen Zeiten und zu einem unverdrossenen Dranbleiben am Neuanfang der Bekennenden Kirche.

»Es ist Regenwetter in der Kirche [...] Es wird uns schwer werden, auch nur die Trümmer dessen zu erkennen, was sich einmal Bekennende Kirche nannte, es wird uns schwer werden, die restlichen Organe der Bekennenden Kirche vor der Rolle zu bewahren, Träger einer Vereinstradition zu werden, und es wird uns schwer werden, die Gemeinden aus dem zufriedenen Dämmerschlaf des Betreutwerdens zur Verantwortung für Predigt und Ordnung zu wecken [...] Mögen unsere Kreise noch so klein sein, mag unsere Gesellschaft noch so lose sein, mag unsere theologische Sicht noch unklar und unsere Stellung in der Kirche noch angefochten sein, – wollen wir aus der Resignation gegenüber der fiktiven Einheit von Eisenach, gegenüber der Reintegrierung der ungeistlichen Behördenkirche, gegenüber einer frommen Bekenntnismaskerade, gegenüber der Verwirklichung der Predigt und dem Versagen vor der Welt herauskommen, so müssen wir jetzt schlicht und entschlossen sein, was wir sind, nämlich ein Haufen und Teile der Kirche, die vom geschehenen, geschehenden und bevorstehenden Erneuerungswerk Gottes aus nicht locker lassen im Suchen und Sichtbarmachen der Alleinherrschaft des Evangeliums gegen alle Fremd- und Selbstherrschaft kirchlicher Ordnung und Unordnung. – Suchen Sie darum nach Wegen, unsere Arbeit zur Arbeit der Gemeinden zu machen. Überwinden Sie die Scheu, frei und verbindlich für die Kirche zu reden und zu handeln, mag man's hören oder nicht [...] Um den Status der Kirche zu erhalten, geschieht genug Richtiges und Falsches, aber für das Werden und Sein der ecclesia semper reformanda Raum und Freiheit zu lassen und zu schaffen, das ist der Pflug, an den Bekennende Kirche einmal Hand angelegt hat, und niemand kann uns hindern, auch unsere Hände dran zu lassen und sichtbare Furchen zu ziehen.«

»Die KTA glaubt sich berufen, den Kampf um den eigentlichen Sinn der Bekennenden Kirche zu führen. Darum empfiehlt der Ausschuß der KTA den einzelnen Arbeitsgemeinschaften, in theologischer Arbeit diejenigen Probleme zu klären, die für die heutige Situation brennende geworden sind und auf Entscheidungen zielen, und ihre Erkenntnisse in Gemeinden und Kirchen mit Nachdruck zu vertreten, sich auch gegenseitig zu unterstützen. Zu diesen Problemen gehört: 1. Die Konkretheit der Verkündigung als Geschehen der Ausübung der Alleinherrschaft Christi in Zuspruch und Anspruch, im Unterschied zur Pflege eines biblisch-historischen, dogmatisch-lehrhaften oder moralisch-bürgerlichen Religionsbesitzes und zu unverbindlicher Erbaulichkeit. 2. Die Verantwortung der Gemeinde und ihrer Glieder im Sinne des Vortrags von Karl Barth ›Die Kirche – die lebendige Gemeinde des lebendigen Herrn‹ [...] Das

System unserer Kirche ist ja weithin nur die schlechte Nachahmung des römisch-katholischen. (3. Rechte Lehre. 4. Kirchenrecht. 5. Tauf- und Abendmahlspraxis.) 6. Die Stellung und Verantwortung der Kirche im Staate bedarf aufmerksamster Beachtung und theologischer Klärung angesichts der Mißachtung der Worte des Reichsbruderrats zum politischen Weg der Kirche und zum Antisemitismus, angesichts der unverhohlenen Tendenzen, als Anwalt des deutschen Volkes, tatsächlich aber als Anwalt der nationalen und bürgerlichen Selbstrechtfertigung und eines fiktiven abendländischen Christentums, der Umfälschung des Glaubens zu einer Weltanschauung Vorschub zu leisten, angesichts der Beanspruchung kirchlicher Privilegien im Verein mit der katholischen Kirche, angesichts der politischen Entmündigung der Pfarrer zugunsten eigenmächtiger politischer Stellungnahme der Kirchenführer, [...] angesichts der für Christen skandalösen Behauptung, das deutsche Volk habe sich im Vertrauen zu Gott die Bonner Verfassung gegeben, und auch angesichts mannigfacher neuer Mythenbildung gegenüber der Vergangenheit und gegenüber dem Ausland. Hier scheint die BK aus eigener Schwäche und Uneinigkeit viel versäumt zu haben. 7. Da die bisherigen Kirchengrenzen fast überall fiktiv geworden sind, die Begegnungen und Beziehungen der Kirchen im Weltprotestantismus dafür häufiger und reger, so ist die ökumenische Frage eine theologische und gemeindliche Aufgabe geworden, die uns beschäftigen muß [...] Die Isolierung der Flüchtlinge, der kirchliche Lastenausgleich und die Sonderkatholizität des Luthertums machen diese Frage aktuell genug. 8. Endlich ist auch das kirchliche Beitragswesen zu nennen [...] Steht das Geld der Kirche wirklich im Dienste Gottes oder stehen wir in kluger Selbstberuhigung im Dienste Mammons? [...] Die Entwicklungen können uns weder einschüchtern noch verbittern. Was hindert uns zu glauben, daß die BK eine Arbeitsgemeinschaft und die KTA eine BK werden könnte, wenn die Einsicht wächst, daß nicht Christentum und Kirche und nicht einmal das Barmer Bekenntnis, sondern immer und allein Christus selber unser Anfang, unsere Hilfe und unsere Kirchenleitung ist?

Wir leimen nicht, aber wir suchen Gemeinschaft des Glaubens; wir schneiden auch dünne Fäden nicht ab, aber wir scheuen nicht die Feststellung vorhandener Gegensätze [...] Wir wollen weiterhin zusammenstehen und vom Wort nicht weichen [...] Euer Paul Schempp.«[32]

In Summa: Sind wir unterwegs – mit ihm?

Die Neubeginn-Vorschläge von Schempp, Diem, Kurt Müller, Leikam, Casalis – lassen sie sich überhaupt in ein paar Thesen zusammenfassen? Es sind ja tastende Versuche, je und je auf die Stimme Jesu zu hören und auf das hinzuweisen, was im Glauben an die Geistesgegenwart des Auferstandenen getan werden soll.

Wo, in welchen Gemeinden und Gruppen, von welchen Einzelnen und Haufen, innerhalb und außerhalb der verfaßten Kirchen und Religionen, wurde die Stimme Jesu in diesen Jahren nach 1945 wirklich gehört und getan? Jede zeitgeschichtliche Untersuchung muß sich hier bescheiden.

Eines ist klar: Die Vorschläge zu einem Neubeginn in Anknüpfung an Barmen – Dahlem – Oeynhausen – Stuttgart – Sozietätserklärung vom 9. April 1946 zielen weit hinaus über Württemberg, weit hinaus auch über den Protestantismus, in eine noch unbekannte Ökumene. 50 Jahre danach scheint es mir so, als seien sie anderswo als in der schwäbischen Heimat wacher wahrgenommen worden.

Ich möchte darum als Summa einen Berliner Text an den Schluß setzen, nämlich die aufrüttelnden Fragen und tröstlichen Wegerfahrungen des Editorial der Zeitschrift »*Unterwegs*«[33] von 1947:

»Es sind noch nie so viel Menschen unterwegs gewesen wie in unserer Zeit, in der durch Krieg und Zusammenbruch Millionen evakuiert, deportiert, verlagert, ausgewiesen, gefangen – und heimgeführt wurden. Fast jeder hat es erfahren müssen, was ›unterwegs‹ heißt, aber die wenigsten waren und sind gern unterwegs [...]

Sind wir geistig unterwegs? [...] Sind wir politisch und sozial unterwegs? Sind wir unterwegs zwischen Krieg und Frieden, zwischen den Zonen und Zeiten, zwischen den Generationen und Äonen, zwischen Kapitalismus und Sozialismus, zwischen Ost und West? Versuchen wir es wieder mit den alten Doktrinen und Parolen und Methoden? [...]

Sind wir geistig und kirchlich unterwegs? Bewegt sich nicht das meiste in erschreckend alten Bahnen? Wo ist etwas zu spüren von echter Neubesinnung und einem neuen Anfang? [...]

Sind wir nicht alle unterwegs wie die beiden jungen Menschen, die am Abend des ersten Ostertags nach Emmaus gehen voll Trauer, ohne Mut und Hoffnung, weil sie ihren Herrn und damit alles verloren haben? Wir dürfen wissen, daß wir nicht allein unterwegs sind. Derselbe Jesus Christus, der damals – zuerst unbekannt – mit ihnen gegangen ist, der mitging in die Gaskammern, der auch in Nürnberg dabei ist, der mit den Flüchtlingen zieht, der ist auch unser Begleiter [...] Auf diesen Wanderer wollen unsere Blätter hinweisen [...] Von ihm wollen wir uns die Augen für das Vergangene, für die drängenden Aufgaben der Gegenwart und für die Zukunft öffnen lassen. So heißt unterwegs sein: umkehren, ihn erkennen, mit ihm gehen und bei ihm bleiben.

Wir glauben, daß er mit vielen unterwegs ist, die es nicht wissen, auch mit vielen, die ganz andere Wege als kirchliche gegangen sind und gehen.

Wir suchen Gemeinschaft mit Menschen aus allen Lagern, die ernsthaft und verantwortlich mit den uns heute besonders gestellten Fragen ringen. Wir treten ein für eine ›theologia viatorum‹, die sich ständig vom Worte Gottes angeredet und zum Zeugnis in allen Lebensbereichen aufgerufen weiß. Darum bemühen wir uns inmitten aller Erstarrung und Restauration der Kirche um eine Erneuerung ihrer Lehre, Verkündigung und Ordnung im Sinne der Barmer Theologischen Erklärung vom Mai 1934 und um die Gemeinschaft mit den Christen in anderen Völkern und Kirchen.

Wir sind offen für die ›christliche‹ Stimme der Welt, denn wir hören oft einen eindringlicheren Ruf Gottes aus der Welt als aus der Kirche in ihrer jetzigen Gestalt.

Wir sind nicht allein unterwegs.«

Anmerkungen

1 Dipper, Bekenntnisgemeinschaft. Widmann, Geschichte, S. 110–190.
2 Die Stimme der Gemeinde. – Schon die 1. Tagung des Reichsbruderrats der BK, Frankfurt a. M., 23. August 1945, grüßt Reinhold Schneider: »Wir denken in diesen Tagen, die unserer Kirche den Weg in die nächste Zukunft weisen sollen in aufrichtiger Anteilnahme der gleichartigen Bemühungen auf katholischer Seite und wissen uns in den Bekenntnissen der alten Kirche mit ihnen und allen Christen der Welt verpflichtend verbunden. Verbum Dei manet in aeternum! Ihre treuen Freunde (persönl. Unterschriften:) Erik Wolf, Martin Niemöller, Gerhard Ritter, Heinrich Held, Karl Bernhard Ritter, Hans Asmussen, Oskar Hammelsbeck, Karl Dürr.« (insel taschenbuch 318 Reinhold Schneider. Leben u. Werk im Bild, 1977, S. 318.)
3 Altmann, Hauptsache Frieden. Wagenbach, Vaterland. Darin Texte von Thomas Mann, Paul Celan, Franz Werfel, Alfred Andersch, Ernst Wiechert, Hermann Hesse, Walter Dirks, Reinhold Schneider u. a.
4 Erklärung der Kirchlich-theologischen Sozietät in Württemberg vom 9. April 1946. Vierseitiges Faltblatt. Hg. unter Lizenz Nr. US-W-1010. Druck von W. Kohlhammer, Stuttgart.
5 Diem, Ja oder Nein. Kapitel V: Restauration oder Neuanfang? Wieder in Ebersbach, S. 145–192; Kapitel VI: Haben wir etwas gelernt? Aus dem Ghetto in die Ökumene, S. 193–210.
6 Diem, Restauration. Hg. unter Lizenz Nr. US-W-21 der Nachrichtenkontrolle der Militärregierung. Der Lizenzträger Franz Mittelbach ermöglichte die ersten Drucke der Sozietät. Pfarrer Kurt Müller hatte dessen jüdischer Frau zur Ausreise nach England verholfen.
7 Erst 40 Jahre später besorgten mein Bruder Dr. Sören Widmann und ich die Veröffentlichung: Schempp, Weg. Pfarrer Richard Gölz, eben aus dem KZ Welzheim nach Wankheim zurückgekehrt, suchte im Juni 1945 in einer Tübinger Druckerei Schempps Schrift herauszubringen. Vgl. Widmann, Geschichte, S. 185–187.
8 Karl Barth, Ein Wort an die Deutschen. Vortrag gehalten auf Einladung des Württembergischen Ministeriums des Innern (Minister Fritz Ulrich / SPD) im Württ. Staatstheater in Stuttgart am 2. November 1945, Franz Mittelbach Verlag Stuttgart. Auf Einladung von Staatsminister Dr. Carlo Schmid hielt Barth am 3. November den Vortrag in der Aula der Tübinger Universität.
9 Kurt Müller, 1933 Jurist und Rechtsanwalt in Bremen, verteidigte verfolgte Kommunisten und Sozialdemokraten. Nach Verlust seiner Stellung 1937 Studium der ev. Theologie an Kirchl. Hochschule in Wuppertal, 1938–1940 in Basel bei K. Barth. 1941–1949 Pfarrer an der Reformierten Kirche in Stuttgart. 1949 Ministerialdirektor in Hannover.

10 Frau Ebermaier versandte das Vierseiten-Faltblatt in alle Himmelsrichtungen. Im Landeskirchlichen Archiv Stuttgart ist ein Exemplar des Oberkirchenrats erhalten, mit den Umlaufnotizen.
11 Paul Schempp, geb. Stuttgart 1900, 1925–1929 Stiftsrepetent, 1933–1943 Pfarrer in Iptingen, Dekanat Vaihingen/Enz; 1945–1949 freier Schriftsteller in Kirchheim/Teck, 1948–1951 Vorsitzender der Kirchl.-theolog. Arbeitsgemeinschaft für Deutschland, 1949–1958 Studienrat am Eberhard-Ludwigs-Gymnasium Stuttgart, 1958 Professor für Evang. Theologie in Bonn, gestorben am 4. Juni 1959.
12 Schempp, Wir fangen an, S. 29f.
13 Alfred Leikam (1915–1992). 1930 Mitglied CVJM, beruflich Notariatsausbildung in Korb bei Waiblingen. 1933 durch Karl Barths Schriften »Theologische Existenz heute!« und »Lutherfeier« und durch die Predigten des Ortspfarrers Helmut Goes für die Bekennende Kirche (und die Sozietät) gewonnen. 1935 wegen Christusbekenntnis aus HJ ausgeschlossen. Januar 1938 verhaftet, wegen »staatsschädigender Aussagen« zu 10 Monaten Gefängnis verurteilt, bis Oktober 1938 in KZ Welzheim, dann November 1938 bis 9.11.1943 in KZ Weimar-Buchenwald, wo er 1941 mit Martin Gauger (ermordet Juli 1941) zusammentrifft. Auf der Fürbittenliste der Bekennenden Kirche »Notariatspraktikant Leikam, Korb/Wttbg« direkt nach Martin Niemöller. – 1945 Bürgermeister in Korb. 1946 Vorsitzender der Spruchkammer in Waiblingen. 1948 Notar in Waiblingen, seit 1961 in Schwäbisch Hall. – 1958–1972 Geschäftsführer der Sozietät. Lektor in der Landeskirche. Leikam verfaßte 1955 die Schrift: Leikam, Wiederaufrüstung. 1980 Ruhestand. Gestorben am 8. Februar 1992 in Schwäbisch Hall.
14 Schempp, Kirche und Entnazifizierung. Inhalt: S. 11–56 Die Denkschrift. S. 57–65 Ein Wort an die Gemeinden. S. 66–84 Anlagen: die Erklärung des Rates der EKiD April-Mai 1946.
15 Der Stuttgarter Oberkirchenrat war besonders erbost über den Satz in der Denkschrift: »Diesen Kampf (zwischen 1933 und 1944) hat nämlich gar nicht die Kirche geführt, die heute als EKD das Wort nimmt, sondern eine kleine Minderheit, die sich um ihres Kampfes gegen den Nationalsozialismus willen immer wieder genötigt sah, zugleich die Kompromißfreudigkeit ihrer eigenen Kirche zu bekämpfen.« Der OKR schleuderte am 20. August 1946 den Erlaß Schreiben Nr. A 10 869, unterschrieben von Prälat Dr. Martin Haug, gegen die Sozietät. Hermann Diem antwortete Prälat Haug persönlich in langem – 15 Druckseiten – Brief am 22.9.1946. Veröffentlicht von Kurt Müller, i. A. der Sozietät, 7. Nov. 1946, Kohlhammer Stuttgart, »Zur Kontroverse zwischen dem Ev. OKR in Stuttgart und der Kirchl.-theolog. Sozietät in Württemberg«.
16 Vierseitiges Faltblatt »Evangelische Kirche und Entnazifizierung. Eine Stellungnahme des Ausschusses der k.-th. Sozietät i. W., i. A. Hermann Diem, 14. Februar 1948«. Lizenz Kurt Müller Nr. US-W-1119 Kohlhammer Stuttgart.
17 Dies wurde schon beklagt in dem »Memorandum der kirchlich-theolog. Sozietät in Württemberg« vom 31. März 1947: »Zum gegenwärtigen Stand der Durchführung des Gesetzes Nr. 104.« (Maschinenschriftliche Kopie 11 Seiten, in den Sozietätsakten des Verfassers.)
18 Diem, Ja oder Nein, S. 149ff. Mit freundlicher Zustimmung zum Jesuiten Oswald Nell-Breuning, »Über die Problematik christlicher Parteien«, 1946: »Die Parteibildung vom Boden der christlichen Weltanschauung – wenn christlich nicht gleichbedeutend mit ›katholisch‹, sondern als weiterer pseudogenetischer Begriff verstanden wird, ist in Wahrheit gar keine Parteibildung vom Boden einer vorgegebenen Weltanschauung her. Sie ist nichts anderes als der Versuch, einen Machtfaktor gegen die antichristlichen Machtfaktoren zu schaffen und zu aktivieren. Das Weltanschauliche bei diesem Versuch beschränkt sich strenggenommen auf ein Anti-Anti ... «

19 Vgl. dazu Kirche für die Welt, Heft 1, 3, 7, 8, 14 und 16.
20 Barth, Götze, S. 98ff. »Brief an einen Politiker«. Vgl. Koch, Heinemann, S. 66ff. – Abschriften des Barth-Briefs kursierten sofort in der Sozietät, ein Exemplar in meinen Sozietätsakten. – Im Mittelteil des Briefes macht Barth einen Gegenvorschlag zur politischen Verantwortung der Gemeinde, der in der oben referierten Linie von Paul Schempp verläuft. – Günther Dehn, Unsere Predigt heute, Kirche für die Welt, Heft 18, 1946, S. 63: Diese neu gegründete »christliche« Partei »muß ganz einfach die Interessen ihrer Wähler vertreten. Sie wird demgemäß – wer weiß denn nicht, was das für Leute sind, die diese Partei wählen? – antisozialistisch sein, kleinbürgerlich, mittelständlerisch, bäuerlich und vermutlich auch noch dazu national im Sinne eines in der Gegenwart zwar stark abgedämpften aber doch immer noch vorhandenen neudeutschen Nationalismus. Möge sie das alles sein, warum denn nicht, aber aus welchem Grunde nennt sie sich dann christlich?« (Günther Dehn).
21 Schempp (Hg.), Selbstprüfung. Teilnehmerliste, erstellt von Harald Buchrucker, Sozietätsakten, Landeskirchl. Archiv Stuttgart. Landesbischof Wurm hatte sich auch angemeldet, konnte aber nicht teilnehmen. – Vgl. »Bericht von Pfr. Markus Barth-Bubendorf über die Arbeitstagung in Bad Boll 12.–16. Okt. 1946« im Schweizer. Evang. Pressedienst.
22 Maschinenschriftliches Typoskript 1946: »Kirchlich-theologische Sozietät in Württemberg. Entwurf eines Katechismus.« 13 Seiten. Auf der letzten Seite: »Anmerkung. Dieser Entwurf ist in Eile gearbeitet und vorläufig. Er bedarf einer gründlichen Überholung. Ausdruck und Verständlichkeit sind vielfach sehr mangelhaft (vgl. z. B. die schwierige Definition des Wesens der kath. Kirche und aller Sekten in Frage 75). Aber deutlich sollte sein der Grundcharakter, die Anlage, die Form des Bekenntnisses und die Ausrichtung auf die Reformation, auf die Gegenwart und über die Landeskirche hinaus. Kirchheim-Teck, den 28.11.1946. Paul Schempp.«
23 Weismann, Biblia, Stuttgart 1985.
24 Schempp, Christenlehre.
25 Ludwig, Entstehung. Darin finden sich präzise alle Daten und Namen und – als Anlage – die vier Entwürfe.
26 Die Liste der Tagungsteilnehmer, erstellt von Frau Ruth Ebermaier, Sekretärin der Sozietät und der KTAfD, hat 137 Namen, u. a. Karl Steinbauer (bayerische Sozietät), Götz Harbsmeier (Hannoversche Pfarrbruderschaft), Gertrud Staewen (Unterwegs-Kreis Berlin), Pfarrer D. Hermann A. Hesse, Moderator des Reformierten Bundes, Prof. Hendrik Berkhof, Leyden/Holland, Pastor Nielsen aus Dänemark, französischer Feldbischof Marcel Sturm, Pastor Greiffenhagen aus Bremen, Pfarrer Dr. Markus Barth und Frau Rosemarie, Alfred Leikam, der Musiker Jürgen Uhde u. v. a.
27 Casalis-Thurneysen (Hg.), Basel.
28 Dr. Kurt Anschütz (Berlin), »Comme le doigt de Dieu«. La paroisse de Moncoutant (Dep. Deux-Sèvres) et ses pasteurs de Pury, Riebel et Casalis entre 1934 et 1945. Un premier essai. Vortrag am 8. April 1994 in Moncoutant. (Ich danke Dr. Anschütz für die Überlassung dieses Manuskripts.)
29 Evangelisches Bildungswerk Berlin (Hg.), Casalis, darin: Kurt Anschütz, Vorstellung von Berliner Nachkriegsberichten des französ. Militärpfarrers Georges Casalis.
30 Anschütz, S. 79–100.
31 Baudis u. a. (Hg.), Füße, S. 657–670, Georges Casalis, Aktualität und Grenzen des Darmstädter Wortes (8.8.1947). Vortrag 1977.
32 Vgl. Schempp, Briefe. Die Rundbriefe in den KThAfD-Akten.
33 Casalis-Thurneysen, Basel, S. 48–50: Unterwegs (Editorial der Nr. 1, 1947).

Diethard Buchstädt

Die Sozietät und die Kirchlichen Bruderschaften[1]

Am 1. Juli 1957 erschien in einigen bundesdeutschen Zeitungen eine Entschließung »Zur mißbräuchlichen Inanspruchnahme des Wortes ›christlich‹ durch die CDU«[2]. Darin wurde der *CDU* unter anderem vorgeworfen, sie nehme »als einzige Partei in der Bundesrepublik das Wort ›christlich‹ für sich in Anspruch.« Die Unterzeichner wollten deshalb der *CDU* bei den darauffolgenden Bundestagswahlen (Herbst 1957) ihre Stimme versagen. Anlaß zu dieser Stellungnahme gab in erster Linie eine Rede Bundeskanzler Adenauers vom 2. Juni in Bamberg, in der er im Blick auf die Wahlen die Alternative ›christliches oder kommunistisches Deutschland und Europa‹ vor Augen hielt.

Die von vier Theologen und acht Laien unterzeichnete Entschließung stellt das Gründungsdokument der – kurz zuvor ins Leben gerufenen – *Kirchlichen Bruderschaft in Württemberg* dar. Mit der Gründung hatte sich, wie in manchen anderen Landeskirchen[3] schon vorher, nun auch in Württemberg eine ›Kirchliche Bruderschaft‹ gebildet. Die Konstituierung erfolgte zu einem Zeitpunkt, als die *Kirchlich-theologische Sozietät in Württemberg* in ihrer Mehrheit die politisch-gesellschaftlichen Fragen nicht mehr direkt anging, sondern sich – wie seit Jahren – in der Debatte um die ›Entmythologisierung‹ des Neuen Testamentes und der Diskussion um die Implikationen der Theologie Rudolf Bultmanns befand.

Die *Bruderschaft* wollte, nachdem die *Sozietät* ab Beginn der 50er Jahre zusehends in eine Isolation geraten war und freie Arbeitskreise, die sich zu politischen Vorgängen äußerten, keine Beständigkeit zeigten, vor allem durch die Einbeziehung von Laien ein auf die konkrete Umsetzung zielendes Christentum praktizieren. Obgleich die *Bruderschaft* in der Folgezeit an Bedeutung zunahm, hörte die *Sozietät* keineswegs auf zu existieren. Wie kam es nun überhaupt zur Gründung der *Bruderschaft*, wodurch unterschied sie sich von der *Sozietät*, deren Zielen und theologischen Prämissen, und welche Bedeutung hatte die Existenz einer ›Kirchlichen Bruderschaft‹?

Die ›Blütezeit‹ der Kirchlich-theologischen Sozietät (1945–1949)

Die *Sozietät* stellte seit ihren Anfängen, die bis ins Dritte Reich zurückreichen, diejenige Gruppe in Württemberg dar, die die Erkenntnisse und Ergebnisse von Barmen und Dahlem konsequent theologisch umzusetzen versuchte. Besonders wichtig waren ihr neben der These 1 (Jesus Christus ist das eine Wort Gottes ...) die These 2, wonach Jesus Christus Gottes Zuspruch und Anspruch auf das gesamte Leben eines Christen bedeutet. Das Festhalten an den Thesen und die Betonung, daß die Kirche allein das Evangelium unabhängig von politischen Konstellationen zu verkündigen habe, führte über Jahre hinweg zu Kontroversen mit der Kirchenleitung – im Blick auf Stellungnahmen der *Sozietät* zu kirchlichen und kirchenpolitischen Vorgängen – und zuweilen mit staatlichen Organen.

Nach Kriegsende konnte zunächst nur eine Handvoll Sozietätler aus dem Raum Stuttgart zusammenkommen, um neben exegetischer Arbeit[4] die theologische und kirchliche Lage nach dem Zusammenbruch des Dritten Reiches zu reflektieren. Personell, hinsichtlich der theologischen Prämissen und Zielsetzungen sowie im Blick auf die Auffassungen und Vorstellungen über die Aufgaben der Kirche bestand eine Kontinuität zu den Jahren vor 1945.

Ganz im Gegensatz zu vielen »Jungen Brüdern«[5] aus den »zerstörten« Landeskirchen, von denen bis zu 90 Prozent eingezogen worden waren und die sich dann auch Monate nach Kriegsende noch in Gefangenschaft befanden, war es den Sozietätlern möglich, sich auch mit aktuellen und dringenden kirchlichen und politischen Problemen auseinanderzusetzen.

Christian Berg und Paul Schempp benannten – als eine Ausnahme nicht nur in Württemberg, sondern auch im gesamten Protestantismus – bereits wenige Tage nach der Kapitulation beispielhaft die Schuld der Kirche: Sie sei mehr als andere »Gruppen« schuldig geworden, nicht allein deshalb, weil es ihr immer auch um Selbsterhaltung ging, sondern weil sie darüber hinaus geschwiegen hatte, wo Unrecht bekannt war. Berg stellte in seiner Predigt am 10. Mai 1945 unter anderem fest: Der Weg der Kirche »wird sein müssen ein Weg des Kreuzes, der Busse, des Zeugnisses und der Freiheit.«[6] Schempp wies am 29. Mai in seiner – ungedruckten – Schrift ›*Der Weg der Kirche*‹ auf die nun für die Kirche gebotene »Solidarität der Schuld« und die Bitte um Vergebung hin, die jeglichen Weg der Selbstrechtfertigung und Relativierung der Schuld ausschließe.[7] In der berühmt-berüchtigten Schrift »*Restauration oder Neuanfang in der Evangelischen Kirche?*« (Ende November 1945) formulierten Hermann Diem, erst im September 1945 aus der Gefangenschaft zurückgekehrt, und Paul Schempp ihre Vorschläge eines ›Neubeginns‹ der Kirche: Sie sollte von den Einzelgemeinden her aufgebaut, durch Lehr- und Kirchenzucht geordnet und allein durch den Glauben konstituiert sein. In einer programmatischen Erklärung legte die *Sozietät* am 9. April 1946 Rechenschaft ab über ihre Vorstellungen der kirchlichen Aufgaben. Quasi als das Zentrum der »Sozietätstheologie« kann der einleitende Abschnitt verstanden werden: »Wie wir im Kampf gegen falsche Lehre den Erklärungen der Bekennenden Kirche in Barmen und Dahlem im Glauben zugestimmt haben, so stimmen wir auch in der Beugung unter Gottes Gericht der Erklärung des Rats der

Evangelischen Kirche in Deutschland vom 18. Oktober 1945 (Stuttgarter Erklärung) einmütig zu und bekennen insonderheit unsere Schuld als Prediger und Glieder der Gemeinde Christi.«[8]

Zwischen 1945 und dem Abschluß der Entnazifizierung 1948 erarbeitete die *Sozietät* eine Reihe von diesbezüglichen kleinen Schriften und Stellungnahmen, nachdem die Kirche zunehmend die staatlichen Entnazifizierungsmaßnahmen beargwöhnte und ihre Mitarbeiter davon ausnehmen wollte. Die in den Sozietätsschriften angestellten Überlegungen orientierten sich an der Barmer und der Stuttgarter Erklärung und beurteilten – auch dies eine Ausnahme im Protestantismus – die politisch begründeten Entnazifizierungsmaßnahmen grundsätzlich positiv. Grundlegender Tenor war: Die Kirche dürfe ihre Mitarbeiter nicht von den Entnazifizierungsbestimmungen ausnehmen und keine gesonderte Behandlung in Anspruch nehmen; darüber hinaus solle die Einzelgemeinde über den weiteren Dienst des jeweiligen Pfarrers entscheiden.[9]

Trotz dieser umfassenden und – verglichen mit Gruppen in anderen Landeskirchen – intensiven Reflexionen und Aktivitäten führte die *Sozietät* ihre Arbeit ohne nennenswerte Kontakte zu Vereinigungen fort, die sich im engeren oder weiteren Sinne zur *Bekennenden Kirche* zählten. Eine Kooperation mit dem württembergischen *Landesbruderrat* beispielsweise kam nicht mehr zustande, nachdem sich bereits 1938 die Wege der beiden Gruppierungen getrennt hatten.[10] Zwei Versuche, 1946 und 1949, einen Sitz im *Reichsbruderrat* (RBR) zu erhalten, scheiterten. Kontakte zur *Bruderschaft rheinischer Hilfsprediger und Vikare*, die seit Oktober 1945 wieder zusammentrat und über 100 Mitglieder umfaßte, waren spärlich und durch die Entfernung und die Nachkriegssituation erheblich erschwert.

Dagegen konzentrierte sich die *Sozietät* auf die Zusammenarbeit mit der *Gesellschaft für Evangelische Theologie* (GEvTh). Karl Barth, Hermann Diem, Martin Niemöller und Ernst Wolf suchten im Frühjahr 1946 eine engere Verbindung zwischen der *Sozietät* und der *GEvTh* herzustellen. Auf einer ersten, von beiden Gruppierungen verantworteten Tagung vom 12.–16. Oktober 1946 in Bad Boll wurde die *Kirchlich-theologische Arbeitsgemeinschaft für Deutschland* (KTA) gegründet. In ihr hatten sich Sozietäten, Arbeitsgemeinschaften, bruderschaftliche Kreise und Einzelpersonen zusammengeschlossen. Fortan prägte die *Sozietät* den Kurs der KTA entscheidend: Hermann Diem als Vorsitzender, Kurt Müller als Geschäftsführer und Paul Schempp als »Reisender in geistlichen Angelegenheiten« trugen von 1946 bis 1948 die Verantwortung. Zwischen dem *Reichsbruderrat* auf der einen Seite und der KTA sowie der *Sozietät* auf der anderen Seite bestand kaum Austausch. Der *Reichsbruderrat* verstand sich als das Gremium, das die *Bekennende Kirche* repräsentieren sollte, und zwar auf kirchlichem Gebiet wie auch im Blick auf gesellschaftspolitische Fragestellungen.

Die unterschiedlichen Vorstellungen hinsichtlich des diesbezüglichen Engagements zeigten sich deutlich im Rahmen der Entstehung des am 7./8. August 1947 vom *Reichsbruderrat* verabschiedeten ›Wort[es] zum politischen Weg unseres Volkes‹, dem sogenannten »*Darmstädter Wort*«[11]. Dazu hatte neben Barth, Iwand und Niemöller auch die KTA unter maßgeblicher Beteiligung von Hermann Diem[12] auf ihrer Tagung am 21.–25. Juli in Bad Boll einen Vorentwurf erarbeitet. Obgleich man vorgab, die Erklärung auf Grund der Vorlage des Bruderrates entworfen und beschlossen zu haben, wies Diem unmißverständlich darauf hin, daß von einer Veröffentlichung abgesehen wurde »in der Hoffnung, daß der Bruderrat einen entsprechenden Beschluß fassen und damit unser Vorgehen unnötig machen wird.«[13]

Am 7./8. August 1947 schließlich wurde auf einer Sondersitzung des *Reichsbruderrates* das »*Darmstädter Wort*« von zwölf Teilnehmern verabschiedet. In dem Wort wird in sieben Thesen versucht, die Schuld und den Irrweg des deutschen Volkes, gerade auch im Blick auf die Verbindung von ›Thron und Altar‹, aufzugreifen und die Botschaft der Versöhnung für einen Dienst am Menschen, frei von allen gesellschaftlichen, ideologischen und politischen Zwängen zu bezeugen. Über den Inhalt, vor allem über den mangelnden Trost und die zu geringe Berücksichtigung der Situation im Osten, gab es zum Teil heftige Kontroversen, auch innerhalb des *Reichsbruderrats*. So wurden Diem, Beckmann, Niemöller und Wolf auf der RBR-Sitzung am 15./16. Oktober beauftragt, einen Kommentar[14] zu verfassen. Das »*Darmstädter Wort*« und dessen Implikationen sind bis heute in Ost und West umstritten. Für die Bruderschaften indes bildete »Darmstadt« stets eines der Basisdokumente.

Wie die *Sozietät*, so übernahm auch die KTA das »*Darmstädter Wort*« uneingeschränkt. Doch unterließen es beide Gruppierungen allem Anschein nach, sich in den folgenden Monaten mit dem Wort und der Auslegung intensiv auseinanderzusetzen und das kritische Potential in öffentlichen Stellungnahmen zur Geltung zu bringen.[15]

Nachdem Paul Schempp bei den Neuwahlen 1948 den Vorsitz in der KTA übernommen hatte, gab er der KTA bis zur Tagung im Januar 1950 ein eigenständiges Gepräge. In diesem Zeitraum wurden vor allem Legitimation, Aufgabe und Gestalt der *Bekennenden Kirche* reflektiert, so beispielsweise auf der gemeinsamen Jahrestagung der KTA, der *Sozietät* und der GEvTh vom 17. bis 23. September 1948 in Bad Boll. Hier betonte man, daß »die KTA heute mehr denn je die Aufgabe hat, Mahner und Warner zu sein, um die Erkenntnisse des Kirchenkampfes nicht verschütten zu lassen.«[16] Schempp formulierte im Juni 1949, nachdem auf einer Ausschußsitzung am 8. Juni 1949 mit Niemöller und Herbert Mochalski das Verhältnis von KTA und *Bruderrat* bestimmt wurde: »Sie [die KTA] glaubt sich berufen, *den Kampf um den eigentlichen Sinn der BK zu führen*, sowohl selbständig als auch in positiver und kritischer Auseinandersetzung mit den bestehenden Kreisen der BK.«[17]

Doch wollte die KTA keinesfalls als Ersatz für den *Bruderrat* kirchenpolitische Aktivitäten entwickeln. Schempp faßte dies im Oktober 1949 so zusammen: »Wir möchten ja nicht als eine kirchenpolitische Gruppe verstanden werden, denn wir dienen nicht einer Theologie oder einem kirchlichen System, sondern dem Einen Wort Gottes, Jesus Christus, und bemühen uns darum um das rechte Hören und Ausrichten der Einen Botschaft, die allein Gemeinden schafft und erneuert und die Menschen zu freien und fröhlichen Zeugen der Gnade Gottes macht in allen Zonen, unter allen Lebensbedingungen und ohne Ansehen der Person.«[18]

Einmal noch bezog die KTA Position im Blick auf die aktuelle politische Lage. Auf einer vom 29. bis 31. Januar 1950 in Berlin stattfindenden KTA-Tagung wurde eine von Hermann Diem vorbereitete Erklärung »*Zur Erhaltung des Friedens*«[19] verabschiedet. Die aus Ost und West stammenden Unterzeichner warnen darin vor Überlegungen, militärische Rüstung als Lösung von politischen Konflikten anzusehen und rufen dazu auf, Wehrdienst in jeglicher Form zu widerstehen. Jedoch verhallte auch dieser, vom Geist der Versöhnung geprägte Aufruf ohne Widerhall im Protestantismus. Anfang der fünfziger Jahre, bezeichnenderweise nachdem kein Sozietätler mehr eine führende Position innehatte, geriet die KTA zusehends in eine Isolation. Knapp einen Monat später kam Schempp in einem Schreiben an den derzeitigen Vorsitzenden, Rudolf Weckerling, zu dem Schluß: »Die Bekennende Kirche ist tot.« Die KTA sei als »»Kirche neben der Welt«« anzusehen.[20]

Neben der unterschiedlich intensiven Beschäftigung mit theologischen, kirchlichen und kirchenpolitischen Themen wurden gegen Ende der vierziger Jahre – einmalig in der Nachkriegszeit – Fragen nach Wesen, Aufgabe, Legitimation und Zusammensetzung der Bekennenden Kirche thematisiert. Derartige Überlegungen, die das jeweilige Selbstverständnis und den Bereich des gesellschaftsdiakonischen und kirchenpolitischen Engagements betrafen, hatten Einfluß auf die weitere Entwicklung in den fünfziger Jahren.

In der – damals führenden – rheinischen Bruderschaft wurden Themen, die ihren eigenen Weiterbestand und die Weiterarbeit angingen, schon seit Kriegsende diskutiert. Damit hing untrennbar die Frage zusammen, wer in der rheinischen Kirche (noch) eine ›Bekennende Kirche‹ repräsentieren könne: die *Pfarrbruderschaft*, die *Kirchliche Bruderschaft* oder der – nicht mehr funktionierende – *Landesbruderrat*? Mit der Namensänderung von *Bruderschaft rheinischer Hilfsprediger und Vikare* in *Kirchliche Bruderschaft im Rheinland*[21] hatte man sich nicht nur für Laien geöffnet, sondern auch gegen eine Abgrenzung als theologischer Zirkel oder eine Art Sozietät verwahrt. Dies bedeutete, die *Bekennende Kirche* nicht mehr qua Organisation und aufgrund ihrer Tradition weiterführen zu wollen, sondern anhand konkreter Aufgaben in den Gemeinden nach der Bedeutung einer bekennenden Kirche zu fragen.

Wolfgang Scherffig erwog darüber hinaus die »Möglichkeit einer neuen Sammlung«[22]. Scherffig hatte eine von Laien und Theologen gleichermaßen getragene Aufbruchsbewegung im Blick. Dabei sollten die vorhandenen Bruderschaften, Sozietäten und Arbeitsgemeinschaften in Arbeitsausschüsse umgebildet und durch die Integration von Laiengruppen auf eine breite Basis gestellt werden. Sowohl die Bezeichnung *Kirchliche Bruderschaft* als auch das Laienelement und – ansatzweise – die Wahrnehmung politischer Diakonie waren später für einige Württemberger Anlaß, den Namen aufzugreifen und eine eigene Gruppe zu bilden.

Die KTA hatte sich – wie erwähnt – in erster Linie mit dem Verhältnis zum *Reichsbruderrat* auseinandergesetzt. In der *Sozietät* jedoch war allem Anschein nach eine derartige Reflexion kaum vorhanden, weder im Blick auf Gruppen in den verschiedenen Landeskirchen noch hinsichtlich der Situation innerhalb Württembergs.[23]

Welche Gründe können dafür benannt werden? Zunächst bleibt festzuhalten, daß die meisten Mitglieder der *Sozietät* um die Jahrhundertwende bis zehn Jahre später geboren worden waren. Sie hatten in der Regel ein Pfarramt und waren somit keine ›Jungen Brüder‹ und keine ›Illegalen‹ in dem Sinne, daß sie mit der Problematik der Ablegung theologischer Examina vor einer illegalen Prüfungskommission und mit der Frage der ›Legalisierung‹ konfrontiert worden waren. Die Sozietätler dachten – im Gegensatz zu den Theologen, die aus ›zerstörten‹ Landeskirchen kamen – wohl nur wenig über die Anforderungen des Pfarramtes und die Integration von Laien nach. Vielmehr suchten sie im Rahmen einer theologischen Arbeitsgemeinschaft aktuelle Gemeindepredigten zu besprechen und theologisch relevante Fragen zu diskutieren. Eine Aufteilung in *Landesbruderrat*, *Pfarrbruderschaft* und einer Vereinigung für Laien und Theologen gab es in Württemberg nicht. Der *Landesbruderrat* spielte in der Nachkriegszeit keine bedeutende Rolle. Die *Sozietät* selbst bildete dann, zieht man formale Kriterien heran, quasi eine »Pfarrbruderschaft«, auch wenn – nur wenige – Laien mitwirkten.

Somit fehlte eine Gruppe, in der Laien und auch die Generation der früheren Vikare integriert waren bzw. werden konnten. Als 1948, zum ersten Mal in der Nachkriegszeit, in der Sozietät Neuwahlen anstanden, setzte sich die Mehrzahl der Sozietätler für eine Fortführung der Leitung durch Hermann Diem ein, da »den Vorsitz [...] ein Theologe führen« müsse.[24] Sowohl eine Öffnung für Laien als auch eine ›Verjüngung‹ unterblieben. Weiterhin haftete der *Sozietät* seit jeher der Ruf einer Gruppe an, die hervorragende theologische Arbeit leistete, den »bruderschaftliche[n] Gedanken«[25] hingegen weniger zu betonen schien. So wichtig und notwendig es war, die dringenden kirchlichen und politischen Themen anzugehen, so wenig stand eben dieser bruderschaftliche Gedanke im Vordergrund.

Zuletzt bleibt anzumerken, daß die *Sozietät* ohne ausdrückliche Reflexion die Geltung von Barmen und Dahlem und, damit zusammenhängend, ein Verständnis einer wirklichen oder wahren Bekennenden Kirche im Rahmen der bestehenden Gemeinden und im Rahmen der organisatorisch festgefügten Landeskirchen aufrechtzuerhalten suchte. Mit all ihren Stellungnahmen, gleich welchen Inhalts, suchten die Sozietätler ihre Vorstellungen einer allein vom Glauben geleiteten und von den Gemeinden konstituierten Kirche darzulegen. Freilich muß man sich stets die Situation der württembergischen, bischöflich geleiteten Landeskirche vor Augen halten. Seit Gründung der *Sozietät* fand man in Bischof Wurm ein Gegenüber, dem man kritisch-loyal begegnete. Der des öfteren vorgebrachte Verweis auf die fortgesetzte Geltung der Barmer und Dahlemer Beschlüsse war deshalb möglich, weil man sich selbst, nicht aber die Landeskirche, die ›Barmen‹ erst sehr spät in ihre landeskirchliche Ordnung aufnahm, zur *Bekennenden Kirche* zählte.

Zweierlei zeigt sich: Zum einen hatte die Sozietät wie vor 1945, so auch in der Nachkriegszeit doch recht wenig Kontakte zu den ehemaligen ›Jungen Brüdern‹ und unternahm zudem von sich aus keine weiterreichenden Anstrengungen zu einer landeskirchenübergreifenden Kooperation. Zum anderen war den Stellungnahmen der *Sozietät*, die Schuld bezeugten und zur Entscheidung riefen, keine echte Aufnahme beschieden. Auch die hervorragende Sozietätserklärung vom 9. April 1946 rief praktisch keine Breitenwirkung hervor.[26] Ein Katechismusentwurf[27], den Schempp im November 1946 für die KTA erarbeitet hatte und der daneben als Vorlage zu einem Gespräch mit der württembergischen Kirchenleitung diente, geriet völlig in Vergessenheit. Dazu bemerkt Schempp im Vorwort der Neuauflage: »Kirchliche und politische Gegenwartsfragen, neue theologische Kontroversen drängten sich auf, auch unter uns wuchs das Spannungsfeld der verschiedenen theologischen Probleme, Aufgaben und Stellungnahmen, und so stockte die Arbeit an einer nach Form und Aktualität auf die Gegenwart zielenden Zusammenfassung des christlichen Glaubens und hörte schließlich auf.«[28]

In dem Votum Schempps dürfte wohl *eine* bedeutsame Erklärung dafür enthalten sein, weshalb in den ersten Nachkriegsjahren kaum ein Dokument aus bruderschaftlich strukturierten Kreisen über die Landeskirche hinaus weiterreichende Geltung erlangen konnte. Weiterhin ist in Anschlag zu bringen, daß überregionale Kontakte von Pfarrern lange noch nicht selbstverständlich und kaum möglich waren. Die Pfarrer vor Ort hatten dringendere Aufgaben zu erledigen.

In den Jahren 1945 beziehungsweise 1946 bis 1950 hatten die *Sozietät* und die KTA ihre größte Bedeutung. Oft deckten sie klarer als andere die Ursachen des gegenseitigen Mißtrauens auf und bezeugten unentwegt die befreiende und versöhnende Kraft des Evangeliums. Daß die Ende der vierziger Jahre beginnende Konzentration auf Grundlagenarbeit und der Rückzug aus der kirchlichen und politischen Debatte in der *Sozietät* auch auf die KTA Einfluß hatte, liegt angesichts der engen Verflechtung nahe.

Sammlungsbestrebungen ›Junger Bruderschaften‹

Im Frühjahr 1950 luden Herbert Mochalski und Martin Niemöller Leiter von Bruderschaften und andere, von früher her befreundete Brüder ein, um über eine Sammlung der *Bekennenden Kirche* angesichts der Lage in der EKD zu sprechen.[29] Doch standen weder Sozietätler auf der Einladungsliste, die vor allem hessische Pfarrer enthielt, noch nahmen sie dann an dem Treffen teil.[30] Niemöller und Mochalski hatten in erster Linie die ehemaligen ›Jungen Brüder‹ im Blick, wozu ja die Sozietätler – im engeren Sinne – nicht zählten. Ein weiteres, mehrmals verschobenes Treffen sollte zunächst – ohne nähere Konkretion – »Fragen der politischen Verantwortung« in »Abgrenzung gegen das katholisch-politische Denken« behandeln. Als dann im August 1950 bekannt wurde, daß Kanzler Adenauer den Alliierten Truppenkontingente für ein europäisches Verteidigungsbündnis angeboten hatte, erklärte daraufhin Innenminister Gustav Heinemann seinen Rücktritt aus dem Kabinett.

Schließlich konnten Paul Schempp und Karl Gerhard Steck für das zweite Treffen ›Junger Bruderschaften‹ am 4. Oktober 1950 gewonnen werden. Paul Schempp, der wie alle anderen als ›Einzelperson‹ und nicht als Vertreter der *Sozietät* eingeladen wurde, sprach über »Wiederaufrüstung«.[31] In seinem Referat kam deutlich die Haltung zum Ausdruck: Gott hat dem deutschen Volk die Waffen aus der Hand geschlagen. Es gelte somit, Buße zu tun und von den falschen Wegen eines neuen Militarismus umzukehren. Daneben entwarf Schempp die Vorlage für das spektakuläre Flugblatt »*An die Gewehre? Nein!*«[32], in dem vor allem die Wiederaufrüstungspläne von Bundeskanzler Adenauer scharf kritisiert wurden. Den ›Jungen Brüdern‹ ging es in erster Linie darum, nicht erneut dem in der *Stuttgarter Schulderklärung* beklagten Schweigen zu verfallen. Doch argumentierten sie vornehmlich auf politischer Ebene, jedenfalls ohne jeglichen Rückbezug auf die Barmer Thesen.

Bei den Einladungen wurden ›Junge Brüder‹ aus Hessen, Baden, Pfalz und Rheinland bevorzugt berücksichtigt. Denn hier waren – ohne näher zu differenzieren[33] – solche bruderschaftliche Kreise am aktivsten, die auch gesellschaftlich-politische Fragenkreise anschnitten. In dieser Phase, in der angesichts der bedrohlichen weltpolitischen Lage verstärkt politische Fragen in der Kirche diskutiert wurden, hatte sich die *Sozietät* bereits mit öffentlichen Äußerungen zurückgehalten. Diejenigen jungen Theologen aber, die später in der (württembergischen) Bruderschaft mitwirkten, befanden sich zumeist noch im Studium oder in der gemeindepraktischen Ausbildung und hatten damals kaum Kontakt zu den ›Jungen Bruderschaften‹.

Für das dritte Treffen am 22. Mai 1951 erklärten sich insgesamt lange nicht mehr so viele Brüder zur Teilnahme bereit; die Anwesenden stammten mittlerweile fast nur noch aus Hessen und Württemberg.[34] Im Mai 1951 trafen sich nunmehr vor allem Freunde von Herbert Mochalski und Herbert Werner, Mitherausgeber der ›Stimme der Gemeinde‹ und – wie Gotthilf Weber – Pfarrer in Stuttgart. Dieser wohl eher lose Freundes- und Bekanntenkreis bildete dann eine der Keimzellen der Kirchlichen Bruderschaften in Württemberg und Hessen-Nassau. Die theologische, kirchenpolitische und politische Haltung, wie sie die »Stimme« vertrat, sowie die konsequente Ausrichtung auf die Erklärungen von Barmen und Stuttgart sowie das *Darmstädter Wort* wurde später prägend für diejenige bruderschaftliche Linie, die auf konkrete Umsetzung der theologischen Erkenntnisse zielte – im Anschluß an Karl Barth und die Theologie der ›Königsherrschaft Christi‹.

Daß man in den einschlägigen Kreisen die – mittlerweile auch die politische und kirchliche Diskussion bestimmende – Remilitarisierung ablehnte, war kein Thema. Allein, die Vorgehensweise im Blick auf zu veröffentlichende Stellungnahmen, die Reflektion der theologischen und politischen Urteilsbildung und die konkrete Form der Arbeit innerhalb der Gruppen differierten doch erheblich. Offenbar war die Zeit noch nicht reif für einen Aufbruch und eine Sammlung interessierter Theologen und Gemeindeglieder. Auf den drei Treffen jedenfalls gelang es (noch) nicht, die vielerorts vorhandenen Kräfte zusammenzufassen. Von nun an entwickelten sich die Linien der jeweiligen Vereinigungen höchst unterschiedlich.

Die Sozietät in den Jahren 1950–1956

Die – mittlerweile führende – rheinische Bruderschaft gewann ab Beginn der 50er Jahre zunehmend Klarheit über ihre Verantwortung, auch im Rahmen der Verkündigung zu Themen Stellung zu beziehen, die den Menschen angehen. Man kam »an der Frage nicht vorbei, ob die christliche Gemeinde in dieser Sache [der Remilitarisierung] zur Entscheidung gefordert ist«.[35] Die Überlegungen gipfelten schließlich in einer Denkschrift zur Kriegsdienstverweigerung[36] und in einer Eingabe an die EKD-Synode 1956.[37]

Die *Sozietät* schaltete sich demgegenüber vergleichsweise wenig in die Wiederbewaffnungsdebatte ein, die Anfang der 50er Jahre die gesamte Bevölkerung und natürlich auch den Protestantismus beschäftigte. Gerade als die Wogen am höchsten schlugen – Ende 1950 bis 1951 –, setzte sich die *Sozietät* mit Fragen der Entmythologisierung und des neuen Gesangbuches auseinander. Allein eine Tagung im November 1951 war der »Aufgabe der Kirche in der gegenwärtigen politischen Situation«[38] gewidmet.

In einem Papier »*Wie hat sich der Christ zwischen Ost und West zu ent-*

scheiden?« wird besonders die Notwendigkeit eines individuellen Einsatzes für eine Verständigung hervorgehoben. Aufschlußreich ist die Einschätzung, die Gespaltenheit Deutschlands sei zu einem wesentlichen Teil in der Konkurrenz zweier Wirtschaftssysteme begründet; somit solle ein geeinigtes Deutschland eher auf Wohlstand verzichten, als der Welt erneut Anlaß zu militärischen Konflikten geben. In dem Papier kommt deutlich die Haltung zum Ausdruck, wie sie vor allem Hermann Diem und auch die KTA in dieser Zeit vertraten: Die Kirche habe gleichsam den ›dritten Ort‹ zwischen den ideologisch widerstreitenden Fronten zu bilden und vor allen Dingen die im Evangelium begründete Freiheit von allen bindenden Mächten zu verkündigen.

Jedoch trat die *Sozietät* mit diesem Votum nicht an die Öffentlichkeit. Allein eine Entgegnung Paul Schempps, die er Anfang 1952 im Auftrag der *Sozietät* als Reaktion auf eine Erklärung[39] von Bischof Wurm und auf eine von zahlreichen westdeutschen Bischöfen unterzeichnete Stellungnahme »*Wehrbeitrag und christliches Gewissen*«[40] verfaßt hatte, wurde publiziert. Schempp weist hier deutlich die von Wurm vertretene Ansicht zurück, es handle sich in dieser Frage nicht um eine Glaubens- und Gewissensentscheidung, nur weil sie den politischen Bereich betreffe, weshalb die Kirche keine verbindliche Stellungnahme abgeben könne.

Doch waren dies vereinzelte Äußerungen, verglichen mit der Dringlichkeit der Problematik und mit der Intensität, die die Rheinländer und der gesamte Protestantismus darauf verwandten. Aber auch verglichen mit dem damaligen Einsatz der *Sozietät* im Rahmen der Entnazifizierung mag die Zurückhaltung verwundern. Bezeichnend ist weiterhin, daß Kontakte zu anderen bruderschaftlichen Gruppen nicht nachzuweisen sind. Die *Sozietät* hatte sich spätestens seit Beginn der fünfziger Jahre in die Entmythologisierungsdebatte gestürzt. Hier befand sie sich auf ureigenstem Terrain, der theologischen Grundlagenarbeit, die für die Verkündigung fruchtbar gemacht werden sollte. Allerdings kam im Lauf der Zeit zusehends Uneinigkeit über den Stellenwert der Debatte auf. In Ernst Fuchs als Verfechter einer strikt auf Theologie bedachten Arbeit, in Hermann Diem, der sich auch kirchenpolitisch und politisch – ab 1953 in der *Gesamtdeutschen Volkspartei* (GVP) – betätigte, und in einem Kreis um Gotthilf Weber, der eher zur Haltung der Jungen Bruderschaften tendierte, können die Vertreter der verschiedenen Richtungen wohl gesehen werden.[41]

Während auf den ab 1951 recht selten stattfindenden Treffen – ca. drei pro Jahr – vorwiegend theologische Themen verhandelt wurden, sahen offenbar einzelne verschiedentlich die Notwendigkeit zu ins Politische reichenden Stellungnahmen gegeben. Einen Anlaß hierzu stellten die Verhandlungen im Rahmen der Westverträge dar, die schließlich im Januar 1953 vom Bundestag ratifiziert wurden.

Wiederum ging eine Initiative von Herbert Mochalski und Freunden der *Stimme der Gemeinde* aus. Ein im Vorfeld der Verhandlungen im Bundestag initiierter, von Karl Gerhard Steck, Gotthilf Weber und Herbert Werner erarbeiteter und dann von Karl Handrich und Georges Casalis überarbeiteter Entwurf sollte zunächst auf dem Stuttgarter Kirchentag im August 1952 eine neue Sammlung einleiten, wurde aber dann aufgrund von Uneinigkeiten nicht herausgegeben. Statt dessen wurde ein Aufruf verabschiedet, der von Theologen und Laien aus verschiedenen Landeskirchen unterzeichnet war und sich mit knappen Worten gegen die Remilitarisierung wendet; eindeutig sind hier die Württemberger, darunter zahlreiche Sozietätler, in der Mehrzahl.

Dieser Aufruf stellt einen Meilenstein auf dem Weg zur Bildung der *Kirchlichen Bruderschaften*, insbesondere der in Württemberg, dar. Hier fanden sich seit den gescheiterten Bruderschaftstreffen von 1950/51 erstmals überregional diejenigen zusammen, die sich verpflichtet fühlten, öffentlich gegen die Wiederaufrüstungspolitik der Regierung zu protestieren. Unter den Unterzeichnern finden sich eine Reihe von Theologen und Laien, die später in den jeweiligen Bruderschaften tätig beziehungsweise führend waren.[42] Ein Blick auf die Sozietätler zeigt, daß eine Gruppe um Gotthilf Weber, nämlich Herbert Werner, Alfred Leikam und Helmut Goes, später die Initiatoren der württembergischen Bruderschaft stellte. Zudem waren fünf der zehn Herausgeber der *Stimme der Gemeinde* sowie die gesamte Schriftleitung vertreten. Aus den Treffen der *Stimme*-Leser schälten sich dann die *Kirchlichen Bruderschaften* in Württemberg und Hessen-Nassau heraus.

Die mit dem Aufruf anvisierte neue Sammlung Gleichdenkender verlief im Sande. Gleichwohl waren sich zahlreiche Teilnehmer mehr denn je im klaren, daß eine *Bekennende Kirche* nicht mehr vorhanden war.[43] Die Tendenz, daß nun einzelne Pfarrer und Laien das Wort ergriffen und freie Zusammenschlüsse bildeten, hielt in den Folgemonaten an. Seit dem Sommer 1952 wurde in der evangelischen Kirche die Problematik einer Politisierung der Kirche verstärkt diskutiert. Als der württembergische *Oberkirchenrat* im Februar 1953 einen Erlaß herausgab, in dem vor allem die Geistlichen aufgefordert wurden, »sich aber in der Öffentlichkeit mit ihrer persönlichen politischen Ansicht zurückzuhalten«[44] entgegneten eine Reihe württembergischer Geistlicher, sie hätten eine »Pflicht der Verantwortung vor unserem und für unser Volk«, die es um der Verständigung, Versöhnung und sozialer Gerechtigkeit willen verbiete, sich auf den bloß religiösen Bereich zurückzuziehen. Das Schreiben an die Kirchenleitung hatten Rudolf Daur, Eberhard Lempp und Helmut Goes (erst-)unterzeichnet.

Hierbei handelt es sich um einen im nachhinein nur noch schwer greifbaren Kreis, der wohl am ehesten als freier Arbeitskreis zusammentrat. Indes, auch in den nächsten zwei Jahren trat er in Erscheinung: Unmittelbar vor der Bundestagswahl 1953 erschien eine »*Erklärung württembergischer und badischer Theologen*«[45]. Sie richtet sich gegen die Einführung der Wehrpflicht und gegen die gegenseitige ideologisch begründete Verhetzung. Unter Verweis auf die EKD-Synodalerklärungen von Eisenach (1948), Berlin-Weißensee (1950) und das Wort des Essener Kirchentages (1950), in denen der Remilitarisierung mehr oder minder deutlich eine Absage erteilt worden war, fordern die Unterzeichner »ein klares und praktisches Friedenszeugnis«[46] und die Achtung jedes einzelnen Gewissens. Obgleich die Erklärung von zahlreichen Sozietätlern unterschrieben wurde, unter anderem von Diem, Müllerschön, Rücker, Schempp, Wagner, Weber und Widmann, wurde das Dokument nicht unter dem Namen der *Sozietät* veröffentlicht, sondern von Daur, Goes und Lempp verantwortet.

Inzwischen nahm die politische Entwicklung ihren Lauf. Die Regierungsparteien erreichten bei den Wahlen eine Zweidrittelmehrheit, die GVP scheiterte. Außen- und innenpolitisch wurde weiterhin eine Politik der Stärke betrieben. Die EKD-Synode in Berlin-Spandau konnte sich zu keiner Äußerung zum politischen Geschehen entschließen. So sahen sich Anfang Mai Daur, Lempp und Goes erneut herausgefordert, in Form eines Flugblattes gegen die Remilitarisierung und für den gesetzlichen Schutz der Kriegsdienstverweigerer Partei zu ergreifen.[47] Obgleich diese Stellungnahme zeitgleich mit einer von der rheinischen Bruderschaft herausgegebenen Äußerung erschien, läßt sich eine Verbindung nicht belegen. Offenbar reagierten gewisse Kreise, die sich an der Tagespolitik orientierten, diesmal ähnlich auf einschneidende Ereignisse.

Noch einmal trat die *Sozietät* allein unter ihrem Namen an die Öffentlichkeit. In einem Ende Februar 1956, kurz vor den württembergischen Landtagswahlen veröffentlichten Wort »*Wir sind in Gefahr*«[48] griff sie den politischen Katholizismus, die vermeintliche Trennung von Glauben und Welt und die Verwendung der Bezeichnung ›christlich‹ in Parteinamen an. Ihr ging es darum, die Verantwortlichkeit des Christen für die Welt zu unterstreichen. Zugleich protestierte man gegen die Vermengung oder gar Gleichstellung von ›christlich‹ und ›politisch‹, wie sie die *Sozietät* insbesondere in der Verbindung von katholischer Kirche und CDU gegeben sah. Gerade damit blieb die *Sozietät* ihrer schon seit dem Kriegsende – in groben Zügen – verfolgten Linie treu. Denn seit jeher hatten sich Sozietätler gegen die Vorstellung einer ›christlichen Politik‹ gewandt.[49]

In dieser Zeit, im Frühjahr 1956, erschienen zwei weitere Stellungnahmen, die von Sozietätlern mitunterzeichnet wurden. Der württembergische ›*Arbeitskreis für Fragen der politischen Verantwortung*‹ – eine lokale Gruppe des bundesdeutschen ›Arbeitskreises‹ –[50], wandte sich in einer Entschließung an den *Oberkirchenrat* gegen die Freistellung der Pfarrer vom Wehrdienst.[51] Eine von 104 badischen und württembergischen Pfarrern verantwortete Erklärung plädierte für eine Politik der Verständigung und Verhandlungen mit der – damaligen – DDR.[52] Diese Worte waren stärker von denjenigen bestimmt, die bereits den Aufruf des Stuttgarter Kirchentages und die ›*Erklärung württembergischer und badischer Theologen und Christen*‹ mitgetragen hatten.

1956 sind die letzten Äußerungen der *Sozietät*, der freien Arbeitskreise und jeweiliger Zusammenschlüsse zu verzeichnen. Dabei zeigte sich, daß die *Sozietät* als ganze nicht mehr zu politischen Vorgängen und Sachverhalten, etwa der Kriegsdienstverweigerung, der Remilitarisierung und den jeweiligen Vertragswerken unmittelbar öffentlich Stellung nahm. Dies hingegen taten freie Zusammenschlüsse von Theologen und Laien. Sie wurden teils von einem Kreis um die *Stimme der Gemeinde* geprägt, teils handelte es sich um Verbindungen, die bis ins Detail nicht mehr nachvollziehbar sind. Darüber hinaus unterließ es die *Sozietät* ab 1950, politische Fragestellungen ausdrücklich zu thematisieren. Zwar wies sie unermüdlich auf die dem Christen eigene Verantwortung auch und gerade für die Welt hin, aber sie erhob eher dann das Wort, wenn sie die christliche Freiheit gefährdet sah und wenn die Kirche ideologisch vereinnahmt zu werden drohte. Infolge der Konzentration der *Sozietät* auf theologische Grundlagenarbeit und auf die Debatte um die ›Entmythologisierung‹, an der sie zu zerbrechen drohte, bildeten sich Arbeitskreise, die offenbar diesen Punkt ausgleichen wollten. Gleichwohl fanden sich hier Sozietätler und andere Interessierte zusammen. In diesen Kreisen ist schließlich eine der Wurzeln der *Kirchlichen Bruderschaft in Württemberg* zu suchen.

Die Gründung der Kirchlichen Bruderschaft in Württemberg und die Stellung gegenüber der Sozietät

Einen wesentlichen Einfluß auf die Entwicklung und Geschichte jeglicher bruderschaftlicher Kreise hatten Zeitschriften, die sich der *Bekennenden Kirche* verpflichtet wußten. Dazu zählte in der unmittelbaren Nachkriegszeit »Unterwegs«, dann ab 1949 die »*Stimme der Gemeinde*« und die »*Junge Kirche*« (JK). Während die JK eher den Westen und Norden Deutschlands abdeckte, wurde die *Stimme* eher in den südlichen Landesteilen gelesen. Insbesondere Herbert Mochalski, deren Schriftleiter und unermüdlicher Aufrüstungsgegner, war die treibende Kraft, so auch für die ab 1956 stattfindenden Treffen der Leser der *Stimme*, kurz ›Stimme-Treffen‹[53] genannt.

Im Frühsommer 1956 wurden vermehrt Äußerungen laut, die die Notwendigkeit einer Sammlung betonten und auf die praktische Umsetzung der theologischen Erkenntnisse drängten.[54] Auf einem dieser Treffen, die der ›*Württembergische Arbeitskreis der Stimme der Gemeinde*‹[55] – am 13. Juni

1957 – veranstaltete, entstand denn auch die *Kirchliche Bruderschaft in Württemberg*. Man hatte offenbar erwartet, »daß die Sozietät oder andere Kreise noch einmal zu einer Zusammenfassung der kirchlichen Kräfte in Württemberg würden kommen können.«[56] Die Gründung freilich war nicht unumstritten. Alfred Leikam etwa wollte zwar einen Aufruf gegen die Verwendung des Wortes ›christlich‹ und gegen die Atombewaffnung herausgeben, lehnte aber »irgendeine neue Organisation oder einen neuen Namen« kategorisch ab.[57] Manche befürworteten eine Sammlung kritischer Gemeindeglieder, zeigten sich aber skeptisch gegenüber der *Stimme*, die die Politik ohne theologische Begründung in den Vordergrund stelle, und schlugen einen Ausbau der *Sozietät* vor, um mehr Laien zu integrieren.[58] Offenbar bestand zunächst Unklarheit in der *Sozietät*, nachdem sich die *Bruderschaft* rasch konstituiert hatte.[59]

Aufschlußreich ist ein Blick auf einige der Teilnehmer der ersten Treffen: Werner und Weber waren dem *Stimme*-Kreis zuzurechnen; es finden sich weiterhin Alfred Leikam, ein führender Sozietätsvertreter, und Eberhard Lempp – religiöser Sozialist und dem Versöhnungsbund nahestehend –, der eher die freien Arbeitskreise repräsentierte. Allen war mehr oder weniger eine Affinität zur GVP gemein, die sich zu diesem Zeitpunkt freilich schon in der Auflösung befand. Wohl deshalb visierte man zunächst – im Blick auf die Bundestagswahlen im September des Jahres – eine Erklärung pro SPD und contra CDU an. Obgleich die Leiter der damals führenden *Kirchlichen Bruderschaften* Rheinland und Westfalen, Helmut Simon und Heinz Kloppenburg, bereits am 19. Juni einen Rundbrief verschickt hatten, in dem über eine überregionale Zusammenarbeit vergleichbarer Kreise reflektiert wurde[60], beschritten die Württemberger einen eigenen Weg.

Die *Bruderschaft* sollte etwas Neues darstellen. Weder wollte sie ein württembergisches Pendant zu den theologisch orientierten anderen Bruderschaften oder Arbeitsgemeinschaften sein noch die *Sozietät* ersetzen. Werner umreißt die Zielsetzung folgendermaßen in einem Schreiben an Simon: »Die Sozietät besteht weiter. Wir meinen, dass sie eine andere Aufgabe hat als wir, nämlich die Aufgabe rein theologischer Arbeit. Auch wir können unsere Arbeit natürlich nur auf Grund rechter theologischer Erkenntnisse tun, aber dies vorausgesetzt, geht es uns doch vor allen Dingen um die Praxis kirchlichen Lebens in der heutigen Welt und um unsere Verantwortung gegenüber unseren Mitmenschen. So kommt es, dass Brüder, die der Sozietät angehören, auch führend in der Bruderschaft mitarbeiten.«[61] Die Entschließung vom 1. Juli, zwei weitere Dokumente, in denen man sich mit dem politischen Katholizismus auseinandersetzte, und ein Grundsatzpapier mit dem Titel »*Worum es geht*«[62], in dem im wesentlichen der Weg der Kirche in der Nachkriegszeit als ein restaurativer gezeichnet wird, dienten als ›Grundlagenprogramm‹ der *Bruderschaft*. Dabei wirkte die Tradition der *Sozietät* weiter. In den Äußerungen der *Bruderschaft* finden sich Elemente der letzten Sozietätserklärung vom Februar 1956 wieder. Wohl auch deshalb konnte die *Sozietät* – trotz anfänglicher Bedenken – in ihrer Gesamtheit dem Aufruf vom 1. Juli zustimmen.[63] Nach außen hin war der Anschein vorhanden, die *Bruderschaft* habe im Gegensatz zur *Sozietät*, die seit ihren Anfängen die jeweilige Sonntagspredigt nachbesprach, nur geringen Bezug zur Predigt in der Gemeinde. Doch war zumindest in einigen Bruderschaftskreisen eine Diskussion der Predigten vorhanden.[64]

In einem Punkt ist jedoch ein wesentlicher Unterschied feststellbar. Die *Sozietät* traf sich nach 1945 auf zentralen Zusammenkünften; auch ab Anfang der fünfziger Jahre, als die Regionalgruppen stärkeres Gewicht erlangten, bildeten die überregionalen Treffen den Dreh- und Angelpunkt. Die *Bruderschaft* hingegen war von Beginn an dezentral strukturiert. Vor allem Herbert Werner – daneben auch Gotthilf Weber – suchten mittels einer beträchtlichen Anzahl von Briefwechseln und in Vorträgen unermüdlich neue Kreise ins Leben zu rufen und Kontakt mit diesen zu halten. Eine erste Landestagung in Stuttgart kam erst nach über zwei Jahren, im November 1959, zustande.[65] Auch Rundbriefe an alle Mitglieder waren eher die Ausnahme.

Ende Oktober 1957 suchten *Sozietät* und *Bruderschaft* ihr Verhältnis zu bestimmen. Bruderschaftsvertreter äußerten sich dahingehend, daß die theologische Arbeit der *Sozietät* »unverbindlich« bleibe und die »gegebenen Falls auch in politischer Aktivität sich äußernde Konkretion vermißt werde.« Trotzdem waren sie der Meinung, die Arbeit beider Gruppen könne sich sinnvoll ergänzen. Die Sozietätler hielten dagegen: Die theologische Arbeit sei in sich selbst verbindlich, sei Aktion an sich und dürfe nicht als Vorbereitung zu einer Aktion verstanden werden, in der sich erst ihre Verbindlichkeit äußere. Über diesen Autausch hinaus kam es zu keiner Vereinbarung über die konkrete Zusammenarbeit.[66] Offenbar traten wenig Sozietätler aus, um in der *Bruderschaft* mitzuarbeiten; vielmehr engagierte sich eine Reihe von Geistlichen und Laien in beiden Gruppen[67], daneben auch in anderen Kreisen, die sich des dringlichen Problems der Atomrüstung annahmen.

Ab 1956, und dann vor allem 1957, konstituierten sich allerorts in der Bundesrepublik und in der DDR Bruderschaften, Sozietäten oder Arbeitsgemeinschaften, lebten wieder auf oder bildeten sich um. Allein die württembergische Bruderschaft, nicht aber die *Sozietät,* unterhielt Kontakte zu den anderen Kreisen.

Im Frühjahr 1958 befand sich die Debatte um die atomare Bewaffnung auf dem Höhepunkt. Kirchliche Bruderschaften und verwandte Kreise formulierten eine »*Anfrage an die Synode der EKD*«[68]. Zu dem Zeitpunkt, als die *Kirchlichen Bruderschaften* aufgrund ihrer Anfrage über einen hohen Bekanntheitsgrad verfügten und theologisch reflektiert arbeiteten, befand sich die *Sozietät* in einer recht schweren Krise. Im Frühjahr 1958 wurde über das

Selbstverständnis und die Frage der Weiterarbeit gesprochen. Manche Teilnehmer sahen die *Sozietät* zwischen der *Bruderschaft* mit ihrer praktischen Ausrichtung und der rein wissenschaftlich arbeitenden *Gesellschaft für Evangelische Theologie* »eingeklemmt« und befürchteten »dadurch einen Substanzverlust«. Andere, vornehmlich jüngere Sozietätler wollten ein Korrektiv gegenüber der Kirchenleitung und dem *Landesbruderrat* bilden. Schempp stellte mit Zustimmung von Diem, Fausel und Buchrucker einen Antrag auf Selbstauflösung. Zwar entschieden sich zwei Drittel der Teilnehmer für die Weiterarbeit, doch machte sich der Austritt von Diem, Fausel und Buchrucker deutlich bemerkbar.

Die unterschiedlichen Auffassungen und Beurteilungen von *Sozietät*, *Bruderschaft* und Einzelnen im Blick auf öffentliche, ins Politische reichende Äußerungen verdeutlicht abschließend folgende Begebenheit. Die Pfarrer Rücker, Weber und Zeller planten Ende 1958, für den württembergischen Landesbußtag am 15. Februar 1959 eine Kanzelabkündigung zu entwerfen, um zu einer klaren Entscheidung in der Atomfrage aufzurufen. Werner lehnte eine Beteiligung unter dem Namen der *Bruderschaft* mit dem Argument ab, es gelte nun, geduldig Menschen zu sammeln, anstatt »immer wieder neue Raketen abzuschießen«[69]. Leikam als Vertreter der *Sozietät* bejahte ein entsprechendes Wort zwar grundsätzlich, wies aber darauf hin, daß dies in der Ortsgemeinde und nicht in einer »Sondergemeinde« gesprochen und wirksam werden müsse.[70] Die drei Pfarrer hingegen glaubten, mit ihrer Vorgehensweise auch diejenigen zu erreichen, die sich gegen eine feste Mitgliedschaft in einer Vereinigung entschieden hatten und somit von keiner der beiden Gruppen erreicht werden konnten.[71]

So zeigt sich, daß auch gegen Ende der fünfziger Jahre die *Sozietät*, freilich mit einem Wechsel in der Leitung, ihrer Linie und ihrer theologischen Grundüberzeugung treu geblieben war. Allein, Breitenwirkung konnte sie nicht mehr erzielen. Die *Bruderschaft* hingegen entwickelte sich allmählich zu einem der führenden Kreise in der Gesamtbruderschaft, nicht zuletzt aufgrund von Verbindungen zu den ähnlich strukturierten Hessen-Nassauern. Einzelne, wie etwa Daur, Lempp, Weber, dann auch Goes, Rücker, und Zeller konnten zum Teil gleichzeitig führend in beiden Gruppen mitarbeiten, gingen aber über deren Zielsetzung hinaus und ergriffen das Wort auf aktuelle und pointierte Art und Weise. Eine schmerzliche Wunde in der *Sozietät* hinterließ der Tod Paul Schempps im Juni 1959. Die *Sozietät* hielt weiterhin Tagungen unter der Leitung von Peter Klemm, Alfred Leikam und Otto Müllerschön und wurde 1972 endgültig aufgelöst.[72]

Bei der Betrachtung der Entwicklung zeigen sich Linien der Kontinuität wie auch der Diskontinuität. Der Rekurs auf Barmen, die Stuttgarter Erklärung und das Darmstädter Wort, das Anliegen, ›Kirche für die Welt‹ sein und das kritische und prophetische Element der Kirche zur Sprache bringen zu wollen sowie die gegenseitige Hilfe waren hervorragende Merkmale beider Gemeinschaften. Indes machte sich das Fehlen einer bruderschaftlich strukturierten, Laien und Theologen, Ältere und Jüngere gleichermaßen umfassenden Gruppe bemerkbar, als zu den in den fünfziger Jahren anstehenden, zum Teil existentiellen Fragen Kirche, Öffentlichkeit und Gemeinde gefordert waren. Während die *Sozietät* vornehmlich Theologen innerhalb einer Arbeitsgemeinschaft im Blick hatte, konzentrierte sich die *Bruderschaft* von Anfang an auf die Integration aktiver Gemeindeglieder und betonte vor allem den Einsatz im Rahmen konkreter Aufgabenstellungen. In folgenden Formulierungen des langjährigen Bruderschaftsleiters Walter Schlenker ist die Zielsetzung nach wie vor prägnant umrissen: »Wir brauchen alle die gegenseitige Ermunterung, Hilfe und Information. Wir brauchen in der Kirche vor allem auch ein fruchtbares Gespräch und eine echte Zusammenarbeit von Theologen und Laien. Wir können uns geistliches Einzelgängertum und politische Abstinenz heute weniger denn je leisten.«[73] Wenn auch die *Bruderschaft* nicht die unmittelbare personelle *Nachfolge* der *Sozietät* angetreten hat, so hat sie doch, als sich die *Sozietät* gegen Ende der fünfziger Jahre zusehends selbst aufzulösen begann, deren Erbe und das der Bekennenden Kirche legitim verwaltet – bis auf den heutigen Tag.[74]

Anmerkungen

1 Der Beitrag stützt sich vor allem auf ungedrucktes Material aus Archiven und aus Privatbesitz. Für die Unterstützung und großzügige Überlassung der Dokumente danke ich den Mitarbeiterinnen und Mitarbeitern der Landeskirchlichen Archive in Bielefeld (im folgenden LKAB), Düsseldorf (LKAD), Stuttgart (LKAS), des Zentralarchivs der EKHN in Darmstadt (LKADA), des Karl-Barth-Archivs in Basel sowie des Bundesarchivs in Koblenz (BAK). Mein Dank gilt darüber hinaus Frau Ursula Kümmerer-Leikam, Blaufelden, Pfr. i. R. D. Wolfgang Scherffig, Essen, Dek. i. R. Walter Schlenker, Tuttlingen, und Prof. Martin Widmann, Weingarten.
2 Vgl. KJ 1957, S. 62.
3 Die Bruderschaft rheinischer Hilfsprediger und Vikare änderte ihren Namen im April 1947 in Kirchliche Bruderschaft im Rheinland, um auch Laien aufnehmen zu können. Ende 1956 konstituierte sich die Kirchliche Bruderschaft in Westfalen.
4 So wurde beispielsweise auf einer Tagung am 12. Juli 1945 die Bergpredigt exegisiert. Vgl. Besier, Kirche, Bd. 2, 85.
5 Die ›Jungen Brüder‹ waren diejenigen ›illegalen‹ Vikare und Hilfsprediger, die sich im Dritten Reich in den ›zerstörten‹ Landeskirchen den Bruderräten in Ausbildung und Gemeindedienst unterstellten und – in der Regel – kein Pfarramt bekleideten. Vgl. zum ganzen Scherffig, Theologen.
6 Christian Berg: »Der Weg der Kirche in der neuen Lage« (LKAS, Altreg. Gen. 115f).
7 Abgedruckt in: Schempp, Weg, S. 11–23.
8 Ebd., S. 25–28. Zitat S. 25.

9 Hermann Diem äußerte sich zunächst – vermutlich im November 1946 – kritisch über die von der Kirche in Anspruch genommene eigene Gerichtsbarkeit (vgl. Vollnhals, Selbstreinigung, S. 78–81). Die Erklärung vom 9.4.1946 greift das Thema ebenfalls auf. Ausdrücklich beziehen sich folgende Dokumente darauf: H. Diem u. a., Kirche und Entnazifizierung, Stuttgart 1946. Memorandum zum gegenwärtigen Stand der Durchführung des Gesetzes Nr. 104 (vgl. Vollnhals, Selbstreinigung, 174–184). Evangelische Kirche und Entnazifizierung. Eine Stellungnahme des Ausschusses der Kirchlich-theologischen Sozietät in Württemberg, 14.2.1948 (LKAS, KTS 4,1).
10 Vgl. zum ganzen Dipper, Bekenntnisgemeinschaft.
11 Abgedruckt bei Herbert, Kirche, S. 385f.
12 Vgl. den – vorläufigen – Entwurf Diems (LKAB, Bestand 5.1., 685/1), der noch acht Punkte aufweist. Weiter Ludwig, Entstehungsgeschichte.
13 Kirchlich-theologische Arbeitsgemeinschaft für Deutschland (gez. Diem) an den Bruderrat der EKD, 28.7.1947 (LKADA, Bestand 36/6).
14 Flugblätter der Bekennenden Kirche, Nr. 9/10.
15 Schempp schrieb zwar noch unter dem 16.9.1946 an Mochalski (LKADA, Bestand 36/72), daß die Gemeinden das Darmstädter Wort nicht allein verlesen bekommen, sondern auch in kritischer Aussprache »nach dem Maß ihrer Erkenntnis am Evangelium prüfen, in aufrichtiger Selbstprüfung es sich zu eigen und ihre Zustimmung oder auch ihre Zweifel und Fragen ohne Scheu offen bekunden sollten«, doch ist über die weitere Umsetzung des Vorhabens nichts bekannt. Nach Kenntnis der Aktenlage wurde weder in der Sozietät noch in der KTA das Darmstädter Wort auf einer Tagung eigens thematisiert.
16 Bericht der Jahrestagung der Kirchlich-theologischen Arbeitsgemeinschaft für Deutschland in Bad Boll vom 17.–13. September 1948 (Privatbesitz Widmann, NL Schempp).
17 Rundschreiben der Kirchlich-theologischen Arbeitsgemeinschaft für Deutschland, 10.6.1949 (Privatbesitz Widmann, NL Schempp), Hervorhebung im Original.
18 KTA für Deutschland an den Landeskirchenrat der Evangelisch-reformierten Gemeinde in Nordwestdeutschland, 1.10.1949 (Privatbesitz Widmann, NL Schempp).
19 Unterwegs 4, Heft 2, 1950, S. 111f.
20 Schempp an Weckerling, 26.2.1950 (Privatbesitz Widmann, NL Schempp).
21 Vgl. Rundbrief der Kirchlichen Bruderschaft im Rheinland, 1.6.1947 (Privatbesitz Wolfgang Scherffig).
22 Wolfgang Scherffig, Soll die Bekennende Kirche weiter bestehen?, in: EvTh 6, 1949, S. 270–285, hier: S. 280.
23 Hierbei bleibt freilich die im Vergleich zum Rheinland ungleich schmalere Quellenbasis zu berücksichtigen. Bislang konnten jedenfalls noch keine Dokumente ausfindig gemacht werden, in denen die einschlägigen Fragestellungen erörtert werden.
24 Vgl. den Tagungsbericht vom 8.11.1948 (LKAS, KTS 3).
25 Scherffig, Theologen, Bd. 1, S. 121.
26 Scherffig an Diem, 16.5.1946 (LKAD, Bestand Kirchliche Bruderschaft im Rheinland [im folgenden KB] 12b).
27 Kirchlich-Theologische Arbeitsgemeinschaft für Deutschland. Entwurf eines Katechismus, Unterschrift: Kirchheim/Teck, den 28. Nov. 1946, Paul Schempp, 17 Seiten.
28 Christenlehre, S. 5.
29 Vgl. die Korrespondenz im LKADA, Bestand 36/23.
30 Vgl. die Einladungsschreiben vom 17.2. und dann die Teilnehmerliste vom 15.3.1950 (beides LKADA, Bestand 36/23).
31 »Wiederaufrüstung«, o. D., 14 Seiten. (Privatbesitz Gebhard Kleinknecht), gekürzt auch in StdG 1950, Nr. 11, S. 5–10.

32 KJ 1950, S. 167–176. Die Urheberschaft Schempps unterstrich Herbert Mochalski in einem Gespräch mit dem Verf. am 9.8.1992. Vgl. weiter ein Schreiben von Otto Müllerschön an Leikam vom 2.11.1950 (NL Leikam, Sozietät – KTA).
33 Der hier gegebene Überblick kann nicht auf Vollständigkeit bedacht sein. In jeder Landeskirche gab es ähnliche Gruppen, die als Arbeitsgemeinschaft, Sozietät oder Bruderschaft auftraten. Hiervon sind – wiederum pauschal formuliert – die vielerorts tätigen Pfarrbruderschaften zu unterscheiden, die aus Theologen bestanden und zumeist keine ›Jungen Brüder‹ einschlossen.
34 Vgl. die Teilnehmerliste im LKADA, Bestand 36/25.
35 Rundbrief der Kirchlichen Bruderschaft im Rheinland, 20.10.1950 (Privatbesitz Scherffig, I).
36 Vgl. KJ 1956, S. 38–43.
37 Vgl. JK 1956, S. 351ff.
38 »Wie hat sich der Christ zwischen Ost und West zu entscheiden?« (LKAS, KTS 4,1) Entwurf o.D., dann als hekt. Exemplar mit dem Kopf ›Kirchlich-theologische Sozietät in Württemberg‹, November 1951 (Privatbesitz Hans Rücker).
39 StdG 1952, Nr. 3, Sp. 69.
40 KJ 1952, S. 14–17.
41 Die Sozietät trat ab 1951 nur wenige Male im Jahr zusammen, so daß die Linien nur grob nachgezeichnet werden können. Einen ›Höhepunkt‹ stellten die traditionell am Peter-und-Pauls Tag (29.6.) abgehaltenen Treffen dar.
42 Dies sind Gotthilf Weber, Herbert Werner, Helmut Goes und Alfred Leikam, (KB Württemberg), Herbert Mochalski und Erica Küppers (KB Hessen-Nassau), Karl Groß, Karl Handrich und Heinz Wilhelmy (KTA Pfalz), Dieter Linz und Karl Immer (KB Rheinland). Daneben sind Gustav Heinemann und Heinrich Grüber zu erwähnen.
43 Weber an Barth, 1./2.10.1952 (Karl-Barth-Archiv Basel).
44 Zit. nach Diem an den Ev. Oberkirchenrat, 17.3.1953 (LKAS, Altreg. Gen. 317a I). Hier auch folgendes Zitat.
45 Erklärung württembergischer und badischer Theologen, o.D. (LKAS, Altreg. Gen. 317a I).
46 Ebd.
47 Vgl. KJ 1954, S. 64f., JK 1954, S. 301f und StdG 1954, Nr. 11, Sp. 260f.
48 KJ 1956, S. 28–30.
49 Vgl. Schempp, Stellung; Diem, Kirche oder Christentum.
50 Vgl. StdG 1954, Nr. 6, Sp. 133–136.
51 Vgl. JK 1956, S. 190f.
52 Vgl. KJ 1956, S. 34f.
53 Vgl. StdG 1956, Nr. 11, Sp. 346.
54 Vgl. den Tagungsbericht von Erica Küppers über die Tagung der Gesellschaft für Evangelische Theologie (6.–9.3.1956 in Wuppertal) in: StdG 1956, Nr. 16, Sp. 513f. Er trug die bezeichnende Unterschrift: »Die beste Theologie ist nichts nütze, wenn sie nicht zum Handeln führt.«
55 Diesen Namen verwendet Alfred Leikam in einem Schreiben an Werner vom 7.6.1957, in dem ein Textvorschlag für eine Erklärung gemacht wird (NL Leikam, Sozietät – Kirchliche Bruderschaft).
56 Werner an Simon, 4.7.1957 (Schl KB I). Hier auch folgendes Zitat.
57 Wie Anm. 55.
58 Vgl. die Schreiben von Friedrich Kleinknecht an Weber, 9.6.1957, und an Werner, 17.6.1957 (NL Leikam – Sozietät – Kirchliche Bruderschaft).

59 Vgl. Kleinkecht an Werner (ebd.)
60 Rundschreiben von Simon und Kloppenburg an Mitglieder verschiedener Bruderschaften, 19.6.1957 (Schl LK).
61 Werner an Simon, 4.7.1957 (Schl KB I).
62 StdG 1957, Nr. 16, Sp. 505–508.
63 Kirchlich-theologische Sozietät in Württemberg (gez. Müllerschön) an die Deutsche Presseagentur, 15.7.1957 (NL Leikam, Sozietät – Kirchliche Bruderschaft). Darin hieß es: »Die Kirchlich-theologische Sozietät in Württemberg, der 150 evangelische Pfarrer angehören, begrüsst die Entschließung der Kirchlichen Bruderschaft in Württemberg ›zur missbräuchlichen Inanspruchnahme des Wortes christlich durch die CDU‹, die eine Fortführung des Wortes der Sozietät ›Wir sind in Gefahr‹ vom Jahre 1956 darstellt.«
64 Selbst die zahlreichen Briefwechsel von Herbert Werner lassen einen Bezug auf die jeweilige Sonntagspredigt nicht erkennen. Um so mehr danke ich Dek. i. R. Walter Schlenker für den wichtigen Hinweis, daß die Predigtbesprechung »auch bei Herbert Werner immer der Anfang der Zusammenkünfte in Zuffenhausen« war (Schreiben an den Verf. vom 21.6.1994).
65 Vgl. ›Wir Christen und die Atheisten‹.
66 Kirchlich-theologische Sozietät in Württemberg, Bericht über die Arbeitstagung am 21.10.1957 (NL Leikam, Sozietät – Rundschreiben).
67 Darüber gibt eine recht vollständige Liste der Sozietätsmitglieder vom 12.7.1957 Aufschluß (NL Leikam – Sozietät – Kirchliche Bruderschaft). Zwar liegen mir keine entsprechenden Aufzeichnungen der Bruderschaft vor, doch legt eine Durchsicht der Bruderschaftskorrespondenz (Privatbesitz W. Schlenker) diesen Schluß nahe.
68 Vgl. KJ 1958, S. 30–34.
69 Werner an Zeller, 15.12.1958 (Schl KB IV).
70 Leikam an Weber, Rücker und Zeller (In Abschrift an Klemm, Müllerschön, Wagner und Werner), 28.12.1958 (NL Leikam – Entschließung).
71 Vgl. Zeller an Werner, 16.12.1958 (Schl KB IV).
72 Abschließender Bericht der Kirchlich-theologischen Sozietät in Württemberg, 4.7.1972, mit Beiträgen v. R. Widmann, O. Müllerschön und H. Goes (Privatbesitz Hans Rücker).
73 Politik in der Kirche? Im Auftrag der Kirchlichen Bruderschaft herausgegeben von Walter Schlenker, Stuttgart 1969, S. 80.
74 Hermann Diem äußerte sich diesbezüglich in einem Schreiben vom 12.3.1970 an Walter Schlenker, der ab 1963 Geschäftsführer der Bruderschaft war (Privatbesitz Walter Schlenker).

Thomas Schnabel

Protestantismus und Parteiengründung nach 1945

»Der Versuch, in einer Zeit solcher Erschütterung wie heute die christlich Gesinnten aller Stände auch politisch zu sammeln, um die Aufgaben des Wiederaufbaus anders anzufassen als bisher, nicht bloß aus säkularen Gesichtspunkten heraus, verdient ernste Beachtung und Würdigung.« So beurteilte der württembergische Landesbischof Theophil Wurm 1946 die Parteienlandschaft.[1] Wie kam es, daß der evangelische Landesbischof eine überkonfessionelle Partei »aller Stände« so warm begrüßte?

Zum Verständnis der Verhältnisse nach dem Zweiten Weltkrieg ist es notwendig, einen kurzen Blick auf die Entwicklung in der Zwischenkriegszeit zu werfen. Die Niederlage im Ersten Weltkrieg, die Revolution und das Ende der Monarchie waren für viele Protestanten eine Katastrophe. »So trübe Wochen hatten wir noch nie erlebt wie in der zweiten Hälfte des Jahres 1918«, schrieb Theophil Wurm, damals Pfarrer in Ravensburg, in seinen Erinnerungen, und er fuhr fort: »Als ich am 7. Dezember dieses Jahres meinen 50. Geburtstag feierte, schien es mir, als ob mein Leben umsonst gewesen wäre.«[2]

Aber schon bald begannen sich gerade auch in kirchlich gebundenen protestantischen Kreisen die Gegner von Revolution und Republik zu regen und zu organisieren. Zur literarischen Vorbereitung einer kirchlichen Gegenoffensive wurde Wurm sogar vom Konsistorium auf unbestimmte Zeit beurlaubt. Schließlich schloß er sich der neuentstandenen *Bürgerpartei* an, einem württembergischen Ableger der rechten *Deutschnationalen Volkspartei*. Für sie war er sogar 1919/20 Abgeordneter in der *Verfassungsgebenden Landesversammlung* und für kurze Zeit im ersten württembergischen Landtag. Auch wenn dieses starke parteipolitische Engagement atypisch war, so gehörten die Sympathien des Konsistoriums, der meisten Pfarrer und des Kirchenvolkes, vor allem in den ländlichen Gebieten, den konservativen Parteien, neben der *Bürgerpartei* beziehungsweise DNVP vor allem dem *Württembergischen Bauern- und Weingärtnerbund*. Weitgehend unumstritten war auch die nationale Einstellung der Landeskirche. Selbstverständlich läuteten die Kirchenglocken des Landes aus Trauer beim Abschluß des *Versailler Vertrages* 1919 ebenso wie zur Erinnerung an sein zehnjähriges Bestehen 1929.[3]

Mitte der zwanziger Jahre begannen sich die politisch aktiven Kreise des Protestantismus in Württemberg immer mehr zu spalten. Neben den *Religiösen Sozialisten*, die ihre politische Heimat in der SPD hatten, und den parteipolitisch liberalen Protestanten, entstand nun der *Christliche Volksdienst*, der

1928 erstmals bei den Landtagswahlen kandidierte und auf Anhieb drei Mandate errang. Kurz vor der Wahl hatte es in einer Erklärung geheißen: »Wer sich bewußt ist, daß er als evangelischer Christ seine Pflicht auch im politischen und sozialen Leben erfüllen muß, wer bisher aus ernsten Gründen der Wahl fernblieb, wer mit uns wünscht, daß unser öffentliches Leben entgiftet werde und unser Volksleben gesunde, den bitten wir, die Arbeit des Christlichen Volksdienstes zu unterstützen und seine Kandidaten für den Landtag zu wählen.«

Das Ziel des Volksdienstes, auf evangelischer Seite eine dem *Zentrum* entsprechende Organisation aufzubauen, scheiterte nicht zuletzt an der Haltung der Landeskirche, die jede kirchenoffizielle Unterstützung versagte. Theophil Wurm, damals Prälat in Heilbronn, schrieb 1928 an Wilhelm Simpfendörfer, einem der Führer des Volksdienstes und 1945 Mitbegründer der CDU: »Als gewissen [...] Faktor im öffentlichen Leben hat der Christliche Volksdienst eine schöne und große Aufgabe. Als politische Bewegung läßt er Reife und Besonnenheit vermissen.«[4] Der Volksdienst blieb nur eine von mehreren »evangelischen« Parteien, zu denen sich in der Folgezeit auch noch die NSDAP gesellte. Das Verhältnis zwischen kirchlich gebundenen Vertretern dieser Parteien scheint nicht besonders gut gewesen zu sein. So schrieb der Herrenberger Dekan Haug noch am 1. August 1945 an Landesbischof Wurm im Hinblick auf die Mitarbeit von bewußt evangelischen Männern in der neuen Landesregierung von gewissen Spannungen zwischen den Vertretern der Deutschnationalen und Nationalsozialisten und den Vertretern des *Christlichen Volksdienstes*, die noch aus der Zeit vor 1933 bestehen. Er befürchtete, daß diese zu einer uneinheitlichen Haltung der Kirche heute führen könnten. »Es scheint mir deshalb notwendig, daß diese Spannungen zwischen den Beteiligten offen besprochen und bereinigt werden [...] Ich denke etwa an Oberkirchenrat Sautter und Pressel auf der einen und Herrn Simpfendörfer und Bausch auf der anderen Seite.«[5]

Diese Spannungen zwischen den evangelischen Vertretern der verschiedenen politischen Parteien konnten der Landeskirche angesichts der sich verschärfenden politischen und wirtschaftlichen Krise und der immer zahlreicher werdenden Wahlkämpfe nicht gleichgültig bleiben. Ende April 1932 beklagte sich ein Freudenstädter Arzt bei Kirchenpräsident Wurm über das Bild, das die evangelischen Pfarrer kurz zuvor während der Landtagswahlzeit abgegeben hatten. »Hier sprachen in den letzten 14 Tagen 4 Pfarrer für je eine andere Partei. Welchen Eindruck muß das auf denkende Mitglieder unserer Kirche und vor allem auf die Katholiken machen. So hat Luther die Freiheit des Christenmenschen sicher nicht verstanden, daß auch noch jeder Pfarrer sich als Vertreter irgendeiner willkürlichen Weltanschauung produzieren darf.«

Vor allem das Eintreten evangelischer Pfarrer für die Nationalsozialisten polarisierte und führte zu Kirchenaustritten. Obwohl Wurm die NSDAP Ende

August 1932 als eine Bewegung bezeichnet hatte, die der Protestantismus »in ihren Motiven und Zielen nur gutheißen kann«, beschloß der *Oberkirchenrat* am 29. September 1932 einen Erlaß gegen die parteipolitische Betätigung der Pfarrer, von dem sich vor allem die Nationalsozialisten betroffen fühlten. Die Pfarrer wurden darin mit Nachdruck aufgefordert, »sich bei der kommenden Reichstagswahl jeder Wahlagitation (zu) enthalten«. Sie sollten »insbesondere in Wahlversammlungen nicht als Vertreter einer Partei auftreten, Wahlaufrufe und Wahlkundgebungen, gleichviel welcher Partei, nicht unterzeichnen; Werbungen für eine Partei in der Presse unterlassen«. Trotz wütender Proteste der NSDAP nahm die Kirchenleitung diesen Erlaß nicht zurück.[6] Allerdings scheint es intern doch zu einer Annäherung gekommen zu sein, denn die NSDAP teilte in einem eiligen Sonderrundschreiben vom 27. Oktober 1932 mit, daß der *Oberkirchenrat* nichts dagegen habe, wenn evangelische Pfarrer in Deutschen Abenden und Frauenversammlungen der Partei sprechen würden.[7]

Mit der letzten, relativ freien Reichstagswahl am 5. März 1933, endete auch in Württemberg die ›evangelische Parteienvielfalt‹. Allerdings hatten die betont evangelischen Parteien, nämlich der *Bauern- und Weingärtnerbund*, die *Kampffront Schwarz-Weiß-Rot* und der *Christlich-Soziale Volksdienst* zusammen 13,5 Prozent der Stimmen auf sich vereinigt, nach knapp 30 Prozent noch Mitte der zwanziger Jahre. Trotz des für bürgerliche Parteien relativ guten Beharrungsvermögens, fiel dieses Ergebnis gegenüber den 42 Prozent für die NSDAP, die auch in Württemberg in evangelischen Gebieten überdurchschnittlich gut abgeschnitten hatte, bescheiden aus.

Wahlsieg und Gleichschaltung wurden insgesamt von der Kirchenleitung begrüßt, zahlreiche Pfarrer traten in die NSDAP ein, nachdem ihr zuvor nur wenige angehört hatten. Die wenigen Pfarrer, die den *Religiösen Sozialisten* angehört hatten, wurden meist, wie zum Beispiel Gotthilf Schenkel, von ihren Pfarreien wegversetzt, vor allem in abgelegene Orte.

Wie viele württembergische Pfarrer in der NSDAP waren, läßt sich heute nicht mehr genau feststellen. Nach den Entnazifizierungsunterlagen muß es sich aber um einige Hundert gehandelt haben. Allerdings hatten sich fast alle 1934 in den Auseinandersetzungen mit den *Deutschen Christen* auf die Seite von Landesbischof Wurm gestellt, und auch in den Folgejahren gerieten diese Pfarrer immer wieder in Konflikt mit der NSDAP. Einige traten aus, andere wurden ausgeschlossen, viele blieben aber trotzdem in der Partei. Obwohl sich Wurm und der *Oberkirchenrat* mit allem Nachdruck gegen die Entnazifizierung im allgemeinen und die Entnazifizierung der Landeskirche im besonderen gewandt hatten, wurde sie durchgeführt. »Insgesamt waren 1947 von der aktiven Pfarrerschaft in Württemberg-Hohenzollern 31,4 Prozent belastet, im amerikanisch besetzten Teil der württembergischen Landeskirche betrug der entsprechende Anteil 1947 27,3 Prozent. Diese Zahlen zeigen, daß die vehemente Ablehnung der Entnazifizierung in kirchlichen Verlautbarungen in kaum zu unterschätzender Weise die eigene Betroffenheit widerspiegelte.«[8]

Die Ausschaltung der *Deutschen Christen*, die Auseinandersetzungen mit Staat und Partei, die ab 1940 zunehmende Kritik an den Verbrechen des NS-Regimes und die Kontakte zum deutschen Widerstand verschafften der *Württembergischen Landeskirche* und vor allem ihrem Landesbischof Wurm ein hohes Ansehen bei den 1945 einrückenden Amerikanern und Franzosen. Die beiden großen Kirchen hatten als einzige deutsche Organisationen den Zusammenbruch überstanden und konnten mit alliierter Duldung und Förderung sofort ihre Arbeit weiterführen beziehungsweise ausbauen. Hermann Diem sprach in seinen Lebenserinnerungen sogar von einer neuen »Christianisierungswelle«, in der manche in der Kirche meinten jetzt so viele »Rechte und Positionen wie möglich sichern« zu müssen, »solange sie zu haben seien, auch wenn man sie noch nicht ausfüllen könne«. Ein wichtiges Motiv für diese Haltung war die Erfahrung mit dem Nationalsozialismus und eine daraus abgeleitete Vorsorge »falls es wieder anders kommt«[9].

Bereits zwei Tage, nachdem Württemberg von den alliierten Truppen völlig besetzt worden war, und sechs Tage vor der bedingungslosen Kapitulation der Wehrmacht nahm Wurm am 2. Mai 1945 Kontakt mit den Dekanatämtern auf. Obwohl noch niemand an die Gründung von Parteien dachte, machte die Landeskirche ebenso wie die katholische Kirche bereits zu diesem Zeitpunkt Politik, indem nämlich von den Amerikanern, zum Teil auch von den Franzosen »die Mithilfe der kirchlichen Stellen bei der Besetzung wichtiger Vertrauensposten in der bürgerlichen und staatlichen Verwaltung in Anspruch genommen« wurde. »Die Mithilfe hierzu wird«, wie Wurm weiter ausführte, »nicht zu versagen, jedoch mit besonderem Takt zu gewähren sein. Der Pfarrer wird sich dabei auch in der Wortverkündigung seiner seelsorgerlichen Aufgabe und Verantwortung gegenüber der ganzen Gemeinde bewusst bleiben«[10].

Eine direkte politische Verantwortung wollte und konnte Landesbischof Wurm nicht übernehmen. Obwohl mehrfach gebeten, war er nicht bereit, an die Spitze einer vorläufigen Regierung in Württemberg-Baden zu treten. »Ich lehnte ab in der Erwägung, daß auch der Schein einer kirchlichen Beeinflussung der unvermeidlichen politischen und wirtschaftlichen Auseinandersetzungen vermieden werden müsse und daß die Sorge für eine neue Zusammenfassung und Neuordnung der Evangelischen Kirche in Deutschland jetzt meine erste Sorge sein müsse.«[11]

Bevor nun im weiteren auf die Haltung der *Württembergischen Landeskirche* zu den Parteiengründungen 1945 eingegangen wird, ist es notwendig, auf den Stellenwert dieses Themas in der kirchlichen Arbeit sowie die Quellen- und Literaturlage einzugehen. Zwar hatte nach den Erfahrungen mit dem 3. Reich die Rolle der Kirche in der Welt, die »organisierte« Kirche an Bedeutung gewonnen. Trotzdem war die Frage der Parteiengründungen nicht das zentrale Thema der Nachkriegszeit. Die Beseitigung der inneren und äußeren Folgen des Krieges, die Schuldfrage, Entnazifizierung, Kriegsgefangene und Internierte, Wiederaufbau der Kirchen und kirchlichen Einrichtungen, um nur einige Themen zu nennen, standen im Vordergrund.

Die Quellenlage ist gerade für das Jahr 1945 eher dürftig. Von den vier schließlich entstandenen Parteien, CDU, DVP, KPD und SPD, verfügten nur die Sozialdemokraten und Kommunisten von Beginn an über eine breite Parteiorganisation. Die Unterlagen der Landes-SPD aus den Jahren 1945 bis 1947 sind bisher nicht aufgefunden worden. Vermutlich hat man sie Ende der sechziger Jahre weggeworfen. Der größte Teil der KPD-Unterlagen wurde vor dem Verbot der Partei in der Bundesrepublik 1956 vernichtet, ein Teil von staatlichen Stellen beschlagnahmt, und ein Teil soll in die DDR gekommen sein. Die CDU verfügte erst in Ansätzen über eine Parteiorganisation und bei der DVP sah es noch schlechter aus. Auch auf kirchlicher Seite gibt es vor allem für das Jahr 1945 eine eher spärliche Überlieferung.

Da viele Gespräche über Parteiengründungen bereits zu einem Zeitpunkt stattfanden, als dies von den Amerikanern und Franzosen noch gar nicht gestattet war, und sich einige, vor allem führende Kirchenvertreter, nicht offiziell, sondern eher privat daran beteiligten, nimmt dies nicht wunder.

In der landesgeschichtlichen Literatur, die für die Nachkriegszeit ohnehin noch nicht so zahlreich ist, spielt dieses Thema eine eher untergeordnete Rolle. Die umfangreichste, wenn auch nicht immer ganz exakte Darstellung findet sich nach wie vor in dem bereits 1958 erschienenen Buch von Hans Georg Wieck über Christliche und Freie Demokraten in Hessen, Rheinland-Pfalz, Baden und Württemberg 1945/46. Die Darstellung der Geschichte der CDU im Land führt darüber nicht hinaus.[12] In einer neuen, allgemeinen Parteigeschichte der CDU wird das Thema überhaupt nicht angesprochen.[13] Die Darstellungen, die sich mit der Entwicklung von SPD[14] und FDP/DVP[15] auf Landesebene beschäftigen, erwähnen es ebenfalls nicht. In allgemeinen Darstellungen zur Kirche kommt es zum Teil auch nicht vor[16] oder wird nur ohne direkten Bezug zu Württemberg behandelt.[17]

Die Entstehung der Parteien 1945 wurde angesichts der Viermächtekontrolle in Deutschland von den Alliierten bestimmt. Sie erfolgte deshalb immer im Zusammenhang mit dem Interesse der jeweiligen Besatzungsmacht. Um die Entwicklung in Württemberg beurteilen zu können, muß zunächst die Entstehung der Parteien in den vier Zonen kurz gestreift werden. Den Vorreiter machten die Sowjets, die zu diesem Zeitpunkt Berlin allein besetzt hatten und mit den Parteigründungen in der Stadt auch ein gesamtdeutsches Ziel verfolgten. Bereits am 10. Juni 1945 genehmigte die *Sowjetische Militäradministration* die Bildung antifaschistischer Parteien und Gewerkschaften in Berlin und in der Sowjetischen Besatzungszone. Einen Tag später erschien der Gründungsaufruf des Zentralkomitees der KPD und deren formelle Zulassung durch die Militäradministration. Die SPD folgte wenige Tage später am 17. Juni und die CDU schließlich am 26. Juni. Den Abschluß bildete die Zulassung der *Liberal-Demokratischen Partei* am 5. Juli. Die Berliner Parteigründer verstanden sich, und dies lag durchaus im Interesse der Sowjets, als »Reichsleitungen« der jeweiligen Parteien. Dieser Anspruch ließ sich jedoch nur in der KPD durchsetzen. Die Zulassung dieser vier Parteien bestimmte auch entscheidend die Parteigründungen in den anderen Zonen. Trotz verschiedener Versuche, eine andere Parteistruktur zu erreichen, zum Beispiel eine Art Labour Party oder eine gemeinsame bürgerliche Partei, blieb es zunächst bei diesen vier Parteien.

Durch die mit den übrigen Alliierten nicht abgestimmte Parteienzulassung kamen vor allem die Amerikaner in Zugzwang. Ihrem Demokratieverständnis entsprechend genehmigten sie im Unterschied zu den übrigen drei Alliierten die Parteien zunächst auf Gemeinde- und Kreisebene und erst danach auf Landesebene. Im Gegensatz dazu erfolgte die Parteigründung in der sowjetischen, britischen und französischen Zone von oben nach unten. Zwei Monate nach den Sowjets ließen die Amerikaner am 13. beziehungsweise 27. August 1945 Parteien auf Gemeinde- beziehungsweise Kreisebene zu. Die Briten folgten am 15. September. Erst am 23. November erlaubten die Amerikaner Parteien auf Zonenebene. Der entsprechende französische Erlaß stammte vom 29. November, wurde aber erst am 12. Dezember veröffentlicht.[18] Die offiziellen Zulassungsverfügungen für CDU, SPD und KPD im französisch besetzten Württemberg-Hohenzollern unterzeichnete Militärgouverneur Widmer aber erst am 18. März 1946. Da die Franzosen ein Dreiparteiensystem bevorzugten, lehnten sie die Gründung einer liberalen Partei zunächst ab. Erst am 19. Juli 1946 erhielt die *Demokratische Volkspartei* schließlich ihre Genehmigung.

In Nordwürttemberg waren die Parteigründungen, vor allem in den Städten, ab August erfolgt, nachdem einzelne Militärregierungsoffiziere bereits zuvor inoffizielle Parteiversammlungen toleriert hatten. Die Landesparteien waren zumeist um den Jahreswechsel 1945/46 entstanden, wobei zu diesem Zeitpunkt nur noch eine Frage nicht endgültig geklärt war, nämlich ob es vor allem Theodor Heuss gelingen würde, eine einheitliche bürgerliche Partei zu schaffen. Er scheiterte schließlich an Widerständen aus beiden Lagern.

Wie stellte sich nun die *Württembergische Landeskirche* zu diesen Entwicklungen? Nachdem es im Zusammenhang mit dem Widerstandskreis um den 20. Juli bereits Kontakte zur führenden Persönlichkeiten der ehemaligen Arbeiterparteien gegeben hatte, fand schon im Mai 1945 eine Zusammenkunft zwischen Landesbischof Wurm und württembergischen »Gewerkschaftlern und Arbeiterführern« statt, die auf die Einstellung der »sozialistischen Führer« zur Kirche nicht ohne Einfluß geblieben sei. Dabei führte Wurm unter anderem aus: »Ihr habt sehen können, daß die Kirche nicht die Anstalt ist, die im

Bunde mit den politischen Gewalten die Minderbegünstigten niederhält und ihnen Zufriedenheit predigt, und wir haben gesehen, wieviel christliches Gedankengut in eurer Forderung der Solidarität im Kampf um die Rechte und Freiheiten der Persönlichkeiten und der Organisationen steckt. Auf dieser Basis könnte sich ein Vertrauensverhältnis zwischen der Kirche und der Arbeiterschaft bilden, wie es zwischen der englischen Labourpartei und den englischen Kirchen von jeher bestanden hat.«[19]

Selbst gegenüber den Kommunisten scheint es eine neue Offenheit gegeben zu haben. So berichtete der Ludwigsburger Dekan Dörrfuß am 2. Juli 1945 dem *Oberkirchenrat* in Stuttgart aus Anlaß einer Beerdigung zum Thema Kommunismus und Kirche. Er selbst sei bekannt, kein Mann der Illusionen zu sein. Trotzdem waren ihm die Reaktionen Ludwigsburger Kommunisten beachtenswert. »Es scheinen sich doch unter dem Erleben des kirchlichen Widerstands der letzten Jahre im deutschen Kommunismus innere Aenderungen verbreitet zu haben, auf welche die Kirche sehr zu achten haben und denen sie nach Möglichkeit entgegenzukommen haben wird.«[20] Zur selben Zeit machte sich der Kirchengemeinderat in Schnaitheim bei Heidenheim bereits Gedanken, »ob bewußt die evangelischen Männer in die bestehenden Gewerkschaften entsandt werden können oder ob die evangelische Kirche eine eigene Organisation schaffen muß«. Man war dabei der Auffassung, daß der erstere Weg »evangelischem Denken gemäßer« wäre. Allerdings hatte man selbst Zweifel, daß dieser Weg gangbar war. »Doch ist bei der tatsächlichen Haltung der Gewerkschaften, wie sie sich auch jetzt schon wieder kundtut, auf diesem Weg nichts auszurichten.« Als dringend notwendig wurde es auch bezeichnet, »daß sich die evangelische Kirche aus ihrer politischen Resignation aufrafft«[21].

Eine Antwort auf dieses Schreiben, das Ende Juli 1945 dem *Oberkirchenrat* zugegangen war, erfolgte erst Ende Januar 1946. Diese beschränkte sich auf einen Hinweis auf die Ergebnisse der Konferenz von Treysa.

Diese, wenn auch nur vereinzelten Hinweise zeigen, daß man sich der neuen Situation bewußt war. Dekan Haug von Herrenberg regte in einem Schreiben an Wurm vom 1. August 1945 eine grundsätzliche Aussprache über die Beteiligung der evangelischen Christen im öffentlichen Leben an, besonders auch nach den Erfahrungen der letzten Jahrzehnte. Ihm war auch klar, wie er schrieb, »daß eine einfache Fortsetzung der Linie vor 1933 weder für die Christen in den alten Parteien noch für die Vertreter des Volksdienstes in Frage kommt. Es geht vielmehr darum, daß evangelische Männer in engster Fühlungnahme mit der Kirchenleitung um eine grundsätzliche Einigung ringen, aus der sich auch das praktische Handeln mit innerer Folgerichtigkeit ergibt.«[22]

Einen wesentlichen Beitrag dazu lieferte die von Landesbischof Wurm einberufene »*Kirchenführerkonferenz*« in Treysa vom 27.–31. August 1945, auf der die Bildung des *Rates der Evangelischen Kirche in Deutschland* unter Führung Wurms und seines Stellvertreters Martin Niemöller beschlossen wurde. Diese Konferenz, auf der alle führenden evangelischen Vertreter Deutschlands anwesend waren, verabschiedete auch ein »*Wort zur Verantwortung der Kirche für das öffentliche Leben*«. Darin wurde die grundlegende Haltung der evangelischen Kirche zu den Parteien definiert und vor allem, bei gleichzeitiger Betonung ihrer grundsätzlichen Neutralität, ein deutliches Wohlwollen gegenüber der im Entstehen begriffenen überkonfessionellen CDU geäußert. Da diese Aussagen auf Jahre hinaus wesentliche Bedeutung behielten, aber auch immer wieder Anlaß zu scharfer Kritik boten, seien sie hier ausführlich zitiert:

»6. Die Kirche ist ihrem Wesen nach nie Partei, sondern tut ihren Dienst an allen politischen und sozialen Gruppen mit gleicher Liebe. Sie darf sich weder mit den Zielen und dem taktischen Vorgehen einer einzelnen Partei gleichsetzen, noch vollends sich von den Interessen einer Partei in ihren öffentlichen Äußerungen und ihrem politischen Verhalten überhaupt bestimmen lassen.

Dies schließt nicht aus, daß sie die Bildung einer politischen Partei, die sich selbst auf christliche Grundsätze verpflichtet, mit Wohlwollen aufnimmt, soweit diese etwa durch konkrete politische Verhältnisse notwendig wird. Sie wird sich aber aufs strengste davor hüten müssen, durch solches Wohlwollen in den Verdacht der Parteilichkeit gegenüber den christlichen Persönlichkeiten anderer Parteien zu geraten oder irgendwelchen Bestrebungen klassenmäßiger Absonderung eines Volksteils von den anderen Vorschub zu leisten.

7. Die an vielen Orten bereits in Gang gekommenen Bestrebungen, politische Gegensätze zwischen Protestantismus und Katholizismus auszuräumen, die Gemeinsamkeit des Kampfes gegen den Säkularismus zu betonen und so eine gegenseitige geistige und politische Annäherung beider Konfessionen vorzubereiten, verdient ebenso unsere Unterstützung wie die Bemühungen katholischer Prälaten und Laienkreise, ein Wiederaufleben der ehemaligen Zentrumspartei zu verhindern und statt dessen ein politisches Zusammengehen beider Konfessionen auf dem Boden christlicher Union zu ermöglichen. Selbstverständlich muß darauf geachtet werden, daß die Zusammenarbeit beider Partner auf der Grundlage voller Gleichberechtigung erfolgt.«[23]

Zur selben Zeit, am 28. August 1945, nahm Oberkirchenrat Sautter auf Einladung seines KZ-Mithäftlings und ehemaligen Zentrumsführers Josef Andre an der Gründungsversammlung der Stuttgarter CDU im Kolpinghaus teil. Er sprach dann unmittelbar nach Andre und begrüßte als alter Deutschnationaler den Zusammenschluß aller früheren bürgerlichen Parteien. Als aktiver Geistlicher könne er sich allerdings keiner Partei anschließen, da er für alle Glieder seiner Gemeinde, egal welcher politischen Richtung sie anhingen, Ansprechpartner bleiben müsse. Diese Haltung wurde in der Versammlung teilweise kritisiert. Interessant ist, daß Sautter in der CDU nicht das Zusammengehen der beiden Konfessionen, sondern der früheren bürgerlichen Parteien begrüßte. Inwieweit dies damit zusammenhängt, daß Sautter diese Episode aus der Sicht des Jahres 1961 schrieb, muß offenbleiben.[24]

Aber auch bei der vorbereitenden Sitzung für die Gründung einer »Christlich-demokratischen Union« am 1. Oktober 1945 in Aalen spielten für den evangelischen Dekan, der auch die Gedanken des Kirchengemeinderats vertrat, ähnliche Überlegungen eine Rolle. »Die Notwendigkeit einer klaren Stellungnahme sei aller Überzeugung. Von linker Seite werden schon bedeutende Anstrengungen gemacht. Abseits stehen sei zwar bequem, aber nicht verantwortungsbewußt in Zeiten der Not. Das staatserhaltende Moment müsse auf der Hut sein und auf den Plan kommen.« Den Splitterparteien gab er keine Chance und betonte, daß die evangelischen Christen keine Sonderinteressen verfolgen würden, am wenigsten in der Kommunalpolitik. »Wo echtes Christentum sich durchsetze und der demokratische Gedanke verwirklicht werde, würden auch die Belange der evangelischen gewahrt bleiben.« Abschließend wünschte er den Plänen des Bürgermeisters zur Gründung der Union Erfolg. Bei einer öffentlichen Versammlung im Sitzungssaal des Rathauses zwei Tage später bekundete der Dekan nochmals seine Zustimmung.[25]

Die Einstellung des *Oberkirchenrats* gegenüber der Demokratie war zu diesem Zeitpunkt noch zurückhaltend. Dieser sah sich am 29. September 1945 »aufgrund wiederholter Anfragen« in einem Rundschreiben an alle Dekanatämter veranlaßt, zu Zeitungsberichten über angebliche Äußerungen Niemöllers in Treysa Stellung zu nehmen. Danach hätte Niemöller geäußert, daß »die Kirche das deutsche Volk und vor allem die deutsche Jugend zu wahrem Geist der Demokratie erziehen solle, da sich das Christentum nur auf der Grundlage der Demokratie ausbreiten könne«. Diese enge Verknüpfung von Demokratie und Christentum führte offensichtlich zu Irritationen. Der *Oberkirchenrat* beseitigte diese Verunsicherungen. Niemöller habe, so wurde klargestellt, unter anderem gesagt, »daß wir in jedem Menschen das Ebenbild Gottes sehen. Hier sei die Verbindungsstelle zwischen Christentum und Demokratie, da hier jedem Individuum – in gewissen Grenzen – Recht, Freiheit und Würde zugesagt sei«.[26]

Trotz der dezidierten Stellungnahme in Treysa herrschte unter Pfarrern und Gemeindegliedern Unsicherheit über ihre Rolle bei Parteigründungen. Am 8. November 1945 berichtete beispielsweise der Künzelsauer Dekan dem *Oberkirchenrat* über ein Gespräch mit einem katholischen Pfarrer. Dabei ging es um ein Zusammengehen der evangelischen und katholischen Kirche bei der Gründung der »christlich-sozialen Volkspartei«, vor allem um das Sammeln von Unterschriften bei Pfarrern und Gemeindemitgliedern. »Trotz grundsätzlicher Zustimmung« hatte er aus »praktischen Gründen« Bedenken, ob er oder ein Pfarrer seine Unterschrift zu einem Parteiaufruf in einer Zeitung geben könne, »da er doch am Sterbebett und bei Beerdigungen seiner Gemeindeglieder verschiedenster politischer Richtung neutral und unbefangen dastehen sollte«.²⁷

Teilweise gab es aber auch schon Bedenken, daß der Einfluß der Katholiken zu groß werden würde. So beklagte sich ein Esslinger Ingenieur in einem Schreiben an Wurm, daß ausgerechnet im Schwabenland, wo seit 1848 und besonders vor dem 1. Weltkrieg die beste Demokratie bestanden habe, eine Christlich-Demokratische Partei als Sammelpartei für das demokratische Bürgertum ins Leben gerufen worden sei. »Ausgerechnet ein ehemaliger Zentrumsabgeordneter wurde Führer dieser Partei in einem Land mit überwiegend evang. Bevölkerung und hervorragenden Männern, die früher Demokraten waren.« Oberkirchenrat Sautter bemerkte dazu in einer Randnotiz, daß eine demokratische Partei ja inzwischen gegründet worden sei, »aber ob sie ein Gegengewicht werden wird, ist zweifelhaft«.²⁸

Gerade dies sollte in Württemberg verhindert werden, wo vor allem Kreise um Theodor Heuss in Heilbronn eine bürgerliche Sammelpartei gründen wollten. Wurm stand offensichtlich in Kontakt mit dieser Gruppe. Da eine vereinbarte Besprechung Anfang Januar 1946 nicht zustandekam, berichtete ein Heilbronner Vertreter schriftlich von diesen Bemühungen. Trotz einiger Probleme glaubte er immer noch an die Möglichkeit, »zu einer christlich-demokratischen Sammelpartei zu kommen«. Abschließend bat er Wurm, »mit dem einen oder anderen geeigneten Herrn, der zur christlich-sozialen Volkspartei gehört, im Sinne unseres neulichen Gesprächs« zu reden. Auf Anregung Wurms gab es Gespräche von Oberkirchenrat Haug mit dem ehemaligen Vorsitzenden des *Christlich-Sozialen Volksdienstes* und Gründungsmitglied der CDU Simpfendörfer.²⁹ Offensichtlich waren jedoch die Kräfte in der CDU und DVP stärker, die ein Zusammengehen ablehnten, so daß im Januar 1946 auch in Nordwürttemberg das Parteienspektrum bestand, das durch die Gründungen in Berlin im Sommer 1945 bereits vorgegeben war.

Interessanterweise fiel dann auch die erste dezidierte Stellungnahme des *Oberkirchenrats* zu den Parteien und Wahlen, die sich in einem Schreiben an das Dekanatamt Münsingen vom 12. Dezember 1945 findet, sehr viel neutraler und unverbindlicher aus als die Erklärung von Treysa. Danach hatte sich die Kirchenleitung, wie Oberkirchenrat Sautter schrieb, nach reiflicher Überlegung zu einer völligen Neutralität gegenüber allen Parteien entschlossen. »Wir werden die politischen Vorgänge mit grossem Interesse verfolgen und für alle politischen Parteien Verständnis haben, sehen aber unsere Aufgabe, gerade in den verworrenen Verhältnissen dieser Zeit, auf dem seelsorgerlichen Gebiet und haben die Pflicht der Ort zu bleiben, auf dem sich alle Parteien treffen und die Stelle zu sein, an die sich bei Konflikten alle Parteien mit gleichem Vertrauen wenden können.« Die Pfarrer sollten sich selbst entscheiden und den Gemeindemitgliedern nur ein zuverlässiges Bild über alle Parteien geben, damit sich jeder Einzelne dann entscheiden könne. »Es wird keine Partei geben, deren Programm jedem von uns vollinhaltlich zusagt; es wird aber auch keine Partei geben, bei der wir nicht den einen oder anderen Punkt von Herzen bejahen. Es kommt bei diesen komplexen Gebilden immer darauf an, welche Fragen dem Einzelnen besonders wichtig sind.«[30]

Zu diesen Überlegungen paßt auch, daß zumindest Teile des *Oberkirchenrats* im Dezember 1945 dem Gedanken einer überfraktionellen Vereinigung überzeugter evangelischer Männer aus allen vier Parteien, also auch der KPD, positiv gegenüberstanden. Durch diese hoffte man, einen entscheidenden Einfluß auf die Parteien selbst und die Regierungsmaßnahmen auszuüben. Allerdings war man sich auch im klaren darüber, daß »in konkreten Fragen die Anschauungen der verschiedenen Parteien auseinandergehen werden, dann wird es häufig einer solchen Vereinigung schwer werden, ihren evangelischen Standpunkt durchzusetzen«[31]. Auch wenn diese überfraktionelle Vereinigung nicht zustandekam, so versuchte die Kirchenleitung in den folgenden Jahren, regelmäßigen Kontakt mit den evangelischen Mitgliedern der Fraktionen im Landtag zu halten.

Dem Bemühen der evangelischen Kirche gegenüber den Parteien echte Neutralität zu wahren, stand die Tatsache gegenüber, wie Wieck zusammenfassend formulierte, »daß führende Vertreter der württembergischen Landeskirche offen mit dem CDU-Gedanken sympathisierten, zum Teil sogar Parteimitglieder wurden«.[32] Dabei stand die CDU nicht nur für eine überkonfessionelle, sondern auch für eine bürgerliche Sammlung, die sich damit zwangsläufig gegen die Arbeiterparteien, vor allem die SPD wandte. Dabei war das Ziel führender Sozialdemokraten, wie Wilhelm Keil am 6. September 1946 an Wurm schrieb, »Annäherung, Verständigung.« Auch Carlo Schmid, Leiter des *Staatssekretariats für das französisch besetzte Gebiet Württembergs und Hohenzollerns* beklagte sich kurze Zeit darauf bei Wurm, »dass nunmehr offenbar wieder doch die Religion zu einem Politikum gemacht werden soll. Ich fürchte, dass man mit der Bezeichnung ›christlich‹ denselben Missbrauch treiben könnte, den man früher besonders gern mit dem Wort ›national‹ getrieben hat. Sollte es denn bei uns ausgeschlossen bleiben, dass politische und wirtschaftliche Probleme als Probleme der Politik und der Wirtschaft behandelt werden, bei denen sich das Religiöse wie das Moralische von selber versteht.«[33]

Besonders enttäuscht war Wilhelm Keil von der Haltung der Landeskirche, wie er in dem Vortrag »Christentum und Sozialismus« 1946 ausführte. Danach hatte die sozialdemokratische Fraktion der *Verfassunggebenden Landesversammlung Württemberg-Baden* den Wünschen der Kirche weitgehend Rechnung getragen. In den Vorspruch der neuen Verfassung war das Bekenntnis zu Gott aufgenommen worden. Die Ehrfurcht vor Gott hatte man als erstes Ziel der Jugenderziehung bezeichnet. Die Bedeutung der Kirchen- und Religionsgemeinschaften für die Bewahrung und Festigung des religiösen und sittlichen Lebens hatte Eingang in die Verfassung gefunden, unbedingte Glaubens- und Gewissensfreiheit war gewährt und der Religionsunterricht als ordentliches und im Auftrag der Kirche unterrichtetes Schulfach verfassungsmäßig gesichert worden. Nach diesen »Vorleistungen der Sozialdemokratie« sei es nun Aufgabe der Kirche, »ihr Verständnis für Demokratie und Sozialismus durch die Tat zu beweisen«. Wenn man aber ein Vertrauensverhältnis zwischen Kirche und Arbeiterschaft herbeiführen wolle, »dann war es nicht wohlgetan, wieder eine neue Scheidewand zu errichten durch Gründung einer *Partei mit christlichem Firmenschild*«.[34]

Aber auch die wenigen Anhänger der Sozialdemokraten innerhalb der Pfarrerschaft wurden nach 1945 nicht besonders gefördert. Gotthilf Schenkel, vor 1933 einer der prominentesten Vertreter der *Religiösen Sozialisten* und Stadtpfarrer in Zuffenhausen, war nach dem Machtantritt der Nationalsozialisten in die kleine Gemeinde Unterdeufstetten versetzt worden, nachdem der für ihn zuständige Dekan sogar seine Inschutzhaftnahme angeregt hatte. Mitte 1946 saß er immer noch als Gemeindepfarrer in Unterdeufstetten, obwohl ihm schon im Jahr zuvor eine erweiterte Wirkungsmöglichkeit im kirchlichen Raum zugesagt worden war. In einem Brief an Wurm beklagte er sich am 8. Mai 1946, daß er von kirchlicher Seite in keiner Weise zu irgendeiner Mitarbeit auf dem Gebiet der sozialen Fragen herangezogen oder aufgefordert worden sei, »während ich mich gegenüber Aufforderungen von politischer Seite förmlich wehren muss. Ich sehe darin auch eine bestimmte begrenzte Stellungnahme der Kirche.« Dieser Brief löste auf kirchlicher Seite schließlich doch einige Aktivitäten aus.[35] Schenkel sprach zu dieser Zeit auch davon, daß Kirche, Sozialismus und Demokratie ein Dreieck bilden, in dem jedes Teil auf die beiden anderen einwirkt. Sie stünden infolge des geschichtlichen Zwanges vor der Notwendigkeit, ein neues Verständnis füreinander zu gewinnen, da alle drei dem Volk in seiner inneren und äußeren Not helfen wollen. Dabei war Schenkel äußerst optimistisch, daß diese drei Kräfte sich sinnvoll ergänzen können. »Wenn die Demokratie den Gedanken des gleichen Lebensrechts und der gemeinsamen Verantwortung aller, wenn der Sozialismus seinen zähen Willen zur realen Hilfe und seinen nüchternen Wirklichkeitssinn, wenn die Kirche warme Bruderliebe, Gottesfurcht und Gottesvertrauen dazu gibt, dann wird die Zusammenarbeit dieser Drei ein Segen für unser Volk sein.«[36] Schenkel, zu diesem Zeitpunkt parteiloser Kreisrat in Crailsheim, war von 1951 bis 1953 *Kultminister* zunächst von Württemberg-Baden und anschließend von Baden-Württemberg.

Das Dreieck Kirche, Sozialismus, Demokratie blieb in der *Württembergischen Landeskirche* weitgehend unbeachtet. Die Auseinandersetzungen entzündeten sich vielmehr an der Haltung der Kirche zur CDU. Die Anfangsbegeisterung wich immer mehr der Kritik. Bei Anhängern der *Sozietät*, die bereits während des Dritten Reiches in Konflikt mit der Kirchenleitung geraten waren, nimmt dies nicht wunder. Allerdings fanden die angeführten Kritikpunkte über den Kreis der eigenen Anhänger hinaus Anklang. So formulierte Paul Schempp, ein entschiedener Gegner Wurms in einer kleinen Broschüre 1946: »CDU ist auf evangelischer Seite im Grunde die fragwürdige Teilnahme an dem Versuch, die christliche Einheitskultur des Mittelalters im neuen Gewande wiederherzustellen, ohne auf die evangelischen Bekenntnisse und die Scheidung der Konfessionen zu verzichten.« Aus seiner Sicht mußte dieser Versuch scheitern, wie sich aus seinen an diese Feststellungen anschließenden Fragen ergibt. »Kann sich«, fragt Schempp, »evangelische Kirche politisch durch Katholiken vertreten lassen? [...] Wie gedenkt die Kirche angesichts dieser Rechtspartei der Abstempelung des Christentums als eines Parteigängers des reaktionären Bürgertums zu entgehen? Ist die CDU nicht nur unter der Voraussetzung des katholischen Denkens und Weltbildes ehrlicherweise möglich?«[37]

Auch Hermann Diem beklagte in seinen Erinnerungen, daß niemand wußte, was unter den in der Erklärung von Treysa genannten christlichen Grundsätzen zu verstehen war, auf die sich die CDU verpflichtet hatte. »So war es unvermeidlich«, aus der Sicht Diems, »daß die evangelische Kirche und der evangelische Teil der CDU bei der katholischen Kirche ›unterstehen‹ mußte.«[38]

Die öffentlichen Aussagen der Kirchenleitung zu Parteien und Wahlen blieben auch 1946 spärlich. Zu den ersten freien Wahlen im Januar 1946 gab es kein »klärendes und wegweisendes Wort«, wie ein Dekan gebeten hatte, da man sich erst aufgrund der Anfrage und damit zu spät mit der Angelegenheit beschäftigt hatte.[39] Allerdings scheinen auch Überlegungen eine Rolle gespielt zu haben, daß »die Kirche als Ganzes doch nur in besonderen Lagen ein konkretes Wort zu einer politischen Frage zu sagen hat«, wie der *Oberkirchenrat* am 14. März 1946 einem Tübinger Pfarrer schrieb.[40]

Die offizielle Linie blieb die »Aktivierung des politischen Interesses der Gemeindeglieder ohne parteiliche Stellungnahme«, wie sie bereits Ende 1945 in einem Erlaß über politische Auslassungen von der Kanzel festgelegt worden war. Deshalb mußte, wie es in einem Vermerk an Prälat Hartenstein vom Mai 1946 hieß, »eine *offizielle Stellungnahme* der Kirche für die CDU *ausscheiden*«. Man wollte für alle Parteien ansprechbar bleiben. »Aber es ist nicht zu beanstanden«, hieß es weiter, »wenn die Kirche gegenüber der CDU als der Partei, welche sich auf die Grundsätze christlichen Glaubens stützt, eine *wohlwollende Neutralität* bewahrt«. Darunter wurde unter anderem verstanden, daß »a) guten ev. Kirchenleuten, die der CDU innerlich nahestehen, die aktive politische Betätigung in dieser im Rahmen der Ermahnung zur politischen Verantwortlichkeit nahegelegt wird, b) mit massgeblichen Vertretern der CDU, die zugleich treue Glieder der ev. Kirche sind, eine ständige Fühlungnahme und gegenseitige Verständigung erhalten bleibt«.

Diese Dinge ließen sich, wie richtig erkannt wurde, nicht zentralistisch steuern, sondern mußten dem Fingerspitzengefühl aller kirchlichen Amtsträger überlassen bleiben. Eine kirchliche Kritik an der CDU müßte allerdings in grundsätzlichen Fragen der Kirchenleitung überlassen bleiben.»Solche Kritik würde beispielsweise in Betracht kommen, wenn die antinazistische Propaganda mit der religiösen Motivierung der CDU nicht mehr in Einklang gebracht werden könnte.«[41]

Gelegentlich griff der *Oberkirchenrat* auch konkret zugunsten der CDU ein. So als er im Mai 1946 Stadtpfarrer Daur offensichtlich auf Druck der CDU veranlaßte, von seiner Kandidatur auf der Liste der *Freien Wählervereinigung* für die Gemeinderatswahl in Stuttgart zurückzutreten.[42]

Die Position der Landeskirche, wie sie Wurm auf dem ersten *Landeskirchentag* nach dem Krieg Ende Juni 1946 noch einmal verdeutlichte, als er ausführte, »daß wir uns mit keiner politischen Partei identifizieren, aber es begrüßen, wenn überall in allen politischen Parteien christlich denkende Persönlichkeiten auftreten und ihre christliche Einstellung hineinwerfen in die zur Debatte stehenden Fragen«[43], sowie die Erklärungen von Treysa und ein Wiederaufleben konfessioneller Spannungen, führten zu Irritationen. In Neuhausen ob Egg beklagte sich ein ehemaliger Bürgermeister, weil der Pfarrer im Gottesdienst über die Kundgebung in Treysa gesprochen hatte und er darin eine Wahlwerbung für die CDU erblickte. Die *Evangelische Bekenntnisgemeinschaft* unter Dekan Dipper forderte Wurm schließlich am 1. November 1946 auf, ein Wort zu den bevorstehenden Landtagswahlen in Württemberg-Baden zu veröffentlichen. »Auch diejenigen Christen, die nicht die CDU wählen, sollten sich darüber vergewissern, daß in ihrer Partei die Anliegen, die jeder Christ haben muß, berücksichtigt werden.«[44]

Wurm kam dieser Aufforderung in einem »*Wort an die Gemeinden*« nach, das am Wahlsonntag in sämtlichen Gottesdiensten nach der Predigt zu verlesen war. Er betonte nochmals ausdrücklich, daß die Kirche ihrem Wesen nach nie Partei sein oder sich an die Seite einer Partei stellen kann, daß sie aber ein Wächteramt auch für das politische Leben ausübe. So forderte er die evangelischen Mitchristen auf: »Wir müssen Männern und Frauen unsere Stimme geben, die in der Furcht vor Gott stehen und ohne Furcht vor den Menschen, gebunden an das in Gottes Wort gegründete Gewissen das Rechte, Billige, das wahrhaft Versöhnende und Soziale tun wollen.«[45]

Dieser Aufruf konnte ohne Mühe als Eintreten für die CDU interpretiert werden. So nimmt es nicht wunder, daß ein Pfarrer von einer SPD-Versammlung im Remstal berichtete, in der CDU und Kirchenleitung gleichgesetzt wurden, und der Aalener Dekan vermutete, daß die meisten Kirchenbesucher den Aufruf so verstanden hätten, daß sie CDU wählen sollten. Gerade in

Aalen, wo noch ein Jahr zuvor die Gründung der CDU von evangelischer Seite so lebhaft begrüßt worden war, machte sich konfessionelles Mißtrauen breit. »Nun stehen wir hier im evang.-kathol. Grenzland heute schon in einem so scharfen Abwehrkampf gegen die römischen Übergriffe, daß wir die CDU, die in den evangelischen Kreisen *weithin*, und wie ich meine mit Recht, als ein Instrument der wiedererwachten kath. Kirche verstanden wird, keinesfalls unseren Gemeindegliedern zur Wahl empfehlen können.« Der Dekan bat deshalb um Verständnis, daß manche Pfarrer das Wort des Landesbischofs nicht verlesen hatten. Wurm äußerte in seinem Antwortschreiben Verständnis für die Sorgen des Dekans, bat ihn aber, seine großen Sorgen den evangelischen Führern der CDU offen mitzuteilen.[46]

Die Pfarrer, vor allem im protestantischen Ries, hatten es aber bei den Wahlen des Jahres 1946 nicht beim Schweigen belassen. So berichtete der Geschäftsführer der CDU in Aalen bereits im Mai 1946, »dass die prot. Pfarrherrn der Lib.-Demokratie das Wort führen und aus antizentrümlichen Gedankengängen das prot. Volk von der CDU wegführen. Sie argumentieren vorab antikatholisch, in gewisser Hinsicht in Bezug auf die Landbevölkerung auch antisozial.«[47]

Da sich die württembergischen Liberalen vor allem auf den protestantischen Mittelstand und die protestantischen Bauern und Weingärtner stützten und traditionell nicht sehr antiklerikal eingestellt waren, bildeten sie eine bürgerliche Alternative zur CDU. Die Verbindungslinien zur Kirchenleitung lassen sich nicht genau bestimmen. Immerhin sprach sich Reinhold Maier, nachdem er von den Amerikanern als Ministerpräsident ausersehen worden war, bereits am 13. August 1945 mit Landesbischof Wurm aus. Dabei besuchte er auch seinen Schorndorfer Schulkameraden Oberkirchenrat Sautter.[48] Wie bereits erwähnt, stand Wurm einer bürgerlichen Einheitspartei, also unter Einschluß der Liberalen, positiv gegenüber. Auch mit *Kultminister* Heuss gab es wohl keine größeren Konflikte. In seiner Begrüßungsrede auf dem *Landeskirchentag* 1946 sprach Heuss sogar von »unserem verehrten Herrn Landesbischof«. Die Frau von Theodor Heuss, Elly Heuss-Knapp, von 1946–1949 Abgeordnete der DVP im Stuttgarter Landtag, wirkte zum Beispiel bei Veranstaltungen der Landeskirche in Bad Boll mit. Im August 1946 referierte sie bei Tagen der Stille und Besinnung für Lehrer und Lehrerinnen sogar zweimal; zum einen über die Frage »Was kann die Schule vom Elternhaus erwarten?« und zum anderen zu dem Thema »Der Glaube in unserem Alltag«.[49] Infolgedessen dürfte es auch gute Kontakte zur DVP gegeben haben, die vor allem in Diasporagebieten für Protestanten eine Alternative zur CDU darstellte.

1945 war aus seelsorgerlichen Gründen die parteipolitische Neutralität der evangelischen Landeskirche propagiert worden, die in der Praxis aber, mit der Erklärung von Treysa beginnend, auf eine eindeutige Präferenz zugunsten der CDU hinausgelaufen war. Noch 1946 hatte sich Wurm dezidiert für die CDU

ausgesprochen, in der Männer – Frauen wurden nicht erwähnt – tätig seien, »denen wir nicht bloß auf religiösem, sondern auch auf sozialem und wirtschaftlichem Gebiet volles Vertrauen schenken können«. Allerdings hatte er die Sorge, daß sich die CDU zu einseitig für die Wahrung der Interessen des Bürgertums einsetze. »Es muß aber unter allen Umständen auch nur der Anschein vermieden werden, als ob die Kirche für die Belange des Arbeiterstandes weniger Verständnis besitze.« Seine Wunschvorstellung äußerte Wurm auch noch: »1.) wenn die anderen Parteien den bewußten Christen die Möglichkeit hervorzutreten verschaffen würden,
2.) wenn die CDU zur Besprechung wichtiger Fragen, vor allem Fragen der Erziehung, der Gesundheits- und Wohlfahrtspflege auch ernstgerichtete Mitglieder anderer Parteien heranziehen würde und
3.) wenn die Presse der Linksparteien Kundgebungen der Kirchen oder einzelner christlicher Persönlichkeiten etwas ernster nehmen und sachlicher behandeln würde, als dies bisher geschehen ist.«[50]

In diesen Aussagen spiegelte sich auch eine Erfahrung des ausgehenden 19. Jahrhunderts wider, die Wurm nachhaltig geprägt hatte. Damals hatte es die evangelische Kirche versäumt, »die Arbeiterbewegung mit christlichem Geist, die konservativen Christen mit sozialem Geist zu erfüllen«.[51]

Ab 1947/48 scheint die Kirchenleitung tatsächlich eine stärkere parteipolitische Neutralität an den Tag gelegt und damit auch die enge Verbindung zur CDU abgeschwächt zu haben. Zum einen verschärften sich die konfessionellen Gegensätze wieder. Am deutlichsten zeigte sich dies bei der vom Stuttgarter Stadtdekan mit Hilfe von SPD und DVP verhinderten Wahl des CDU-Kandidaten Theiss zum Stuttgarter Beigeordneten für Soziales. Einziger Ablehnungsgrund war, daß Theiss zwar als sehr gewandter und geschäftstüchtiger Mann galt, »der seine Tätigkeit aber bedenkenlos in erster Linie in den Dienst rein konfessionalistischer Tendenzen stelle«, wie der Stuttgarter Dekan formulierte.[52]

Ende 1948 tauchten auch erstmals in den Akten wieder Anfragen zur konfessionell bestimmten Personalpolitik in einzelnen Behörden auf. So sollten zum Beispiel im Bereich der Oberpostdirektion Stuttgart katholische Beamte nur aufgrund ihrer Konfession auffallend bevorzugt worden sein. »Ich bitte«, wie es in einem Schreiben hieß, »den Evang. Oberkirchenrat, zu überprüfen, ob dieser schon vor 1933 beobachteten Personalpolitik nicht Einhalt geboten werden kann.« Die Nachforschungen des *Oberkirchenrats* bestätigten die Vermutungen. Allerdings beruhten sie nur zum Teil auf einer gezielten katholikenfreundlichen Personalpolitik. Vielmehr waren die katholischen Beamten im 3. Reich nicht so häufig in der NSDAP wie die evangelischen Beamten und hatten deshalb nach 1945 deutlich bessere Aufstiegschancen.[53]

Das Problem mit der NSDAP-Mitgliedschaft stellte sich vor allem in der evangelischen Diaspora. Die Zurückhaltung der evangelischen Kirche, die sich im Unterschied zur katholischen Kirche auf keine Partei festlegte, berge, wie es in einem Schreiben von 1948 aus Ravensburg hieß, die Gefahr in sich, daß sich die Gemeindemitglieder politisch überhaupt nicht betätigen, gerade in Oberschwaben. »Viele evangelische Gemeindeglieder haben sich einstens für die NSDAP aktiv eingesetzt in der Hoffnung und Absicht, dadurch mitzuhelfen, dass der Einfluss der katholischen Kirche im politischen Leben dadurch gebrochen werde. Sie müssen das jetzt durch eine entsprechende Behandlung bei der Entnazifizierung büssen und sind darum nur schwer zu bewegen, noch einmal aktiv oder passiv sich an den politischen Wahlen zu beteiligen.« Ob allerdings, wie der Ravensburger Dekan hoffte, ein Wort der Kirchenleitung an die Gemeinden daran etwas ändern und die evangelischen Mitglieder der CDU unterstützen konnte, ist nach der aufgeführten Begründung für die Zurückhaltung eher zweifelhaft.[54]

In dieser Zeit wuchs auch das Interesse der SPD an einer engeren Zusammenarbeit mit der evangelischen Kirche. In der Sitzung des engeren Landesvorstandes der SPD von Württemberg-Hohenzollern am 7. Dezember 1948 erklärte Fritz Erler, daß die evangelische Kirche im Unterschied zur katholischen ja eine demokratische Kirche wäre. Man müßte mehr Fühlung mit ihr nehmen und versuchen, Einfluß zu gewinnen.[55]

Diese Fühlung hatten die Gewerkschaften bereits 1945 genommen und mit Wurm vereinbart, daß sich die Gewerkschaften auf religiösem Gebiet neutral verhielten, während die Kirchenleitung die Gewerkschaften als die wirtschaftliche Vertretung der Arbeitnehmer anerkannte. Diese Vereinbarung war, wie Landesbischof Haug und Gewerkschaftspräsident Schleicher 1949 bekundeten, von beiden Seiten eingehalten worden. Sie bewährte sich auch in den Folgejahren, als die Landeskirche aller Kritik zum Trotz am Prinzip der Einheitsgewerkschaft festhielt.[56]

Zur ersten Bundestagswahl am 14. August 1949, mit der die unmittelbare Nachkriegszeit abgeschlossen wurde, gab es neben dem Wort des Landesbischofs zur Wahl offensichtlich auch noch einige regionale Äußerungen. So forderte der Freudenstädter Dekan alle Männer und Frauen auf, zur Wahlurne zu gehen »und nur solchen Kandidaten ihre Stimme zu geben, die sich bewusst bekennen zur christlichen Weltanschauung«. Der Prälat von Heilbronn legte dagegen das Schwergewicht seines Aufrufes darauf, daß die Christen der Wahlpflicht genügten, um mehr Vertreter in die Parlamente zu bekommen. Bei Wahlempfehlungen hielt er sich deutlich mehr zurück als der Dekan von Freudenstadt. »Schaut euch die Kandidaten daraufhin an, ob sie mehr sind als nur Vertreter von Standesinteressen. Wählt solche, die etwas wissen von den tiefsten Wurzeln alles Elends in der Welt und von den letzten Werten und Kräften, aus denen eine zerrüttete Welt genesen kann.« Die Kirchenleitung äußerte sich gegenüber dem *Evangelischen Pressedienst*. Auch Landesbischof Haug forderte, allen Nöten zum Trotz, zur Wahl auf. Die Christen müßten ihre Stimme in die Waagschale werfen. Er betonte auch, daß die Kirche nicht für eine bestimmte politische Partei oder deren Kandidaten eintrete. Ihr gehe es vielmehr darum, daß in den Parteien »solche Männer und Frauen herausgestellt und gewählt werden, denen man nach ihrem Reden und Handeln zutrauen darf, dass sie in ihrem Gewissen an Gottes Gebote gebunden sind und dies auch in ihrem öffentlichen Handeln nicht verleugnen«.[57]

Auch wenn diese verschiedenen Aufrufe nicht überbewertet werden sollten, so spiegelten sie doch etwas von der Pluralität der Meinungen zu den Parteien in der *Württembergischen Landeskirche* wider, die in den Folgejahren, beim Streit um die Wiederbewaffnung eher noch wuchs. Ausgehend von Treysa, das allerdings in rein württembergischen Verlautbarungen kein Pendant fand, sah man auch in der Landeskirche zunächst in der CDU eine Sammlungspartei der beiden großen Konfessionen und aller staatserhaltenden Kräfte. Neben der von Anbeginn an vorhandenen Kritik an den »christlichen Grundsätzen« der CDU, begannen sich relativ schnell einige Annahmen von 1945 zu verändern. Es gelang nicht eine Sammlungsbewegung aller staatserhaltenden Kräfte zusammenzubringen, die konfessionellen Gegensätze brachen, wenn auch nicht so stark wie vor 1933, wieder auf, und die Linksparteien, gegen die man sich nach Kriegsende auch in der Union sammelte, stellten sich entweder auch als staatserhaltend heraus wie die SPD oder als relativ schwach wie die KPD. Da die »Christianisierungswelle« von 1945 sehr schnell wieder verebbte, war die parteipolitische Neutralität bald nicht nur ein seelsorgerliches Gebot, sondern auch ein Gebot der politischen Vernunft, weil nur im Gespräch mit mehreren Parteien die eigenen Interessen im Land durchzusetzen waren.

Anmerkungen

Für Anregungen, Hilfe und Kritik danke ich ganz herzlich Frau Dr. Lutum-Lenger vom Haus der Geschichte Baden-Württemberg und Herrn Ott vom Landeskirchlichen Archiv.

1 Wurm, Problem, S. 9.
2 Wurm, Erinnerungen, S. 66/67.
3 Landeskirchliches Archiv Stuttgart (LKAS) Altreg. Gen. 285a.
4 Schnabel, Württemberg, S. 38/39.
5 LKAS Altreg. Gen. 285b IV.
6 Schnabel, Württemberg, S. 138/39.
7 LKAS Altreg. Gen. 285b IV.
8 Vollnhals, Kirche, S. 199.
9 Diem, Ja, S. 147.
10 LKAS D1, 193.
11 Wurm, Erinnerungen, S. 178.
12 Schmitt, CDU, S. 141–143.

13 Vgl. Kleinmann, Geschichte, S. 41/42.
14 Schadt/Schmierer, SPD.
15 Rothmund/Wiehn, F.D.P/DVP und Serfas, Freiheit.
16 Scheerer, Kirche.
17 Als Beispiele: Kaiser/Doering-Manteuffel, Christentum und Noormann, Protestantismus.
18 Zeittafel nach Becker/Stammen/Waldmann, Vorgeschichte, S. 423–26.
19 Wurm, Problem, S. 9.
20 LKAS Altreg. Gen. 285b IV.
21 Ebd.
22 Ebd.
23 Amtsblatt der evangelischen Landeskirche in Württemberg Nr. 8 vom 11. Februar 1946, S. 75/76.
24 Freundliche Mitteilung von Herrn Gutekunst, Landeskirchliches Museum Ludwigsburg.
25 Archiv für Christlich-Demokratische Politik (ACDP) II–034–1,2.
26 LKAS D1, 193
27 LKAS Altreg. Gen. 285b IV.
28 Ebd.
29 Ebd.
30 Ebd.
31 Ebd.
32 Wieck, Demokraten, S. 169.
33 LKAS D1, 193.
34 Im Original hervorgehoben. Keil, Christentum, S. 15.
35 LKAS D1, 193.
36 Schenkel, Kirche, S. 79.
37 Schempp, Stellung, S. 36/37.
38 Diem, Ja, S. 149.
39 LKAS Altreg. Gen. 285b IV.
40 Ebd.
41 Ebd.
42 Ebd.
43 Niederschrift über die Verhandlungen der 8. Sitzung am Donnerstag, den 27. Juni 1946, S. C3. Im Zusammenhang mit dieser Rede Wurms wird das Thema Parteien im Evangelischen Gemeindeblatt für Württemberg erstmals erwähnt, Nr. 28 v. 14. Juli 1946.
44 LKAS Altreg. Gen. 285b IV.
45 Ebd.
46 Ebd.
47 ACDP II–034–042.
48 Freundliche Mitteilung von Herrn Gutekunst, Landeskirchliches Museum Ludwigsburg.
49 LKAS D1, 193.
50 Wurm, Problem, S. 9/10.
51 Ebd., S. 7.
52 LKAS Altreg. Gen. 285b V.
53 Ebd.
54 Ebd.
55 Archiv der sozialen Demokratie, Bestand Baden-Württemberg 294.
56 LKAS Altreg. Gen. 285b V.
57 Ebd.

Christoph Nösser / Rulf Jürgen Treidel

Evangelische Akademien als neue Form des kirchlichen Engagements in der Öffentlichkeit nach 1945

Evangelische Akademien entstanden nach 1945 als Institutionen zur Umsetzung des von kirchlicher Seite formulierten Willens und Anspruchs, am öffentlichen Leben teilzunehmen. Sie entwickelten sich rasch zum Treffpunkt einer gesellschaftlichen Elite, die dort über Sachfragen und ethische Grundlagen der politischen Neuorientierung auf kirchlich-christlicher Basis diskutierte. Von daher kann Akademiearbeit als Gradmesser des Wertehorizonts und der keineswegs homogenen politischen Orientierung im deutschen Protestantismus angesehen werden.

Der langjährige Leiter der *Evangelischen Akademie Bad Boll*, Eberhard Müller, gilt als Schrittmacher einer Welle von Akademiegründungen, die im Laufe der fünfziger Jahre nicht nur in den meisten deutschen Landeskirchen, sondern auch im Ausland bis hin nach Südafrika und Japan zu beobachten waren. Obgleich auch andere Gründungsimpulse zu berücksichtigen sind, verfügte Eberhard Müller über die erforderliche organisatorische Durchsetzungskraft, um Evangelische Akademien im Bewußtsein der Nachkriegsöffentlichkeit fest zu verankern. Gleichzeitig befindet sich die Geschäftsstelle des *Leiterkreises der Evangelischen Akademien in Deutschland e.V.* seit seiner Gründung im Jahre 1947 in Bad Boll. Die dort zusammengeschlossenen Akademieleiter verstehen ihre Einrichtungen als ›Stätten des Gesprächs, der Besinnung und der Forschung‹. In diesem Rahmen soll eine Begegnung der Kirche mit den im Arbeitsleben stehenden Menschen erfolgen. Dazu führen sie Tagungen und sonstige Veranstaltungen durch, mit denen ein freier Meinungsaustausch ebenso wie die Vermittlung der christlichen Botschaft ermöglicht werden soll.

Auch wenn Bad Boll von vornherein eine organisatorische Schlüsselrolle zufiel, wäre es nicht gerechtfertigt, dort gleichfalls eine die inhaltliche Arbeit und methodische Ansätze bestimmende Schaltstelle zu vermuten. Innerhalb weniger Jahre entwickelten sich in den einzelnen Einrichtungen sehr verschiedene, regional bedeutsame Schwerpunkte.

Bad Boll übernahm im Laufe der Zeit vielfältige Aufgaben eines in Württemberg nicht vorhandenen Industriepfarramtes. In der zweiten Hälfte der fünfziger Jahre ist die Akademie aufgrund der dort organisierten Begegnungstagungen von Arbeitnehmern und Betriebsleitungen als eine der entscheidenden Schulungsstätten für politische Bildung im Bereich der württembergischen Industrie anzusehen. Darüber hinaus rückte die Akademie aufgrund ihrer Auseinandersetzung mit Kreisen kirchlicher Wiederbewaffnungsgegner über die Frage eines deutschen Wehrbeitrages in den Blickpunkt des bundesdeutschen Interesses. Dabei entwickelten sich Fragen der gesellschaftlichen Integration und der seelsorgerlichen Betreuung zukünftiger Soldaten zu einem für die Entwicklung der späteren Wehrverfassung richtungsweisenden Arbeitsschwerpunkt.

Trotz einer somit gegebenen Relevanz der Evangelischen Akademien schenkte ihnen die historische Forschung bisher wenig Aufmerksamkeit. Ein Projekt am Historischen Seminar der Universität Münster, in dessen Rahmen die beiden folgenden Aufsätze entstanden, diente dem Abbau des bestehenden Forschungsdefizits.

Rulf Jürgen Treidel

Die Diskussion um die Mitbestimmungsgesetzgebung in Württemberg-Baden und die Evangelische Akademie Bad Boll

Die 1945 durch den früheren Tübinger Studentenpfarrer Eberhard Müller gegründete *Evangelische Akademie Bad Boll* entwickelte sich bereits nach wenigen Jahren zu einem Ort, den eine keineswegs auf Württemberg beschränkte protestantische Elite als Diskussionsforum für gesellschaftspolitische Gegenwartsfragen nutzte. Eines der herausragenden Probleme der Nachkriegszeit bestand in der Neuordnung der Sozial- und Wirtschaftsverfassung, wobei sich die spezielle Frage einer betrieblichen Interessenvertretung von Arbeitnehmern als Schnittstelle vieler Aspekte der ab 1950 formulierten Sozialpartnerschaftskonzeption erwies. Die Metapher »Sozialpartnerschaft« kennzeichnete in diesem Kontext das einvernehmliche Miteinander von Arbeitgebern und Arbeitnehmern auf der Basis der sozialen Marktwirtschaft. Konflikte sollten durch gemeinsame Gespräche möglichst friedlich beigelegt werden. Die Repräsentanten Evangelischer Akademien sahen in dem Modell der Sozialpartnerschaft die konsequente Fortentwicklung traditioneller protestantischer Werte, die sich in einem personalistisch geprägten Weltbild ausdrückten. Derartige Vorstellungen bildeten gleichzeitig die Grundlage der zögerlichen Auseinandersetzung von evangelischen Kirchenleitungen mit den Problemen in der Arbeitswelt. Sie markierten zwar die Abkehr von der Stützung klassischer Formen hierarchischer Betriebsorganisationen, blieben aber doch gleichzeitig einem personalistischen Denken verhaftet, das – wie es im Verlauf von Akademietagungen häufig hieß – in zu weitreichenden gesetzlichen Regelungen der »menschlichen Beziehungen am Arbeitsplatz« eine Gefährdung der Würde und Verantwortlichkeit von Individuen unter den Arbeitgebern und Arbeitern erkannte.[1]

Die Diskussion der württembergischen Mitbestimmungsgesetzgebung in Bad Boll war mit wegbereitend für die innerkirchliche Positionsfindung in der bundesweiten Auseinandersetzung um die Mitbestimmungsfrage zu Beginn der fünfziger Jahre. Die *Evangelische Akademie Bad Boll* trug insofern durch ihre Arbeit zu einer Anpassung sozialethischer Standpunkte im Bereich der evangelischen Kirchen an die Erfordernisse der modernen Industriegesellschaft bei. Darüber hinaus weist die Analyse der Positionen von Tagungsteilnehmern und Akademierepräsentanten sowie deren Verflechtung mit politischen beziehungsweise wirtschaftlichen Entscheidungsträgern auf die Existenz eines besonderen protestantischen Milieus in Württemberg hin.[2] Führende Politiker und der CDU nahestehende Funktionsträger der

*Württembergischen Landeskirche*³ bewegten sich im Umfeld der *Evangelischen Akademie Bad Boll*. Zu ihnen gehörten etwa der Studienrat, Landtagsabgeordnete und zeitweilige Kultminister Wilhelm Simpfendörfer, der Stuttgarter Oberkirchenrat Manfred Müller und der Dekan Theodor Haug.⁴ Die von den Trägern dieses Milieus vertretenen Werte im Rahmen der Diskussionen um eine Sozial- und Wirtschaftsordnung repräsentierten gleichzeitig evangelische und christlich-demokratische Werte, wie sie die ersten Jahre der Adenauer Regierung mit prägten.

Die *Evangelische Akademie Bad Boll* hatte zwar keinen unmittelbaren Einfluß auf die Landes- und spätere Bundespolitik im Bereich sozialpolitischer Entscheidungen. Seit Beginn der Auseinandersetzungen um die Betriebsverfassung in Württemberg handelte es sich aber um einen Kristallisationskern politisch engagierter Kreise, den die Leitung der Akademie gleichzeitig mit zur meinungsbildenden Stellungnahme nutzte. Ihre gemeinsamen Wertorientierungen waren etwa durch die generelle Ablehnung von »Klassenkampfgedanken« und durch das Werben für »sozialen Frieden« geprägt. Damit standen diese christdemokratischen Vorstellungen im Gegensatz zum seinerzeit noch vorzufindenden »sozialdemokratischen Verständnis, das Klassenkampf als durch Vorherrschaft bürgerlicher Interessen begründete Tatsache auffaßte«⁵. Letztere Positionen wurden in Bad Boll nur selten vertreten. Priorität genoß hingegen die Vermittlung einer Mitbestimmungskonzeption, der das Prinzip des sozialen Friedens inhärent war, wobei die eigentliche Mitbestimmungsfrage nicht von der Eigentumsproblematik getrennt werden konnte.⁶ So galt in den der Akademie nahestehenden Kreisen die Schaffung von Kleineigentum als wichtiger »Ansatz zur Herstellung von sozialem Frieden zwischen Kapital und Arbeit«⁷. In diesem Sinne ist Sozialpartnerschaft eine spezifische Form von sozialem Frieden, der sowohl über die Veränderungen der Eigentumsordnung als auch über die inner- und überbetriebliche Mitbestimmung erreicht werden sollte.⁸ Über die integrative Komponente des Konzeptes hinausgehend ist allerdings auch auf seine politisch-strategische Dimension hinzuweisen. Viele Aktivitäten, die Evangelische Akademien im Bereich der Arbeiter- und Sozialarbeit in den späten vierziger und frühen fünfziger Jahren entwickelten, zielten auch – aus dem Zeitgeist des Kalten Krieges heraus – auf die Zurückdrängung des Einflusses sogenannter »kommunistischer Betriebs- und Gewerkschaftsgruppen«.⁹

Die Regelung der Interessenvertretung von Arbeitnehmern

Schon lange vor dem Ersten Weltkrieg befaßten sich politische und kirchliche Kräfte mit der Betriebsverfassungsfrage.¹⁰ Die gesetzliche Ausgestaltung der Interessenvertretung von Arbeitnehmern erfolgte allerdings erst mit dem Betriebsrätegesetz von 1920. Den Vorstellungen des damaligen Zentrums folgend erhielten die Betriebsräte kein Recht zu selbständigen Anordnungen oder zu Eingriffen in die Betriebsführung. Sie waren vielmehr als »Organe der Beratung und freien Vereinbarung«[11] konzipiert. Das Gesetz schrieb zwei Ebenen der Arbeitnehmerinteressenvertretung fest, die auch noch in der Nachkriegsdiskussion eine Rolle spielen sollten: »einerseits Wahrnehmung betrieblicher Interessen durch gewerkschaftlich nicht kontrollierte und nicht gebundene Betriebsräte, andererseits überbetriebliche und tarifliche Vertretung durch Gewerkschaften.«[12]

Der gesetzlichen Regelung zur Mitbestimmung der Arbeitnehmer im Betrieb auf Bundesebene durch das *Montanmitbestimmungsgesetz* vom 21. Mai 1951 und durch das *Betriebsverfassungsgesetz* vom 11. Oktober 1952 gingen seit Kriegsende in den einzelnen Ländern und Besatzungszonen engagierte Diskussionen über das Verhältnis zwischen den Sozialpartnern voraus. Diese Auseinandersetzungen fanden vor dem Hintergrund einer noch offenen Ausgangslage in der Frage einer Neugestaltung der sozialen Ordnung im Nachkriegsdeutschland statt. Die Aufteilung Württembergs in zwei Besatzungszonen führte zu einer unterschiedlichen Gestaltung der im *Betriebsrätegesetz* Nr. 22 des Kontrollrats vom 10. April 1946 offengehaltenen Mitbestimmungsfrage. Im entsprechenden Artikel hieß es über die Regelung einiger allgemeiner Aufgaben der Betriebsräte auf sozialem Gebiet hinausgehend, daß sie »im Rahmen dieses Gesetzes selbst ihre Aufgaben im einzelnen und die dabei zu befolgenden Verfahren« bestimmen sollten. Aufgrund dieser allgemeinen Formulierung bot das *Betriebsrätegesetz* den einzelnen Besatzungsmächten hinreichend Raum für spezielle Ausführungsregelungen.[13]

Während in den Ländern der britischen Zone, abgesehen von den Sonderregelungen für den Montanbereich, eine Reihe von Betriebsvereinbarungen entstanden, strebten verschiedene Kräfte in der amerikanischen Zone schon verhältnismäßig früh gesetzliche Regelungen an. Die einzelnen verfassunggebenden Landesversammlungen schufen Rahmenbedingungen, die Befugnisse der Betriebsvertretung generell regelten und die durch Einzelgesetze in die Praxis umgesetzt werden sollten. So sah etwa der Artikel 37 der hessischen Verfassung ein recht weitgehendes Mitbestimmungsrecht der Betriebsräte vor. Während die CDU in Württemberg-Hohenzollern vor dem Hintergrund eines patriarchalischen Unternehmerverständnisses umfangreiche sozialfriedliche Zielvorgaben in der Verfassung durchsetzen konnte[14], war die Regelung in Württemberg-Baden das Resultat des zähen Kampfes aller in der verfassunggebenden Landesversammlung vertretenen Parteien. Es ging dabei um die Frage, ob die Arbeitnehmervertreter an der »Verwaltung« oder nur an der »Gestaltung« der Betriebe beteiligt werden sollten.[15] Durch einen zwischen SPD und CDU gegen die DVP gerichteten Kompromiß wurde schließlich der Artikel 22 der württembergischen Landesverfassung vorsichtig gefaßt und bestimmt, »daß die Arbeitnehmer an der Verwaltung und Gestaltung der Betriebe der Privatwirtschaft beteiligt werden sollen und daß dabei auf die besonderen Verhältnisse der Klein- und Mittelbetriebe Rücksicht genommen werden muß«.[16] Das Nähere sollte ein Gesetz regeln. Der damalige württembergische Ministerpräsident Reinhold Maier (DVP) urteilt im Nachhinein über den Verfassungsartikel: »Die schließlich festgelegten Bestimmungen spiegeln das Land des kleinen und mittleren Besitzes und Betriebes wider. Man konnte sich keineswegs zu ähnlichen radikalen eigentumsunfreundlichen Bestimmungen wie z. B. in Nordrhein-Westfalen oder in Hessen entschließen.«[17] Da die amerikanische Militärregierung keine Einwände gegen Artikel 22 erhob, erhielt Arbeitsminister Rudolf Kohl (KPD) den Auftrag zur Ausarbeitung eines Gesetzentwurfs.[18] Die erste vom Arbeitsministerium vorgestellte Fassung, die relativ weite Befugnisse für die Betriebsräte vorsah, erfuhr eine weitreichende Kritik durch die Arbeitgeberorganisationen. Einer der vorgebrachten Haupteinwände bemängelte die fehlende Praktikabilität der in Aussicht genommenen Beteiligung des Betriebsrats an den Entscheidungen zu wirtschaftlichen Fragen. Ein so umfangreicher Einfluß könnte die Lahmlegung der Unternehmensleitungen nach sich ziehen. In diesem Sinne hielt es sich der *Verband Württembergisch-Badischer Metallindustrieller* noch in einer Jubiläumsfestschrift aus dem Jahre 1959 zugute, seinerzeit einen drohenden »Einbruch in die bestehende Wirtschaftsstruktur« verhindert zu haben.[19] Die Vorläuferorganisation des Verbandes, die *Sozialrechtliche Fachgemeinschaft Metall*, sah ihre wesentliche Aufgabe in der Ausarbeitung einer Musterbetriebsvereinbarung, mit der Mitbestimmungsfragen einheitlich für alle Firmen geregelt werden sollten, um damit einer gesetzlichen Regelung des Mitbestimmungsrechtes vorzubeugen.[20]

Nach langwierigen Verhandlungen kam das Ausführungsgesetz als *Betriebsrätegesetz* Nr. 726 für Württemberg-Baden am 18. August 1948 zustande. In dem Gesetz, das erst nach der Entbindung des Arbeitsministers Kohl von seinem Amt verabschiedet wurde, war die Beteiligung des Betriebsrats in personellen, sozialen und wirtschaftlichen Angelegenheiten vorgesehen. Der Betriebsrat hatte lediglich ein Anhörungsrecht bei jeder Einstellung, Versetzung, Beförderung, Eingruppierung oder Höhergruppierung. In sozialen Angelegenheiten war ihm ein Mitbestimmungsrecht zuerkannt. Die amerikanische Militärregierung suspendierte allerdings die Bestimmungen des Gesetzes über die Mitwirkung des Betriebsrats in wirtschaftlichen Angelegenheiten (Paragraph 20–24) vorerst mit der Begründung, daß der Umfang des wirtschaftlichen Mitbestimmungsrechtes zunächst in einer westdeutschen Gesamtverfassung festzulegen sei. Dies entsprach den Wünschen des Arbeitgeberverbandes.

Bundeskanzler Adenauer kündigte in seiner Regierungserklärung vom 20. September 1949 eine gesetzliche Regelung der Beziehungen zwischen Arbeitgebern und Arbeitnehmern auf Bundesebene an. Abgesehen von der innenpolitischen Brisanz des Themas stand Adenauer gleichzeitig unter dem Druck des Hohen Kommissars McCloy, der sich für das Zustandekommen eines Gesetzes einsetzte, »weil nach der Gründung der Bundesrepublik die Argumente wegfielen, mit denen General Clay 1948 die Suspendierung der Artikel über das wirtschaftliche Mitbestimmungsrecht der Arbeitnehmer in verschiedenen Länderbetriebsrätegesetzen verfügt hatte«[21]. Entsprechend erteilte McCloy am 7. April 1950 die Genehmigung zur Inkraftsetzung der Betriebsrätegesetze von Hessen und Württemberg-Baden in der ursprünglichen Form[22], womit er auch die Arbeitgeberverbände in Zugzwang brachte. So berichtete der Präsident der *Bundesvereinigung der deutschen Arbeitgeberverbände* (BdA) Walter Raymond in einem Schreiben an Adenauer, »daß er McCloy bereits im Dezember 1949 ›auf die Gefahren aufmerksam gemacht [habe], die sowohl durch einen verfrühten Gesetzentwurf der Regierung als auch durch die Aufhebung der Suspendierung für die Durchführung der Verhandlungen zwischen beiden Parteien entstehen würden‹«[23].

Inwieweit die Gewerkschaften während der Auseinandersetzung um die Betriebsverfassungsfrage auf Bundesebene allerdings aus einer defensiven Position heraus verhandelten, verdeutlichen ihre Hoffnungen auf »fortschrittliche« Unternehmer, »die eingesehen hätten, daß die Realisierung der gewerkschaftlichen Forderungen letztendlich einem gemeinsamen Interesse der ›Sozialpartner‹ und somit ihren eigenen längerfristigen Interessen entspräche«[24]. Entsprechend betrachtete der Sekretär des *Gewerkschaftsrates der britischen und amerikanischen Zone,* Fritz Tarnow, der als einer der entschiedensten Befürworter einer kooperativen Politik gelten kann und häufig als Referent an Akademietagungen in Bad Boll teilnahm, Unternehmervertreter nicht nur als »eine reaktionäre Masse«. Er betonte vielmehr den »fortschrittlich ausgerichteten Flügel, der etwas davon begreift, daß die Wirtschaft in der alten Verfassung nicht wieder erstehen kann«[25]. Zu diesen fortschrittlichen Unternehmern rechnete das DGB-Vorstandsmitglied Erich Bührig unter anderem den BdA-Präsidenten Raymond und seinen Geschäftsführer Gerhard Erdmann.[26] Es zeigte sich allerdings bald, daß zwar auf der Ebene der überbetrieblichen Mitbestimmung, das heißt bei der Konzeption von Wirtschaftskammern und der Einrichtung eines paritätisch zusammengesetzten Bundeswirtschaftsrates Einigungen zu erzielen waren. Hinsichtlich der betrieblichen Mitbestimmung war eine Verständigung im Vorfeld der Bundesgesetzgebung nicht möglich. Die Arbeitgeberverbände waren grundsätzlich nicht bereit, die unternehmerische Entscheidungsfreiheit durch außerbetriebliche Gewerkschaftseinflüsse einzuschränken.[27]

Obgleich die Mitbestimmungsgesetze von 1951/52, die in ihren Grundzügen an Entwicklungen der frühen Nachkriegszeit in verschiedenen Regionen anknüpften, nur aufgrund gewerkschaftlichen Einlenkens zustandekamen, ist mit Gabriele Müller-List zu betonen, »daß sich nach 1945 die bereits in Weimar entwickelten Ansätze zu einer Sozialpartnerschaft vertieften. Die von Gewerkschaften und Unternehmern aus unterschiedlichen Motiven gesuchte und geforderte Kooperation konnte und wollte zwar die gegensätzlichen Interessen nicht aufheben, legte aber doch einen Grundstein für ein in dieser Form bis dahin nicht erreichtes und in der weiteren Praxis funktionierendes System des Interessenausgleichs.«[28] Darüber hinaus bleibt jedoch die von Ulrich Engelhardt gestellte Frage offen, inwieweit die Mitbestimmungsgesetze, einschließlich der Sozialpartnerschaftskonzepte, nicht mehr – wie noch im späten Kaiserreich – als »Mittel zu ›obrigkeitlicher‹ Pazifizierung von Arbeitnehmern«, sondern als eines der »zentralen Strukturelemente eines demokratisch-sozialen Rechtsstaats mit (im Prinzip anerkannter) marktwirtschaftlicher Grundlage« anzusehen sind.[29] Die Bad Boller Akademie bemühte sich mit ihren Mitteln um die Anerkennung derartiger Ordnungsvorstellungen.

Die Behandlung der sozialen Frage in der Evangelischen Akademie Bad Boll

Bereits während der beiden ersten Tagungen behandelte die *Evangelische Akademie Bad Boll* Fragestellungen, die auf ihre späteren Arbeitsschwerpunkte im Bereich der Wirtschaft hindeuteten. So referierte der Freiburger Volkswirtschaftler Constantin von Dietze während der *»Tage der Stille und Besinnung für Männer des Rechts und der Wirtschaft«* vom 29. September bis zum 12. Oktober 1945 über die Gestaltung einer neuen Wirtschaftsordnung im Nachkriegsdeutschland.[30]

Den grundlegenden Beitrag der *»Tagung für Männer aus Arbeiterschaft und Handwerk aus Württemberg«* vom 1. bis 9. Dezember 1945, *»Wie kann der Arbeiter ein Mensch sein«*, hielt Eberhard Müller persönlich.[31] Müller bewertete die Arbeitertagung allerdings im nachhinein als einen Mißerfolg, weil politisch aktive Gewerkschaftler nicht daran teilnahmen.[32] Seinerzeit betrachteten Arbeitnehmervertreter und Sozialdemokraten die Initiativen der Evangelischen Akademien häufig eher mißtrauisch, weil sie sich ihrer Meinung nach als einen Ort darstellten, an dem Wissenschaftler und Politiker den Versuch einer Umgestaltung wirtschaftlicher Strukturen ablehnten.[33] Dem späteren Engagement in der Arbeitswelt war dieser erste Mißerfolg jedoch nicht abträglich, obgleich Müller in seinen Vorträgen eher traditionelle Sichtweisen zum Ausdruck brachte. So versuchte er, die Grundlagen seiner Bemühungen um die Arbeiterschaft mit der Frage nach der Möglichkeit eines »Menschseins« des Arbeiters zu verdeutlichen. Dabei stellte Müller zwar die Bedeutung der »Menschenwürde« heraus, beklagte jedoch zugleich eine »überwiegend materialistische Weltanschauung des Arbeiters«, die verhindere, daß er »zu seiner wahren Bestimmung finde«.[34]

Die Akademie veranstaltete in der Folge unterschiedlich konzipierte Tagungen und tastete sich in diesem Rahmen zu einer eigenen Position in der sozialen Frage vor. Dabei zeigten die Veranstaltungen mit Arbeitern nach Müllers Auffassung, inwieweit die Kirche grundsätzlich in der Lage sei, einen eigenen Beitrag zur Neugestaltung der Sozialordnung zu leisten. Es käme nur darauf an, die beteiligten Gruppen zu einem Gespräch zu bringen, in dem wirtschaftliche und soziale Fragen »im Geist Christi«[35] behandelt würden. So entstand auch die teilweise gegen gewerkschaftliche Aktivitäten konzipierte »Betriebskernarbeit« aufgrund der Beobachtung einer gleichzeitig engen Verflechtung von württembergischen Arbeitern mit »kommunistischen Kontaktnetzen« im Betrieb und der Kirche.[36] Müllers Einschreiten gegen die Gründung christlicher Gewerkschaften Mitte der fünfziger Jahre diente unter anderem auch der Stärkung des evangelischen Einflusses im DGB. Eine solche Konzeption der geistigen Durchsetzung entsprach grundlegenden Vorstellungen über die »Führungsaufgabe des Protestantismus in der Gegenwart«[37], wie sie der Generalsekretär des *Deutschen Evangelischen Kirchentages*, Hans Hermann Walz, während einer Tagung der *Christlichen Presse-Akademie* im November 1957 artikulierte. So sei der protestantische Führungsanspruch nicht durch die Gründung von Interessenverbänden zu realisieren. Es käme vielmehr darauf an, »Gruppen in den Gruppen« zu bilden[38], die dort protestantische Werte vertreten könnten.

Die von Teilnehmern der Tagung für Arbeitnehmer nordwürttembergischer Betriebe vom 23. bis 29. August 1947 ausgesprochene Erklärung zum Wunsch nach der Fortsetzung und Vertiefung des Gesprächs zwischen »Kirche und Sozialismus« deutete auf praktisch relevante Themenstellungen hin, die gegenüber der mißlungenen Tagung von 1945 deutlich veränderte Akzente zeigten. So verabschiedeten die Tagungsteilnehmer eine Erklärung, in der es heißt, »daß die Kirche die Notwendigkeit erkennt, die organisierte Arbeiterschaft in ihrem Streben nach einem menschenwürdigen Dasein zu unterstützen. Die evangelischen Arbeiter sollen demnach ohne Scheu für die Rechte ihres Standes und für das Bekenntnis ihres Glaubens eintreten. [...] Die baldige Klärung des Mitbestimmungsrechtes der Arbeitnehmer in der Verwaltung und Gestaltung der Betriebe, wie es in der württembergisch-badischen Verfassung vorgesehen ist, ist darum von besonderer Dringlichkeit.«[39]

Eberhard Müller war grundsätzlich für eine eingeschränkte gesetzliche Regelung der Mitbestimmungsfrage.[40] Damit stand er im Widerspruch zu vielen württembergischen Arbeitgebern. Anläßlich eines Vortragsabends, der am 5. Januar 1948 im Staatstheater Stuttgart unter dem Motto »*Kirche und*

Wirtschaft im Ringen um soziale Gerechtigkeit« stattfand, erhielt die Akademie einige Protestschreiben besorgter Unternehmer. Während der Veranstaltung referierten unter anderem Fritz Tarnow und Eberhard Müller. Das spätere geschäftsführende Vorstandsmitglied des *Verbandes der Württembergisch-Badischen-Metall-Industriellen*, Günther Löwisch, erkannte in Müllers Haltung eine gefährliche Annäherung der Kirche an die KPD, die ihrerseits gesetzliche Regelungen zur Mitbestimmung wünschte. So sei es bedenklich, daß während der Veranstaltung ein KPD-Redner diese Zusammenarbeit ausdrücklich begrüßte.

Derartige Einwände sind als repräsentativ für die Haltung vieler württembergischer Unternehmer anzusehen. Wie Löwisch betonte, könne es nicht Aufgabe der Kirche sein, zu sozialen Fragen Stellung zu beziehen. Sie habe zwar »für die Bedrängten und Unterdrückten einzutreten«, es sei aber doch zweifelhaft »ob angesichts der allgemeinen Notlage unseres Volkes die Arbeiterschaft in ihrer Gesamtheit heute als die in erster Linie bedrängte und notleidende Schicht anzusehen ist«[41]. Dem Wesen der Kirche entspräche es vielmehr, wenn sie »in den sozialen und wirtschaftlichen Kämpfen und Auseinandersetzungen die Neutralität bewahrte«. Es wäre zu bedenken, daß Müllers Forderungen nach einem gerechten Lohn und nach der Behandlung des Arbeiters als Subjekt zwar durchaus akzeptabel seien, es sich aber ohnehin nur um theoretisches Gedankengut handelte, weil der »Herr-im-Hause-Standpunkt« von kaum einem Unternehmer mehr vertreten würde. Auch bei Berücksichtigung dieser Faktoren könne die Einführung des Mitbestimmungsrechts keineswegs als gerechtfertigt angesehen werden: »Die Forderung auf Mitbestimmung, soweit sie über eine Mitwirkung in sozialen Fragen hinausgeht, ist meiner Auffassung nach überhaupt keine sozial-politische, sondern eine rein politische. [...] Politische Forderungen durchzusetzen ist aber doch ganz sicher nicht Aufgabe der Kirche.«

Die mit einer solchen Kritik zum Ausdruck gebrachten Standpunkte entsprachen der Vorstellungswelt von Mitgliedern des späteren *Bundesverbandes der deutschen Industrie* (BdI), die weder eine Veranlassung sahen noch die Bereitschaft zeigten, die wirtschaftliche Organisation nach liberal-partnerschaftlichen Vorstellungen aufzubauen.[42] Wie der Wirtschaftshistoriker Volker R. Berghahn zeigt, konnte die ältere Generation der deutschen Unternehmerschaft auch 1969 nach dem Regierungsantritt der SPD noch nicht erkennen, daß ein an gewerkschaftliche Vorstellungen angelehntes sozialdemokratisches Programm keineswegs auf eine Überwindung der bestehenden Wirtschafts- und Gesellschaftsordnung, sondern auf deren Weiterentwicklung und »Anpassung an den unaufhaltsamen technologischen und ökonomischen Wandel gerichtet war«[43].

Die Konflikte zwischen Unternehmern, Gewerkschaften, Sozialdemokraten und auch der Kirche in den vierziger Jahren sind zwar nicht mit der Situation von 1969 zu vergleichen. Trotzdem ist festzuhalten, inwieweit das von Eberhard Müller vorangetriebene Konzept der Sozialpartnerschaft traditionellen protestantischen und christdemokratischen Werten entsprach und gleichzeitig gezielt als strategisches Mittel zum Aufbau und Erhalt der sozialen Marktwirtschaft genutzt werden konnte. Um dieses Ziel den württembergischen Unternehmern zu vermitteln, hatte Müller allerdings noch viel Überzeugungsarbeit zu leisten.

Die Teilnehmer der Tagung für »*Männer der Wirtschaft in Süddeutschland*« vom 5. bis 9. Mai 1948 verabschiedeten vor dem Hintergrund der noch ausstehenden gesetzlichen Regelung zur Mitbestimmung in Württemberg-Baden die Stellungnahme »*Um das Mitbestimmungsrecht*«[44]. Vertreter des nordwürttembergischen Gewerkschaftsbundes nahmen an der Tagung nicht teil. Die gewerkschaftliche Seite war lediglich durch den südwürttembergischen Arbeitsminister Wirsching, der aus den Reihen der früheren christlichen Gewerkschaften stammte, repräsentiert. Entsprechend eindeutig hob die Erklärung gemeinsame Interessen von Arbeitnehmern und Unternehmern im Kampf »gegen die herrschende Not« hervor. Beide Partner seien auf »Gedeih und Verderb« miteinander verbunden. Es sei aber ein berechtigtes Verlangen der Arbeitnehmer, »daß Ordnungen gefunden werden, durch die auch solche Unternehmer, die dazu nicht von sich aus bereit sind, zur Wahrung der persönlichen und wirtschaftlichen Rechte ihrer Arbeitnehmer angehalten werden. [...] In Würdigung der Interessen und Rechte der Arbeitnehmer anerkennen wir das Mitbestimmungsrecht in sozialen und – soweit es sich nicht um leitende oder disponierende Funktionen handelt – in personellen Fragen. Dagegen glauben wir, daß das Mitbestimmungsrecht in wirtschaftlichen Fragen den volkswirtschaftlichen Erfordernissen und letztlich auch dem Interesse der Arbeitnehmerschaft widerspricht. Wir müssen darum nach gewissenhafter Prüfung Nein dazu sagen.«[45]

Die Erklärung entspricht in wesentlichen Zügen der »*Denkschrift zur Frage des Mitbestimmungsrechtes der Betriebsräte*«, die die *Sozialrechtliche Arbeitsgemeinschaft der Industrie in Württemberg-Baden* am 25. Februar 1948 herausgab.[46] Mit der Denkschrift gestand die Arbeitsgemeinschaft den Arbeitern die Mitbestimmung in bestimmten Personalfragen und in den Fragen der Verwaltung von sozialen Einrichtungen zu.[47] Als völlig abwegig galt jedoch das im nordwürttembergischen Gesetzentwurf vorgesehene Mitbestimmungsrecht für Betriebsräte, weil es sich um ein überbetriebliches Recht handele.[48] Darüber hinaus sei jede Einflußnahme in wirtschaftliche Angelegenheiten, die über bestimmte soziale Einrichtungen hinausgeht, strikt abzulehnen.[49] Ohne an einem »Herr-im-Hause-Standpunkt« festhalten zu wollen, müsse die letzte Entscheidung in Betriebsangelegenheiten beim Unternehmer bleiben, um nicht die verantwortliche Leitung der Betriebe lahmzulegen.[50]

»Recht und Gerechtigkeit in der Mitbestimmung –
Ein Evangelischer Ratschlag« von Eberhard Müller

Die Mitbestimmungsfrage stellte den Ausgangspunkt für eine Neubestimmung des Verhältnisses von evangelischer Kirche und Arbeitswelt dar.[51] Aus der konkreten politischen Entscheidungslage heraus entstanden Stellungnahmen, die über Einzelfragen hinausgingen und die Persönlichkeitsrechte der im Wirtschaftsleben stehenden Menschen aufgreifen sollten. So gab Eberhard Müller am 15. Januar 1950 eine Publikation heraus, die für die Evangelischen Akademien über »Recht und Gerechtigkeit in der Mitbestimmung« sprechen sollte.[52] Dies geschah einige Monate bevor die *Kammer für soziale Ordnung der EKD* in ihrer Sitzung am 1. August 1950 die Frage einer möglichen öffentlichen Äußerung zum Mitbestimmungrecht im Rahmen des Essener Kirchentages vom 23. bis 27. August 1950 erörterte.[53]

Die Vorgänge im Vorfeld der Veröffentlichung von Müllers Stellungnahme werfen ein Schlaglicht auf den schmalen Grad, auf dem er sich zwischen den gewerkschaftlichen Wünschen, einer geringen Diskussionsfähigkeit württembergischer Unternehmer, die ihren Alleinvertretungsstandpunkt gefährdet sahen, und seinem eigenen patriarchalisch geprägten Weltbild bewegte. Die zur Erarbeitung der Schrift gebildete Studienkommission[54] versammelte sich vom 8. bis 9. Oktober 1949 zu einer ersten Sitzung in Friedberg. Der damalige Sekretär der *Studiengemeinschaft der Ev. Akademie*, Hans Hermann Walz, sprach die Einladungen aus.[55] Während der Sitzung verdeutlichte der Geschäftsführer der durch Eberhard Müller gegründeten *Wirtschaftsgilde*, Martin Donath, seine Vorstellungen über die Hintergründe der Arbeitnehmerwünsche in der Mitbestimmungsfrage.[56] An erster Stelle stünde dabei der Verlust der wirtschaftlichen Eigenständigkeit des Arbeiters im Zuge des Industrialisierungsprozesses, der den Menschen als Individuum entwürdige. Entsprechend läge der Grund für die gegenwärtige Mitbestimmungsdiskussion im Wunsch des einzelnen Arbeiters zur Übernahme von Verantwortung für das Wohlergehen des Betriebes.[57] Darüber hinaus bemerkte Donath allerdings auch ein entscheidendes Motiv im Mißtrauen der Arbeitnehmerschaft gegenüber den Unternehmern. So wolle man sich nicht mehr auf traditionelle Tugenden wie zum Beispiel »patriarchalisches Wohlwollen, Entgegenkommen und Fürsorge« verlassen, sondern wünsche »verbriefte Rechtsansprüche«.[58] Donaths Stellungnahme verdeutlicht die im Umfeld der Evangelischen Akademien vorzufindende Ambivalenz der Haltung zur Mitbestimmungsfrage, die mit der Betonung individueller Persönlichkeitsrechte die ordnungspolitischen Aspekte als zweitrangig hinstellt, aber doch gleichzeitig eine juristisch abgesicherte Regelung als für das Individuum notwendig anerkennt.

Der abschließend veröffentlichte »*Evangelische Ratschlag*« präsentiert evangelische Vorschläge für die Gestaltung eines Betriebsrätegesetzes. Obgleich es sich offiziell um Arbeitsergebnisse der Studienkommission handelte, wurde das inhaltliche Programm in erster Linie durch Müller persönlich bestimmt. Die Betrachtung einiger der dort aufgeführten Analysen zum Sozialpartnerverhältnis illustriert die ihr zugrundeliegenden Wertmaßstäbe. So setze ein Gesetz über das Mitbestimmungsrecht der Arbeiter im Betrieb – nach Müllers Vorstellung – bei allen Partnern der Wirtschaft den Willen zu einer vertrauensvollen Zusammenarbeit voraus. Die Gesetzgebung habe dazu die Grundlagen bereitzustellen.[59] Die positiven Erfahrungen im Miteinander von Gewerkschaften und Arbeitgebern der vorangegangenen Jahre belegten die günstigen Voraussetzungen für eine derartige Zusammenarbeit, weil ein Ende der »Klassenkampf-Ära« in Sicht sei. Auf Fragen der überbetrieblichen Mitbestimmung wird in der Schrift nur am Rande eingegangen. Auffällig ist, daß die Behandlung von Eigentümerrechten deutlich mehr Raum beansprucht als die Frage der Ausgestaltung der Arbeitnehmerrechte.[60]

Insgesamt zeichnet sich die Schrift durch ein starkes Harmoniebestreben aus und berücksichtigt die von den Tarifparteien diskutierten juristischen Forderungen nicht. Statt dessen leitet Müller sein Mitbestimmungsmodell in erster Linie aus den ethischen Konnotationen des Partnerschaftsgedankens ab.[61] Der den Evangelischen Akademien verbundene Leiter der *Wirtschaftsabteilung der IG Bergbau*, Franz Grosse, vermißte Ansätze zu einer Auseinandersetzung mit den gewerkschaftlichen Programmen zur Neuordnung der Wirtschaft. Er konnte sich »des Eindrucks nicht ganz erwehren, daß die Schrift im württembergischen Raum entstanden ist, wo der Kleinbetrieb und die Einzelunternehmen für die Wirtschaftsstruktur bestimmend sind, und daß demzufolge auch nur die Problematik der Mitbestimmung in diesen kleineren vom Unternehmer her bestimmten Betrieben gesehen wird«[62]. Müller sah allerdings die grundsätzliche Akzeptanz einer gesetzlichen Regelung der Mitbestimmungsfrage als Überwindung patriarchalen Denkens an. So sollten »die Arbeiter gegenüber den Eigentümern an Produktionsstätten stärker als bisher an den Entscheidungen der Betriebe, insbesondere soweit sie die Rechte der Arbeiter angehen, beteiligt werden [...]. Wir haben die Meinung ausgesprochen, daß es notwendig ist, dies gesetzlich zu ordnen und damit allein schon dem Patriarchalismus widersprochen.«[63]

Der den Akademien nahestehende Dortmunder Bergwerksdirektor Hugo Krueger warnte noch am 29. Dezember 1949 aus entgegengesetzten Gründen vor einer Veröffentlichung, weil die Dinge »außerordentlich im Fluß«[64] seien. Krueger verwies auf Diskussionen im Arbeitgeberlager, die zur Ablösung des Begriffs »Mitbestimmungsrecht« durch »Mitwirkungsrecht«

führen sollten. Aus diesem Grunde bat er um die Vermeidung des Anscheins einer kirchenamtlichen Stellungnahme bei einer eventuellen Veröffentlichung. Auch der Vorsitzende des Konvents der Bad Boller *Wirtschaftsgilde*, Hermann Erhard, wollte Müllers Engagement bremsen, damit die gewerkschaftliche Seite aus einer Veröffentlichung der Evangelischen Akademien über das Mitbestimmungsrecht nicht »in unzulässiger Weise« Vorteile ziehen könnte.[65]

Solche massiven Einwände gegen eine gesetzliche Regelung der Mitbestimmungsfrage waren für die Haltung vieler der Akademie nahestehender württembergischer Unternehmer charakteristisch. Derartige Äußerungen erfolgten zu einem Zeitpunkt als andere, in der Perspektive der fünfziger Jahre fortschrittliche Unternehmen sich um eine Reorganisation der Betriebsverfassung durch partnerschaftliche und kooperative Elemente bemühten.[66] Die auf diesem Gebiet besonders aktiven Betriebe versuchten ihr System durch die Gründung einer *Arbeitsgemeinschaft für betriebliche Partnerschaft (AGP)*[67] bekanntzumachen. Beispielsweise der Leiter der *Duisburger Kupferhütte*, Ernst Kuß, begründete die Bedeutung des viel beachteten Beteiligungsmodells in seinem Unternehmen mit der Notwendigkeit einer gerechten Verteilung des gemeinsam von Kapital und Arbeit erwirtschafteten Sozialproduktes: »Die Zukunft erwartet von uns eine Versöhnung von Kapital und Arbeit auf dem Boden wirtschaftlicher Gerechtigkeit.«[68] Daß mit der Unterstützung partnerschaftlicher Unternehmensstrukturen immer auch die Hoffnung auf eine ökonomische Effizienzsteigerung verbunden war, lag in der seinerzeit weit verbreiteten Rezeption amerikanischer Modelle zur Verbesserung der *Human Relations im Betrieb* begründet.[69] Betriebssoziologisch galt das Unternehmerinteresse an derartigen Maßnahmen als Indiz für moderne Unternehmensstrukturen, die sich durch eine Versachlichung des Betriebes auszeichneten.[70] Durch eine stärkere Berücksichtigung der Arbeitnehmerwünsche zur Teilnahme an Entscheidungsprozessen könne sich das »Spannungsfeld zwischen Menschen verschiedenen Alters, Herkommens und Einkommens von der Gegnerschaft auf die Partnerschaft« verlagern. Eine durch den Partnerschaftsgedanken geprägte Betriebsverfassung galt als »Katalysator für die Klassenkampfidee« und damit als eine der »wichtigsten Stabilisierungsfaktoren der industriellen Gesellschaft«.[71]

Die während des Essener Kirchentages vom 23. bis 27. August 1950 verabschiedete *»Erklärung des Rates der EKD zur Frage der Mitbestimmung«* ist als ein wichtiger Meilenstein auf dem Weg zur Akzeptanz der kirchlichen Verantwortung für die Arbeitswelt anzusehen. Sie unterscheidet sich von Müllers *»Evangelischem Ratschlag«* durch einige konkrete Stellungnahmen in der politischen Auseinandersetzung, die auf Anregungen des Vorsitzenden des *Sozialethischen Ausschusses der Ev. Kirche im Rheinland*, Friedrich Karrenberg, zurückgehen.[72] Der Rat erkannte die Mitarbeit von Gewerkschaften in Wirtschaftsräten durchaus an, behandelte aber eine betriebliche Mitbestimmung unter Einfluß von Gewerkschaftsmitgliedern zurückhaltend.[73]

Bei allen Differenzen, die zwischen Karrenberg, Eberhard Müller, weiteren Akademieleitern und den EKD-Ratsmitgliedern in der Frage der Wirtschaftsordnung bestanden, ist doch auf die relative Homogenität des protestantischen Weltbildes hinzuweisen. Auch wenn Karrenberg einen »Dritten Weg« zwischen Sozialismus und Kapitalismus befürwortete[74] und sich so von Müllers eindeutiger – auch parteipolitischer – Stellungnahme für Unternehmerinteressen abzuheben schien, zeigten sich lediglich graduelle Unterschiede, die für die konkrete politische Auseinandersetzung zu Beginn der fünfziger Jahre weitgehend ohne Bedeutung waren.[75] Der Grund hierfür lag auch in unterschiedlichen wirtschaftstheoretischen Ansätzen. Während die Durchsetzung der sozialen Marktwirtschaft letztlich neoliberale Sichtweisen in der Politik begünstigte, vertraten die von der Freiburger Schule geprägten protestantischen Kreise eine ordoliberale Haltung. Der etwa durch Constantin von Dietze vermittelte Ordoliberalismus zeichnete sich durch die Vorstellung einer Einheit von Wirtschafts- und Sozialpolitik aus, wie sie vielen evangelischen Stellungnahmen entsprach. In der tatsächlich realisierten sozialen Marktwirtschaft der fünfziger Jahre nahm die Sozialpolitik hingegen lediglich Korrekturfunktionen ein.[76]

Die Stützung der Sozialpartnerschaftskonzeption als protestantischer Beitrag zur Entwicklung des sozialen Grundkonsenses im Nachkriegsdeutschland

Im Verlaufe der Auseinandersetzungen um die Mitbestimmungsgesetzgebung sprach sich kein Akademievertreter für eine betriebliche und überbetriebliche Mitbestimmung im Sinne der ursprünglichen gewerkschaftlichen Vorstellungen – wie sie etwa Franz Grosse äußerte – aus.[77] Sie strebten zwar nicht die von manchen Unternehmensleitungen erwünschte grundsätzliche Ablehnung des Arbeitnehmeranspruchs auf die Teilnahme an wirtschaftlichen Entscheidungen an. Allerdings konnten die Gewerkschaften in der Evangelischen Akademie Bad Boll auch keine Mitstreiter für die Durchsetzung des Betriebsverfassungsgesetzes in der von ihnen 1952 erhofften Form finden. Insofern waren die an Müller und die Wirtschaftsgilde von Unternehmerseite herangetragenen Bedenken ohne realen Hintergrund. Eine Beurteilung dieser Sachverhalte hat jedoch die Konnotationen der häufig vorgenommenen Idealisierung partnerschaftlicher beziehungsweise sozialpaternalistischer Arbeitsverhältnisse zu berücksichtigen. Der Begriff »Partnerschaft« bezeichnet in der evangelischen Sozialethik der fünfziger Jahre die »institutionellen Bemühungen, die darauf gerichtet sind, den ›sozialen Frieden‹ herzustellen oder zu sichern.«[78] Überdies stellte »Sozialpartnerschaft« aber auch einen begrifflichen Fokus dar, der christdemokratische Gesellschaftspolitik seit 1945 kennzeichnet.[79] Die Evangelischen Akademien mit Eberhard Müller, der Wirtschaftsgilde und auch der 1951 gegründeten »Aktionsgemeinschaft für Arbeiterfragen« gehörten zu den Vertretern solchen – auch im Arbeitgeberlager häufig umstrittenen – Gedankengutes.[80] Gerade weil in allen Partnerschaftsmodellen mehr der »Mensch« als die Funktionalität des Betriebes im argumentativen Vordergrund stand, waren Konzeptionen wie die von der *Arbeitsgemeinschaft für betriebliche Partnerschaft* für die evangelische Kirche außerordentlich attraktiv. Da sich die Evangelische Akademie Bad Boll seit der Mitbestimmungsdiskussion in Württemberg mit sozialethischen Fragen auseinandersetzte, konnte sie in der EKD eine Vorreiterrolle im Bereich der sozialethischen Meinungsbildung einnehmen. Es wäre allerdings überzogen, einen direkten Einfluß der kirchlichen Positionen auf die Gesetzgebungsverfahren des Landes Württemberg-Baden und der Bundesregierung zu befinden. Das Gesprächsforum der Akademie bereitete indessen ein Klima zwischen kooperationsbereiten Arbeitgeber- und Gewerkschaftsvertretern in den fünfziger Jahren mit vor, das auf die Integration breitester gesellschaftlicher Gruppen hin ausgerichtet war. Die skizzierten protestantischen Diskurse in Württemberg trugen so zu dem sozialfriedlichen Erscheinungsbild der frühen Bundesrepublik bei.

Anmerkungen

1 Vgl. Jähnichen, Industrieuntertan. Jähnichen erläutert die Haltung des Protestantismus zur Mitbestimmung von 1848 bis 1955 und zeigt dabei die schrittweise Ablösung sozialpatriarchalen Gedankenguts. Die verfaßte Kirche sah sich allerdings erst 1987 zu einer formalen Anerkennung paritätischer Modelle der Arbeiterinteressenvertretung in der Lage (Jähnichen, S. 400).

2 Als soziale Milieus werden hier analog zu Inge Faltins Definition Gruppen verstanden, die durch gemeinsame Wert- und Normorientierungen verbunden sind. Faltin, Norm, S. 76.

3 Zur Gründungsgeschichte der CDU in Nordwürttemberg im Spannungsverhältnis zwischen Christlich-sozialem Volksdienst, Zentrum und Christlich-sozialer Volkspartei vgl. Schmitt, CDU.

4 Vgl. Wieck, Demokraten, S. 161–169. Paul Bausch und Wilhelm Simpfendörfer gehörten der durch den Christlich-sozialen Volksdienst geprägten Tradition an. Die insbesondere von Bausch geforderte unmittelbare Umsetzung christlicher Normen in politische Handlungen konnte in dieser Form allerdings nie von der württembergischen Kirchenleitung unterstützt werden. Vgl. die Darstellung der u. a. gegen Simpfendörfer und Bausch gerichteten Bestrebungen des ehemaligen CDU-Vorsitzenden von Württemberg-Baden, Arthur Ketterer, zur Gründung einer Zentrumspartei (Union der Mitte) im Herbst 1948 bei Schmidt, Zentrum, S. 277–279.

5 Schmidt, Frieden, S. 8. Wolf Schmidt stellt die Entwicklung der Sozialpartnerschaftskonzeption in den Kontext einer innerhalb der CDU geführten Diskussion um sozialpolitische Grundsatzpositionen.
6 Vgl. ebd., S. 10.
7 Vgl. ebd., S. 11.
8 Vgl. ebd., S. 12.
9 So stellte Müller seine Konzeption zur Bekämpfung der »kommunistischen Gefahr in den Betrieben« während einer Besprechung mit Vertretern der württembergischen Industrie am 21. April 1953 in Stuttgart als die »überraschend erfolgreiche Strategie der Evangelischen Aktionsgemeinschaft für Arbeiterfragen« vor. Archiv der Ev. Akademie Bad Boll, Best. Müller = EABBM Az./Wirtschaftsgilde. 16.0018a. Bericht einer Besprechung leitender Männer württembergischer Industriebetriebe am 21.4.1953 im Hotel Marquardt – Stuttgart. Heftige Angriffe von DDR-Seite nahm Müller in Kauf. Vgl. Bergner, Kreuzzug.
10 Vgl. zur historischen Entwicklung der Mitbestimmungsfrage u. a. die Arbeiten von Hans Jürgen Teuteberg.
11 So äußerte sich der Zentrumspolitiker Franz Hitze, hier zitiert nach: Schmidt, Frieden, S. 54.
12 Ebd., S. 54.
13 Zu den Verhältnissen in der amerikanischen und französischen Zone vgl. ebd., S. 54–67.
14 Dazu gehörte laut Artikel 96 des Entwurfs der am 18.5.1947 zur Volksabstimmung gestellten Landesverfassung von Württemberg-Hohenzollern die »Regelung der Arbeits- und Lohnverhältnisse«, die »Gegenstand der auf gegenseitigem Vertrauen und gegenseitiger Anerkennung und Achtung beruhenden Zusammenarbeit mit den Unternehmern« sein sollte. Zu den patriarchalischen Elementen in den arbeitsrechtlichen Vorstellungen der CDU in Württemberg-Hohenzollern vgl. ebd., S. 59–60.
15 Nach eingehenden Verhandlungen während der 3. Sitzung der Verfassunggebenden Landesversammlung für Württemberg-Baden am 19.7.1946 stand der Artikel in der 4. Sitzung am 16.9.1946 zur Abstimmung. Der Beitrag des KPD Abgeordneten Klausmann vor der Abstimmung gibt die Unzufriedenheit über die mangelnde Ausgestaltung des Mitbestimmungsrechts mit der endgültigen Formulierung wieder. So betonte er, daß »gerade der Antrag der CDU., der im Verfassungsentwurf an Stelle des Worts Verwaltung das Wort Gestaltung setzen will, [...] dem Antrag auf Mitbestimmungsrecht seine eigentliche Wirkung« nahm. Protokoll der Verhandlungen der Verfassunggebenden Landesversammlung für Württemberg-Baden, 4. Sitzung, 16. September 1946, S. 83.
16 Löwisch, Betriebsrätegesetz, S. 6.
17 Maier, Grundstein, S. 252.
18 Zu den Entscheidungsstrukturen im Verlauf der Diskussion um die Mitbestimmungsgesetzgebung in Württemberg-Baden vgl. Böhret, Entscheidung.
19 Verband Württembergisch-Badischer Metall-Industrieller, S. 96.
20 Ebd., S. 96.
21 Vgl. Thum, Mitbestimmung, S. 39.
22 McCloy in einem Schreiben an die Ministerpräsidenten von Hessen und Baden-Württemberg, Stock und Maier vom 7.4.1950. Bundesarchiv (=BA), B 136, 719 (Abschriften von Übersetzungen), hier zitiert nach Thum, Mitbestimmung, S. 39.
23 Thum, Mitbestimmung, S. 39 zitiert hier: Schreiben Raymond an Adenauer vom 4.4.1950. BA, B 136, 721.
24 Thum, Mitbestimmung, S. 41.
25 Schreiben Tarnow an Böckler vom 11.3.1948, DGB-Archiv, hier zitiert nach Thum, Mitbestimmung, S. 41.

26 Schreiben Bührig an Böckler vom 1.6.1949, DGB-Archiv, hier zitiert nach Thum, Mitbestimmung, S. 41.
27 Vgl. Thum, Mitbestimmung, S. 42.
28 Müller-List, Neubeginn, S. 124.
29 Engelhardt, Strukturelemente, hier S. 392.
30 Gedruckt in der Schriftenreihe der Evangelischen Akademie. Dietze, Eigengesetzlichkeit.
31 Gedruckt in der Schriftenreihe der Evangelischen Akademie. Müller, Arbeiter.
32 Müller, Theologie.
33 Vgl. Möller, Kirche, S. 174-176.
34 Müller, Akademie, S. 11.
35 Rundbrief der Evangelischen Akademie Bad Boll, Nr. 1, 1. Mai 1947.
36 Müller, Welt, S. 23.
37 Hans Hermann Walz: Die Führungsaufgabe des Protestantismus in der Gegenwart. Vortrag beim Boller Boten Treffen November 1957, in: Rundbrief der Christlichen Presseakademie, Nr. 21/1957, Anlage 1 (EABBM Az. 76/672).
38 Walz, Führungsaufgabe, S. 16.
39 EABBM Az. 53/16.0525, Nr. 1. Erklärung vom 29.8.1947. Für die Tagungsteilnehmer unterzeichnet von: Willi Haspel (Betriebsrat Fa. C. Mahr, Eßlingen), Eberhard Koch (Betriebsrat Fa. R. Bosch, Stuttgart), Eberhard Müller.
40 Vgl. Müller, Mitbestimmung.
41 EABB – Tagungen, 5.1.1948, Schreiben Löwisch an Müller vom 10.1.1948.
42 Vgl. Berghahn, Unternehmer, S. 242, 324-330.
43 Ebd., S. 328.
44 EABBM Az. 53/16.0525, Nr. 1. Erklärung der Teilnehmer der Tagung vom 5. bis 9.5.1948 »Um das Mitbestimmungsrecht«.
45 Ebd.
46 Hier zitiert nach dem Exemplar im Archiv der Ev. Akademie Bad Boll: EABBM Az. 53/16.0525, Nr. 1.
47 Ebd., S. 1.
48 Ebd., S. 2.
49 Ebd., S. 3.
50 Ebd., S. 5.
51 Vgl. Jablonowski, Handeln, S.16.
52 Müller, Recht.
53 Vgl. die Materialien über die Sitzung der EKD-Kammer für soziale Ordnung vom 1.8.1950. Evangelisches Zentralarchiv (EZA) 2/84/043/19.
54 Offiziell handelte es sich um eine Kommission der *Studiengemeinschaft der Ev. Akademie*. Die Bedenken Helmut Thielickes, der Müller in einem Schreiben vom 29. Dezember 1949 (EABBM Az. 73, Nr. 1) darum bat, den Namen der Studiengemeinschaft in der abschließenden Publikation nicht zu erwähnen, weisen auf die Konflikte zwischen dem wissenschaftlichen Akademieverständnis des Theologen Helmut Thielicke und den aktionistischen Vorstellungen Müllers hin. Müller zeigte sich durch Thielickes Ablehnung betroffen. Er betrachtete die Denkschrift als das »in der Wirkung bisher bedeutsamste Ergebnis unserer Studienarbeit« (EABBM Az. 73, Nr.1, Müller an Thielicke vom 12. Januar 1950).
55 EABBM Az. 53/16.0525, Nr. 1. Einladungsschreiben von Hans Hermann Walz vom 6.9.1949. Eine Teilnehmerliste ist im Archiv der Ev. Akademie Bad Boll nicht vorhanden. Eine Einladung erhielten u. a. der Fabrikant Walter Bauer (Fulda), Prof. Constantin von Dietze (Freiburg), Prof. Franz Josef Furtwängler (Oberursel) und der Gewerkschafts-

sekretär Franz Grosse (Bochum). Letzterer ist nicht auf dem Einladungsschreiben, sondern nur in einer Aktennotiz vermerkt: EABBM Az. 53/16.0525, Nr. 1, Aktennotiz betr. Kommission für Mitbestimmungsrecht in Friedberg/Hessen, undatiert.
56 EABBM Az. 53/16.0525, Nr. 1, Kurzreferat [und Sitzungsprotokoll] von Dipl.-Vokswirt Martin Donath zur Einleitung der Aussprache bei der ersten Sitzung der Studienkommission über das Mitbestimmungsrecht in Friedberg/Hessen am 8.10.1949.
57 Ebd., S. 1.
58 Ebd., S. 2.
59 Müller, Recht, S. 82.
60 Ebd., S. 55.
61 Vgl. Jähnichen, Industrieuntertan, S. 376–377. Jähnichen ist zuzustimmen, wenn er einen wesentlichen Grund für die politische Wirkungslosigkeit von Müllers Schrift in der fehlenden juristischen Konkretion erblickt, weil damit »die zahlreichen Konflikte im Wirtschaftsgeschehen weitgehend ausgeblendet [sind] und [...] nicht konstruktiv auf die zu schaffende Regelung bezogen werden« können (S. 377).
62 Grosse, Protestantismus, S. 347.
63 EABBM Az. 53/16.025, Nr. 1. Müller an Franz Grosse vom 9.1.1950.
64 EABBM Az. 2k/515, Hugo Krueger an Müller vom 29.12.1949.
65 EABB/Wigi 18, Hermann Erhard an Martin Donath vom 23.12.1949.
66 Vgl. Neuloh, Betriebsverfassung, S. 94–102.
67 Ebd., S. 94.
68 Kuß, Mitbestimmung, Präambel.
69 Zur Frage der angestrebten Modernisierung deutscher Betriebsstrukturen erschien eine außerordentlich umfangreiche Literatur. An dieser Stelle sei nur auf die weit verbreitete Studie von Herbert Gross, Manager von Morgen, hingewiesen.
70 Neuloh, Betriebsverfassung, S. 100–101.
71 Ebd. S. 102.
72 Friedrich Karrenberg hielt während der Sitzung der *Beratenden Kammer für soziale Ordnung der EKD* am 1.8.1950 ein Referat: Kann die Kirche etwas zur Frage der Mitbestimmung des Arbeiters in der Wirtschaft sagen und was? EZA 2/84/043/19. Vgl. die Analyse bei Jähnichen, Industrieuntertan, S. 377–381.
73 Erklärung des Rates der EKD zur Frage der Mitbestimmung. Abgedruckt in: Joachim Beckmann (Hg.), Kirchliches Jahrbuch für die Evangelische Kirche in Deutschland 1950, Gütersloh 1951, S. 26–27.
74 Zu Karrenbergs wirtschaftsethischen Vorstellungen vgl. Hübner, Markt. Karrenbergs »Dritter Weg« zeichnet sich durch die Option für eine sozial gerechte Marktwirtschaft aus. Hübner, ebd., S. 281.
75 Hübner stellte seinen Vergleich zwischen Karrenberg und E. Müller unter das Motto: »Anthropologie und praktische Sozialreform«, ebd., S. 198–201.
76 Zum Verhältnis von Ordoliberalismus, Neoliberalismus und sozialer Marktwirtschaft vgl. Blum, Marktwirtschaft, S. 90–142.
77 Zur Ambivalenz der gewerkschaftlichen Meinungsbildung zwischen älteren Traditionslinien und der politischen Lage nach 1945 vgl. die Darstellung bei Kleßmann, Betriebsräte.
78 Christmann, Mitbestimmung, Bd.1, S. 228.
79 Schmidt, Frieden, S. 4.
80 Vgl. die Darstellung der Diskrepanzen im Unternehmerlager bei Berghahn, Unternehmer, Kapitel III: Die Rolle der Industrieverbände in Staat und Gesellschaft.

Christoph Nösser

Das Engagement der Evangelischen Akademie Bad Boll in der Frage der westdeutschen Wiederbewaffnung

Fünf Jahre nach dem Ende des Zweiten Weltkriegs führte die Evangelische Akademie Bad Boll vom 18. bis 22. November 1950 erstmals in Württemberg ›*Tage der Besinnung für ehemalige Soldaten*‹ durch. In seinem Einladungsschreiben betonte Landesbischof Martin Haug, daß er schon seit Jahren auf die ungerechte Beurteilung des Soldatenstandes in Deutschland hingewiesen habe. Er zeigte Verständnis für die Verbitterung der ehemals aktiven Berufssoldaten, die zusehen müßten, »wie führende Propagandisten des 3. Reichs schon längst wieder aus der öffentlichen Verantwortung für das Geschehene entlassen« worden seien, während sie selber »nachträglich als besonders Verantwortliche« gebrandmarkt würden, obwohl sie ihren Dienst »unter der Bindung ihres Eides oder unter dem Zwang der Verhältnisse« geleistet hätten. Die »neuere Entwicklung« hätte zu der Erkenntnis der wahren Tatbestände geführt. Dadurch sei deutlich geworden, »daß der Beruf des Soldaten nicht als solcher schon dem Verdikt des Militarismus unterliegen kann«. Es fehle daher die Berechtigung, den Berufsstand in besonderem Maße für das schwere Schicksal Deutschlands verantwortlich zu machen.[1] Der Hinweis Haugs auf die »neuere Entwicklung« macht deutlich, daß die Akademie entsprechend ihrem gesellschaftsdiakonischen Auftrag und Selbstverständnis, insbesondere auf dem Gebiet deutschland- und sicherheitspolitischer Fragen, die Zeitumstände reflektierte. Das Verständnis für Ursachen, Umstände und Zielsetzungen ihrer in der *Württembergischen Landeskirche* wie der gesamten EKD umstrittenen Arbeit bedarf daher einer Einordnung in den historischen Kontext.

Die Akademie in der innerkirchlichen Auseinandersetzung um Wiedervereinigung, Westintegration und Wehrbeitrag

An der ersten großen Wiederbewaffnungsdiskussion in der deutschen Öffentlichkeit um die Jahreswende 1948/49 hatten sich weder die Leitungsgremien der EKD noch deren führende Repräsentanten beteiligt. In den offiziellen Kundgebungen zur Deutschlandfrage konzentrierte sich der Protestantismus vorerst auf die Bewahrung des Friedens, die Gefahren für die nationale und kirchliche Einheit und auf die Abwehr der Vereinnahmung der Kirche für die infolge der Verschärfung des ›Kalten Kriegs‹ zunehmende westliche oder östliche Propaganda.

Erst mit der Reaktion des hessischen Kirchenpräsidenten Martin Niemöller auf die von Bundeskanzler Konrad Adenauer in seinem Interview mit dem *Cleveland Plain Dealer* am 4. Dezember 1949 angedeutete Bereitschaft, die Westintegration durch einen deutschen Verteidigungsbeitrag im Rahmen einer Europaarmee zu ergänzen, wurde diese Zurückhaltung aufgegeben. Niemöller setzte dem Bundeskanzler in seinem Interview mit Marguerite Higgins von der *New York Herald Tribune* am 14. Dezember 1949 provokativ entgegen, daß die deutsche Bevölkerung um der deutschen Einheit willen sogar kommunistische Verhältnisse in Kauf nehmen würde.[2] Durch das Higgins-Interview wurde die Verknüpfung der Problemkreise Wiederbewaffnung und Wiedervereinigung Deutschlands in die daraufhin ausbrechende innerkirchliche Diskussion hineingetragen.

Dessenungeachtet forcierte Adenauer seit der Eskalation des Ost-West-Konfliktes infolge des Korea-Kriegs im Juni 1950 seine Bemühungen um einen deutschen Verteidigungsbeitrag im Rahmen des westlichen Bündnisses. Der mit dem ›Sicherheitsmemorandum‹ vom 29. August 1950 von Adenauer den Westalliierten ohne Wissen des Bundeskabinetts im Gegenzug zur Erlangung der Souveränität angebotene Wehrbeitrag wurde von militärischen Experten in diversen Planungsarbeiten, insbesondere der »*Himmeroder Denkschrift*«, vorbereitet.[3] Der dadurch ausgelöste Konflikt mit Bundesinnenminister Gustav Heinemann, der zugleich von 1949 bis 1955 als Präses der EKD-Synode vorstand, zog die evangelische Kirche immer tiefer in die deutschland- und sicherheitspolitischen Auseinandersetzungen hinein. Niemöller und der pazifistisch gesinnte Flügel des *Reichsbruderrates der Bekennenden Kirche* um seinen Geschäftsführer Herbert Mochalski reagierten auf den Konflikt zwischen Adenauer und dem Synodalpräses am 4. Oktober 1950 in einem offenen Brief und der Flugschrift »*An die Gewehre? Nein!*« mit einem massiven Angriff gegen die sicherheitspolitische Konzeption Adenauers. Diese öffentliche Kritik an der Staatsführung sowie der dabei vermittelte Eindruck, Kriegsdienstverweigerung sei die einzig mögliche christliche Haltung, riefen sogar unter einigen Mitgliedern des *Reichsbruderrates* Entrüstung hervor und ließen die aus dem Kirchenkampf bestehenden Fronten innerhalb der EKD weiter aufbrechen.[4]

Diese Auseinandersetzungen führten auf der Arbeitstagung des *Reichsbruderrates* mit den Schriftleitern befreundeter kirchlicher Blätter am 17. Oktober 1950 in Darmstadt erstmals zum Konflikt zwischen dem Leiter der *Evangelischen Akademie Bad Boll*, Eberhard Müller, und Martin Niemöller, dessen Vorgehensweise der Akademiedirektor einer scharfen Kritik unterzog.[5] Ein am Rande dieser Arbeitstagung geführtes Gespräch beider überzeugte Müller, dem Kirchenpräsidenten publizistisch entgegentreten zu müssen.[6] Seine beiden Artikel »Hat Niemöller recht?« im *Deutschen Pfarrerblatt* und »Traf Niemöller ins Schwarze?« in der Novemberausgabe der *Neuen Furche,* mit denen er Niemöllers Verhalten als ›politische Leidenschaft‹ zu enttarnen versuchte, sind zudem als Reaktion auf die Begegnung zwischen Vertretern der Bekennenden Kirche und der SPD am 30. Oktober 1950 in Darmstadt[7] sowie auf die als unangemessen empfundene Distanzierung des Rates der EKD von Niemöller in seiner Spandauer Sondersitzung am 17. November 1950 entstanden. Mit der verbitterten Erwiderung Niemöllers begann ein polemischer Schriftwechsel, der den Auftakt für den Streit zwischen den Evangelischen Akademien und dem Niemöller-Flügel bildete und das Verhältnis beider Theologen auf Jahre hinaus vergiftete.[8]

Bis zu diesem Zeitpunkt hatte sich die EKD mit den ehemaligen Berufssoldaten als der kirchlichen Zuwendung bedürftigen Persönlichkeiten und Einzelschicksalen noch nicht beschäftigt. Die Soldaten fühlten sich übergangen. Aus der Betonung des Problems der Wehrdienstverweigerung in den kirchlichen Kundgebungen schlossen sie auf eine ablehnende Haltung der Kirche gegenüber ihrem Berufsstand. Die Vertreter soldatischer Verbände begegneten der evangelischen Kirche deshalb mit großer Skepsis. Viele Soldaten, die vorher der Konvention halber das Verhältnis zur Kirche aufrechterhalten hatten, rückten aufgrund der Äußerungen Niemöllers und Heinemanns entschieden von ihr ab.[9] Auch seitens der *Dienststelle Blank*, dem späteren Bundesverteidigungsministerium, wurde immer wieder Kritik geäußert. In einem Schreiben vom 27. November 1953 an Landesbischof Haug zitierte der Bad Boller Studienleiter Heinrich Eberbach den Leiter der Sektion ›Innere Führung‹ Wolf Graf von Baudissin mit den Worten: »Mir scheint es unbedingt notwendig, die ev. Kirche darauf hinzuweisen, daß sie bei einer Fortsetzung ihres augenblicklichen Verhaltens dem Soldaten gegenüber auf ein Missionsfeld verzichtet, das ihr von der Sache her eröffnet wird.«[10] Und noch am 4. August 1956 kritisierte Eberbach in seinem Schreiben an Oberkirchenrat Manfred Müller, einem Bruder des Akademiedirektors, die Haltung der Landeskirche: Solange die Öffentlichkeit die Überzeugung haben müsse, daß »die Ev. Kirche nur für die Wehrdienstverweigerer ein Herz hat und immer gegen Wiederbewaffnung und allgemeine Wehrpflicht eintritt«, sei eine evangelische Wehrmachtsseelsorge unglaubhaft. Zwar seien die Wiederbewaffnungsgegner in der Pfarrerschaft nur eine Minderheit; sie meldeten sich jedoch um so lauter in der Öffentlichkeit zu Wort. Die Landeskirchenleitung sei für das verzerrte Bild verantwortlich, da sie die Korrektur dieses Bildes allein der Akademie überlasse. Die bisherige Haltung der Kirche trage auch wesentlich dazu bei, daß sich für die Soldatenlaufbahn »fast nur Landsknechtsnaturen« meldeten. Dies alles geschehe, obwohl das Verteidigungsministerium das Menschenmögliche getan habe, um der Kirche in den neuen Streitkräften eine ›Missionierungs-Chance‹ einzuräumen, wie sie wohl noch nie in einer deutschen Wehrmacht bestanden habe.[11]

Aus diesen Äußerungen wird deutlich, daß die Akademien infolge der vorsichtig-abwartenden Haltung einzelner Kirchenleitungen und der lautstarken Proteste pazifistischer Kreise gegen die Remilitarisierung der Bundesrepublik in der Betreuung des Soldatenstandes eine drängende Aufgabe vorfanden, der sie sich nicht zuletzt in dem Bewußtsein annahmen, daß sich hier ein Bruch zwischen der Kirche und einer Bevölkerungsgruppe abzuzeichnen begann, wie er während des 19. Jahrhunderts im Verhältnis zur Arbeiterschaft stattgefunden hatte.

Daß die ersten Soldatentagungen der Evangelischen Akademien dann mitten in die turbulenten, spannungsgeladenen Ereignisse des Herbstes 1950 fielen, war nicht vorherzusehen.[12] Die Stuttgarter Kirchenleitung hatte bereits im Oktober 1947 bei Akademiedirektor Eberhard Müller angeregt, die im Elend des Zusammenbruchs von zusätzlichen Ressentiments und Benachteiligungen betroffenen Berufssoldaten in die Tagungsarbeit einzubeziehen. Der Akademieleiter zeigte sich der Soldatenarbeit nicht grundsätzlich abgeneigt, waren es doch gerade seine Weltkriegserlebnisse, die ihm einen wichtigen Impuls für die Aufnahme der Akademiearbeit gegeben hatten.[13] Auch die daraufhin bei der Militärregierung von Müller angestellten Sondierungen stießen auf ein positives Echo. Doch während die seelsorgerliche Betreuung der Heimkehrer aus Krieg und Gefangenschaft als selbstverständliche Aufgabe betrachtet worden war, scheute sich Müller vorerst aus Sorge, die Akademie könne restaurativer Tendenzen verdächtigt werden, eine Tagung ausschließlich für die ehemals aktiven Berufssoldaten auszuschreiben.[14] So kamen mehrere Akademien anderer Landeskirchen Bad Boll zuvor, als sie in kurzen zeitlichen Abständen seit Ende August des Jahres 1950 die Arbeit mit den Berufssoldaten aufnahmen.[15]

Für die Überwindung der Bedenken Müllers gegen die seit langem gehegten Absichten der Landeskirchenleitung war nicht zuletzt entscheidend, daß die Geschäftsführung der Akademie Bad Boll von Heinrich Eberbach, einem ehemaligen Wehrmachtsgeneral, wahrgenommen wurde. Eberbach hatte die Akademie in seiner Funktion als Bezirksflüchtlingspfleger beim *Evangelischen Hilfswerk* auf einer ›Arbeitstagung über Flüchtlingsfragen‹ vom 22.–26. Februar 1950 kennengelernt. Bei seiner Verpflichtung für die Akademiearbeit waren wohl weniger seine Kontakte zu Kreisen führender Militärs entscheidend, die sich für den Aufbau der Soldatenarbeit als große Hilfe erweisen sollten, sondern vielmehr die angesichts der in den Anfangsjahren stark expandierenden Akademiearbeit erforderlichen organisatorischen Fähigkeiten, die man einem ehemaligen General zutraute. Eberbach war zwar überzeugter protestantischer Christ, doch zeugen seine Äußerungen und Korrespondenzen recht deutlich davon, daß sein Denken und Handeln in Akademieangelegenheiten nicht in erster Linie von theologischen Kategorien bestimmt war.[16] Wichtiger für den Aufbau der Soldatenarbeit in Bad Boll war jedoch, daß er aufgrund seiner religiösen Prägung wie seiner Kampfeserfahrungen in einer ›technischen Waffengattung‹[17] für die Ideen Baudissins aufgeschlossen war, was letztendlich erst eine Zusammenarbeit zwischen Akademie und der *Dienststelle Blank* beziehungsweise dem *Bundesverteidigungsministerium* ermöglichte. Eberbach wurde verständlicherweise von Anfang an in die Vorbereitung der Soldatentagungen in Bad Boll eingeschaltet. Nach der ersten Tagung wurde die Organisation dieses Arbeitszweiges vollends in seine Hände gelegt, bevor er im Dezember 1952 offiziell als Studienleiter mit der Durchführung der Soldatenarbeit betraut wurde.[18] Durch die Verbindungen und das Engagement Eberbachs entwickelte sich die Bad Boller Arbeit neben den in Loccum durchgeführten Soldatentagungen zur kontinuierlichsten und bedeutsamsten im Kreise der Akademien.[19]

Der Beginn der Soldatenarbeit in Bad Boll

Wie das Einladungsschreiben des Landesbischofs für die erste württembergische Soldatentagung bekundete, sollte in gewissem zeitlichem Abstand zu den Kriegsereignissen die jüngste Vergangenheit einer nüchternen Prüfung unterzogen werden. Die Tagungsleitung verfolgte die Absicht, in aller Offenheit »das Gute, Entbehrliche und Verhängnisvolle der alten soldatischen Tradition« sorgfältig zu unterscheiden.

In seinem Einleitungsreferat versuchte Generalmajor a. D. Hellmuth Reinhardt, die preußische Militärtradition zu rechtfertigen und nahm das Offizierskorps gegen Schuldzuweisungen hinsichtlich einer Mitverantwortung für den Niedergang Deutschlands in Schutz.[20] Insbesondere durch seine Vereidigung auf die Person Hitlers sei das Offizierskorps in einen inneren Konflikt zwischen konservativer Haltung und den brutalen revolutionären Methoden der Nazis geraten. Trotz des Fehlens innerer Geschlossenheit habe das Offizierskorps länger Widerstand gegen den Totalitätsanspruch der Partei geleistet als alle anderen Institutionen des Staates. Altlandesbischof Theophil Wurm knüpfte in dem nachfolgenden Referat über den »Nationalismus als Problem der neueren deutschen Geschichte« an die kaum Selbstkritik zeigenden Ausführungen Reinhardts an, indem er die »Vergötzung der eigenen Nation« im Nationalsozialismus als Höhepunkt der Entchristlichung der Welt deutete, gegen die der Widerstand in der Wehrmacht nicht habe bestehen können. Wurm sah eine große Aufgabe der Kirche darin, durch eine Rechristianisierung der Gesellschaft zur Verhinderung der Wiederkehr des Nationalismus beizutragen.[21] Dabei müsse jedoch zwischen dem Nationalgefühl, das mit Selbsterhaltung gleichzusetzen sei, und dem Nationalismus, der als eine Spielart des Egoismus anzusehen sei, differenziert werden. Die Kirche habe zudem für die Entrechteten einzutreten und die Mauer der Vorurteile aufzubrechen. Deshalb gelte es, die Forderung der Soldaten zu unterstützen, daß »vor der Remilitarisierung die Bereinigung mancher Diskriminierungen« zu stehen habe.[22]

In drei Podiumsdiskussionen konnten sich die seit langem angestauten Ressentiments gegenüber dem ehemaligen Offizierskorps, aber auch die der Berufsoffiziere gegen die Kirche Luft machen.[23] Als wichtigster Kritikpunkt an der Wehrmacht wurden fehlerhafte Verhaltensweisen der Vorgesetzten in der Menschenführung angeprangert. Die Berichte über schikanösen Kasernenhofdrill tat General a. D. Hermann Foertsch zum Mißfallen vieler Teilnehmer als bedauerliche Einzelfälle ab und verteidigte die militärische Erziehung unter Hinweis auf die großen Leistungen von Reichswehr und Wehrmacht in den beiden Weltkriegen. Die im modernen Krieg erforderliche Selbständigkeit und Handlungsfreiheit sei an der Front in vielen Einheiten praktiziert worden. Den anwesenden Kirchenvertretern gegenüber wurden weltanschauliche Orientierunghilfen und die Verdolmetschung der christlichen Lehre in die Sprache der Zeit angemahnt. Die Kirche habe das ›erlösende Wort‹ nach dem Krieg vermissen lassen. »In dieser Zeit [...] [sei] bei vielen der letzte Halt [zerbrochen], weil die Kirche [statt dessen] von Kollektivschuld und Strafgericht sprach.«[24]

Die Akademie ließ auch die heikelsten, in der Soldatenschaft wie der Öffentlichkeit heftigst umstrittenen Themen nicht aus. In seinem Referat über »Der 20. Juli – Der Eid und die Verantwortung« zeigte sich Hans Hagen, der Ordonnanzoffizier des beim Putschversuch mit der Verhaftung Goebbels betrauten damaligen Majors Remer, ohne jegliches Schuldempfinden. Mit fatalistischem Pathos begründete er sein Verhalten und das seines Vorgesetzten unter Hinweis auf die ›unabdingbare‹ Bindung an ihren Eid. Als sich herausgestellt habe, daß das Attentat auf Hitler fehlgeschlagen war und der Eidträger noch lebte, habe es kein Wanken gegeben. Dem hielt Eberbach in seinem Korreferat entgegen, daß auch Hitler auf das Wohl des Volkes vereidigt gewesen sei. Der fortgesetzte Vertrauensmißbrauch und Eidbruch Hitlers gegenüber dem deutschen Volk hatten seiner Meinung nach für die Soldaten ein Auflösung ihrer Treuepflicht zur Folge. Diese Auffassung implizierte das Eingeständnis einer Mitschuld auf Seiten der Militärs, die trotz allem den Befehlen Hitlers gehorcht hatten. Rechtfertigend fügte er hinzu, daß die alliierte Forderung nach ›bedingungsloser Kapitulation‹ vielen regimekritischen Offizieren, die eine ehrenvolle Beendigung des Krieges erhofften, einen anderen Ausweg gelassen habe. Aus der Diskrepanz zwischen Eid und Verantwortung zog er die Schlußfolgerung, daß die Schaffung eines Rechtsstaates als notwendige Voraussetzung für die Gültigkeit des Soldateneides festzuhalten« sei. Sollte je wieder ein Eid abgelegt werden, dann nur noch auf das deutsche Volk und Europa sowie mit dem Zusatz »nach bestem Wissen und Gewissen«[25].

Wie sich gerade in der Bewertung des Widerstands gegen Hitler zeigte, differierten die Ansichten im Offizierskorps in erheblichem Umfang.[26] Eine verbindende Geisteshaltung der Offiziere war kaum noch festzustellen. Demzufolge konnten Ergebnisse und Lösungen nach dieser ersten fünftägigen Begegnung nicht erwartet werden. Dies war auch fast einhellige Auffassung der Presse. Darüber hinaus wurde vor allem bemängelt, daß das ›ältere Offizierskorps‹ die Bereitschaft vermissen lasse, sich kritisch mit der eigenen Vergangenheit auseinanderzusetzen. »Manches Wort der Verbitterung wurde noch nicht verstanden. Manch einer reiste deshalb vorzeitig ab.«[27]

General Foertsch erkannte die Chancen, die sich den Soldaten durch die Wirksamkeit der zu diesem Zeitpunkt einzigartigen Soldatenarbeit in der Öffentlichkeit bot und entwickelte ›Gedanken für eine weitere Tagung der Ev. Akademie Bad Boll‹[28] unter dem Thema ›Soldat und öffentliche Meinung‹. »Gewinnt eine solche fortgesetzte Tagungsreihe über jeweils aktuelle Fragen das annähernd so große Interesse der Öffentlichkeit wie die bisherigen Einzeltagungen, dann werden auch Regierung, Parlament und amtliche militärische Stellen an den hier ausgesprochenen Erkenntnissen nicht vorbeigehen können und daraus Nutzen ziehen.« Doch vorerst begnügte sich die Akademie mit einem einjährigen Turnus: die nächste Boller Soldatentagung fand erst im Dezember 1951 statt.

In der Zwischenzeit setzte Adenauer seine Westintegrationspolitik mit aller Konsequenz fort. Noch im Dezember 1950 erreichte er die Zustimmung der Westmächte zur Einbeziehung deutscher Truppenkontingente in eine westeuropäische oder nordatlantische Armee. Die Spannungen innerhalb der EKD hielten infolgedessen unvermindert an.

›Politische Aktionen‹ der Akademie zugunsten der Westintegrationspolitik Adenauers

Die der Auseinandersetzung zwischen Eberhard Müller und Martin Niemöller zugrundeliegende Streitfrage, wie weit das ›politische Mandat‹ der Kirche zu fassen sei, wurde auf der Hamburger EKD-Synode im April 1951 behandelt. Eberhard Müller trat dabei erstmals vor einem Gremium der EKD als Gegenspieler Niemöllers auf, als er dem hessischen Kirchenpräsidenten vorwarf, mit seinen Angriffen auf Adenauer in ein ›fremdes Amt‹ eingegriffen zu haben.[29]

Veranlaßt durch die fortgesetzten Bemühungen des Bruderrates der Bekennenden Kirche um eine offizielle Stellungnahme der EKD gegen die Remilitarisierung[30], initiierte der *Leiterkreis der Evangelischen Akademien* auf seiner Herbsttagung am 15. September 1951 in Assenheim ein Gespräch zwischen den Akademieleitern und Politikern verschiedener Parteien über die

Wiederbewaffnungsfrage, das am 1. Oktober 1951 in Königswinter durchgeführt wurde. Nach der im Leiterkreis vorherrschenden Überzeugung sollte der Gruppe um Niemöller in der Friedensfrage kirchlicherseits nicht allein das Feld überlassen bleiben.[31]

Das mit den Politikern anberaumte Treffen diente der Vorbereitung von Akademietagungen, die eine Klärung der verschiedenen Positionen im Protestantismus zum deutschen Wehrbeitrag herbeiführen sollten. Die Aufstellung des dabei zu berücksichtigenden Fragenkataloges zielte offensichtlich gegen die Positionen des Bruderrates. Hinter dem Eintreten Müllers für die Enthaltung der Kirche von politischen Stellungnahmen kam seine Parteinahme für die Adenauer-Administration zum Vorschein.[32] Bei dem in sachlicher Atmosphäre verlaufenen Gespräch wurde deutlich, daß die Meinungsverschiedenheiten im wesentlichen auf einer unterschiedlichen Einschätzung der politischen Optionen der Siegermächte beruhten.[33]

Während bei dieser Veranstaltung die politische und kirchliche Opposition durch Adolf Arndt und Gustav Heinemann vertreten war, wurden die namhaftesten kirchlichen Wiederbewaffnungsgegner[34] von der am 5. November 1951 folgenden Begegnung führender Repräsentanten der evangelischen Kirchen und der kirchlichen Verbände mit Adenauer in Königswinter ausgeschlossen. Die Zusammenkunft, zu der Eberhard Müller im Namen der übrigen Akademieleiter eingeladen hatte, sollte nicht Gefahr laufen, in einem Streitgespräch zwischen den Kirchenvertretern und dem Bundeskanzler zu enden.[35] Die Begegnung verlief dann auch wenig spektakulär. Adenauer erläuterte seine sicherheitspolitische Konzeption und nahm in der anschließenden Diskussion die vornehmlich vom Ratsvorsitzenden Otto Dibelius vorgetragenen Bedenken hinsichtlich der Chancen zur Wiedervereinigung bei vorrangiger Verfolgung der Westintegration und vorherigem Vollzug der Wiederbewaffnung entgegen.

Daß die Zusammenkunft dennoch größere Beachtung fand, lag an der Berichterstattung. Der Veranstalter hatte entgegen der vorherigen Vereinbarung Berichte über die vertrauliche Aussprache an die Presse gegeben, die den Eindruck einer offiziellen Begegnung zwischen Kirche und Staat hervorriefen, bei der weitgehendes gegenseitiges Einvernehmen geherrscht habe. Müller begründete den unautorisierten Schritt an die Öffentlichkeit mit seiner »leidenschaftlichen Sorge für die Reinerhaltung unserer Kirche von einseitigen politischen Stellungnahmen«[36].

Das Vorgehen des Akademiedirektors löste insbesondere im Kreise der Niemöller-Anhänger einen Sturm der Entrüstung aus. Aber auch unter seinen Akademiekollegen stieß es auf Unverständnis und Kritik.[37] Der EKD-Rat beauftragte in der Sitzung vom 7. Dezember 1951 seinen Vorsitzenden Otto Dibelius, Müller das Befremden des Rates über die Ausführlichkeit und Tendenz der Berichterstattung auszusprechen, was nach der Auffassung

Johanna Vogels für den großen politischen Stellenwert spricht, den der Rat dieser Angelegenheit beimaß.[38] Sie sieht die Bedeutung dieser Vorgänge »in erster Linie darin, daß sich nunmehr die kirchliche ›Rechte‹, die bislang nur als diffus-theologische Opposition gegen Niemöllers ›Politisieren‹ zu erkennen gewesen war, zum erstenmal auch als ein politischer Faktor artikuliert hatte.« [39]

Eine Fortsetzung fand die ›politische Aktion‹ Müllers entsprechend der Absprachen auf der Assenheimer Leiterkreistagung in der Kundgebung führender evangelischer Theologen und Laien »*Wehrbeitrag und christliches Gewissen*«, die am 18. Februar 1952 veröffentlicht wurde und für eine Wiederbelebung des Streits mit dem bruderrätlichen Flügel der EKD sorgte. Diese dem Rat der EKD als Denkschrift vorgeschlagene Entschließung war jedoch nicht vom *Leiterkreis der Ev. Akademien* verfaßt worden. Eberhard Müller, von dem zusammen mit dem Hannoverschen Landesbischof Lilje die Anregung für diese Kundgebung ausgegangen war, hatte in diesem Fall mit dem ›*Kronberger Kreis*‹ ein anderes Gremium zur Umsetzung seiner politischen Intentionen gefunden.[40] Der wesentliche Gedanke dieser dürftigen Stellungnahme war es, der Kirche als Institution das Recht zu bestreiten, eine Entscheidung über die ›politische‹ Frage zu fällen, »ob unter den heute gegebenen Umständen ein deutscher Beitrag zu einer europäischen Verteidigungsgemeinschaft ratsam« sei oder nicht.[41] Ein Wächteramt der Kirche akzeptierten die Verfasser lediglich hinsichtlich der Warnung vor den Gefahren des Militarismus und des Eintretens für den Schutz der Persönlichkeitsrechte des einzelnen Soldaten. In der Sicherung von Recht und Frieden gegen innere oder äußere Bedrohung sahen sie einen göttlichen Auftrag, der eine Verteidigungsstreitmacht ebenso rechtfertige wie Polizeikräfte. Der Christ dürfe diesen Grundsatz nicht ablehnen; er trage jedoch dafür Verantwortung, daß die Macht nicht mißbraucht werde.

Berechtigterweise wurde von der Gruppe um Niemöller erneut moniert, daß mit der Entschließung das Mißverständnis geweckt worden sei, es handele sich um eine gemeinsame Erklärung der EKD. Zu einer Beruhigung des Spannungsverhältnisses kam es erst bei einer persönlichen Aussprache der Kontrahenten Niemöller und Müller am Rande der EKD-Synode vom 6. bis 10. Oktober 1952 in Elbingerode, die ihrerseits den Meinungsverschiedenheiten durch den Verzicht auf ein konkretes Wort zur Wiederbewaffnungsfrage Rechnung trug. Eberhard Müller konnte als Erfolg seiner publizistischen Kampagne verbuchen, daß der in der Öffentlichkeit durch das Agieren Niemöllers und seiner Freunde entstandene Eindruck von der Festlegung der evangelischen Kirche auf eine Ablehnung des deutschen Wehrbeitrags revidiert worden war.[42]

Die Bedeutung der Akademie für Baudissins ›Konzeption der Inneren Führung‹

Die ›Wehrbeitrags-Denkschrift‹ basierte auf Gedanken, die auch in den Referaten des Bundestagsabgeordneten Robert Tillmanns (CDU) sowie des Kirchentagspräsidenten Reinhold von Thadden auf der zweiten ›*Tagung für ehemalige Soldaten*‹ in Bad Boll angeklungen waren. Während man sich ein Jahr zuvor mit der Rolle der Wehrmacht und ihrer Angehörigen im Laufe und nach dem Zweiten Weltkrieg beschäftigt hatte, zielte diese Veranstaltung, die vom 6. bis 9. Dezember 1951 speziell für den Württemberger Raum gehalten wurde, auf die Auseinandersetzung mit den geistigen Voraussetzungen zukünftiger Streitkräfte und ihrer Integration in das demokratische Gemeinwesen.[43] Damit entfiel vorerst die innerhalb der Kirche zur Rechtfertigung der Soldatenarbeit betonte Betreuung einer benachteiligten Bevölkerungsgruppe. Die protestantische Elite in Militär und Politik sollte angesichts der zwischenzeitlich gefallenen Vorentscheidungen für einen deutschen Wehrbeitrag[44] rechtzeitig zum ›Nachdenken, Vorausdenken und Planen‹ veranlaßt werden, um auf die Gestaltwerdung der neuen Streitkräfte Einfluß nehmen zu können. Für die Akademieleitung war dabei bestimmend, »daß Erwägungen meist unfruchtbar bleiben, wenn alles schon vollzogen ist«[45]. Aus den Erfahrungen der Vergangenheit und den christlichen Wurzeln der soldatischen Tradition sollte unter Berücksichtigung der seit Kriegsende erlangten demokratischen Verhältnisse so etwas wie ein ›Leitbild des christlichen Soldaten‹ synthetisiert werden.[46]

Auffällig ist, daß die in der *Württembergischen Landeskirche* wie im gesamten evangelischen Raum heftig umstrittene Grundsatzentscheidung für oder gegen die Wiederbewaffnung ausgeklammert wurde. Es ging der Akademieleitung also schon vom Ansatz her nicht um die in Assenheim in Aussicht genommene Positionsbestimmung, sondern um die Ausgestaltung der inneren Ordnung der schon als Selbstverständlichkeit akzeptierten neuen Streitkräfte.

Wie die meisten Kurzreferate und Wortmeldungen der Soldaten zeigen, wurden hinsichtlich der Menschenführung und der militärischen Tradition bis zur Indienststellung der ersten Bundeswehrsoldaten im November 1955 dieselben Positionen wie auf der ersten Soldatentagung vertreten. Die meist höheren Offiziersrängen angehörenden Diskussionsredner gaben sich im Hinblick auf die Eingliederung künftiger Streitkräfte in die Demokratie von der Notwendigkeit von Reformen überzeugt, allerdings war man sich über das erforderliche Maß nicht einig. Während die einen die Neuerungen auf das Abstellen von Mißständen beschränkt wissen wollten, im übrigen aber aus den Leistungen während des Weltkriegs Wert und Berechtigung des ›ewig Gültigen der preußischen Tradition‹ ableiten zu können glaubten, vertraten andere weitblickende Soldaten reformorientierte Vorstellungen, wie sie sich zu diesem Zeitpunkt im *Amt Blank* auf maßgebliches Betreiben Baudissins zu einer Konzeption zu entwickeln begannen. Die Akademie unterstützte die Festigung der demokratischen Gesinnung ihrer Teilnehmerschaft durch die Hinzuziehung geeigneter Referenten und durch die Wahl der Gesprächsthemen, wobei Eberbach enge Fühlungnahme mit der Dienststelle suchte. Am Schluß seines vertraulichen Tagungsberichts für den Leiter der Militärischen Abteilung der *Dienststelle Blank*, Generalleutnant a. D. Adolf Heusinger vom 18. Januar 1952 stellte Eberbach Überlegungen hinsichtlich einer Zusammenarbeit der evangelischen (und katholischen) Akademien mit der *Dienststelle Blank* an.»Dazu wäre zu erwägen, ob die Verbindung der Ev. Akademien mit der Dienststelle Blank enger gestaltet werden und uns mitgeteilt werden kann, auf Erörterung welcher Themen es Ihnen in erster Linie ankommt. Häufig würde es dann auch zweckmäßig sein, wenn von dort geeignete Redner in Vorschlag gebracht würden.« Der Studienleiter bot der Dienststelle folgende Leistungen zur Stärkung der Wehrbereitschaft in der Bevölkerung an: sie könne »zur Einsicht in die inneren Ursachen unserer Niederlage« verhelfen und an der geistigen Überwindung des Zusammenbruchs mitarbeiten, »auf die Kirchenführung [einwirken], daß die evangelischen Landeskirchen der Bundesrepublik den Beruf des Soldaten im biblischen Sinne klar bejahen und die Parole der Wehrdienstverweigerung ablehnen«, sowie auf weiteren Tagungen das ›Leitbild des christlichen Soldaten‹ herausstellen.[47] Tatsächlich ergab sich nach dieser Tagung zwischen Bad Boll und der Dienststelle eine enge Kooperation bei der Programmgestaltung. Für die Dauer mehrerer Jahre konnte die Akademieleitung jeweils mit der Entsendung eines offiziellen Vertreters der Dienststelle rechnen. Es handelte sich dabei fast ausschließlich um Baudissin oder einen seiner Mitarbeiter in der Sektion ›Innere Führung‹.[48] Sie erläuterten die unter den ehemaligen Berufssoldaten innerhalb wie außerhalb der Dienststelle umstrittene Konzeption der ›Inneren Führung‹ und das darin als deren wesentlichen Bestandteil eingeschlossene Leitbild des ›Staatsbürgers in Uniform.‹[49] Gleichzeitig stellten sie immer neue Teile der Konzeption vor dem fachkundigen Publikum zur Diskussion. Dadurch konnten viele Anregungen und Kritikpunkte in die weiteren Planungen der Dienststelle einfließen.

Die enge Zusammenarbeit zwischen Akademie und Dienststelle stieß innerhalb wie außerhalb der Landeskirche auf teils heftigen Widerspruch. Während einige Teilnehmer bemängelten, daß die christliche Dimension zu stark vernachlässigt werde[50], sahen andere in diesen Tagungen nur den Teil einer größer angelegten ›politischen Aktion‹.[51] Auf der 32. Tagung des *Reichsbruderrats* am 19./20. November 1951 empörte man sich über das vorliegende Programm der zweiten Soldatentagung, und das Organ des Bruderrats, die *Stimme der Gemeinde,* brachte den polemischen Kommentar: Die

Evangelische Akademie Bad Boll sei »auf den für sie zwar naheliegenden, andere Menschen aber nicht wenig befremdenden Gedanken gekommen, [...] allzu eilfertig und allzu vorsorglich, schon jetzt daran zu gehen, die kommende militärische Aufrüstung ideologisch zu untermauern und sie moralisch aufzurüsten.« Die Akademie mißachte damit ihren kirchlichen Auftrag, denn die Botschaft der Kirche, so habe die Synode von Weißensee entschieden, rufe dazu auf, mit allen Menschen für den Frieden der Völker zu wirken.[52]

Der Beitrag zum Aufbau der Militärseelsorge und zur Beilegung der Spannungen in der württembergischen Pfarrerschaft

Nach den ersten vier großen Soldatentagungen begannen im November 1953 Begegnungstagungen zwischen den Soldaten und der württembergischen Pfarrerschaft sowie verschiedenen anderen Berufsständen. Die Akademieleitung rechnete nach dem Ausgang der Bundestagswahlen am 6. September 1953 fest damit, daß eine deutsche Verteidigungsmacht Realität werde. Damit sah sie die Kirche vor eine neue Situation gestellt, die einer Klärung der Haltung in der württembergischen Pfarrerschaft zur Wiederbewaffnung und zu den zukünftigen Soldaten bedürfe. In einem Memorandum für Landesbischof Haug[53] attestierte Heinrich Eberbach der württembergischen Kirche ein ›wehrfeindliches‹ Erscheinungsbild. Offenbar ohne (genaue) Kenntnis der im Gange befindlichen Verhandlungen zwischen dem *Amt Blank* und den Kirchen bezüglich eines Militärseelsorgevertrages[54], aber mit Selbstverständlichkeit von einer Wiederbelebung der Militärseelsorge in den zukünftigen Streitkräften ausgehend, betonte er die Notwendigkeit zur Ausbildung geeigneter Pfarrer. Haug bestätigte in einem daraufhin stattfindenden Treffen, daß die Einschätzung Eberbachs derzeit auch für das Pfarrseminar und das Pastoralkolleg zutreffend sei und daß man sogar ihm selber mit Mißtrauen begegne, obwohl er sich in der Wiederbewaffnungsfrage nicht sehr engagiere. Das ganze Problem werde jetzt von der EKD aufgegriffen, da »die Frage der Wehrmachtsseelsorge so brennend sei, daß man sich um die damit zusammenhängenden Probleme nicht länger drücken könne«. Damit spielte Haug auf die Konstituierung des nach seinem Leiter, dem Badischen Landesbischof, benannten ›Bender-Ausschusses‹ an, der vom Rat der EKD auf seiner Sitzung am 7./8. Mai 1953 zur Konkretisierung der detailaufwendigen organisatorischen und personellen Probleme der Militärseelsorge eingesetzt worden war. Haug erklärte sich mit folgendem Vorgehen einverstanden: Einer ersten zur Auswahl zukünftiger Militärseelsorger bestimmten Tagung für etwa 20 junge Pfarrer sollten zwei weitere folgen. Zu einer Wiederholungstagung sollten die ›Heinemann-Leute‹, das heißt die Wiederbewaffnungsgegner unter den Pfarrern, eingeladen werden. In einer dritten Tagung sollten Dekane, Studenten- und Jugendpfarrer sowie Ephori über Probleme des zukünftigen Soldatentums unterrichtet werden.[55]

Über die Ergebnisse seiner Bemühungen um die Herstellung eines modus vivendi hinsichtlich der Haltung zur Wiederbewaffnung innerhalb der Pfarrerschaft sowie der Inangriffnahme von Vorbereitungen für die Militärseelsorge unterrichtete Eberbach auch die Landeskirchen von Baden, Bayern und Hannover. Bezüglich der synodal verfaßten Landeskirchen sah er jedoch Schwierigkeiten, da die Präsides »auf diesem Ohr schlecht hören«. Hier werde es wesentlich sein, daß die lutherischen Landeskirchen in der Synode gemeinsam vorstießen. Dieser Initiative Eberbachs war zumindest in der Arbeit der Schwesterakademien in den genannten Landeskirchen nur geringe Wirkung beschieden.[56]

Die zwischen Akademie und Landeskirchenleitung vereinbarte erste ›*Arbeitstagung über Wehrmachtsseelsorge*‹ veranstaltete der Stuttgarter *Oberkirchenrat* vom 30. November bis 2. Dezember 1953 in Bad Boll[57]; als Tagungsleiter firmierte der Bruder des Akademiedirektors, Oberkirchenrat Manfred Müller. Unter den nur 31 Teilnehmern waren die verschiedenen protestantischen Strömungen vertreten, etwa durch den sozialistischen Pfarrer Eberhard Lempp und durch Konrat Weymann, den späteren Militärdekan. Als Sachverständige nahmen die vier Wehrmachtsgenerale Dethleffsen, Staedtke, Hölter und Hauck teil; Studienleiter Hans Stroh, Heinrich Eberbach und Eberhard Müller wirkten seitens der Akademie Bad Boll als Referenten mit. Bereits durch den einleitenden Vortrag von Manfred Müller über »Die neue Lage – unsere Stellung zur Wehrmachtseelsorge« wurde deutlich, daß es auch im internen kirchlichen Kreis nicht zu einer Grundsatzaussprache über das Problem der Wiederbewaffnung kommen sollte.

Da die mit Haug bei der Besprechung am 4. November 1953 geplante Pfarrer-Tagung nicht zustande kam, wurde eine Gruppe pazifistisch gesinnter Pfarrer auf Weisung des Stuttgarter *Oberkirchenrats* zur Erzieher-Tagung »*Friedenswille und Verteidigungsbereitschaft*« am 22.–25. Oktober 1954 eingeladen.

Die bislang erfolgreichen Bemühungen der Akademie- und Tagungsleitung, grundsätzliche politische Fragen, etwa nach der Notwendigkeit eines deutschen Verteidigungsbeitrags, auszuklammern und sich statt dessen ausschließlich auf Fragen des ›Inneren Gefüges‹ zu konzentrieren, schlugen bei dieser Tagung fehl. Gerade die grundlegenden Meinungsunterschiede innerhalb der Landeskirche lösten heftige, zum Teil ins persönlich Beleidigende gehende Auseinandersetzungen aus.[58] Eberbach begründete den unvorhergesehenen Verlauf der Tagung gegenüber dem Hauptgeschäftsführer der *Wirtschaftspolitischen Gesellschaft*, General a. D. Erich Dethleffsen, damit, daß die innerkirchlichen Verhältnisse Eberhard Müller gezwungen hätten, auf die

Pazifisten »mehr Rücksicht zu nehmen, als mit dem Ziel der Tagung vereinbar war«[59]. Die Ausführungen von Major a. D. Heinz Karst, einem Mitarbeiter Baudissins, und dem SPD-Wehrexperten Fritz Erler über Menschenführung und den erzieherischen Auftrag der Streitkräfte hinterließen in der *Württembergischen Landeskirche* einen geringeren Nachhall als der Eklat, zu dem es in der angespannten Situation durch eine Wortmeldung des Cannstatter Dekans Gotthilf Weber kam. Seine Äußerungen wurden dahingehend (miß)verstanden, im letzten Weltkrieg sei den »Soldaten durch ihre Vorgesetzten befohlen worden, zu huren, zu plündern, zu morden und zu stehlen«[60]. Gegen diese Äußerung protestierte ein häufiger Tagungsgast, General a. D. Staedtke, seinerseits mit Worten, die auf Seiten der Wiederbewaffnungsgegner als massive Drohung aufgefaßt wurden.[61] Eberbach und Akademiedirektor Müller konnten die Situation noch während der Tagung bereinigen, indem sie Weber überzeugten, sich für seine mißverständliche Äußerung vor dem Plenum zu entschuldigen. Auch Staedtke versuchte, seine Worte vom Vortag klarzustellen. Doch es ist kennzeichnend für die auf beiden Seiten bestehenden Affekte und Ressentiments, daß die auf der Tagung beigelegte Auseinandersetzung zwischen Staedtke und Weber noch ein längeres Nachspiel hatte, das die Opponenten in der *Württembergischen Landeskirche* noch für Monate beschäftigte: In Kreisen der gegen die Wiederbewaffnung aufbegehrenden Pfarrer kursierten Gerüchte über den Wortlaut von Staedtkes Protest. Er solle gesagt haben: »Da hat eben so ein komischer Dekan gesprochen. Wenn wir wieder das Heft in der Hand haben, werden wir solche Leute zum Teufel jagen.« Dieser offenbar durch Wiedergabe von Erzählungen eines Tagungsteilnehmers in Umlauf gebrachte Wortlaut – der in der Tat dazu geeignet war, jegliche Bemühungen der Akademie und der Vertreter des *Amtes Blank* um Vertrauensbildung zwischen den Soldaten und den Wiederbewaffnungsgegnern zu torpedieren – führte bei den Beratungen des Kirchheimer Pfarrerkonvents zu Vorwürfen der Parteilichkeit gegen die Akademie und ihren Leiter.[62]

Die Enttäuschung über den Verlauf der Tagung brachte Eberbach in seinem Schlußwort zum Ausdruck: ihn bedrücke es, daß die Verantwortlichen aus Skrupel hinsichtlich der Berechtigung einer neuen Wehrmacht der Jugend in ihrer Entscheidungssituation keine Hilfestellung leisteten. Landesbischof Haug zeigte sich im Schreiben vom 23. November 1954 ebenfalls über das opponierende Verhalten der Württemberger Pfarrer in der Wehrfrage und über die Gespaltenheit der Kirche bekümmert.[63] Bei dem »fanatischen pro *und* contra« in der Landeskirche sei es sehr schwer, sachliche Überlegungen anzustellen, zumindest solange Niemöller und Heinemann »ihre Sicht der Dinge so absolut und prophetisch« vortrügen. Der Vorwurf des ›Fanatismus‹ bezog sich aber ebenso auf den Kurs, den die Akademie Bad Boll mit ihrer Soldatenarbeit, vor allem aber in den Auseinandersetzungen Müllers mit dem Niemöller-Lager steuerte. Andererseits dürfe Eberbach sicher sein, so der Landesbischof, daß er die Verantwortung für die der Kirche aufgetragene Klärung der Positionen in der Wiederbewaffnungsfrage täglich vor Augen habe.

Haug reagierte damit auf konkrete Vorschläge für die Fortsetzung der Soldatenarbeit in Württemberg, die Eberbach der Landeskirchenleitung unmittelbar nach der Tagung unterbreitet hatte.[64] Da der *Oberkirchenrat* in seiner Mehrheit die Ansicht Haugs teilte, stimmte er dem Vorschlag zu, die zunächst ausgefallene geschlossene Pfarrertagung im Januar 1955 nachzuholen.[65]

Da die Akademie im Meinungsstreit Partei ergriffen hatte, schien es Eberbach angebracht, die Durchführung einer solchen Tagung aus den Händen zu geben. So übernahm der Stuttgarter *Oberkirchenrat* die Trägerschaft für die kirchliche Arbeitstagung »*Kirche und Wiederbewaffnung*«, die vom 9. bis 13. Januar 1955 in Bad Boll abgehalten wurde. Die Leitung wurde gemeinsam von Eberhard Müller und dem Leiter des Freudenstädter Pastoralkollegs, Kirchenrat Walther Geißer, wahrgenommen. In dem gemeinsamen Einladungsschreiben, in dem sie sich als Vertreter unterschiedlicher Auffassungen in Sachen Wiederbewaffnung zu erkennen gaben, bezeichneten sie es als Ziel der Zusammenkunft, die mangelnden Kenntnisse über die Tatbestände und die verschiedenen Standpunkte zu beheben, die oftmals Ursache für Meinungsverschiedenheiten und Auseinandersetzungen gewesen seien. Haug ermahnte in seiner Eröffnungsrede aus Sorge vor einer Spaltung der Landeskirche die 123 teilnehmenden Pfarrer und Theologen im Sinne der Spandauer Sondersitzung der EKD von November 1950, zukünftig größere Zurückhaltung im politischen Meinungskampf zu üben.

Für den Verlauf der gesamten Tagung symptomatisch, traten die gegensätzlichen Positionen in den ›Biblischen Besinnungen‹ von Landesbischof Haug und Kirchenrat Geißer deutlich zutage: während Haug der Bibel keine Begründung für die sittliche Pflicht zur Wehrlosigkeit zu entnehmen können glaubte, zog sie Geißer zur Begründung seiner Bedenken gegen die Wiederbewaffnung heran.[66] In den folgenden Referaten legten der Bonner Theologe Helmut Gollwitzer und Gustav Heinemann ihren nicht grundsätzlichen, sondern aus der aktuellen politischen Lage begründeten Pazifismus dar. Die sich daran anschließenden Diskussionen machten deutlich, daß die Meinungen bezüglich der politischen Lagebeurteilung, der Stellung zur Obrigkeit und der Frage, ob und wie die Mitverantwortung der Kirche hinsichtlich der Wiederbewaffnung in Stellungnahmen zum Ausdruck kommen müsse, zu unterschiedlich und zu fest waren, als daß eine Verständigung hätte möglich sein können. In dieser Situation fand Graf Baudissin offenbar die richtigen Worte, um unter Hinweis auf die inzwischen herangereifte ›Konzeption der Inneren Führung‹ zumindest die Befürchtungen vieler Wehrbeitragsgegner bezüglich eines Wiedererstarkens des Militarismus zu zerstreuen. Baudissins betont christliche Rhetorik blieb nicht ohne Wirkung auf seine Zuhörer. Kirchenrat Geißer soll ihn anschließend sogar mit den Worten »er ist wirklich ein Mann Gottes« gelobt haben.[67]

Nach der Tagung zog Eberbach folgendes Resümee: Die zuvor unentschiedenen Pfarrer seien in der Mehrzahl für den Wehrbeitrag gewonnen worden. Die Kirchenleitung habe es zwar vermieden, offen Partei zu ergreifen; doch sei wohl deutlich geworden, »daß unser Oberkirchenrat nicht gegen die Wiederbewaffnung ist und Äußerungen, die sich gegen einen Verteidigungsbeitrag aussprechen, ablehnt«. Abgesehen von den Unbelehrbaren, seien einige der Wiederbewaffnungsgegner unschlüssig geworden. »Die übrigen mußten zugeben, daß man auch einen anderen Standpunkt begründet und mit ehrlichem Gewissen vertreten kann [...] Sie werden in Zukunft mit ihren Äußerungen in dieser Frage zurückhaltender sein.«[68] »Die Nein-Sager unter den protestantischen Theologen«, so lautete die Einschätzung des SZ-Korrespondenten Hans Ulrich Kempski, »werden also weiter auf der Kanzel gegen die Wiederbewaffnung predigen.«[69]

Trotz der in den Vorträgen und Diskussionsbeiträgen offen sichtbar gewordenen Differenzen in der Haltung zur Deutschlandfrage stellte diese Tagung so etwas wie einen Schlußpunkt oder innerkirchlichen ›Toleranzfrieden‹ in den Auseinandersetzungen zwischen den Flügeln der *Württembergischen Landeskirche* dar. Man hatte im offenen und fairen Umgang miteinander eine menschliche Annäherung erreicht, auch wenn die sachlichen Meinungsverschiedenheiten unüberbrückbar blieben. Die Ernsthaftigkeit des Ringens um den rechten Weg auf beiden Seiten war anerkannt, die gegenseitige Achtung war wiederhergestellt. Das Tagungsziel, durch Aussprache und Klärung der Standpunkte zur Verständigung beizutragen und die Fronten zu beruhigen, war erreicht worden.[70] Die Tagung wurde damit zum Vorboten der Beruhigung in der innerkirchlichen Wiederbewaffnungsdiskussion, wie sie nach der Ratifikation der EVG-Verträge auf der Synode von Espelkamp eintrat.

Unmittelbar nachdem der Rat der EKD die Unterzeichnung des Militärseelsorgevertrags beschlossen hatte, startete die Akademie in Zusammenarbeit mit dem Militärdekan des Wehrbereichs V Konrat Weymann vom 4. bis 7. Februar 1957 die Durchführung von meist nach Dienstgradgruppen getrennten ›Rüstzeiten‹ für die Soldaten und Offiziere der Bundeswehr. Die Militärseelsorge konnte damit von den bei der bisherigen Soldatenarbeit gesammelten Erfahrungen und den in der Berufsgruppenarbeit geschulten Mitarbeitern der Akademie profitieren. Der Akademie erwuchs dadurch neben den jährlichen Begegnungstagungen zwischen der Soldatenschaft und einzelnen Berufsgruppen ein neues Betätigungsfeld, das den seit der ersten Soldatentagung verlorengegangenen seelsorgerlichen Charakter wieder in die Boller Soldatenarbeit einbrachte.[71]

Fazit

Aus den bisherigen Ausführungen lassen sich die maßgeblichen Intentionen für das Engagement der Evangelischen Akademie in der Wiederbewaffnungsfrage herauslesen und auf ihre Umsetzung in der Tagungsarbeit überprüfen.

Die Evangelischen Akademien waren die ersten Institutionen, die sich auf kirchlicher oder staatlicher Ebene der Betreuung der gesellschaftlich noch vielfältigen Diskriminierungen unterworfenen Soldatenschaft widmeten. Dabei konnten sie die mit dem erwarteten Verteidigungsbeitrag verbundene Problematik frühzeitig erkennen und die wesentlichen Fragestellungen thematisch erfassen.[72] Die Soldatenarbeit in Bad Boll verfolgte dabei nach dem Bekunden des zuständigen Studienleiters drei Absichten.[73] Zunächst wollte sie dem protestantisch geprägten Offizierskorps Hilfestellung geben, damit das befürchtete Fortschreiten der Entchristlichung des Berufsstandes ausbliebe. Zweitens wollte sie einen Beitrag zur Vergangenheitsbewältigung leisten. Mit diesen beiden seelsorgelichen Anliegen verband sich ein weiterer Ansatzpunkt: gerade die ersten Tagungen in allen sich mit der Thematik beschäftigenden Akademien boten Gelegenheit zur Aussprache über die physische und psychische Bedrängnis, mit der die Soldaten und ihre Familien in der Nachkriegszeit vielfach zu kämpfen hatten. Danach traten in Bad Boll solche seelsorgerlichen Gesichtspunkte jedoch bis zur Aufnahme der Militärseelsorgetagungen im Februar 1957 in den Hintergrund. Als dritte Absicht nannte Eberbach den Brückenschlag zwischen sich abwartend oder feindlich gegenüberstehenden, aber dennoch im Interesse der gemeinsamen Sache aufeinander angewiesenen ›Partnern‹: In der Sorge, die neuen Streitkräfte könnten wie zu Zeiten der Weimarer Republik in die Isolierung geraten und einen ›Staat im Staate‹ bilden, bestand ein parteiübergreifender und auch die Gewerkschaften einschließender Grundkonsens, auf dem die Akademie bei Begegnungstagungen, etwa den hier nicht behandelten Gesprächen zwischen Soldaten und Politikern im November 1955 beziehungsweise Gewerkschaftern im Mai 1957, aufbauen konnte. Durch diese Zusammenkünfte leistete die Akademie einen wichtigen Beitrag zur Entwicklung eines guten menschlichen Vertrauensverhältnisses zwischen einzelnen Oppositionspolitikern und Gewerkschaftern auf der einen und den Soldaten auf der anderen Seite.

Doch auch innerhalb der württembergischen Pfarrerschaft galt es, die Aversionen zwischen Befürwortern und Gegnern der Wiederbewaffnung abzubauen. Letztendlich sorgte eine Klärung der Standpunkte bei persönlichen Begegnungen im Rahmen der Akademie für die von Landesbischof Haug erstrebte Beruhigung. Bemerkenswert ist, daß die Kirchenleitung einen für diese auch innerkirchlich so brisante Streitfrage zuständigen Studienleiter akzeptierte, der nicht dem Pfarrerstand angehörte und als ehemaliger Wehrmachtsgeneral eigene Interessen und Zielsetzungen verfolgte, auch wenn sie mit den kirchlichen zum Teil deckungsgleich waren. Das Engagement Eberbachs galt in erster Linie der Integration der neuen Streitkräfte in die Demokratie. Dadurch ergab sich ein enges Zusammenspiel mit der *Dienststelle Blank*, der die Gelegenheit geboten wurde, im kirchlichen Raum für die Wiederbewaffnung, die Westintegrationspolitik Adenauers und die Reformkonzeption Baudissins zu werben, was der Akademie den Ruf einer ›Kriegsakademie‹ eintrug.[74] Tagungen für Kriegsdienstverweigerer, wie sie in anderen Akademien durchgeführt wurden, gab es dagegen in Bad Boll nicht. Die von der *Kirchlichen Bruderschaft in Württemberg* mit Blick auf die Soldatenarbeit vorgetragene Kritik, daß die Akademie in ihrem Dienst an der Gesellschaft nicht allein durch das Evangelium, sondern durch die Interessen des Staates und des Militärs bestimmt gewesen sei, erscheint somit durchaus berechtigt.[75] Die stete Präsenz von Vertretern der Dienststelle bei den Tagungen garantierte das Interesse in Kreisen führender Militärs, das der Arbeit nicht nur inhaltliches Niveau, sondern auch großen Zulauf und weite öffentliche Beachtung verschaffte. Ein Vergleich mit den anderen Einrichtungen, die im Lande Württemberg ›Soldaten-Rüstzeiten‹ im Zeitraum von 1955 bis 1958 durchführten, zeigt, daß Bad Boll knapp die Hälfte aller Tagungen durchführte und daß man dort insgesamt mehr als die Hälfte der Besucher aufweisen konnte.[76]

Für Eberhard Müller waren dagegen eher innerkirchliche Motive bei der Beschäftigung mit der Wiederbewaffnungsproblematik ausschlaggebend. Wie die Zusammenstöße mit Niemöller zeigen, suchte er in erster Linie die politische Auseinandersetzung mit den kirchlichen Widersachern des Bundeskanzlers.

Die in Bad Boll geleistete Arbeit war nicht zuletzt für die *Dienststelle Blank* und das Verteidigungsministerium von großer Bedeutung. Die Führung der Dienststelle war sich der demoralisierenden Wirkung bewußt, die eine Ablehnung der Wiederbewaffnung seitens der EKD auf die größtenteils protestantische Soldatenschaft haben mußte. Deshalb stimmte sie den Auftritten Graf Baudissins oder seiner Mitarbeiter in Bad Boll und anderen Akademien zu in der Erwartung, daß seine Reformideen auch Gegner des Wehrbeitrages anzusprechen vermochten. Graf Baudissin hingegen erkannte den Nutzen der Akademiearbeit für den Klärungsprozeß seiner ›Konzeption der Inneren Führung‹[77], denn sie bot ihm ein sachkundiges Publikum, das seine Reformideen einer kritischen Überprüfung unterzog und weitere Anregungen gab. Andererseits konnte er in Vorträgen und Diskussionen vieles anregen, »was im eigenen Haus auf Ablehnung stieß [...], aber nun durch die Öffentlichkeit aufgenommen und zum Vorschlag erhoben wurde«.[78] Auf diesem Umweg versuchte Baudissin von außen Druck auf die Dienststelle zur Durchsetzung seiner Vorstellungen auszuüben und seine Position zu stärken.

Die Rolle der Kirche bei der Verständigung über die wehrpolitischen Grundsatzentscheidungen wurde in der Publizistik sehr unterschiedlich bewertet: Während der Wert der Akademiearbeit mit dem Argument bestritten wurde, daß das Wort der Kirche ›für viele ein Fremdkörper‹ gewesen sei und eine Abwehrhaltung ›gegen die christlichen Injektionen‹ hervorgerufen hätte, erfuhr die »mutige Entschlossenheit«, eines der umstrittensten Probleme der Nachkriegszeit aufzugreifen und in aller Offenheit auszudiskutieren, auch viel Zustimmung. »Es bleibt das Verdienst der Akademie, daß sich die Evangelische Kirche damit einer Aufgabe unterzogen hat, die ebenso schwierig und heikel wie auch möglicherweise mißverständlich in der Öffentlichkeit« war.[79]

Anmerkungen

1 Die Akten der Soldatentagungen sind im Archiv der Evangelischen Akademie Bad Boll (EABB) in einem gesonderten Bestand unter der Bezeichnung ›Abteilung für Soldatenfragen‹ (AfS) gesammelt; die Einladung zur ersten Tagung findet sich in EABB-AfS-11.
2 Vgl. dazu Vogel, Kirche, S. 80; Spotts, Kirchen, S. 207f.
3 Die Denkschrift war Ergebnis der Tagung eines militärischen Expertenausschusses, der im Oktober 1950 im Eifelkloster Himmerod zusammenkam. Sie gilt bis heute als »Ausgangsdokument der gesamten künftigen militärischen Planung«, vgl. Krüger/Ganser, Quellen, S. 128. Einige der Mitarbeiter an der Denkschrift, die später führende Positionen in der Dienststelle Blank, im Verteidigungsministerium oder der Bundeswehr innehatten, nahmen regelmäßig an den Boller Soldatentagungen teil.
4 Vgl. den Brief des Fürther Pfarrers Putz an Oberkirchenrat Beckmann, v. 7.10.1950, EABB, Bestand Direktion Müller (M)-Az 29 B.
5 Vgl. die Niederschrift Müllers v. 23.10.1950 über eine Besprechung zwischen Niemöller u. den Schriftleitern ihm nahestehender christlicher Zeitschriften in Darmstadt am 17.10.1950, EABBM-Az 29 B sowie die damit übereinstimmende Darstellung Klausers in seiner ›Niederschrift über die Arbeitstagung des Bruderrates der Bekennenden Kirche mit den Schriftleitern verschiedener befreundeter kirchlicher Blätter‹ am 17.10.1950, ebd.
6 Wie Müller in einem (möglicherweise nicht abgesandten) Rundbrief v. 27.12.1950 an die Kritiker seines Artikels ›Traf Niemöller ins Schwarze?‹ in *Die Neue Furche* Nr. 28 vom November 1950, S. 2–6, erklärte, ging diesem sowie seinem Artikel ›Hat Niemöller recht?‹ im *Deutschen Pfarrerblatt*, Nr. 21 vom 1.11.1950, S. 656–659, ein sechsstündiges Gespräch mit Niemöller in Darmstadt voraus. Dabei sei Niemöller noch weiter gegangen; so habe er etwa den übertriebenen Vorwurf geäußert, daß »die Methoden der Westdeutschen Regierung ... schlimmer [seien] als die der Gestapo«. Vgl. auch den Brief Müllers an den Vorsitzenden des Sozialausschusses der Ev. Kirche im Rheinland Friedrich Karrenberg v. 2.1.1951, EABBM-Az 29 B.
7 Vgl. dazu Möller, Kirche, S. 152–155; zu den beiden Artikeln siehe oben, Anm. 6.
8 Vgl. z. B. den Brief Niemöllers v. 30.11.1950 an Müller, EABBM-Az 29 B: mit dem Artikel in *Die Neue Furche* trete Müller »in die Reihe derer, die den schwersten Vorwurf, den man einem Christenmenschen machen kann, irgendwo in die Presse tragen, ohne den Mann, den man sonst mit »Bruder« tituliert, ... [zuvor] zur Rede zu stellen«.

9 Vgl. den Brief von General a.D. Burmeister an Studienleiter General a.D. Eberbach v. 9.11.1950, EABB-AfS-11-6.
10 EABB-AfS-10; vgl. auch den Brief Baudissins an Eberbach v. 17.11.1953, EABB-AfS-120.
11 EABB-AfS-3. Die Sorge und Zurückhaltung vieler ev. Theologen in bezug auf die Zusammenarbeit von Kirche und Militär war insofern nicht ganz unbedründet, als viele Berufssoldaten in der Kirche lediglich eine Erfüllungsgehilfin sahen, deren Dienst darauf beschränkt bleiben sollte, den Soldaten ihre moralischen Bedenken gegen das Töten zu nehmen.
12 Vgl. den Brief des kurhessischen Akademieleiters Müller-Schwefe an Generalleutnant a.D. Hans Speidel v. 27.5.1950, Archiv der *Ev. Akademie Hofgeismar*, Tagungsakten 1950. Eberbach erwähnt in seinem Brief an die Dekanatämter in Württemberg von Oktober 1950, EABB-AfS-11-1, daß die Soldatentagung schon lange beschlossen gewesen sei, bevor die Frage der Wiederbewaffnung aktuell wurde.
13 Schmidt, Bewußtseinsbildung, S. 72; vgl. auch Huckabee, Spirit, S. 3f.
14 Schreiben Müllers an den Stuttgarter Oberkirchenrat v. 27.10.1947; LkA Stuttgart-Altreg. Gen/349 b II.
15 Die erste Tagung einer Ev. Akademie für ehemalige Berufssoldaten fand vom 31.8. bis 3.9.1950 im kurhessischen Guntershausen statt, dicht gefolgt von den Evangelischen Akademien der Nordelbischen Landeskirche in Schleswig, der Bayerischen Landeskirche in Tutzing sowie der Badischen Landeskirche in Herrenalb am 2.–5.11.1950, die von der Württemberger Seite durch die Teilnahme von Altlandesbischof Theophil Wurm und Eberbach unterstützt wurde.
16 Der in enger familiärer Bindung zu der württembergischen Pastorenfamilie Lempp stehende Eberbach versuchte stets, für den alten Beruf, »dem man ja doch für ewig verpflichtet bleibt, das ... Mögliche zu tun«. Brief Eberbachs v. 2.11.1954 an Karst, EABB-AfS-10.
17 Bei Luftwaffe, Marine und Panzertruppe war das Vorgesetztenverhältnis stärker vom ›Teamgeist‹ geprägt als in den übrigen Truppenteilen des Heeres.
18 Die von Eberbach für die Soldatenarbeit in Bad Boll in Anspruch genommene Initiatorenrolle sowie die Vorbildfunktion seiner Arbeit für die anderer Akademien sind nur sehr beschränkt zutreffend; vgl. seine Briefe an Ludwig v. Viebahn v. 26.8.1950, EABB-AfS-11, u. an Dekan Koller v. 4.12.1956, EABB-AfS-10.
19 In diesem Sinne äußerte sich der damalige Stellvertreter des Grafen Baudissin in der Dienststelle Blank, Brigadegeneral a.D. Heinz Karst, in einem Schreiben an den Verfasser. Die Arbeit der Evangelischen Akademie in Hermannsburg, später Loccum, auf sicherheits- und verteidigungspolitischem Gebiet gewann dadurch besondere Bedeutung, daß ihre Leitung über beste Kontakte zu Baudissin verfügte, der vor seinem Eintritt in die Dienststelle Blank als freier Mitarbeiter an ihren Tagungen mitgewirkt hatte. Vgl. dazu Abenheim, Bundeswehr, S. 60; sowie Meyer, Situation, S. 663f.
20 »Der Weg des deutschen Offizierskorps v. Scharnhorst bis Hitler«, vgl. den Tagungsbericht in EABB-AfS-11-3, S. 1–3.
21 Zu diesem für den deutschen Nachkriegsprotestantismus typischen Argumentationsmuster vgl. Greschat, Aufbruch, S. 110–114.
22 Vgl. Thimm, Diskussionen u. den Tagungsbericht, S. 4f.
23 Thimm, Diskussionen.
24 Vgl. den Tagungsbericht, S. 11, EABB-AfS-11-3. Diese Stellungnahme ließ jedoch außer Acht, daß ein ›erlösendes‹ Wort der Kirche an ein vorheriges Schuldeingeständnis der deutschen Öffentlichkeit gebunden war, wie es immer wieder von protestantischen Theologen wie Karl Barth und Martin Niemöller vergeblich gefordert wurde.
25 Vgl. dazu Meyer, Situation, S. 669f.

26 Der 20. Juli 1944 spielte nicht nur beim Aufbau der Dienststelle und bei der Auswahl bzw. Rekrutierung der militärischen Berater u. Mitarbeiter der Dienststelle eine herausragende Rolle. Auch bei der Wiedereinstellung von Wehrmachtsoffizieren in die neue Bundeswehr wurde von den Bewerbern Respekt vor dem Schritt der Widerständler erwartet. Vgl. Abenheim, Bundeswehr, S. 55.
27 Thimm, Diskussionen.
28 EABB-AfS-11-5.
29 Vogel, Kirche, S. 149–154.
30 Auf der Tutzinger EKD-Ratssitzung wurde am 6./7.9.1951 auf Antrag Niemöllers beschlossen, den Kirchengemeinden eine erneute Verlesung des Friedenswortes der EKD-Synode von Berlin-Weißensee »Was kann die Kirche für den Frieden tun?« zu empfehlen. Müller wertete diesen Beschluß als ›geschickten Schachzug‹ Niemöllers, mit dem die EKD wieder auf eine einseitige neutralistische Wiedervereinigungspolitik und die offene Opposition gegen die Politik Adenauers festgelegt werden solle. Vgl. dazu Koch; Heinemann, S. 234–304 u. Vogel, Kirche, S. 163.
31 Vgl. dazu das ›Protokoll der Leiterkreissitzung der Evangelischen Akademie‹ v. 15.9.1951, EABBM-Az 1D, sowie die Briefe Eberhard Müllers an Dibelius v. 26.9.1951 u. an Präses Held v. 25.10.1951; beide EABBM-Az 53/16.0526-2.
32 Dabei sollten u. a. folgende Fragen geklärt werden: »Ist der Satz ›Deutsche schießen nicht gegen Deutsche‹ ein christlicher Satz?«, »›Ohne-mich!‹ – deutsche Aufgabe oder Nihilismus?« und »Berechtigt abweichende politische Überzeugung zur Verweigerung des Kriegsdienstes?«
33 Vgl. die ›Aufzeichnungen bei dem Gespräch mit den Politikern‹ am 1.10.1951, EABBM-Az 53/16.0526 und die von Müller verfaßte Niederschrift über das ›Treffen des Leiterkreises der Ev. Akademien mit westdeutschen Politikern‹ vom Oktober 1951, ebd. Siehe auch Volkmann, Dimension, S. 543. Neben dem auf protestantischer Seite um Klaus v. Bismarck, Heinrich Eberbach, Reinhold v. Thadden u. Heinrich Giesen erweiterten Kreis der Akademieleiter nahmen an dem Gespräch die Politiker Arndt, Bausch, Ehlers, Freudenberg, Heinemann, Pferdmenges, Schoettle, Tillmanns, Wildermuth sowie als Vertreter der Dienststelle Blank die Herren Speidel u. von Baudissin teil.
34 Es handelt sich hierbei in erster Linie um Niemöller, Heinemann und den Präses der westfälischen Landeskirche Ernst Wilm.
35 Eberhard Müller war die treibende Kraft bei der Vorbereitung und Durchführung dieses Gesprächs, vgl. dazu EABBM-Az 53/16.0526-2. Zu der Begegnung kamen die Landesbischöfe Dibelius, Bender u. Meiser, Kirchenpräsident Stempel, die Präsides Held u. Kreyssig, Superintendent Kunst, Prälat Hartenstein, die Oberkirchenräte Herntrich, Ranke u. Manfred Müller, Eberhard Müller und seine Akademieleiterkollegen Müller-Schwefe u. Doehring, Kirchentagspräsident v. Thadden sowie als Vertreter von Bundespolitik und -regierung Wohnungsbauminister Wildermuth, der Staatssekretär im Bundeskanzleramt Lenz sowie die Bundestagsabgeordneten Gerstenmaier, Kunze, Pferdmenges und Tillmanns (alle CDU) u. Wellhausen (FDP). Vgl. dazu auch die Darstellung von Präses D. Held über das Gespräch in Königswinter, abgedruckt in: Kirchliches Jahrbuch, 1951, S. 178f., sowie Volkmann, Dimension, S. 543–545.
36 Schreiben Müllers an Pfarrer Dieter Linz v. 17.12.1951, EABBM-Az 53/16.0526; vgl. Vogel, Kirche, S. 166, Anm.38.
37 Kreyssig bemängelte auf der folgenden Leiterkreis-Tagung in Bad Boll, daß es nicht leicht sein werde, »das Gespräch mit den Politikern wiederaufzugreifen. Auf die Synode der EKD hätten sich letzten Endes Königswinter und der Aufruf lähmend ausgewirkt.« Tagungsprotokoll der Leiterkreis-Sitzung v. 22.–24.4.1952, EABBM-Az 1D.

38 Vgl. Niederschrift über die 26. Sitzung des Rates der EKD am 7.12.1951 in Berlin-Spandau; EZA-2/84/046/18.
39 Vogel, Kirche, Anm.51, S. 166.
40 Vgl. dazu den Brief Müllers an Kallenbach v. 13.10.1952; EABBM-Az 2H/513. Beim *Kronberger Kreis* handelte es sich um eine Gruppe hochgestellter evangelischer Persönlichkeiten aus Kirche, Industrie, Wissenschaft und Politik, die sich unter Leitung von Landesbischof Hanns Lilje und Eberhard Müller zum informellen Meinungsaustausch über fundamentale Öffentlichkeitsfragen im Parkhotel Kronenberg bei Frankfurt trafen. Dieser ursprünglich unter der Bezeichnung ›Evangelische Zusammenarbeit‹ im Herbst 1951gegründete Gesprächskreis sollte auch der Heranbildung einer protestantischen Elite dienen. Vgl. dazu EABBM-Az 90.
41 Zit. nach: Kirchliches Jahrbuch 1952, S. 14–21. Die Entschließung war von den Bischöfen zehn westdeutscher Landeskirchen und weiteren 23 führenden Theologen und Laien unterzeichnet, die am Ende des Textes mitsamt ihrer Amtsbezeichnung aufgeführt wurden. Vgl. auch Lotz, Kirche, S. 104f.
42 Da die hinter den Auseinandersetzungen stehende Frage nach dem ›politischen Mandat‹ der Kirche nicht geklärt worden war, brach der Konflikt zwischen Eberhard Müller als kirchlicher Verfechter der Regierungspolitik und den Gegnern der Wiederbewaffnung innerhalb der EKD anläßlich der Entscheidung des *Deutschen Bundestages* über die Wehrpflicht am 7.7.1956 erneut aus. In einer ›Gemeindeveranstaltung‹ des *Evangelischen Arbeitskreises der CDU/CSU* am 23.7.1956 in der Bonner Kreuzkirche griff Müller unter dem Schlagwort ›Verfälschung der Synode‹ eine Unterschriftenaktion an, die von Heinemann und dem Bonner Theologen Helmut Gollwitzer während der außergewöhnlichen EKD-Synode vom 27.–29.6.1956 in Berlin durchgeführt worden war, um auf kirchliche ›Bedenken gegen die Einführung der allgemeinen Wehrpflicht beziehungsweise Zwangsmethoden bei der Werbung für den Wehrdienst‹ aufmerksam zu machen. Eine ausführliche Dokumentation der Vorgänge findet sich im Kirchlichen Jahrbuch 1956, S. 74–116; vgl. auch Ehlert, Auseinandersetzungen, S. 392–394; Vogel, Kirche, S. 218.
43 Im Einladungstext, EABB-AfS-12, schrieb Müller: »Unsere zweite Tagung blickt nach vorne und will versuchen, aus Vergangenheit und jetzigen Umständen die Folgerungen zu ziehen.«
44 Etwa die Aufnahme der Parallelverhandlungen auf dem Petersberg u. in Paris Anfang 1951, die Zustimmung der Westmächte zur EVG u. zur Ablösung des Besatzungsstatuts auf der Washingtoner Außenministerkonferenz im September 1951.
45 Vertraul. Bericht Eberbachs an Heusinger v. 18.1.1952, BA-MA, Bw 9/3143; vgl. auch den Pressebericht v. Martin Koller, EABB-AfS-12.
46 Vgl. die undatierte, vermutlich von Eberbach stammende Aufstellung von »Punkten für die Eröffnung der Soldaten-Tagung«, EABB-AfS-11-4.
47 BA-MA, Bw 9/3143.
48 Vgl. Genschel, Wehrreform, S. 29f. u. Ehlert, Auseinandersetzung, S. 386.
49 Baudissin beschrieb auf der 4. Soldatentagung den Soldaten in seiner Konzeption als »Staatsbürger in einem ganz besonderen Aggregatzustand«; es gehe in keiner Weise um die Verbürgerlichung des Soldaten, sondern um die Verwurzelung und Integration im staatsbürgerlichen Raume. Daher solle dem zukünftigen Soldaten aktives wie passives Wahlrecht, das Informations- u. Koalitionsrecht erhalten bleiben. Otto Häcker, Soldat, vermerkte dazu, daß trotz allen guten Willens, das Wesen einer zeitgemäßen Wehrverfassung in kritischem Abstand zu den überkommen Vorstellungen zu überdenken, die Skepsis der Teilnehmer gegenüber den Gedanken Baudissins überwogen habe. »Im

Grundsätzlichen schienen zwar alle mit ihm einig zu sein. Aber wenn die konkreten Einzelheiten zur Sprache kamen, sah man bedenkliche Gesichter.«
50 Die Soldaten sahen dies verständlicherweise anders. Karst hatte kritisiert, daß Müller die Fragen zu scharf ins Theologische abgedrängt hätte. Vgl. den Brief Eberbachs an Karst v. 23.01.1952, BA-MA, N 690/v.119: Er habe Karsts Brief v. 15.12.51 auszugsweise an den Oberkirchenrat weitergeleitet, weil er dort auf die Beschwerden eingegangen sei, daß die 2. Soldatentagung zu militärisch abgehalten worden sei. Karst hingegen müsse verstehen, daß die Ev. Akademie keine rein militärfachliche Tagung durchführen könne.
51 Abschrift eines Schreibens von Heinemann v. 23.11.1951 an Müller, EABBM-Az 29 A.
52 Werner, »Die Gemeinschaft der Heiligen heute« in: *Stimme der Gemeinde*, EABB-AfS-12.
53 Memorandum betr. »Einwirkung der Evangelischen Kirchen auf das Ethos eines neuen Soldatentums« v. 3.11.1953, EABB-AfS-10.
54 Vgl. dazu und zum folgenden Ehlert, Interessenausgleich, S. 43; Vogel, Kirche, S. 186. Für die Annahme, daß Eberbach, der sich sonst stets gut über die Vorgänge in der Dienststelle Blank unterrichtet zeigte, von den geheimen Gesprächen zwischen EKD-Vertretern und der Dienststelle über die Aufnahme der Militärseelsorge in künftigen Streitkräften keine Kenntnis hatte, spricht der Umstand, daß ihm der verantwortliche Referent der Dienststelle, Dr. Lubbers, noch Mitte 1955 unbekannt war. Vgl. dazu die Tagungsakte EABB-AfS-18.
55 Vgl. das Schreiben Eberbachs an Baudissin v. 21.11.1953, EABB-AfS-120.
56 Akademieleiter Schomerus konnte sich daraufhin zwar entschließen, in Herrenalb nach vierjähriger Pause wieder Soldaten zu versammeln, in die Auswahl der Gesprächsthemen ließ er sich jedoch nicht hineinreden; zur Tagung »Krieg ohne Fronten« v. 26.–28.2.1954 vgl. LkA Karlsruhe-71/3–14. Entsprechendes gilt auch für die Gestaltung der folgenden Soldatentagung »Geist und Technik im soldatischen Bereich« v. 8.–12.4.1954 in Loccum; vgl. LkA Hannover-LP-223 u. E 46/348. In Tutzing beschäftigte man sich erst wieder Mitte 1955 mit dem Themenbereich.
57 Schreiben des Stuttgarter Oberkirchenrats v. 17.11.1953 an den Boller Studienleiter Hans Stroh, EABB-AfS-120.
58 Aufzeichnung v. Hans Bock betr. Tagung der EABB v. 22.–25.10.1954, EABB-AfS-16; vgl. auch den Brief Eberbachs an Speidel v. 1.11.1954, BA-MA, BW 9/3365.
59 Schreiben Eberbachs an Dethleffsen v. 2.11.1954, EABB-AfS-16-3.
60 Vgl. den Brief Eberbachs an Dekan Gölz v. 2.12.1954, EABB-AfS-16-3. In seinem Brief an Eberbach v. 27.1.1955, EABB-AfS-16-4, schilderte Weber den Vorfall noch einmal aus seiner Sicht: Er habe nicht von einem Befehl durch Vorgesetzte, sondern von besonderen Umständen im Krieg gesprochen.
61 Brief von Vikar Gengnagel an Eberbach v. 3.2.1955, EABB-AfS-16-3.
62 Vgl. dazu den Brief Eberbachs an Gengnagel v. 19.1.1955; EABB-AfS-16-3.
63 EABB-AfS-10.
64 Vgl. die Briefe Eberbachs an Generalmajor a.D. v. Hellermann EABB-AfS-16-4 u. General Speidel v. 26.11.1954, BA-MA, BW 9/3365.
65 Brief Eberbachs v. 12.11.1954 an Ernst Dippe-Bettmar, EABB-AfS-16-3.
66 Vgl. das Protokoll der Tagung u. einen vertraulichen Bericht Eberbachs, undat., beide in: EABB-AfS-17-1.
67 Brief Eberbachs an Baudissin v. 15.1.1955, EABB-AfS-17. Vgl. dazu auch Abenheim, Bundeswehr, S. 98–100.
68 Vertraulicher Bericht Eberbachs, undat., EABB-AfS-17-1.
69 Kempski, Gewissen. Vgl. dazu einen mit dem Namenszügen von 104 württembergischen

Pfarrern versehenen offenen Brief an die Bundestagsabgeordneten von Anfang 1956 und den daraufhin von Bischof Haug verfaßten ›Hirtenbrief‹ v. 26.3.1956, die im Kirchlichen Jahrbuch 1956, S. 34–37, abgedruckt sind. Haug bewegte sich dabei in seiner Argumentation auf der in Bad Boll gefundenen Linie.

70 Vgl. dazu den Briefwechsel zw. dem Vorsitzenden der *Kirchlich-theologischen Sozietät in Württemberg*, Hermann Diem, und Eberhard Müller im Januar 1955, EABB-AfS-17-5: Diem betonte am 14.1.1955, man könne die Einheit nicht erzwingen, und das offene Austragen der Gegensätze sei mehr wert als eine nichtssagende Einigungsformel. Müller antwortete am 17.1.1955, daß ihm Diems Brief zeige, daß man sich näher gekommen sei, »und mehr wollten wir ja nicht. Wenn wir überhaupt gesehen haben, daß es uns beiderseitig ernsthaft um den Frieden und um die Wiederbewaffnung zu tun ist, wenn auch auf verschiedenen Wegen, werden wir auch im kirchlichen Raum uns besser verstehen.«

71 Vgl. die Aktennotiz betr. Durchführung von Seelsorge-Tagungen in Zusammenarbeit mit der Militär–Seelsorge bei der Ev. Akademie Bad Boll v. 18.8.1959, EABB-AfS-1. Die durchaus beachtenswerte Begegnungstagung dieser und der folgenden Jahre, etwa zwischen Soldaten und Politikern (25.–27.11.1955), Journalisten (11.–13.2.1957) sowie Gewerkschaftern (2.–5.5.1957), können im Rahmen dieses Aufsatzes nicht behandelt werden.

72 Ehlert, Interessenausgleich, S. 71f.

73 »Der Dienst der EABB im soldatischen Bereich«, vierseitiges Maschinen-Manuskript, o.V. [Eberbach], undat. [vermutlich von 1959 oder 1960], EABB-AfS-1.

74 Tillmanns, Die Ev. Akademien. In: Bulletin, Nr.205 v. 29.10.1955, S. 1717, nach: Ehlert, Interessenausgleich, S. 71f.

75 Vgl. Martiny, Akademien, S. 134f.

76 Statistik für einem Zeitraum von vier Jahren [vermutlich 1955–58] in: Stimme des Soldaten. Sonderausgabe der »Jungen Stimme« v. 1959, EABB-AfS-1.

77 Bericht Baudissins »betr.: Soldatentagung Bad Boll vom 10.9. bis 12.9.1952« [hier vertat er sich um einen Monat] v. 17.10.1952, EABB-AfS-13-5.

78 Vgl. die Niederschrift eines Interviews von Diane Tridoux mit Baudissin am 5.5.1980, im *Institut für Friedensforschung u. Sicherheitspolitik, Hamburg*, S. 5. Vgl. auch das Schreiben Baudissins an Eberbach v. 20.10.1952, EABB-AfS-13-5.

79 »Gespräche mit Soldaten in Bad Boll« in: FAZ v. 27.11.1950, EABB-AfS-11-2.

Jörg Thierfelder

Bekenntnisschule oder Gemeinschaftsschule?
Der Streit um die Schulform in Württemberg nach dem Zweiten Weltkrieg

Nach dem Ende des Zweiten Weltkriegs flammte auf dem Boden des alten Landes Württemberg erneut ein Streit auf, der erst im Jahr 1967 sein Ende fand. Es ging um die Frage, ob das Volksschulwesen konfessionell bestimmt sein sollte oder nicht. Der folgende Beitrag geht vor allem auf die Haltung der *Württembergischen Landeskirche* ein, wird dabei aber auch die der badischen Landeskirche wie der beiden katholischen Diözesen berücksichtigen. Da Württemberg von den amerikanischen und französischen Truppen besetzt wurde und im Anschluß in der amerikanischen Zone das Land *Württemberg-Baden* und in der französischen Zone das Land *Württemberg-Hohenzollern* gegründet wurde, wird der Beitrag die Entwicklungen in beiden Ländern zu berücksichtigen haben. Zu Beginn soll ein Blick zurückgeworfen werden, weil die Frage »Bekenntnisschule oder Gemeinschaftsschule« eine längere Vorgeschichte hat.

Bekenntnisschule und Gemeinschaftsschule vor 1945

Erst im 19. Jahrhundert wurde in Deutschland die Schulform zum Problem.[1] Bis dahin war bei dem christlichen Grundzug des öffentlichen Lebens wie auch der konfessionellen Geschlossenheit der meisten Territorien die Bekenntnisschule selbstverständlich, das heißt Lehrer und Schüler gehörten der gleichen Konfession an. Wegen vielerlei Faktoren, nicht zuletzt wegen der Industrialisierung, wurde schon im 19. Jahrhundert die konfessionelle Geschlossenheit der Bevölkerung aufgebrochen. Der Gedanke an eine Gemeinschaftschule oder Simultanschule, also an eine gemeinsame Schule mit konfessionell getrennter christlicher Unterweisung, gewann an Boden.[2] Nassau war das erste deutsche Gebiet, in dem – und zwar 1817 – die Gemeinschaftsschule eingeführt wurde; Baden folgte, viel später, im Jahr 1876. In den Auseinandersetzungen um die Schulform wurden die Begriffe Bekenntnisschule beziehungsweise Gemeinschaftsschule immer stärker inhaltlich gefüllt und auch mit pädagogischen Begründungen versehen. Vor 1918 wurde Bekenntnisschule eher formal verstanden als Schule, in der Kinder von Lehrern gleichen Bekenntnisses unterrichtet wurden. Nach 1918 hieß Bekenntnisschule, daß »Erziehung und Unterricht im Geiste und nach den Grundzügen eines bestimmten Lehrern und Schülern gemeinsamen Bekenntnisses« erfolgen sollte. Pädagogisch sprach für diese Schulform, daß hier nach einem klar bestimmten pädagogischen Leitbild erzogen werden kann. Die Verfechter der Gemeinschaftsschule führten vor allem folgende Argumente ins Feld: Hier würde auf die konfessionelle Mischung Rücksicht genommen. Hier könnte die Kirche nicht mehr bevormunden, und hier würden die Kinder zu Toleranz und Mitmenschlichkeit erzogen. In der Weimarer Reichsverfassung, Artikel 146, wurde die Gemeinschaftsschule zur Regelschule erklärt. Ein Reichsschulgesetz sollte die Einzelheiten regeln. Doch dieses Gesetz kam wegen des Widerstands der Verfechter der Bekenntnisschule nie zustande. So blieb bis 1933 die Bekenntnisschule die führende Schulart im Deutschen Reich. Die großen Lehrerverbände zogen eindeutig die Gemeinschaftsschule der Bekenntnisschule vor. Die Haltung der Kirchen war recht unterschiedlich. Die katholische Kirche hatte einen klaren Standpunkt. Die Erziehungsenzyklika »*Divini illius magistri*« machte die Bekenntnisschule verpflichtend. Das *Reichskonkordat* formulierte lapidar: »Die Beibehaltung und Neueinrichtung katholischer Bekenntnisschulen bleibt gewährleistet.«[3] Auf evangelischer Seite gab es keine entsprechende Eindeutigkeit. Der Stuttgarter Kirchentag sprach sich zwar 1921 für die Bekenntnisschule aus, doch gab es im evangelischen Raum durchaus auch Gegenstimmen.

In Württemberg waren die Volksschulen traditionell Bekenntnisschulen.[4] Es gab einen evangelischen und einen katholischen *Oberschulrat* im *Kultministerium*, evangelische und katholische Bezirksschulämter und eine konfessionelle Lehrerbildung. Dies sollte sich mit dem Dritten Reich ändern. *Kultminister* Christian Mergenthaler hatte den Kampf gegen die Konfessionsschulen von Anfang an auf seine Fahnen geschrieben. »Wir werden alles rücksichtslos beseitigen, was die Einheit und Volkwerdung irgendwie stören kann«[5], stellte er 1935 fest. Aus taktischen Gründen hatte er sich freilich vor 1933 im württembergischen Landtag als Verteidiger der Bekenntnisschule profiliert. Mergenthaler ging mit Bedacht vor. Zuerst vereinigte er die beiden *Oberschulräte zur Ministerialabteilung für die Volksschulen*, dann wandelte er die konfessionellen *Bezirksschulämter* in simultane um und schließlich konzentrierte er die Lehrerbildung in der simultanen *Hochschule für Lehrerbildung* (HfL) in Esslingen. 1935 beantragte er dann beim *Reichserziehungsministerium* die Zulassung der Gemeinschaftsschule als gleichberechtigte Form neben der Bekenntnisschule. Das *Reichserziehungsministerium* lehnte ab, weil die Frage der Schulform reichseinheitlich entschieden werden müsse. Mergenthaler wählte nun den Weg über Elternabstimmungen; vor allem in katholischen Gebieten wurden die Eltern massiv unter Druck gesetzt.[6] Die württembergische Kirchenleitung sprach sich zunächst klar für die Bekenntnisschule aus. Klarsichtig formulierte sie, daß das von Mergenthaler angestrebte »Endziel eine deutschgläubige Konfessionschule« sei. Nachdem Mergenthaler den Kirchen die Zusage gab, daß auch in der neuen Gemeinschaftsschule der Religionsunterricht wie bisher erteilt werden würde, zog die Kirchenleitung ihre Bedenken gegen die Gemeinschaftsschule zurück und stellte »die Wahl der Schulform für die evangelischen Kinder der gewissensmäßigen Entscheidung der Eltern anheim«[7]. Die Enttäuschung gerade in Kreisen der *Bekennenden Kirche* innerhalb und außerhalb Württembergs war groß. Die *Kirchlich-theologische Sozietät* in Württemberg fragte zu Recht, »ob es nötig war, die vom Staat geplante Neuregelung noch zu empfehlen und dadurch viele treue Lehrer und evangelische Eltern wieder zu enttäuschen«[8]. Am 1. Oktober 1936 besuchten 98,87 Prozent der württembergischen Volksschüler die »*Deutsche Volksschule*«, wie die Gemeinschaftsschule genannt wurde. Am 4. Juli 1937 wurde die letzte Bekenntnisschulklasse aufgehoben. Kurz erwähnt werden soll hier noch, daß sich Mergenthaler an seine Zusagen nicht hielt, sondern 1937 versuchte, massiv in die Inhalte des Religionsunterrichts einzugreifen, und daß er ab 1938 – als einziger deutscher Kultusminister – versuchte, den Religionsunterricht durch einen *Weltanschauungsunterricht*, genannt WAU, zu ersetzen. Dieser Bruch der Zusagen durch Mergenthaler öffnete der *Württembergischen Landeskirche* endgültig die Augen über dessen Absichten. Von da an versuchte die Landeskirche mit allen ihr zu Gebote stehenden Mitteln, ihre Rechtsposition in der Schule zu verteidigen.

Die Frage der Schulform spielte auch in den Widerstandskreisen, die sich mit der Zeit nach dem Krieg beschäftigten, eine Rolle. Vor allem der *Kreisauer Kreis*, in dem Theologen beider Konfessionen sowie Pädagogen mitarbeiteten, beschäftigte sich mit Erziehungsfragen. Hatte Mergenthaler dekretiert: »Elternhaus, HJ und nationalsozialistischer Staat sind die drei Erziehungsfaktoren für die Jugend«[9], legten die Kreisauer fest: »Familie, Kirche und Schule leisten die Erziehungsarbeit gemeinsam.«[10] Die staatliche Normalschule sollte nach den Vorstellungen der Kreisauer die christliche Gemeinschaftsschule sein mit konfessionellem Religionsunterricht als Pflichtfach. Wie Eugen Gerstenmaier in seinen Memoiren berichtet, waren sich von Moltke vom *Kreisauer Kreis* und Landesbischof Wurm bei ihrem ersten Treffen am 24. Juni 1942 in der Schulfrage offenbar einig.[11]

In der *Bekennenden Kirche* beschloß die »*Kammer für kirchlichen Unterricht*« am 29./30. April 1943 »*Forderungen der Kirche für die Gestaltung der Christlichen Schule*«.[12] Auch diese Forderungen aus der späten Kriegszeit zielen schon ganz auf die Zeit danach. Sie unterscheiden eine ›Schule mit der Bibel‹ »für alle Kinder, deren Eltern dem Auftrag des Herrn gehorchen wollen« von einer ›allgemeinen christlichen Staatsschule‹ »für alle anderen getauften Kinder«. Die ›Schule mit der Bibel‹ könne nie Pflichtschule für alle sein: »Lehrer und Eltern sollen zu denen gehören, ›die mit Ernst Christen sein wollen‹«. Mittelpunkt müsse die »Christenlehre« sein. Hier sollte »eine wirklich christliche Gemeinschaft« dargestellt werden; darum sei sie auch am besten als Heimschule durchzuführen. In der ›allgemeinen christlichen Staatsschule› trage man der Einsicht Rechnung, »daß in der Regel die Mehrzahl der Eltern und der Lehrer nicht christlich im strengen Sinne des Wortes sind«. Zu vermeiden sei daher Gewissenszwang. Die Christenlehre sollte Wahlpflichtfach sein. »Das Schulleben« würde »getragen durch eine christliche Schulsitte, wie tägliches Gebet sowie Andachten und Feiern im Rahmen des Kirchenjahres«. Die *Kammer für kirchlichen Unterricht* unterscheidet also faktisch eine christliche Gemeinschaftsschule in der Regie des Staates von einer Art Bekenntnisschule, die allerdings Kirchen und Kirchengemeinden beziehungsweise kirchliche Verbände als Schulträger haben soll.

Vorstellungen der Alliierten und der deutschen Kultusverwaltungen

Es mag vielleicht überraschen, daß die Fragen von Erziehung und Schule in den Nachkriegsjahren eine solche Bedeutung hatten. Doch ist nicht zu vergessen, daß ›reeducation‹ eine zentrale Zielsetzung vor allem der Westalliierten war. Dies betraf natürlich nicht nur die Schule, schloß sie aber auf jeden Fall mit ein. Die neue Schule sollte nach Wunsch der Alliierten auf christlicher Grundlage aufgebaut werden. Darum rechneten die Alliierten von vorneherein mit der Mithilfe der Kirchen. Aus vielerlei Gründen hielten sie die Kirchen für besonders geeignet, der verunsicherten Bevölkerung »Orientierungshilfen und Halt zu geben«[13]. Der neue französische Militärgouverneur von Württemberg, General Schwartz, lobte bei seinem ersten Empfang für den württembergischen Landesbischof Wurm am 10. Mai 1945 in der Villa Weißenburg »vor allem die Bereitschaft der Kirche, der heranwachsenden Jugend eine neue innere Haltung und eine klare christliche Weltanschaung zu vermitteln«[14].

Die Kirchen waren durchaus bereit, den alliierten Wünschen entgegenzukommen. Für seine Verhandlungen im Hauptquartier Eisenhower im Juni 1945 trug Wurm eine Liste der Verhandlungspunkte im Gepäck. Da hieß es u. a.: »1. Unser Ziel: Rechristianisierung des deutschen Volkes; Bekämpfung des militaristischen und kollektivistischen Denkens; Erziehung der Jugend im Geist des Evangeliums. 2. Mittel: [...] kirchliche Unterweisung; [...] Gewinnung von Lehrkräften für die gesamte kirchliche Unterweisung aus Lehrerschaft, Laienwelt, Frauen.«[15]

Die neue deutsche *Kultusverwaltung in Württemberg* in Gestalt des von den Franzosen ernannten Landesdirektors für Kultus, Erziehung und Kunst, des späteren SPD-Politikers Carlo Schmid, argumentierte bei ihrem Antrittsbesuch beim Stuttgarter Prälaten Karl Hartenstein ganz in dieser Richtung. Für ihn sei es mehr als eine symbolische Handlung, nämlich eine innere Notwendigkeit, seine ersten Besuche beim Stuttgarter Prälaten und beim Landesbischof zu machen. »Er glaube zu wissen, was sie [die Kirche] in der

Geschichte des Abendlandes bedeute [...] Er wünsche, daß die Kirche mit den [...] Waffen der Evangeliumsverkündigung und des christlichen Lebens und Beispiels das ganze Volksleben durchdringe und die Kräfte der ewigen Welt in unserem entgotteten Zeitalter präsent mache«[16]. Einige Wochen später bekannte sich Carlo Schmid dazu, daß »eine deutsche Schule eine christlich bestimmte Schule« sein müsse, »indem sie nicht nur den Kirchen den notwendigen Raum für die Unterweisung der Schüler in der Religion gibt, sondern auch dadurch, daß sie ihrem eigenen Unterricht das christliche Weltbild zugrunde legt und dem Schüler bewußt macht«[17]. Von daher ist es zu verstehen, wenn in Württemberg die Besatzungsmächte und die deutsche Kultusverwaltung auf die Kirchen zukamen mit der Bitte, sich am Aufbau des neuen Schulwesens zu beteiligen.

Doch welche Überlegungen hatten die Besatzungsmächte und auch die deutsche Kultusverwaltung in bezug auf die Schulform? Für die Amerikaner und Briten muß hier auf den »Richtlinienentwurf der amerikanischen Delegation der European Advisory Commission« vom 24. November 1944 zurückgegriffen werden. Hier heißt es: »7. In our zone, you will permit and protect freedom of religious belief and worship. 8. [...] you will refrain from intervening in matters concerning religious instruction in schools, the establishment or continuation of denomination schools and the re-establishment of ecclesiastical control of any publicey supported schools.«[18] Die Amerikaner und Briten wollten sich in der Frage der Schulform also nicht einmischen. Die nötigen Entscheidungen sollten den deutschen politischen und kirchlichen Behörden selbst überlassen bleiben. Anders die Franzosen![19] Sie versuchten – jedenfalls zunächst – ihr eigenes Erziehungssystem auf die deutschen Verhältnisse zu übertragen. Das hieß auf jeden Fall Ablehnung der Bekenntnisschule als Regelschule. Auch aus anderen Gründen lehnte man die Bekenntnisschule ab. Edmund Vermeil, französischer Professor für Germanistik und Ausbilder alliierter Offiziere für ihren Dienst in den Besatzungszonen[20] schrieb dazu: »Die Konfessionsschule, sei sie lutherischer oder katholischer Natur, hat mit zu der Trennung zwischen den christlichen Religionen geführt. Sie hat darüber hinaus christliches und nationales Schicksal vereint.« Freilich wurde von den Franzosen dann doch keine laizistische Simultanschule gefordert, sondern eine mit Religionsunterricht im Fächerkanon; denn – noch einmal Vermeil –: »Ein anderes Problem von entscheidender Bedeutung ist die Tatsache, daß es keinen Weg zurück zum Humanismus ohne die Wiederaufnahme des Christentums gibt.«[21]

Nach den Vorstellungen der neuen Landesdirektion sollten zwar die schulorganisatorischen Verhältnisse der Weimarer Republik provisorisch wiederhergestellt werden. Auf die Wiedereinführung der Bekenntnisschule wie der konfessionellen Lehrerbildung sollte freilich verzichtet werden. Hier war sich Carlo Schmid durchaus einig mit seinem Stellvertreter, der in den nächsten Jahren die Kultuspolitik des Landes Württemberg-Baden entscheidend beeinflussen sollte, mit Theodor Bäuerle. Dieser war einer der großen Pioniere der Volksbildung in der Weimarer Republik gewesen. Im Dritten Reich konnte er bei der Firma Bosch unterkommen. Bäuerle hatte während seines Studiums der *Deutsch-Christlichen Studentenvereinigung* (DCSV) angehört und besaß gute Kontakte zur württembergischen Kirchenleitung. Er unterstützte den Una-Sancta-Gedanken und wollte daher ein erneutes Ausbrechen der alten Streitigkeiten um die Schulform tunlichst vermeiden. Es war ganz im seinen Sinn, wenn Carlo Schmid im Juli 1945 schrieb: »Freilich kann es nicht die Aufgabe der staatlichen Schule sein, als staatliche Anstalt und vom staatlichen Willen her gelenkt, die Wahrheiten der christlichen Religion, wie sie sich in den Bekenntnissen darstellt, zu lehren.« Doch wolle man dem Christentum durchaus eine Vorrangstellung in der Schule einräumen: »Aber die Schule kann und muß in allem, was sie lehrt, dem Schüler aufweisen, was in unserer Existenz christlich im geschichtlichen, geistigen und moralischen Verstande ist; sie muß ihm zeigen, was alles im Bereich des historisch Gewordenen nur darum so ist, wie wir es kennen, weil unserer natürlichen Zuständlichkeit als Menschen und Völker das Christentum lehrend und prägend begegnet ist. Das ist kein Gewissenszwang, sondern die Erfüllung der einfachen Pflicht zur Wahrheit, die allem Lehrauftrag und Lehrberuf zugrunde liegt.«[22]

Die Diskussion um die Schulform in der Württembergischen Landeskirche

Allein die *Württembergische Landeskirche* leistete sich im Frühsommer 1945 eine engagiert geführte Diskussion um die Schulform. Für die andere Landeskirche beziehungsweise die beiden Diözesen gab es hier nichts zu diskutieren. Die badische Landeskirche sah überhaupt keine Notwendigkeit, vom bewährten Modell der badischen Simultanschule abzurücken. Dasselbe galt letztlich auch für die Erzdiözese Freiburg.[23] Dort wurde zwar durchaus von Einzelnen die Meinung vertreten, daß man jetzt die Konfessionsschule wieder einführen könnte. Erzbischof Gröber aber wandte sich gegen solche Vorschläge. Er wollte auf jeden Fall einen Schulkampf vermeiden. Jetzt sei nicht das Gegeneinander der Konfessionen gefragt, sondern das Miteinander, um gemeinsam den Wiederaufbau Deutschlands zu bewerkstelligen. Gröber teilte nicht die Auffassung der *Fuldaer Bischofskonferenz*, die die Einführung der Konfessionsschule forderte. Er wollte sich allein einer Weisung aus Rom beugen, die aber nicht erfolgte. So blieb es in Baden bei der Simultanschule. Anders verhielt sich die *Diözese Rottenburg*. Hier hieß das entscheidende Stichwort »Restitution«, das heißt Wiederherstellung des Status quo ante, der ja 1936 gegen den Willen der katholischen Kirche beseitigt worden war. So forderte Bischof Sproll in einem Schreiben vom 10. September 1945 die Wiederherstellung der katholischen Volksschulen, der konfessionellen Lehrerbildungsanstalten und der kirchlichen Privatschulen sowie die Wiedereinrichtung des Religionsunterrichts an allen Schulen, und zwar unter Berufung auf das *Volksschulgesetz* von 1909 und auf das *Reichskonkordat* (Artikel 23 und 24).[24]

Die *Württembergische Landeskirche* machte es sich – im ganzen gesehen – schwerer als die anderen Kirchen. Bevor die Diskussion dargestellt wird, sollen kurz die drei Hauptwortführer vorgestellt werden. Von Amtswegen zuständig für diese Fragen war der Schulreferent der Landeskirche, Oberkirchenrat Reinhold Sautter. Er hatte die Hauptlast im Kampf gegen den Weltanschauungsunterricht getragen und war deshalb in schwere Konflikte mit Mergenthaler geraten. Gegen Ende des Krieges war er nicht zuletzt wegen seines Einsatzes für den Religionsunterricht zu mehreren Monaten Haft im KZ Welzheim verurteilt worden. Daneben ist zu nennen der frühere Ludwigsburger Rektor Ludwig Gengnagel, der von Mergenthaler in den Ruhestand versetzt worden war, weil er dessen unsäglichen Erlaß zum Religionsunterricht von 1937 abgelehnt hatte. Gengnagel hielt als Mitglied der *Bekenntnisgemeinschaft* engen Kontakt zur Erziehungskammer der *2. Vorläufigen Kirchenleitung* (s. o.). Er baute im Zweiten Weltkrieg in den Gemeinden, in denen der Religionsunterricht von der Kirche nicht mehr zu tolerieren war, einen kirchlichen Unterricht in kircheneigenen Räumen auf und bildete in Kursen in Ludwigsburg die Lehrkräfte für diesen Unterricht aus. Als letzten ist auf Karl Hartenstein, den Prälaten von Stuttgart, hinzuweisen. Er hatte als einziges Mitglied der Kirchenleitung im bombenzerstörten Stuttgart ausgeharrt, als der *Oberkirchenrat* 1944 seinen Sitz nach Großheppach verlegt hatte. So war er vielfach der erste Gesprächspartner für die leitenden Besatzungsoffiziere und die Mitglieder der ersten deutschen Administrationen in Württemberg. Im August 1945 wurde Hartenstein von der Kirchenleitung zum *Beauftragten der Landeskirche bei der Landesdirektion* ernannt; dies geschah sicher zum Leidwesen von Oberkirchenrat Sautter, der im Dritten Reich den entsprechenden Posten beim *Kultministerium* hatte. Hartenstein gehörte zu den Kirchenmännern, die 1945 die Kirche davor warnten, jetzt die Gunst der Stunde zu nutzen und möglichst viele Privilegien für die Kirchen zu sichern. Das unterschied ihn von jenem Prälaten, von dem Hermann Diem nicht ohne Süffisanz berichtet, daß dieser ihm versichert habe, jetzt gälte es der Kirche möglichst viele Rechte und Pflichten zu sichern, auch wenn man sie noch nicht ausfüllen könne – ›falls es wieder anders kommt‹.[25]

Hauptsächlich wurden in der Diskussion um die Schulform in der Landeskirche zwei Positionen vertreten. Nach der einen sollte die Landeskirche von der *Kultusverwaltung* wie die Katholiken die Wiedereinführung der Bekenntnisschule fordern; nach der anderen sollte man sich für die christliche Gemeinschaftsschule aussprechen. Daneben gab es Einzelstimmen, die den faktischen Rückzug des Religionsunterrichts aus der Schule vorschlugen. So machte der damalige Schwenninger Pfarrer und spätere Dekan Weber Anfang Juni 1945 den Vorschlag: »Die Schule lasse zwei Vor- oder Nachmittage vom Unterricht frei, damit die Kirchen mit ihren Kräften die christliche Unterweisung durchführe. Der Staat lasse uns die Freiheit, auf privater Grundlage gleichsam Musterbekenntnisschulen aller Schulgattungen in den großen Städten des Landes auszugestalten.«[26] Eine solche Position fand im ganzen gesehen jedoch nur wenig Anklang; sie fand auch im politischen Raum keine Unterstützung. In Berlin aber wurde dieses Modell 1945 eingeführt, und es gilt im Westteil der Stadt bis heute, im Osten seit 1989.[27]

Als erster der Hauptwortführer trat Ludwig Gengnagel an die Öffentlichkeit mit seiner Denkschrift: »*Zur Neuordnung des Verhältnisses von Kirche und Staat.*«[28] Programmatisch hieß es da am Anfang: »Wenn heute nach dem Zusammenbruch des nat. soz. Reichs mit seiner oberflächlichen weltanschaulich-politischen Erziehung die Kirchen aufgerufen werden, im Erziehungswerk des Staats an der Erneuerung der Lebensordnung unseres Volkes entscheidend mitzuwirken, so mag dieser Ruf für sie ehrenvoll sein, doch darf sie der Versuchung nicht erliegen, auf dem Weg einer ungebrochenen Bindung an die jeweilige staatliche Schulpolitik ihren Einfluß zu stärken, noch darf sie in Ausnützung einer Konstellation mit vollen Segeln in die mit vielen Minenfeldern verseuchte Fahrrinne der ehemaligen Bekenntnisschule einbiegen.« Zweifelsfrei bringt Gengnagel in seinem Memorandum zum Ausdruck, daß auch sein Herz an der evangelischen Bekenntnisschule hängt, »die als evang. Schulgemeinde den schulischen Bildungsgehalt und die schulischen Erziehungaufgaben der Gegenwart in lebendiger und sachlicher Bindung an den christlichen Glauben der evangelischen Jugend nahebringt bzw. vollzieht«. Diese Schulform verlange aber »einen Lehrer bzw. einen Lehrkörper, der sich der evangelischen Kirche und der Gemeinde Jesu Christi zugehörig und verantwortlich weiß«. Da man über einen solchen Lehrkörper gegenwärtig nicht verfüge, käme die Bekenntnisschule als Regelschule im Moment nicht in Frage. Wo freilich solche Voraussetzungen gegeben seien, sollte die staatliche Seite entsprechende Unterstützung geben. Regelschule könne nur die »Staatsschule« sein, wie Gengnagel unter Rückgriff auf die Erziehungskammer der Bekennenden Kirche und in Zurückweisung mißverständlicher Bezeichnungen wie »weltliche Schule« oder »christliche Simultanschule« formulierte. In dieser »Staatsschule« soll die »kirchliche Unterweisung« erteilt werden. Gengnagel vermied bewußt den Ausdruck »Religionsunterricht«, um zu zeigen, daß es ihm um eine neue Konzeption von christlicher Unterweisung geht: von der Kirche her verstanden, vor allem biblisch ausgerichtet, mit liturgischen Elementen versehen und erteilt von Lehrern, die dazu von der Kirche beauftragt werden. Da im Moment nach Gengnagels Einschätzung nur etwa 5 bis 10 Prozent der Lehrer »die kirchliche Unterweisung im [...] Vollsinn verantwortlich [...] übernehmen« könnten, bedürfte es jetzt gerade für die Volksschulen, »Kräfte aus der christlichen Gemeinde herauszubilden«. Hier sah Gengnagel die Notwendigkeit seiner katechetischen Kurse in Ludwigsburg.

Darüber hinaus müßte die Kirche besonderen Wert auf die Arbeit in den staatlichen Lehrerseminaren legen. Der dort eingesetzte »evangelisch-kirchliche Lehrer« müsse nicht nur Theologe und Seelsorger sein, sondern sollte »auch noch ›jung‹ genug sein, um das Gemeinschaftsleben der Jungen in jugendgemäße und doch vom Wort Gottes her gerichtete Bahnen zu lenken, im Sinn der aus der Jugendbewegung erwachsenen kirchlichen Bünde vor 1933«. Auch wenn die Bekenntnisschule höchst wünschenswert sei, so könne sie doch unter den gegenwärtigen Umständen nicht gefordert werden. In diese Richtung gingen also Gengnagels Empfehlungen.

Ganz anders argumentierte Reinhold Sautter, dem Gengnagels Denkschrift zweifelsfrei vorlag, in seiner Stellungnahme »*Zur Schulfrage*«[29]. Breit ging er zunächst darauf ein, was für die »Simultanschule auf christlicher Grundlage« spreche, die an die Stelle der »antikirchlichen und antichristlichen Gemeinschaftsschule« trete, um dann in mehreren Thesen herauszustellen, wieso jetzt unbedingt »die evangelische Volksschule mit evangelischer Lehrerbildung« zu fordern sei. Die Bekenntnisschule entspräche »der bekennenden Kirche«. Sie habe aus erzieherischen Gründen unbedingt den Vorrang. Sie berücksichtige die konfessionellen Unterschiede. Optimistischer als Gengnagel dachte Sautter auch in bezug auf die Lehrer. Unter den neuen politischen Verhältnissen würden die »weniger tauglichen Lehrkräfte« ausscheiden. Andere würden »die Aufforderung zu einer inneren Umkehr erkennen und erkannt haben«. Schließlich könnte durch die Arbeit in den evangelischen Lehrerseminaren ein entsprechender Lehrkörper »nach Verlauf einiger Jahrzehnte zur Verfügung« stehen [!]. Sautters starke nationale Ausrichtung wurde darin sichtbar, wenn er erinnerte, »daß die Helden sowohl des ersten wie des zweiten Weltkriegs durch die Konfessionsschule hindurchgegangen sind«. Er war freilich überzeugt, daß gerade auch mit der Konfessionsschule »einem berechtigten nationalen Gedanken am besten zu dienen (sei), der nicht darauf ausgeht, die Nationen eifersüchtig voneinander zu trennen, sondern jede Nation als dienendes Glied in die Völkergemeinschaft einzubauen«. Sautter konnte in der Gemeinschaftsschule nichts anderes sehen als jene Gemeinschaftsschule, die Mergenthaler 1936 einführte und unter deren Folgen gerade Sautter auch persönlich leiden mußte. Das zeigt sein leidenschaftlicher Appell an seinen Landesbischof von Anfang Juli 1945: »Niemand wird erwarten, daß ich jahrelang die Hauptlast des Kampfes gegen Mergenthaler und seine Komplizen getragen und mit einer 7½ monatlichen Haft abgeschlossen habe, um nun vor die Dekane zu treten mit der Eröffnung, ich stimme der Schulform, die uns Mergenthaler aufzwang, nunmehr zu, einschließlich eines Weltanschauungsunterrichts, der bestimmt nicht viel besser wird als der verflossene.« Für

Sautter sprach darum alles für die Konfessionsschule: »Nur in der Konfessionsschule haben die Eltern und hat die Kirche ein klares Recht. In der Simultanschule lebt man von ›Zusagen‹: Davon genügt mir die Probe von 1936.« Nach Sautter fehle auch dem Kirchenvolk jedes Verständnis für eine Entscheidung für die Gemeinschaftsschule, zumal wenn es die klare Haltung Rottenburgs für die Konfessionsschule sehe.[30]

Sautters Haltung hatte auch im *Oberkirchenrat* durchaus ihre Verfechter. Mitte Juli 1945 schien sich die Waage im *Oberkirchenrat* zugunsten der Konfessionsschule zu neigen. Man geht wohl nicht fehl, wenn man behauptet, daß schließlich Hartensteins Votum ausschlaggebend war. In zwei Memoranden nahm er im Frühsommer 1945 Stellung.[31] Am besten kommt sein Standpunkt im zweiten Memorandum zum Ausdruck, wo er folgende Frage zu beantworten suchte: »Warum kann die Kirche nicht die Bekenntnisschule fordern?« Einmal könne sie dies nicht tun »im Blick auf den Staat«: »Ein weltlicher Staat kann nur eine weltliche Schulform schaffen, verwalten und leiten. Die Schule ist Sache des Staates, das Bekenntnis ist Sache der Kirche [...] Ein rechter Staat kann darum nur Eines tun: In der staatlichen Gemeinschaftsschule der Kirche einen geordneten und geregelten Raum zur Verkündigung des Evangeliums geben.« Wie schon Gengnagel wehrte sich Hartenstein dagegen, daß die Kirche sich jetzt Privilegien verschafft: »Die Forderung der Bekenntnisschule bedeutet einen Kampf um Einfluß und Recht auf einem Gebiet des öffentlichen Lebens, wo die Kirche nur zum Dienst und Zeugnis berufen ist. Durch die Bekenntnisschule wird die Kirche eine im öffentlichen Leben privilegierte und vom Staat protegierte Kirche.« Wie Gengnagel hielt auch Hartenstein die vorfindliche Lehrerschaft für wenig geeignet, »eine Konfessionschule neu aufzubauen«. Hartenstein berief sich dabei ausdrücklich auf Gespräche mit Lehrern aus dem Bereich des Pietismus. Anders als Sautter sah Hartenstein »im Blick auf die Elternschaft« keinen Wunsch, die alte Konfessionsschule zu repristinieren. Sie wünsche sich vielmehr »gute und zuverlässige evangelische Lehrer«; diesem Wunsch könnte man am besten durch eine qualifizierte evangelische Lehrerbildung nachkommen. Und noch einmal forderte Hartenstein »im Blick auf die Kirche« den Verzicht darauf, im staatlichen Raum »Einfluß und menschliches Recht« zu suchen, »sondern die Freiheit und den Dienst der Verkündigung und Unterweisung allein«. Hartensteins theologisch fundierte und weitblickende Stellungnahme erinnert in manchem an das ›*Wort zur Schulfrage*‹ der Erziehungssynode der EKD, die vom 26. bis 30. April 1958 in Berlin tagte. Der seither viel zitierte Spitzensatz lautete: »Die Kirche ist zu einem freien Dienst an einer freien Schule bereit.«[32]

In der hochkarätig besetzten Schulkommission fielen dann am 13. Juli nach einer gewiß leidenschaftlich geführten Debatte folgende Entscheidungen: Mit 13 zu 0 Stimmen war man dafür, daß der Staat bei der Besetzung von Lehrerstellen den Bekenntnisstand der Gemeinde berücksichtige und daß der Kirche die Errichtung eines oder mehrerer konfessionellen Lehrerseminare gestattet würde. Sehr unentschieden war man bei der Frage, ob man vom Staat generell das konfessionelle Lehrerseminar fordern sollte (4 bzw. 5 zu 5 bei 3 Enthaltungen). Knapp ging schließlich die Entscheidung in bezug auf die Schulform aus. Fünf waren dafür, acht dagegen, »daß wir vom Staat generell die Bek. Schule fordern«.[33]

Die endgültige Entscheidung fiel dann auf der Sitzung des *Oberkirchenrats* vom 25. Juli. Wie unklar die Situation immer noch war, zeigt die Tatsache, daß für diese Sitzung Hartenstein sein zweites Memorandum vorlegte, daß er seinem Landesbischof noch einmal über Gespräche mit Lehrern und Pfarrern berichtete, die die Konfessionsschule alten Stils ablehnten, und daß er Wurm am Schluß beschwor: »Ich wäre Ihnen zu großem Dank verpflichtet, wenn wir an dieser Stelle aufs Äußerste zurückhaltend sein würden in unseren offiziellen Äußerungen der Regierung gegenüber.«[34] Wahrscheinlich war den Oberkirchenräten auch bekannt, daß die bayerische Landeskirche vorhatte, sich für die Bekenntnisschule einzusetzen.[35] Der *Oberkirchenrat* beschloß, die allgemeine Einführung der Bekenntnisschule nicht zu fordern. In seiner Stellungnahme für die Landesdirektion vom 1. August 1945 fehlte darum diese Forderung. Ansonsten schlug der *Oberkirchenrat* vor, eine besondere Schulform für solche »Kreise« einzuführen, »die eine christliche Unterweisung und Erziehung ihrer Kinder nicht wünschen«. Sie sollten eine Schulform bekommen, »die vom Standpunkt des ethischen Humanismus aus der Jugend das Wissen vermittelt und sie zum Leben erzieht«.[36] Wahrscheinlich wollte man mit einer solchen Forderung den Verfechtern der Bekenntnisschule entgegenkommen. Während die meisten Vorschläge des *Oberkirchenrats* bei den späteren gesetzlichen Festlegungen Berücksichtigung fanden, spielte dieser Vorschlag in den weiteren Diskussionen keine große Rolle mehr.

Die Verhandlungen um die Schulform zwischen Staat und Kirche in Württemberg-Baden und Württemberg-Hohenzollern bis zur Fertigstellung der Verfassungen in diesen beiden Ländern

Die württembergische Kirchenleitung hatte sich mit diesem Votum festgelegt und hielt diesen Standpunkt auch in den nächsten Jahren durch, sowie seinerseits das Bischöfliche Ordinariat sein Votum für die Konfessionsschule durchhielt. Die endgültigen staatlichen Regelungen wurden dann erst mit der Verabschiedung der Verfassung von Württemberg im Jahr 1946 und der von Württemberg-Hohenzollern im Jahr 1947 vorgenommen. Bis dahin gab es noch einige Diskussionen in Württemberg-Baden, dagegen einen Schulkampf in Württemberg-Hohenzollern. Am 24. September 1945 endete das von der französischen Besatzungsmacht eingerichtete *Landesdirektorium.* Carlo Schmid ging als Staatsrat nach Tübingen. Neuer *Kultminister* im ersten Kabinett von Reinhold Maier wurde Theodor Heuß. Sein Amtschef, Ministerialdirektor Theodor Bäuerle, sorgte für Kontinuität in der Frage der Schulform. Ende Oktober 1945 wandte sich der *Oberkirchenrat* an den neuen *Kultminister* mit Vorschlägen zur »Ordnung der christlichen Unterweisung in der Schule«[37]. Im Eingang des Schreibens gab er seiner Verwunderung Ausdruck, daß ihm noch keine Antwort auf seine Äußerung vom 1. August zugegangen war.

Anfang Februar 1946 kam neue Bewegung in die Frage »Bekenntnis- oder Gemeinschaftsschule«. Das *Koordinierungskommitee des Alliierten Kontrollrats* hatte am 23. November 1945 beschlossen, »hinsichtlich der staatlichen konfessionellen Schulen, hinsichtlich des Religionsunterrichts und hinsichtlich jener Schulen, die von verschiedenen religiösen Konfessionen unterhalten und geleitet werden, eine vorübergehende Regelung in den einzelnen Zonen zu treffen«, welche »sich nach der örtlichen Tradition richten und den Wünschen der Bevölkerung gerecht« werden solle.[38] Daraufhin gab am 1. Februar 1946 die amerikanische Militärregierung die Genehmigung zur Wiedereinführung von Konfessionsschulen und wies die deutschen Behörden an, deren Organisation zu übernehmen.

Die württemberg-badische Kultusverwaltung glaubte, »sich nach der örtlichen Tradition (zu) richten und den Wünschen der Bevölkerung gerecht« zu werden, wenn sie an der Gemeinschaftsschule als Regelschule festhielt. Am 8. Februar 1946 legte Theodor Bäuerle den Entwurf einer Denkschrift »*Kirche und Schule*«[39] vor, in der noch einmal grundsätzlich zur Schulform Stellung genommen wurde und vor allem die oberkirchenrätliche Äußerung vom 1. August positiv aufgenommen wurde. Als Hauptfolgerung hieß es dann: »Aus alledem ergibt sich, daß die einzig mögliche und den Frieden in der Schule gewährleistende Schulform die christliche Gemeinschaftsschule ist.« Der christliche Grundcharakter sollte in verschiedenen Maßnahmen in Erscheinung treten. Der Unterricht sollte mit einer Schulandacht eröffnet werden. »Die gesinnungsbildenden Fächer wie Deutsch oder Geschichte werden nichts lehren, was der christlichen Grundanschauung widerspricht; auf kirchliche Feiertage wird Rücksicht genommen; an Berufs- und Fachschulen sollte freiwilliger Religionsunterricht eingeführt werden usw.« Umfangreiche Zusicherungen machte Bäuerle in bezug auf den Religionsunterricht. Elternabstimmungen lehnte Bäuerle ab. Solche Abstimmungen sollten dann in Württemberg-Hohenzollern, nicht zuletzt, weil das bischöfliche Ordinariat sie propagierte und durchführte, eine große Rolle spielen (s. u.). In Bäuerles Erstentwurf war sogar unter den Folgerungen ein Unterricht gefordert worden, den wir heute als Ethikunterricht bezeichnen: »Für die aus dem Religionsunterricht Abgemeldeten ist in größeren Schulen ein pflichtmäßiger, lebenskundlicher Unterricht geplant. Kein Lehrer kann zur Erteilung dieses Unterrichts gezwungen werden.« Doch diese Forderung fehlte dann in jenem Entwurf, der den Kirchen zuging. In Bäuerles Ausarbeitung zu »*Schule und Kirche*« haben wir das Plädoyer für eine Schulform vor uns, die in der Folgezeit immer wieder als ›christliche Gemeinschaftsschule‹ apostrophiert wurde. Die evangelische Kirchenleitung schlug keine großen Veränderungen vor, legte aber zur Hauptfolgerung Bäuerles einen leicht modifizierten Vorschlag vor: »Aus alledem ergibt sich, daß die christliche Gemeinschaftsschule diejenige Form der staatlichen Schule ist, die in der gegenwärtigen Lage den Frieden in der Schule am besten gewährleistet und den verschiedenen Interessen am ehesten gerecht wird.«[40] Das bischöfliche Ordinariat Rottenburg bekräftigte dagegen seine bisherige Position.[41]

Im Juni unternahm Theodor Bäuerle einen erneuten Versuch, um mit beiden Kirchen zu einer Übereinkunft zu kommen. Im Entwurf der »*Ordnung des Schulwesens*«[42] schrieb er: »Die Grundform der Schule ist die christliche Gemeinschaftsschule. Auf die Bedürfnisse der Kirchen wird Rücksicht genommen werden, sowie dies unter den gegebenen Verhätnissen und zur Aufrechterhaltung eines geordneten Schulbetriebs möglich ist.« Mit vielen Regelungen sollte auf die Konfession der Schüler Rücksicht genommen werden. Doch Rottenburg blieb bei seiner Haltung in bezug auf die Schulform. Es forderte: »Die Grundform der Schule ist zweifach: Sie ist die konfessionelle Bekenntnisschule und die christliche Gemeinschaftsschule. Wo die konfessionelle Bekenntnisschule z. Zt. wegen schultechnischer Schwierigkeiten noch nicht durchgeführt werden kann, ist sie grundsätzlich gewährt und wird so bald als möglich eingeführt.«[43]

Erneut wurden Verhandlungen zwischen Bäuerle und den Kirchen geführt. Die endgültige Form der »Ordnung des Schulwesens« lag dann am 12. August vor.[44] Als eine klare Konzession an die Katholiken ist die neue Formulierung zu verstehen, die freilich auch die Evangelischen mittragen konnten: »Die öffentlichen Schulen sind Schulen auf christlicher Grundlage.« In dieser Form ging die »Ordnung« dann dem Verfassungsausschuß zu.[45] In seinem Anschreiben an die 20 Abgeordneten mußte Bäuerle einräumen, daß die Einigung mit den Kirchen leider nicht ganz gelungen war: »Der Evang. Oberkirchenrat hat dem Entwurf zugestimmt; der Herr Bischof von Rottenburg glaubt, gegenüber den hier gemachten Vorschlägen auf der Forderung der Konfessionsschule beharren zu sollen.«[46] Die letzte Entscheidung hatte darum die *Verfassunggebende Landesversammlung* zu fällen. Im Ausschuß legte Bäuerle seine Sicht der Dinge dar. Seiner Meinung nach wäre eine Einigung schnell gelungen, wenn er die Zustimmung Rottenburgs hätte signalisieren können.[47] So wurde im Ausschuß weiter um die Schulform gerungen.[48] Die SPD sprach sich klar für die Gemeinschaftsschule aus. Die CDU blieb im Verfassungsausschuß bei ihrer Ablehnung der Gemeinschaftsschule, war aber im Plenum bereit zur

Verständigung. So hieß dann die entsprechende Formulierung im Artikel 37 der Verfassung von Württemberg-Baden: »Die öffentlichen Volksschulen sind christliche Gemeinschaftsschulen.«

Die Zustimmung zur neuen Schulform wurde den Kirchen durch große Zusicherungen leicht gemacht. Der Religionsunterricht wird von den durch die Kirchenleitung »hierzu ermächtigten Dienern der Kirche und Lehrern erteilt«. Die Lehrpläne werden von den Oberkirchenbehörden aufgestellt. Lehr- und Lernmittel von den Oberkirchenbehörden bestimmt. Die inhaltliche Aufsicht über den Religionsunterricht erfolgt durch die Kirchen. Weiter wurde ein Teil der Lehreroberschulen auf konfessioneller Grundlage geführt, während die pädagogischen Institute für alle Bekenntnisse gemeinsam sind.[49]

In Württemberg-Hohenzollern[50] war die Ausgangssituation insofern anders, als die katholische Kirche in der Mehrheitsposition war und die französische Militärregierung – ganz anders als die Amerikaner – immer wieder massiv eingriff, wobei sie – um es vorsichtig auszudrücken – eine klare Linie durchaus vermissen ließ. Ziemlich bald rückte sie von der Vorstellung ab, das französische System auf Deutschland übertragen zu wollen. Eine Konfessionsschule lehnte sie freilich zunächst rundweg ab. Damit war sie der gleichen Meinung wie Carlo Schmid. Da auch der württembergische *Oberkirchenrat* verzichtet hatte, die Konfessionsschule zu fordern, sah sich die katholische Kirche in Württemberg-Hohenzollern in einer nahezu aussichtslosen Situation. Doch sorgte die französische Militärregierung schon im September 1945 für die erste Überraschung. Sie teilte der *Landesdirektion* mit, daß alle 1936 geschlossenen Konfessionsschulen wieder geöffnet werden können. Möglicherweise hatte das Bischöfliche Ordinariat Rottenburg direkt in Baden-Baden interveniert, wo im französischen Oberbefehlshaber Koenig, einem praktizierenden Katholiken, eine den Kirchen gegenüber durchaus wohlwollend eingestellte Persönlichkeit das Sagen hatte.[51] Die *Landesdirektion* reagierte zunächst nicht, wohl aber Rottenburg, das von der Wendung im Verhalten der Militärregierung Wind bekommen hatte. Es ließ Elternabstimmungen noch im Jahr 1945 durchführen, die mit gewaltigen Zustimmungserklärungen zur Konfessionsschule endeten. Im Dezember 1945 teilten Vertreter der Militärregierung Rottenburg mit, daß die Alliierten die Gültigkeit des Reichskonkordats bestätigt hätten. Die Eltern könnten nun die Einrichtung von Konfessionsschulen beantragen. Öffentliche Agitation und Volksabstimmungen hätten jedoch zu unterbleiben.

Schon zwei Monate später hob die Militärregierung diese Verbote wieder auf. Auf Anweisung der Militärregierung vom 1. März 1946[52] mußte die *Landesdirektion* ihre bisherige Haltung revidieren. Am 7. März teilte sie den Bezirksschulämtern mit: »Bekenntnisschulen können zu Beginn jedes Schuljahres dort errichtet werden, wo die Erziehungsberechtigten von mindestens 80 schulpflichtigen Volksschulkindern dies beantragen und für etwa entstehende Minderheiten ein geordneter Schulbetrieb gewährleistet bleibt.«[53] Auf Veranlassung Rottenburgs legten die Eltern massenweise Erklärungen vor, in denen sie sich für die Errichtung von Konfessionsschulen aussprachen. Doch im September 1946 erklärten Vertreter der Militärregierung Bischof Sproll, das *Reichskonkordat* sei vom Kontrollrat gar nicht anerkannt worden. Man sei juristisch nicht gebunden, wolle freilich der Kirche entgegenkommen, verbitte sich aber sämtliche öffentliche Aktionen. Wenige Zeit später wurden der *Landesdirektion* 180 Orte genannt, in denen Konfessionsschulen einzurichten seien. Die *Landesdirektion* weigerte sich, an allen diesen Orten Konfessionsschulen einzurichten. Sie wies die Bezirksschulämter an, in 40 größeren Schulen des Landes »bis zu einer Klärung der Frage der Bekenntnisschule durch eine verfassungs- und gesetzgebende Körperschaft [...] in vorläufiger Weise für das Schuljahr 1946/47 die Volksschulen überall dort, wo mindestens je 60 schulpflichtige Kinder beider Bekenntnisse die Volksschule besuchen, nach Bekenntnissen getrennt« zu führen.[54] Dies führte erneut zu Protesten durch das Rottenburger Ordinariat. Nun meldete sich aber auch der *Oberkirchenrat* in Stuttgart zu Wort. Er hatte ausdrücklich auf Elternabstimmungen und Anträge auf Konfessionsschulen verzichtet, weil er sich ja am 1. August 1945 auf die Gemeinschaftsschule festgelegt hatte. Nun mußte er befürchten, daß alle nichtkatholischen Schüler automatisch den Gemeinschaftsschulen zugeordnet würden. Er bat um Aufschub der Durchführung der Verordnung der *Landesdirektion*. Andernfalls drohte er, zu fordern, »daß überall, wo katholische Konfessionsschulen eingerichtet werden, auch evangelische Bekenntnisschulen einzurichten sind«[55].

Bei den Verfassungsberatungen im Jahr 1947 gingen dann die Auseinandersetzungen weiter. Die CDU hatte die absolute Mehrheit in der *Verfassunggebenden Landesversammlung*. Eine starke Mehrheit in der Partei plädierte für die Konfessionsschule. Um aber die andersdenkende Minderheit nicht zu überfahren, kam es zu einem innerparteilichen Kompromiß. Man wollte auf die belasteten Termini »Konfessionsschule« und »Gemeinschaftsschule« verzichten und sprach von »christlicher Schule auf konfessioneller Grundlage«.[56] Im Entwurf der CDU für den Schulartikel erschien dann allerdings doch wieder der Ausdruck Bekenntnisschule. Die württembergische Kirchenleitung bekräftigte ihr Nein zur Konfessionsschule sowohl in einem Gespräch des Landesbischofs mit dem französischen »Feldbischof« Marcel Sturm als auch in einem Auftritt Wurms vor den evangelischen Abgeordneten in Bebenhausen.[57] Die Militärregierung genehmigte den CDU-Entwurf nicht. Nun einigten sich die großen Parteien in zwei Punkten. Einmal sollte es in der Verfassung heißen: »Die öffentlichen Volksschulen sind christliche Schulen.«[58] Zum andern stellte man das Elternrecht heraus: »Maßgebend für die Gestaltung der Schulform ist der Wille der Erziehungsberechtigten.«[59] Auch das anschließend erlassene Schulgesetz sah die freie Wahl der Erziehungsberechtigten vor. Die Abstimmungen endeten so, daß in den 987 Gemeinden des Landes 647 katholische Volksschulen, 312 evangelische Volksschulen und 81 christliche Gemeinschaftsschulen entstanden.[60]

Bei der Gründung des Südweststaates erschütterte »der Streit um die Schulverfassung« das Land.[61] Weil man sich nicht einigen konnte, hieß der Kompromiß so, daß in jedem Landesteil die Schulform gelten sollte, wie sie am 9. Dezember 1951 gegolten hat.[62] Erst 1967 konnte dann Artikel 15 der Landesverfassung geändert werden. Er heißt jetzt:

»1. Öffentliche Volksschulen (Grund- und Hauptschulen) haben die Schulform der christlichen Gemeinschaftsschule nach den Grundsätzen und Bestimmungen, die am 9. Dezember 1951 in Baden für die Simultanschule mit christlichem Charakter gegolten haben.

2. Öffentliche Volksschulen (Grund-und Hauptschulen) in Südwürttemberg-Hohenzollern können auf Antrag der Erziehungsberechtigten in staatlich geförderte private Volksschulen desselben Bekenntnisses umgewandelt werden. Das Nähere regelt ein Gesetz, das einer Zweidrittelmehrheit bedarf.

3. Das natürliche Recht der Eltern, die Erziehung und Bildung ihrer Kinder mitzubestimmen, muß bei der Gestaltung des Erziehungs- und Schulwesens berücksichtigt werden.«[63]

Zusammenfassung

Als die Kirchen auf dem Gebiet des alten Landes Württembergs von den beiden Besatzungsmächten und der staatlichen Schulverwaltung zur Mitarbeit beim Aufbau eines neuen Schulwesens aufgefordert wurden, waren sie sofort mit der Frage konfrontiert, ob sie sich für die Wiedereinrichtung der Konfessionsschule einsetzen sollten und damit die von Mergenthaler unrechtmäßig verfügte Einrichtung der »Deutschen Volksschule« wieder rückgängig machen sollten. Während die Diözese Rottenburg sich für diesen Weg entschied, damit freilich nur in Württemberg-Hohenzollern Erfolg haben sollte, ging die *Württembergische Landeskirche* einen anderen Weg. Aus pädagogischen und theologischen Gründen entschied sie sich, die Konfessionsschule als Regelschule nicht zu fordern. Daß sie dabei weiterhin große Sympathien für die Bekenntnisschule hatte, können wir heute beim gegenwärtigen Aufblühen eines nicht nur kirchlichen Privatschulwesens in unserem Land gut verstehen. Die Entscheidung für die christliche Gemeinschaftsschule wurde der evangelischen Landeskirche freilich leicht gemacht, erhielten die Kirchen doch in der Landesverfassung und im Schulgesetz, und zwar hinsichtlich des Religionsunterrichts, eine recht starke Stellung.

In bezug auf das Thema »Kirche und Schule in Württemberg 1945« verbietet sich die »vereinfachende« Alternative Restauration *oder* Neuanfang.

Besser wäre es, mit Greschat »von einem Neben-, Mit- und Gegeneinander von Kontinuitäten und Diskontinuitäten auszugehen, von einem Geflecht aus Momenten der Veränderung wie auch der Beharrung«[64]. Wenn die *Württembergische Landeskirche* am 1. August 1945 darauf verzichtete, an die ›bewährte‹ Tradition der Konfessionsschule anzuknüpfen, so ist das gewiß ein Stück Diskontinuität gewesen, ein Stück Neuanfang. Als Grund dafür, auf die Konfessionsschule zu verzichten, wurde der Mangel an geeigneten Lehrkräften angesehen. Im Hintergrund spielte aber möglicherweise auch die gewiß so nicht ausgesprochene Erkenntnis eine Rolle, daß man einer pluralistisch gewordenen Gesellschaft keine Konfessionsschule als Regelschule mehr zumuten könne. An den Auseinandersetzungen in der Landeskirche wird deutlich, daß nicht wenige Kirchenmänner aber stärker auf Kontinuität setzten. Das gilt für Sautter, der wie Bischof Sproll die Verhältnisse von vor 1933 wieder herstellen wollte. Ein Stück Neuanfang sehe ich in der Argumentation von Hartenstein, der die Rolle der Kirche – jedenfalls ansatzweise – neu definiert, wenn er schreibt, »daß die Kirche in den letzten 12 Jahren gelernt (habe), daß sie im Raum des Staates nicht Einfluß und menschliches Recht sucht, sondern die Freiheit und den Dienst der Verkündigung und Unterweisung allein«[65]. Dies steht im Gegensatz zu den 1945 vielfach zu beobachtenden Tendenzen, jetzt in einer den Kirchen günstigen Situation der Kirche möglichst viele Privilegien zu sichern.

Bemerkenswert bleibt auch die unterschiedliche Verarbeitung der Erfahrungen im Dritten Reich durch die Hauptakteure in der Frage »Kirche und Schule«. Reinhold Sautter stand im Dritten Reich in einem zermürbenden Kampf um die Rechte der Kirche in der Schule. Sein Fazit aus diesem Kampf war, daß nur in der Bekenntnisschule die Rechte der Kirche, aber auch der Eltern wirklich gewährleistet würden. Ludwig Gengnagel ging es zentral um die Inhalte des Religionsunterrichts. Wegen dieser Inhalte war er von Mergenthaler sanktioniert worden. Alles mußte ihm daran liegen, in der Ausbildung von Religionslehrern klare Perspektiven für einen theologisch zu verantwortenden Religionsunterricht einzubringen. Karl Hartenstein, der während der erbittertsten Schulkämpfe gar nicht in Deutschland war und erst 1941 als Prälat von Stuttgart eine kirchenleitende Tätigkeit übernahm, dachte ähnlich wie Gengnagel. Er forderte darüber hinaus aufgrund der Erfahrungen der Kirche im Dritten Reich ein neues Verständnis von Wesen und Auftrag der Kirche. Gotthilf Weber schließlich, der an der »Basis« seine Erfahrungen mit der Schule im Dritten Reich gemacht hatte, schlug vor, den Religionsunterricht ganz in kirchliche Obhut zu nehmen. An seine Position konnte man sich erinnert fühlen, wenn nach 1989 in den neuen Bundesländern Pfarrer vehement dafür eintraten, mit dem Religionsunterricht nicht mehr in die Schule zurückzukehren, mit der man vielfach schlechte Erfahrungen gemacht hatte, sondern bei der außerschulischen Christenlehre zu bleiben.

Anmerkungen

1 Zum folgenden vgl. Niemeier, Schule und Kirche, Sp. 1561f.
2 Ebd., Sp. 1562.
3 Kupper, Staatliche Akten, zit. nach Raem, Katholische Kirche, S. 41.
4 Zum folgenden vgl. Thierfelder, Auseinandersetzungen, S. 230–237.
5 Ebd., S. 233.
6 Hagen, Geschichte, Bd. III, S. 304f.
7 Thierfelder, Auseinandersetzungen, S. 236.
8 Röhm/Thierfelder, Kirche und Schule, S. 252.
9 Ebd., S. 245.
10 Winterhager, Kreisauer Kreis, S. 112.
11 Gerstenmaier, Streit, S. 151: »Das Schulproblem, das in seinen (v. Moltkes, J. Th.) Gesprächen mit dem katholischen Klerus der katholischen Kirche meist eine Schwierigkeit war – Bekenntnisschule oder christliche Gemeinschaftsschule? – war in dem Gespräch mit Wurm kein Problem.«
12 Kirchliches Jahrbuch 1945–48. Bearbeitet von Joachim Beckmann, Gütersloh 1950.
13 Smith-v.Osten, Von Treysa, S. 23 u. Thierfelder, Kirchenpolitik, S. 6.
14 Besier, Kirche, Dok. 18a.
15 Besier, Kirche, Dok. 86, Anm. 21.
16 Niederschrift über die erste Besprechung mit den beiden Generaldirektoren der württembergischen Kultverwaltung Herrn Dr. Carlo Schmid und Herrn Direktor Bäuerle v. 18.6.1945, Landeskirchliches Archiv Stuttgart (LKAS), D23/ 58.
17 Manifest Carlo Schmids v. 24.7.1945.
18 Abgedruckt bei Boyens, Kirchenpolitik, S. 68f.
19 Vgl. Ohlemacher, Kontinuität, S. 181.
20 Zu Vermeil vgl. Grohnert, Entnazifizierung, S. 12.
21 Zit. nach Ohlemacher, Kontinuität, S. 181.
22 Zit. nach Winkeler, Schulpolitik, S. 32.
23 Vgl. Wirtz, Simultanschule, S. 395–399.
24 Sproll an Landesdirektion v. 10.9.1945, LKAS, Altreg. Gen. 206c XII.
25 Diem, Ja oder Nein, S. 147.
26 Thierfelder, Kirche, S. 139.
27 Vgl. Roser, Religionsunterricht, S. 40–49.
28 O.D., LKAS, D23/ 58.
29 O.D., LKAS, Altreg. Gen. 206c XII.
30 Sautter an Wurm v. 4.7.1945, zit. nach Thierfelder, Kirche, S. 139f.
31 Karl Hartenstein, Staat, Schule und Kirche v. 23.6.1945, LKAS, Altreg. Gen. 206c XII, u. Staat, Schule und Kirche, 2. Äußerung v. 24.7.1945, ebd.
32 »Ein Wort zur Schulfrage«, hektographierter Bericht der EKD an die Kirchenleitungen v. 3.6.1958, Hauptstaatsarchiv Stuttgart (HStA), EA 3/ 602,6.
33 Bericht über die Sitzung der Schulkommission am 13.7.1945 v. 19.7.1945, LKAS, D1/ 205. – Anwesend waren die Prälaten Schlatter und Hartenstein, die Oberkirchenräte Pressel, Sautter, Haug und Eichele, Rektor Gengnagel, Prof. Delekat, die Lehrer Braun, Ederle, Simpfendörfer und Lallatin.
34 Hartenstein an Wurm v. 24.7.1945, LKAS, D23/ 2.
35 Meiser, Memorandum zur Neugestaltung des Schulwesens v. 22.8.1945, LKAS, D1/ 205.
36 LKAS, D1/ 205.
37 Schreiben an Kultminister v. 26.10.1945, LKAS, Altreg. Gen. 206c XII.

38 Zit. nach Wirtz, Simultanschule, S. 372f.
39 Schule und Kirche, v. 8.2.1946, LKAS, D1/ 205. Der Erstentwurf Bäuerles findet sich in HStA, EA 3/ 602,6. – Zu den Elternabstimmungen: »Das Ergebnis der Elternabstimmungen über die konfessionelle Schule kann nicht als zwingender Grund für die Wiedereinführung der Konfessionsschule anerkannt oder aus dem Wesen der Demokratie begründet werden. Weder wissen die Eltern, daß die vorgesehene christl. Gemeinschaftsschule etwas völlig anderes ist als die nat. soz. Weltanschauungsschule, noch hat glücklicherweise irgendeine andere Gruppe oder Partei sich bisher propagandistisch eingesetzt. Die Gefahr, daß das noch geschehen könnte, besteht aber, und dann wäre der innenpolitische Schaden nicht abzusehen.«
40 Oberkirchenrat an Bäuerle v. 1.3.1946, LKAS, Altreg. Gen. 202 b II.
41 Schreiben v. 22.2.1946, zit. bei Hartenstein an OKR Stuttgart v. 17.5.1946, LKAS D23/58.
42 Ordnung des Schulwesens (Entwurf), v. 11.6.1946, LKAS, D1/ 58.
43 Sproll an Kultministerium v. 21.6.1946, LKAS, D23/ 58.
44 Abgedruckt bei Epting u. a., Nach 1945, S. 364–366.
45 Kultministerium an die Verfassunggebende Landesversammlung für Württemberg-Baden v. 12.8.1946, HStA, EA3/ 602,6.
46 Kultministerium an die Mitglieder des Verfassungs-Ausschusses v. 12.8.1946, HStA, EA 3/ 602,6. – Am 18.12.1946 ging die »Ordnung« auch den Kirchenvertretern, Dr. Kruse von der Geschäftsstelle des Bischöflichen Ordinariats sowie Oberkirchenrat Sautter – gleichsam privat – zu mit dem Hinweis, daß er ihnen die Ordnung noch nicht amtlich zusenden könnte, weil Sproll sein Placet nicht gegeben hatte. HStA, Q1/ 21,461.
47 Schreiben Bäuerle an Dr. Kruse v. 18.8.1946, s. Anm. 46.
48 Vgl. Feuchte, Verfassungsgeschichte, S. 71–73.
49 S. Anm. 44.
50 Vgl. zum folgenden die detailreiche Untersuchung von Winkeler, Schulpolitik.
51 Vgl. Thierfelder, Kirchenpolitik der Besatzungsmacht, S. 204.
52 Widmer an Landesdirektion v. 1.3.1946, LKAS, Altreg. Gen. 202 b II.
53 Landesdirektion an Bezirksschulämter v. 7.3.1946, ebd.
54 Landesdirektion an Bezirksschulämter v. 18.9.1946, ebd.
55 Oberkirchenrat an Landesdirektion v. 12.11.1946, ebd.
56 Vgl. Wirtz, Simultanschule, S. 424.
57 Vgl. Winkeler, Schulpolitik, S. 88f. Vgl. auch Schreiben von Sautter an CDU, z.Hd. v. Ing. H. Maurer v. 28.5.1947, LKAS, Altreg. Gen. 202 b II.
58 Ebd., S. 91.
59 Ebd.
60 Ebd., S. 98f.
61 Feuchte, Verfassungsgeschichte, S. 196.
62 Bausinger/ Eschenburg u. a., Baden-Württemberg, S. 231.
63 Feuchte, Verfassungsgeschichte, S. 469f.
64 Greschat, Restauration, S. 329.
65 Hartenstein, 2. Äußerung, s. Anm. 31.

Ulrich Nanko

Von »Deutsch« nach »Frei« und zurück?
Jakob Wilhelm Hauer und die Frühgeschichte der Freien Akademie

Zum Forschungsstand

Die *Freie Akademie* ist eine Vereinigung von Personen, die sich ein Forum schaffen wollten, in dem über Religion und Wissenschaft unabhängig von einer Konfession diskutiert werden konnte. Die Gründung geht in erster Linie auf den Tübinger Religionsforscher und Indologen Professor Jakob Wilhelm Hauer zurück. Für ihre Entstehungsgeschichte waren mehrere religiöse Vereinigungen relevant: die *Deutsche Glaubensbewegung*, die *Völkisch-germanischen Gemeinschaften*, die *Deutschen Christen*, die *Freireligiösen Gemeinden* und die *Deutschunitarier*. Historische Untersuchungen, die auf breiter Materialbasis beruhen, gibt es für den Nachkriegszeitraum, was die freireligiöse und die völkische Bewegung sowie die Reste der *Deutschen Glaubensbewegung* betrifft, überhaupt keine. Für die *Deutschen Christen* gibt es neben dem Standardwerk von Kurt Meier die Darstellung der württembergischen *Deutschen Christen* von Rainer Lächele[1]. Schließlich ist noch die Monographie von Wolfgang Seibert[2] über die *Deutsch Unitarier Religionsgemeinschaft* zu erwähnen, in der außer Hauer der Württemberger Friedrich Schöll prägend wirkte und die Werke des Calwer Dichters Georg Stammler rezipiert wurden. Ein Extrem stellt das Buch von Peter Kratz[3] dar, der Kontinuitäten der Weimarer Republik über das NS-Reich bis zum New Age unserer Tage aufzeigen will, doch nicht historisch-kritisch arbeitet und insofern wenig brauchbar ist.

Daß es Kontinuitäten von der Weimarer Republik bis heute gibt, zeigt Rainer Lächele am Beispiel der *Deutschen Christen* in Württemberg. Er zeigt aber auch, daß es Revisionen gab. An Lächeles Arbeit ist für die vorliegende Darstellung der Aspekt besonders interessant, der sich mit der Entstehung des *Bundes für Freies Christentum* beschäftigt. Diesem Bund traten nämlich Mitglieder des einst von Hauer gegründeten *Bundes der Köngener*, wie zum Beispiel Pfarrer Rudi Daur, bei. Leider fehlt eine wissenschaftliche Monographie über die Mitgliedsgemeinschaften des *Bundes für freies Christentum*, insbesondere – im Blick auf die *Freie Akademie* – eine über den *Bund der Köngener*. Letztere ist deswegen von Interesse, weil hier der andere Zweig der Köngener neben dem der Hauer-Richtung über den gleichen Zeitraum verfolgt werden könnte. Beiden Richtungen ist gemeinsam, daß sie der Religion Fernstehende erreichen wollten. Eine weitere Gemeinsamkeit besteht in ihrer Zugehörigkeit zum Bildungsbürgertum. Das verbindet sie wiederum mit den *Deutschen Christen*, den *Völkischen*, *Freireligiösen* und *Deutschunitariern*. Damit könnte man von verschiedenen Varianten einer bildungsbürgerlichen

Religion sprechen. Doch dazu bedarf es noch genauerer Forschungen. Die folgende Darstellung bemüht sich um die Umrisse der Entstehungsgeschichte der *Freien Akademie*. Der Blick zurück in die zwanziger und dreißiger Jahre soll verdeutlichen, in welcher Tradition die *Freie Akademie* steht.

Hauers dogmen- und kirchenfreie Religion vor 1945

Weimarer Republik und »Drittes Reich«

Die Gründung der *Freien Akademie* vom Jahre 1956 wird in Publikationen dem ehemaligen Professor für Indologie und Religionsgeschichte der Universität Tübingen, Jakob Wilhelm Hauer, zugeschrieben[4]. Dasselbe gilt für die Gründung der *Deutschen Glaubensbewegung* und des *Bundes der Köngener*. Daran ist richtig, daß Hauer dabei eine sehr wichtige Rolle spielte.

Der ehemalige Basler Missionar, der seine erste religiöse Prägung im Hahnschen Pietismus seiner Heimatgemeinde Ditzingen erfahren hatte und seine zweite in Indien, war freilich nicht der Initiator zur Gründung des *Bundes der Köngener* im Herbst 1920, sondern zunächst nur die religiöse Autorität und dann, bis zur Trennung im Oktober 1933, der anerkannte Führer. Der Bund spaltete sich vom württembergischen Schülerbibelkreis ab und wechselte zur *Freideutschen Jugendbewegung*, wo er als religiös unabhängiger Bund wirkte. Er wollte in der nationalen Not durch Religion zur Wiedergeburt des Volkes verhelfen. Indem sich die Köngener der Idee der Selbstbestimmung nach der Formel der *Freideutschen Jugend* vom Treffen auf dem Hohen Meißner im Jahre 1913 verschrieben hatten, gehörten sie zu der Erneuerungsbewegung, die, getragen von der Jugendbewegung, das herrschende Establishment ablösen wollte. Für die Köngener hieß das zunächst Kritik an ihrer bestehenden Kirche, aber dann auch an der geistigen und religiösen Lage im deutschen Reich überhaupt.

Die religiöse Unabhängigkeit des *Bundes der Köngener* zeigte sich bei ihren Jahrestagungen, zu denen sie unter anderem Religiöse Sozialisten, Pazifisten, Kommunisten, Industrielle, Katholiken, Quäker, Nationalsozialisten und Juden einluden. Diese Vielfalt der Bekenntnisse und die Toleranz hatte durchaus etwas mit dem »Kanzler« Hauer zu tun. Dieser, damals noch innerhalb der Kirche tätig, war mit dem Marburger Theologieprofessor Rudolf Otto befreundet. Zeitweise führte er dessen *Religiösen Menschheitsbund*. Über diese Arbeit stand Hauer mit dem Pazifisten Friedrich Siegmund-Schultze im Kontakt. Alle drei Genannten arbeiteten in der ökumenischen Bewegung eng zusammen.

Das klingt alles nicht nach Deutschtümelei. Doch viele Köngener, auch Hauer, dachten völkisch, wie sich an einer kleinen Begebenheit aus dem Jahre 1932 zeigt: Als einige Köngener den jüdischen Eduard Heimann, einen Religiösen Sozialisten aus dem Umkreis Paul Tillichs, als Vertreter des

Judentums neben dem jüdischen Völkischen Martin Buber zur Jahrestagung einladen wollten, lehnte Hauer das mit dem Hinweis ab, das Judentum sei mit Buber ausreichend vertreten und außerdem »vergewaltige« dieser die »Wirklichkeit« »allzuleicht«[5]. Gegen Ende der Weimarer Republik, als die NSDAP ihre Wahlerfolge hatte, drängten die Jungköngener, die zumeist auch NS-Mitglieder waren, darauf, den Nationalsozialismus auf einer Jahrestagung zu behandeln, was Anfang Januar 1933 geschah. Auf dieser Tagung mit dem Thema »Die religiösen und geistigen Grundlagen einer völkischen Bewegung« sprachen unter anderem Martin Buber und die nationalsozialistischen Philosophen Paul Krannhals[6] und Ernst Krieck. Hauer verstand diese Tagung als den Versuch, den Nationalsozialismus zu seinem, wie er meinte, guten Wesen zu verhelfen – ein Motiv, das bei der Gründung der *Freien Akademie* eine Rolle spielte. Hauer war damals keineswegs ein begeisterter Anhänger des Nationalsozialismus. Daß auch ältere Köngener, sogar Pfarrer, in völkischen Bahnen dachten, zeigt eine weitere Episode: Der Tuttlinger Pfarrer Karl Knoch wurde am 21. Mai 1932 vom *Evangelischen Presseverband* aufgefordert, seinen Bericht für den Presseverband an der Stelle abzuändern, wo er behauptet hatte, die indogermanischen Schriften dürften über die biblische Schrift gestellt werden.[7]

Die Köngener und der freie Protestantismus befürchteten während der NS-Herrschaft, daß die Kirchen versuchen würden, mit Hilfe des Nationalsozialismus ihre Machtinteressen gegenüber religiösen Erneuerungskreisen und kleinen religiösen Gemeinschaften durchzusetzen. Auch dieses Motiv taucht bei der Gründung der *Freien Akademie* auf! Der geschlossene Einzug ganzer SA-Formationen in die Kirche, der Wiedereintritt vieler NS-Leute in die Kirche, nachgeholte kirchliche Trauungen und Taufen und vieles andere mehr galten ihnen damals als Beleg für die Allianz der alten Kirchenordnung mit dem neuen Staat. Verbote der Freireligiösen Gemeinden und Bestrebungen in nationalsozialistischen Regierungskreisen, für Beamte den Wiedereintritt in die Kirchen zu fordern – in Thüringen und Sachsen sollten Kinder von »Dissidenten«, wie beispielsweise der Freireligiösen, den konfessionellen Religionsunterricht besuchen – führte zur Gründung der *Arbeitsgemeinschaft Deutsche Glaubensbewegung*. Diese war ursprünglich von Hauer als eine Organisation verstanden worden, die das religiöse Erlebnis, den Glauben des Einzelmenschen, letztlich das Religiöse schützen sollte.

Wegen äußerer und innerer Zwänge wurde sie im Kirchenkampf schließlich jedoch der »verlängerte Arm der SS«. Dieser Entwicklung folgte Hauer nicht und trat im März 1936 von der Führung zurück.[8] Hauers Konzept von 1933 ging nicht auf, weil die liberale Theologie, auf die er gesetzt hatte, nicht mitmachte. Im Oktober 1933 kam es zur Spaltung der Köngener. Die Pfarrer des *Köngener Bundes* unter der Leitung von Pfarrer Rudi Daur und mit der Eigenbezeichnung *Freundeskreis der Kommenden Gemeinde* stellten sich im Kirchenkampf auf die Seite der Kirchenführung. Die Solidarität zu Hauer hörte aber trotzdem nicht auf. Die Köngener Pfarrer korrigierten immer wieder das Bild der *Deutschen Glaubensbewegung* und Hauers in den kirchlichen Zeitschriften. Sie scheinen auch ein Grund gewesen zu sein, weshalb der Streit zwischen evangelischer Kirche und *Deutscher Glaubensbewegung* in Württemberg nicht so eskalierte wie andernorts.[9]

Nach seinem Rücktritt von der Führung der Deutschen Glaubensbewegung gründete Hauer 1937 um seine Zeitschrift *Deutscher Glaube* die *Kameradschaft arteigenen Glaubens*.[10] Hauer blieb in der Bewegung weiterhin eine religiöse Autorität. Zu seinem Kameradschaftskreis gehörten unter anderem Friedrich Berger und Lothar Stengel-von Rutkowski, die zu den Gründern der *Freien Akademie* zählen.

Das religiöse Selbstverständnis

Religiös unabhängig sein bedeutete für die Köngener, sich nicht auf eine bestimmte Auslegung der Dogmen festlegen zu müssen. Ihr Anliegen bestand in der religiösen Erfassung der Kirchenfernen. Nach ihrer Auffassung besaß jeder Mensch ein naturgegebenes Gefühl für die Religion. Das wollte man wecken. Sich selbst verstanden die Köngener als einen Bund von Gleichgesinnten oder Gleichfühlenden. Das Erlebnis als Kategorie war ihnen sehr wichtig. Ganz in der Tradition des Pietismus fühlte man sich der Autorität von Jesus Christus verpflichtet, jedoch mystisch verstanden. Sein Wesen wollte man nicht reflektieren, sondern seine Botschaft und seinen Geist in die Welt tragen. Die Köngener verstanden sich als Sauerteig und zugleich als Christusbegeisterte. In Hauers Vorstellung sah das etwa so aus: Im Bund offenbare sich Gott als Wirkender. Dem müsse man sich hingeben. Pädagogisches Vorbild sei das Leben Jesu, der als einziger das Stadium des Gottmenschen erreicht habe. Christus sollte nun »neu erlebt« werden, und zwar »von modernen Menschen, deren Seele durch Nietzsche und östliche Weisheit aufgelockert« worden sei. Gott beziehungsweise den »Christusgeist« verstand Hauer als den alttestamentlichen Schöpfergott, der »im Herzen«, das heißt in der Seele, im Gefühl genauso wirksam sei wie im Weltall. Das Leitbild der Köngener sollte der »Wandervogel« sein, der »nach unbekannten Christusfernen« ziehen wolle, »weil Christus selbst in uns lockt und leitet«.[11] Diesen Wandervogeltypen bezeichneten die Köngener auch als den germanischen Menschentypen. Daraus wurde in der *Deutschen Glaubensbewegung* der deutsche Mensch.

Gegen Ende der Weimarer Republik sprach Hauer immer weniger von Jesus, dafür immer mehr von der »letzthinigen Wirklichkeit«. Er betonte nun sprachlich das Wirkmächtige Gottes, also die Dynamis.[12] Vorstellungen von Ergriffenheit finden sich häufig in seinem Wortschatz. Seine Konzeption der Herzensreligion, also seine Religionspsychologie, behält er in der Struktur noch bei, verwendet aber keine christliche Terminologie mehr. Der Sozialkörper, an den Hauer nunmehr die Religion anbindet, ist das Volk, das er selbstverständlich in einem biologischen und rassistischen Sinne versteht. Im »Dritten Reich« benutzt Hauer dann die Terminologie der Rasseseelenforschung. Damit übernimmt er natürlich auch die Konsequenzen, den gedanklichen Antisemitismus, ohne im Privaten antisemitisch zu handeln. Diese Verbindung von Religion mit Volk, Rasse und Kosmos führte Hauer der völkischen Bewegung zu.

Die religiöse Unabhängigkeit und die Dogmenlosigkeit machten die Köngener Frömmigkeit in der schwierigen Zeit des Jahres 1933 noch für eine andere Tradition von freiem Glauben, die freireligiöse Bewegung, interessant.[13] Die freireligiöse Bewegung schloß in ihrer Geschichte immer wieder Allianzen mit Gruppen, die ähnliche Ziele verfolgten. Sie beteiligte sich an vielen Arbeitsgemeinschaften. Im Laufe der Zeit ist ein ganzes Netzwerk von Beziehungen solcher Gruppen und Gemeinden entstanden. Aus der Sicht der Freireligiösen stellt die *Deutsche Glaubensbewegung* nur ein Moment dar wie auch die *Freie Akademie*.

Die Zeit des beginnenden »Kalten Krieges«

Die Entnazifizierung

Zweifelsohne war Hauer ein Repräsentant des Nationalsozialismus gewesen. Margarete Dierks charakterisiert in ihrer Hauer-Biographie Hauers wissenschaftliche Lehre als nicht nationalsozialistisch, aber dem Nationalsozialismus sehr nahe kommend.[14] So ist es nicht überraschend, daß er in Tübingen zu den ersten gehörte, die nach 1945 arretiert wurden. Wegen seines Titularranges eines SS-Hauptgruppenführers wurde er automatisch arretiert. Die Inhaftierung am 3. Mai 1945 und seine vorläufige Amtsenthebung als Professor am 10. September 1945 folgten auf dem Fuß. Hauer kam in verschiedene Internierungslager, zuletzt nach Theley bei Saarbrücken. Margarete Dierks schreibt über Hauers Lageraufenthalt: »Hauer selbst hat später kaum einmal von dieser Zeit in Gefängnissen und Lagern berichtet. Er blieb der Mensch, der nicht zurückschaute. Was im persönlichen Lebensbereich überwunden war, belastete seine Gegenwart nicht mehr [...] « Weiter stellt sie fest: »Hauer analysiert nicht das Geschehen der zwölf Jahre N. S. Er fragt nach letztem, in der Katastrophe noch tragendem Grund, fragt nach dem Sinn des Weges, des Schicksals, sucht Besinnung auf seelische Kräfte, die standhalten [...]«[15]. Hauer, der immer auf seine Wissenschaftlichkeit verwiesen hat, wenn sein *Deutscher Glaube* kritisiert wurde, dieser Professor, von dem man annehmen muß, daß er von Berufs wegen analysiert, dieser Wissenschaftler also untersucht die Geschichte der NS-Zeit nicht. Im Lager Theley diskutiert er mit den Lagerkameraden und hält schon wieder Vorträge. Eines seiner Themen ist: »Die Neubegründung des Sittlichen«.

Es mag für die besondere Situation im Lager für Hauer und seine Zuhörer psychologisch wichtig gewesen sein, daß da jemand war, der vom Elend im Lager ablenkte und vielleicht auch Mut machte für die Zukunft. Doch findet sich bei Hauer auch in der späteren Zeit kein Versuch, die Geschichte der NS-Zeit zu analysieren. Statt dessen versucht er sich an der Neubegründung des Sittlichen in den Denkschablonen des Biologen, Anthropologen und Ethnologen. In seiner späteren Publikation zieht er dabei die Werke von Adolf Portmann und mehr noch von Konrad Lorenz zu Rate.[16] Lorenz hatte schon 1940 die nahe Verwandtschaft zwischen dem Entwicklungsgedanken und dem Nationalsozialismus betont.[17] Heute gehört er zu den wissenschaftlichen Autoritäten der deutschen *Neuen Rechten*.[18]

Mit der generellen Aufhebung des »automatischen Arrests« in der französischen Zone wurde Hauer am 19. August 1947 aus der Internierung entlassen. Zu Hause in Tübingen erholte er sich vom Lager und stand eine längere Krankheit durch. Inzwischen hatte sich der Postverkehr in den drei Westzonen normalisiert, so daß die ersten Nachrichten von Freunden auch bei Hauer eintreffen. Die erste Spur des Beginns der Organisation der alten Freunde und Weggenossen findet man im Brief vom 20. Dezember 1948. Um nicht den Verdacht einer beginnenden politischen Betätigung aufkommen zu lassen, ist er ausdrücklich als Privatbrief gekennzeichnet. Das hing vermutlich auch mit dem noch ungewissen Ausgang des Spruchkammerverfahrens bei der Entnazifizierung zusammen. In diesem Brief findet man keine Reflexion über die eigene Schuld im »Dritten Reich«. Hauer vermeidet sogar eindeutige Begriffe, wenn er vom Nationalsozialismus spricht. Statt dessen wählt er Umschreibungen, spricht vom »Schicksal in tausendfacher Wiederholung, von dem man nicht zu sprechen braucht, weil es eine Selbstverständlichkeit ist für alle, die einst ihr ›Herz dran setzten‹«[19]. Gegen Ende des Briefes spricht Hauer von »jenen Mächten, die wir schaffend und helfend erfahren durften: daß aus diesem Ringen eine neue Welt entstehen soll«. Diese Macht ist der »Geburtsgrund der Welt«. Dann bekennt er stellvertretend für seine Leser: »Wir wollen jederzeit bereit sein für Wahrheit, Freiheit und Gerechtigkeit unsere Existenz einzusetzen. So entsteht die Gemeinschaft der Zukünftigen« – in der Köngener Zeit sprach er von der »kommenden Gemeinde«, so auch der Titel ihrer Zeitschrift –, »in der man nicht mehr fragt, was warst du einst, sondern: was bist du? Einer, der sich und seinem kleinen Kreis lebt, oder einer, der im Muß des Schaffenden« – in der Köngener Zeit war das noch der Christus, der in uns leitet zu Christusfernen – » der neuen Schöpfung dient, im Glauben an das Licht, dessen Wiedergeburt in der Natur wir in diesen Tagen feiern.«[20]

Die letzten Worte zeigen an, daß Hauer nicht in die Kirche zurückkehren wollte. An Bekehrungsversuchen seitens eines Pfarrers hat es nicht gefehlt. Viele andere standen vor der Frage des Wiedereintritts. Wie das Beispiel Matthäus Ziegler zeigt, der als SS-Mitglied eine steile Karriere im Amt Rosenberg gemacht hatte, ließen sich auch Mitglieder der *Deutschen Glaubens-*

bewegung zum Wiedereintritt in die Kirche bewegen. Ziegler wurde sogar Pfarrer.[21] Für Hauer dagegen war seine Entscheidung für den Kirchenaustritt vom Jahre 1933 endgültig gewesen.

Mit dem oben erwähnten Brief besitzen wir einen Beleg dafür, daß Hauer innerhalb seines alten Freundes- und Mitarbeiterkreises die Funktion des Wegweisers erfüllte. Wie 1933 entschied er sich für eine Etablierung von Religion außerhalb der Kirchen. Damit aber beschritt er erneut den Weg zur Gemeindebildung, obgleich er das so nicht gesehen hat. Er war der Überzeugung, eine wissenschaftliche Vereinigung gegründet zu haben. Inwiefern die Gründung der *Deutschen Unitarier Religionsgemeinschaft*, bei der Hauer als geistiger Führer eine große Rolle gespielt hat[22], die dazugehörige Religionsgemeinschaft abgeben sollte, ist eine Frage, die ich hier aus Raumgründen ausklammere. Zudem sollte die Akademie eine wissenschaftliche Institution innerhalb einer religiösen Erneuerungsbewegung sein.

Hauers Aktivitäten zur Gründung der *Arbeitsgemeinschaft für freie Religionsforschung und Philosophie* begannen erkennbar nach dem Urteilsspruch der Spruchkammer für den Lehrkörper der Universität des Staatskommissariats für die politische Säuberung Tübingen-Lustnau vom 27. Juni 1949. Die Spruchkammer stufte ihn als Mitläufer ein. Sie erkannte ihm eine politische Wählbarkeit bis zum 1. Januar 1952 ab. Positive Gutachten erstellten ihm Martin Buber und Oberkirchenrat Erich Eichele, der spätere Landesbischof.[23] Eichele hatte in seinem Gutachten betont, daß Hauer »in der NS-Bewegung für seinen Gedanken einer arteigenen Religiosität viele ihn ansprechende Züge vorgefunden« und »daß er seinen Kampf für die Verteidigung seiner religiösen Überzeugungen niemals zur Unterdrückung anderer religiöser Haltungen geführt habe«[24]. Mit dem Urteilsspruch war der nunmehr 68 Jahre alte Professor in den Ruhestand mit der Gewährung der gesetzlichen Pension versetzt worden. Nunmehr frei von wirtschaftlichen Sorgen und der Arbeit an der Universität konnte sich Hauer seinem Herzensanliegen widmen.

Doch Hauer widmete sich nicht nur dem Aufbau der *Freien Akademie*. Ende 1950, Anfang 1951 wurde Hauer von einem Köngener aus Halle gebeten, beim *Hauptausschuß für Volksbefragung gegen Remilitarisierung* aktiv mitzumachen.[25] Diesem unter kommunistischer Beteiligung entstandenen Hauptausschuß gehörten unter anderem der katholische Dichter Reinhold Schneider, der ehemalige Zentrumspolitiker, Würzburger Oberbürgermeister a. D. und führendes Mitglied des *Bundes der Deutschen*, Wilhelm Elfes, aber auch Hans Jurzek, ein ehemaliger Oberbannführer der HJ, an. Damals wurden Koalitionen zwischen Rechtsradikalen, Bürgerlichen und Kommunisten zeitweise praktiziert, um die Remilitarisierung zu verhindern.

Hintergrund dafür war die anstehende Frage nach dem Beitritt zur NATO und die damit verbundene Frage der Teilung Deutschlands. Hauptträger dieser Kampagne waren zunächst Kommunisten, dann aber auch kirchliche Kreise, die sich im Zuge der antikommunistischen Hatz der Regierung aber von jenen distanzierten.[26] Im April/Mai 1951 trug sich Hauer in die Liste der Aufrufe gegen die Remilitarisierung ein, was ihm deutsch-unitarische Freunde verübelten.[27] Darüber hinaus verfaßte er einen Brief an Bundeskanzler Adenauer, der zusammen mit den Briefen Reinhold Schneiders, Wilhelm Elfes und Martin Niemöllers gedruckt wurde.[28] Hauer ging den Anschuldigungen nach, der Hauptausschuß sei kommunistisch gelenkt, und nachdem er auf die präzise Frage keinerlei Antwort erhielt, arbeitete er nicht mehr weiter mit, sondern widmete sich ausschließlich dem Aufbau der *Freien Akademie*.[29]

Von der Arbeitsgemeinschaft für freie Religionsforschung und Philosophie zur Freien Akademie

In der Weihnachtszeit 1949 rief Hauer in einem Rundbrief zur Mitarbeit in der *Arbeitsgemeinschaft für freie Religionsforschung und Philosophie* auf. Folgende Passage, die Dierks nicht zitiert, zeigt das Gründungsmotiv: »Daß wir uns nicht nur politisch und wirtschaftlich, sondern auch geistig in einer Radikalkrise befinden, liegt vor Augen. Von Seiten der weltanschaulichen und religiösen Systeme der Vergangenheit wird durch Zeitschriften, Vorträge, Tagungen und Akademien eine außerordentliche Tätigkeit entfaltet, in der Hoffnung, damit die Krise der Zeit zu meistern.«[30] Hauer versteht also die Aktivitäten der Kirchen, die er für tradierte Formen der Religion hielt, wie zum Beispiel die *Evangelische Akademie*, als Symptom einer allgemeinen Krise der Gesellschaft. Wie schon 1920 und 1933 sieht sich Hauer wieder einmal aufgerufen, korrigierend in das Geschehen einzugreifen. Er will nun jene »Forscher und Philosophen, die sich aus inneren Gründen an keines dieser Systeme binden lassen können« und die, wie er mutmaßt, »weithin isoliert« arbeiten, in seiner Arbeitsgemeinschaft versammeln.[31] Deren Erfahrung und Kenntnis wollte er bündeln und in der Öffentlichkeit zu Geltung bringen. Als Fernziel schwebte ihm die Schaffung einer »neuen universitas« vor: »Die Idee einer echten Akademie soll die ganze Arbeit befruchtend durchdringen.«[32]

Eine evangelische Akademie, so können wir vermuten, ist für Hauer keine echte Akademie, weil sie von vornherein das evangelische Bekenntnis inhaltlich voraussetzt. Eine Akademie der Wissenschaften scheint für Hauer auch nicht das Kriterium des Echten erfüllt zu haben. Hauers Kriterien waren: »strengste Wissenschaftlichkeit und unbeirrbares philosophisches Denken« sowie das Motto »non scolae sed vitae«. Die Mitglieder der zukünftigen Akademie sollten mit ihrem »Forschen und Denken dem Leben dienen und die geistige Not der Zeit überwinden helfen«[33]. Nicht Wissensvermittlung sollte im Zentrum stehen, sondern »Erziehung zum reinen, reifen und harmonischen Menschtum«[34]. Theorie und Praxis sollten aufeinander abgestimmt sein, wobei der oberste Wert das Leben war. Dienst am Leben ist hier das treffende Schlagwort.

Die angeschriebenen Personen gehörten zum Bekanntenkreis Hauers. Es war sicherlich im wesentlichen der Kreis, der auch zur *Deutschen Glaubensbewegung* gehörte. Damit war der Kreis auch weltanschaulich homogen. Gewiß brachte jeder Einzelne seine neu gemachten Erfahrungen mit ein, wie etwa der spätere wissenschaftliche Sekretär Lothar Stengel-von Rutkowski, der sich in russischer Gefangenschaft erstmals mit marxistischer Literatur beschäftigte. Das hatte der Antibolschewist, als der er bekannt war, bis dahin nicht getan. Für ihn bedeutete das eine Bereicherung[35] nicht nur persönlich, sondern auch für seine Arbeit in der Akademie.

In dem Projekt »Akademie« sollten in erster Linie Wissenschaftler vertreten sein. Hauer dachte an Philosophen, Religionsforscher, Psychologen, Philologen, Juristen, Historiker, Biologen, Mediziner, Ethnologen und Vorgeschichtler.[36] Wie schon in der *Deutschen Glaubensbewegung* wurden die Naturwissenschaften außer der Biologie und die Mathematik nicht in den Blick genommen. Vermutlich deswegen nicht, weil deren Methodik zu rational ist. Bei den Wissenschaften berücksichtigte Hauer die Humanwissenschaften. Es fehlt natürlich auch die Theologie. An ihre Stelle hatte Hauer die Religionsforschung – nicht Religionswissenschaft! – gesetzt. Damit verfolgte er sein altes Konzept aus dem »Dritten Reich« weiter, das er damals noch auf der Universitätsebene durchführen wollte.[37]

Das Vorbild der Organisation der Akademie war der *Bund der Köngener* bzw. des *Freien Dienstes*, einer Erweiterung des Bundes, beziehungsweise die *Deutsche Glaubensbewegung*: Den inneren Kreis, den Kern, bildeten nicht wie früher die jungen Köngener oder die Deutschgläubigen, sondern die Wissenschaftler, die sich durch eine »wissenschaftliche Leistung« schon Anerkennung verschafft haben. Der erweiterte Kreis bestand aus solchen Mitgliedern, die »auf Grund ihrer Vorbildung zur Teilnahme an wissenschaftlichen und philosophischen Arbeiten und Aussprachen befähigt sind«. Sie wurden »Hospitanten« genannt.[38] Nach außen hin, das heißt für den Staat, wurde ein Förderkreis eingerichtet[39]. Dieser Kreis wurde am 6. Januar 1957 als *Förderkreis der Freunde der Freien Akademie in Nürnberg* ins Vereinsregister eingetragen. Um das Gruppenselbstverständnis zu stärken, erschien zweimal im Jahr ein Rundbrief. Nach der Gründung der Freien Akademie wurde daraus die Zeitschrift *Wirklichkeit und Wahrheit. Rundbriefe für geistige Erneuerung und lebensgesetzliche Daseinsordnung.*

Nachdem die ersten Schritte zur Gründung der Arbeitsgemeinschaft erfolgreich getan waren, wurde die erste Tagung am 17. September 1950 in Stuttgart-Rohr abgehalten. Zum Thema »*Die Krise der Religion im Lichte des heutigen Denkens*« referierten außer Hauer Professor Erich Keller, ein früherer evangelischer Pfarrer, der in den dreißiger Jahren an der *Hochschule für Lehrerbildung* Esslingen dozierte und damals einen Stoffplan für den weltanschaulichen Unterricht entworfen hatte[40], sowie Professor Wilhelm

Brachmann, ein ehemaliger Mitarbeiter der Kirchenkampfabteilung im *Amt Rosenberg*.[41] Als die Arbeitsgemeinschaft wuchs, wurde die Burg Ludwigstein bei Witzenhausen, die »Jugendbewegungsburg«, der Tagungsort. Dort traf man mit anderen ähnlichen Gemeinschaften zusammen.

Schon früh stieß die *Arbeitsgemeinschaft für sittlich-religiöse Erziehung* zum Hauer-Kreis. Ihr Leiter war Professor Friedrich Berger, den Hauer seit den 20er Jahren kannte und der in der *Deutschen Glaubensbewegung* ein wichtiger Mitarbeiter[42] war. Um dessen Berufung auf den Tübinger Lehrstuhl für Psychologie und Pädagogik hatte sich Hauer 1938 vergebens bemüht.[43] Berger wurde dann in der erweiterten Arbeitsgemeinschaft Stellvertreter Hauers.

Auf der Jugendbewegungsburg vermittelte der Burgwart Walther Jantzen den Kontakt zu Fritz Hermanns *Vereinigung für freigläubige Feiergestaltung*, der späteren *Eekboom-Gesellschaft*. An der Geschichte dieser Gemeinschaft läßt sich zeigen, wie aus einem Gesprächskreis im Internierungslager eine neue Gemeinschaft entstand. In einem Kriegsgefangenenlager der US-Armee bei Fürstenfeldbruck hatten sich Gesprächsgruppen gebildet, eine davon um den Lehrer Fritz Hermann. Laut seiner Selbstdarstellung reifte schon im Lager in ihm der Wunsch, nach seiner Entlassung dort anzufangen, wo er 1933 aufgehört hatte. Er wollte eine »Kultur-Gemeinschaft ins Leben rufen, die dem Menschen zu helfen vermöchte, über das Materielle hinaus sein Leben aus einem neuen Geist heraus zu erfüllen«[44]. Bis 1933 war Hermann ein Jugendführer in der *Deutschjugend* Fritz Hugo Hoffmanns[45], eines jugendbewegtem Ludendorff-Anhängers und Verbindungsmanns zwischen der Ludendorff-Bewegung und Hauers *Deutscher Glaubensbewegung*. Nach seiner Entlassung 1945 sammelte Hermann etwa 60 Interessenten, zumeist Lagerkameraden, für seine neue Gemeinschaft. Die Gründungsversammlung fand am 5. Oktober 1946 in Hamburg statt. Man gab sich den Namen *Vereinigung für freigläubige Feiergestaltung* und begann die Arbeit mit Leseabenden, Gründung von Arbeitskreisen, verfaßte Werbeblätter und gab die Richtbriefe für freigläubige Feiergestaltung heraus, aus denen die späteren *Eekboom-Blätter* und *Freigläubigen Rundbriefe* hervorgingen.[46] Am 29. November 1955 wurde der neue Name *Eekboom-Gesellschaft* beschlossen.[47] Ihr Vorsitzender blieb Fritz Hermann. In die freireligiöse Bewegung gelangte die Eekboom-Gesellschaft über eine von Hermann 1954 ins Leben gerufene Arbeitsgemeinschaft von Lehrern aller Schularten. Man kam in Kontakt mit dem Freireligiösen Albert Heuer, gründete die *Arbeitsgemeinschaft freier Glaube*, aus der sich dann der *Deutsche Volksbund für Geistesfreiheit* entwickelte. Nach der Präsidentschaft Heuers war auch Fritz Hermann längere Zeit sein Präsident. 1958 wurde unter der Schirmherrschaft des Volksbundes ein Lehrplan für freie Religions- und Lebenskunde veröffentlicht. Daran hatten mehrere Gründungsmitglieder der *Freien Akademie* mitgearbeitet: Fritz Hermann, Rudolf Genschel, Otto Meyer und Ewald Schäfer.[48] Die *Eekboom-Gesellschaft* sieht sich als eine Gemeinschaft an, die für die Humanität eintritt. Ihre Auffassung ist pantheistisch. Ihre Polemik richtet sich gegen die »Sündenkreatur-Auffassung der Bibel«. Edda-Sprüche haben durchaus Autorität.[49]

Ebenfalls auf die unmittelbare Nachkriegsgeschichte gehen die Arbeitskreise um Hans Dahmen beziehungsweise Werner Rietz zurück. Dahmen hatte 1946 die Zeitschrift *Das Gespräch aus der Ferne. Briefe für einen Freundeskreis* gegründet. Rietz gründete die »Stätte der Begegnung« im Jugendhof Vlotho, wo er selbst Hausherr war. Diese Stätte wurde später die Tagungsstätte der *Freien Akademie*.[50]

Die Gründung der Freien Akademie

Hauptinitiatoren zur Gründung der von Hauer anvisierten Akademie waren Fritz Hermann mit der *Eekboom-Gesellschaft* und Walther Jantzen. Der Satzungsentwurf und die Beschlußfassung zur Gründung der *Freien Akademie* wurden am 4. April 1956 Jakob Wilhelm Hauer zu seinem 75. Geburtstag überreicht. Am Entwurf wurde bis zum Jahresende noch gefeilt. Der erste Vorsitzende wurde der Hamburger Diplomkaufmann Erwin Heim[51], den Hauer seit der gemeinsamen Zeit im *Bund der Köngener* kannte[52]. Geschäftsführer wurde der Nürnberger Studienprofessor Friedrich Kreiner[53].

Welche Ziele verfolgt die *Freie Akademie*? Zur Beantwortung sei die Präambel der Gründungsurkunde zitiert:

»I. In der Erkenntnis, daß die gegenwärtige geistige Lage des deutschen Volkes eine unbestechliche, sachliche und wissenschaftlich gediegene Untersuchung seiner geistigen und sittlichen Aufgaben erfordert, haben sich die Unterzeichneten entschlossen, eine FREIE AKADEMIE zu gründen, die weder weltanschaulich noch politisch gebunden ist.

II. Die FREIE AKADEMIE übernimmt die Aufgabe, in gemeinschaftlicher Arbeit zu ihrem Teil einen Beitrag zur Neu-Begründung unserer inneren Existenz zu leisten. Sie hat den Auftrag, denen zu dienen, die bemüht sind, in ihrem Denken und Handeln die Grundwerte des geistig freien Menschen zu verwirklichen.

III. Die Unterzeichneten verpflichten sich, zur Verwirklichung dieser Ziele alle verfügbare Kraft einzusetzen und in kameradschaftlichem Vertrauen zusammenzuarbeiten.

Insbesondere erachten sie es als ihre Aufgabe, neben der vordringlich wissenschaftlichen Arbeit, die unerläßlichen organisatorischen und vereinsrechtlichen Voraussetzungen zur Sicherung der gesetzten Ziele zu schaffen.

Ludwigstein, den 4. April 1956

Friedrich Berger, Rudolf Genschel, Karl Griesinger, Hans Grunsky, Annie Hauer, Erwin Heim, Edwin Hennig, Fritz Hermann, Albert Heuer, Helmut Hingkeldey, Walther Jantzen, Erich Keller, Alma Kreiner, Friedrich Kreiner, Otto Manz, Otto Meyer, Gernot Reinitzer, Ewald Schäfer, Reinhold Stark, Lothar Stengel-v. Rutkowski.«[54]

Für die württembergische Kirchengeschichtsschreibung sind vor allem die Namen von Karl Griesinger und Reinhold Stark von Interesse. Letzterer ist aus der Kirchengeschichte des »Dritten Reiches« als ein extremer Vertreter innerhalb der *Nationalkirchenbewegung Deutsche Christen* bekannt. Die Person Starks, ein vormals enger Mitarbeiter Herbert Böhmes, war der Grund, warum die Organisation *Deutsch Unitarier Religionsgemeinschaft* die *Freie Akademie* boykottierte.[55] Stark hatte in den Jahren zuvor die *Religionsgemeinschaft Freier Protestanten* in einem Rechtsstreit von der Gemeinschaft Böhmes abgespalten. Bei Griesinger handelt es sich um den früheren Ulmer DC-Pfarrer. Von seiner religiösen Position her gehörte er zu den Radikalen innerhalb der DC. Griesinger hatte auch noch nach dem Krieg eine große Anhängerschar. 1950 stand für sie die Frage nach einem Beitritt zur liberaltheologischen *Freien Volkskirchlichen Vereinigung* in Württemberg und damit einer Mitarbeit im Rahmen der Kirche an. Griesinger entschied sich für eine Arbeit außerhalb der Kirche.[56] Vermutlich gelangte er auf ähnliche Weise wie Stark in die freireligiöse Szene. Möglicherweise hatte er aber auch Kontakte zu Hauer, die aus der NS-Zeit stammten. Daß Hauer über solche zu den Deutschen Christen verfügte, ergibt sich aus einem Brief Rudi Daurs an Hauer vom 19. Oktober 1935, in dem er ein Treffen Hauers mit dem Stuttgarter Pfarrer Georg Schneider erwähnt.[57]

Stark, der 1936 nach seinem Pfarrdienst in den Schuldienst übergewechselt war, war 1938 stellvertretender Leiter in der nationalkirchlichen DC gewesen. Theologisch stand er unter dem Einfluß des »Lebenstheologen« Johannes Müller[58], der auch die Köngener Hauer und mehr noch Rudi Daur faszinierte. Für Stark stellte die Person Jesu einen Menschen dar, der dem deutschen Wesen verwandt sei. Gott war ihm, Stark, »waltende und gestaltende Lebenskraft«[59]. Das ist eine Konzeption, die derjenigen Hauers mindestens sehr nahekam. Nach dem Krieg wurde Reinhold Stark auf Vermittlung von Rudolf Walbaum, dem Leiter der *Religionsgemeinschaft Freier Protestanten* in Alzey und Weggefährte Hauers in der Deutschen Glaubensbewegung, Walbaums Nachfolger. Diese Religionsgemeinschaft gehört zur freireligiösen Bewegung, und über sie war Stark über die Vorgänge der außerkirchlichen Organisationsbildungen informiert. Zudem dürfte er als ehemaliger Deutscher Christ Kenntnisse über innerkirchliche Neubildungen gehabt haben.

Die Unterschrift des ehemaligen Pfarrers Erich Keller ist nicht ganz so überraschend wie die Griesingers und Starks, denn er wirkte schon vor 1945 gegen die Kirche. 1938 hatte er zusammen mit einer nationalsozialistischen Lehrergruppe einen weltanschaulichen Lehrplan entworfen. Zu diesem Zeitpunkt war Keller Professor an der *Hochschule für Lehrerbildung* in Esslingen.[60] Ein weiterer Württemberger war der Philosoph Hans Grunsky, der vor 1945 Mitglied des *Reichsinstituts für Geschichte des Neuen Deutschlands* war und wegen seiner dortigen Arbeit nach 1945 Lehrverbot erhalten hatte.[61] Weitere ehemalige Nationalsozialisten waren Hauers langjähriger Freund Friedrich

Berger, Professor und Direktor der *Bernhard-Rust-Hochschule* in Braunschweig[62], der Tübinger Professor für Geographie Edwin Hennig sowie der Mitarbeiter Professor Astels in Weimar und Jena, ein SS-Mann der frühen Stunde, Lothar Stengel-von Rutkowski[63].

Die bisher vorgestellten Unterzeichner steckten recht tief im Nationalsozialismus. Der *Freien Akademie* wurde und wird daher Rechtslastigkeit vorgeworfen. Dies entkräftet der Historiograph Stengel-von Rutkowski mit dem Hinweis auf Albert Heuer. Dieser Freireligiöse, ursprünglich Volksschullehrer, war 1933 wegen seiner Weltanschauung – er gehörte dem 1933 verbotenen *Deutschen Monistenbund* an – ins Konzentrationslager gebracht worden. 1945 wurde er Inspekteur für die Entnazifizierung.

Stengel-von Rutkowski nennt als weiteren Garanten für eine Ausgewogenheit den zur Freireligiösenbewegung und zum *Deutschen Monistenbund* zählenden Rudolf Genschel.[64] Allerdings bietet er keine näheren Angaben zu dessen Schicksal. Doch gerade auch an ihm läßt sich eine Gemeinsamkeit zu den Nationalsozialisten aufzeigen: Genschel unterrichtete als Studienrat in Berlin Biologie. 1932 veröffentlichte er einen Aufsatz in der Zeitschrift *Der Biologe*. Darin arbeitete er das Thema der ganzheitlichen Naturauffassung für den Unterricht auf und kommt zu dem Schluß, daß bei einer ganzheitlichen Betrachtungsweise der Naturschutz und die Eugenik als die zentralen Themen des Biologieunterrichts zu betrachten seien. Seine weiteren Überlegungen unterschieden sich im Prinzip nicht von den rassistischen Volkstumsvorstellungen der Nationalsozialisten.[65] Zeitpunkt und Erscheinungsort des Aufsatzes sind bezeichnend: Die Zeitschrift *Der Biologe* wurde 1931 von dem Tübinger Professor für Biologie und Direktor des Botanischen Gartens, Ernst Lehmann, gegründet. Die Zeitschrift war das Organ des gleichzeitig gegründeten *Deutschen Biologen-Verbandes*. Die Gründung fand statt, als in der Biologie viele Stellen gestrichen wurden.[66] Federführend war auch hier Ernst Lehmann. Er gehörte dem *Alldeutschen Verband* und dem *Deutsch-völkischen Schutz-und Trutzbund* an.[67] Verlegt wurde die Zeitschrift im völkischen J.F. Lehmann-Verlag in München. Der Monist Genschel konnte also durchaus an seine Überzeugung aus der Weimarer Republik anknüpfen, ähnlich wie Fritz Hermann oder auch Hauer.

Viele der Gründungsmitglieder nahmen für sich in Anspruch, daß ihr Bild von der deutschen beziehungsweise nationalsozialistischen Volksgemeinschaft nicht mit dem real existierenden Nationalsozialismus übereingestimmt habe. Ein Blick auf die Biographie scheint dies zu belegen. Es gab für sie einige Schwierigkeiten bei der NS-Karriere. Doch waren sie keineswegs Widerstandskämpfer. Was Margarete Dierks über Hauers Religionsverständnis im NS-Staat geschrieben hat, kann für die übrigen im großen und ganzen auch gelten: er habe sich nicht gleichschalten lassen, aber die Ergebnisse seiner Religionsforschung seien der NS-Ideologie sehr nahe gekommen.[68] Einige der Gründungsmitglieder hatten nach 1945 wegen ihrer Arbeit im NS-Staat ihre vorgezeichnete Karriere nicht weiterverfolgen können. Der Ziegler-Freund Stengel-von Rutkowski etwa konnte seine Universitätslaufbahn nicht fortsetzen. Er ließ sich zum Amtsarzt umschulen. Die *Freie Akademie* bot ihm da Ersatz.

War der Gründerkreis weltanschaulich schon recht homogen – als gemeinsames Bindeglied möchte ich das organische – oder wie es heute heißt – ganzheitliche Denken festhalten – so überrascht es nicht, wenn auch auf den Jahrestagungen Redner auftauchen, die das gleiche Denken und eine ähnliche Biographie aufzuweisen hatten. Auf der letzten Jahrestagung der Arbeitsgemeinschaft 1956 und wieder auf der ersten der *Freien Akademie* 1957, der über »Toleranz und Freiheit«, sprach zum Beispiel der ehemalige Herausgeber der *Nordischen Stimmen*, der Nordist Bernhard Kummer. Er gehörte in der Weimarer Zeit zu den Völkischen. Weil Kummer Hermann Wirths wissenschaftliche Meinung kritisiert hatte, zog er sich die Feindschaft Himmlers zu. Wirth war nämlich dessen Schützling und Mitgründer des *Ahnenerbes*.[69] Auch bei Kummer handelt es sich um eine alte Verbindung zu Hauer. Bei soviel weltanschaulicher Homogenität ist es auch nicht mehr verwunderlich, wenn Hauer in *Wirklichkeit und Wahrheit*, dem Organ der *Freien Akademie*, ein Buch vom »Rasse-Günther« sehr wohlwollend rezensiert. Auch die Beziehung zu Professor Hans F. K. Günther stammt aus der gemeinsamen Zeit in der *Deutschen Glaubensbewegung*. Weitere Beispiele ließen sich noch anführen.

Der Historiograph der *Freien Akademie*, Lothar Stengel-von Rutkowski, zählt zu den führenden Köpfen der Akademie außer Hauer noch Friedrich Berger, Friedrich Seidel, Hans Grunsky, Heinrich Springmeyer, Albert Heuer, Fritz Hermann und Rudolf Genschel.[70] Für die Zeit nach 1977 ist der ehemalige katholische Theologe Hubertus Mynarek zu erwähnen. Er stand nach seinem Austritt aus der katholischen Kirche in einem Gastverhältnis zu den Freireligiösen. Gleichzeitig leitete er die Wiesbadener freireligiöse Gemeinde. Er entwickelte eine große Reisetätigkeit.[71] 1978 leitete Mynarek die Studien der *Freien Akademie*. Seit Hauer war Mynarek der erste, der den Akzent wieder auf die Religion legte.[72] Mit seinem Buch *Ökologische Religion* erreichte er nicht nur die Ökologie-, sondern auch die New Age-Szene – auch die rechte. Mynareks Vortragstätigkeit erstreckte sich dementsprechend auch bis in die neurechte, völkische Szene.[73] Diese Spannweite entspricht ganz den Intentionen Hauers. Am 9. August 1956 hatte er Dr. Oskar Rühle vom Kohlhammer Verlag die Erreichung seines Zieles mitgeteilt: Die Gründung der *Freien Akademie* sei vollzogen worden. »Ein großer Erfolg war, daß eine Anzahl Leute aus dem einstigen Lager der Gegner des NS sich mit einstigen Nationalsozialisten in einem gegründeten Vertrauen zu gemeinsamer Arbeit entschlossen haben.«[74]

Die Bedeutung der Freien Akademie für die Religionsgeschichte

Blickt man bei der *Freien Akademie* nur nach rechts hinüber, so könnte man zu dem Schluß kommen, sie sei eine Institution, die von deutsch herkommt und wieder zu deutsch zurückkehrt. Doch würde man jenen Kräften in der Akademie Unrecht tun, die sich gegen Rechtstendenzen wehren und zur Mitte tendieren. Wie es in der Freidenker- und Freireligiösenbewegung seit jeher immer wieder Berührungspunkte und Zusammenarbeit gab, aber auch Spannungen, so auch zwischen den Freireligiösen und der völkischen Bewegung.

Die letzten Bemerkungen verweisen in die Politik und nicht in die Religion. Doch wurden in der außerkirchlichen Bewegung die Kirchen immer als ein politischer Faktor gesehen, wenn nicht sogar als die eigentlichen Machthaber. Der Anfangsimpuls zur Gründung der *Freien Akademie* war sowohl politischer als auch religiöser Natur. Die verschiedenen Gründer wollten mit ihren Kreisen den Verkirchlichungstendenzen der Nachkriegszeit und der Adenauerzeit Einhalt gebieten. Das war damals notwendig, denn es gab in der Tat starke Tendenzen der Klerikalisierung in der CDU und – über sie – in der Bundespolitik.

Die Gründer der *Freien Akademie* wollten natürlich mehr als nur Wahrer der Religionsfreiheit, sie wollten gleichzeitig Sinnstifter, Propheten sein. Hauers Formulierungen zeigen das überdeutlich. Eine christliche Theologie schied für sie aus, denn die wollten sie ja kritisieren. Die Auswahl der religiösen Position war mit den Personen gegeben. Es handelte sich weitgehend um ehemalige Nationalsozialisten, die einer wie auch immer gearteten Rassenideologie anhingen. Sie artikulierten nun, da eine rassistische Sprachregelung nicht opportun – oder auch nicht mehr nötig – war, ihre religiösen Vorstellungen in der Sprache der Lebens- und Naturphilosophie. Dabei konnten sie auf ihre vornationalsozialistische Ideologie zurückgreifen. Kultur- und Religionskritik – genauer Christentumskritik, noch genauer Kirchenkritik – über den Naturbegriff zu üben, hat im Europa der Neuzeit Tradition.

In Deutschland kommt ein religionsästhetisches Moment hinzu, das sich in Dichtung, Naturmystik und schließlich im Kult manifestierte. Dies läßt sich auch für die *Freie Akademie* nachweisen. Die Mitglieder der *Eekboom-Gesellschaft* sind dafür Beispiele, aber auch Hauer selbst. Indem die *Freie Akademie* Kritik am Christentum, zumindest aber an sehr zentralen Glaubensinhalten christlicher Theologie wie dem Sündenverständnis, übte, wollte sie Bewußtsein und damit auch bestehende Mentalitäten verändern – und zwar nachhaltig. Wenn Hauer für seine neue Gemeinschaft die Bezeichnung »Akademie« gewählt hat, so ist das nicht nur als eine Reaktion gegenüber den kirchlichen Akademien zu verstehen, sondern auch als eine Anknüpfung an antike Vorbilder wie die Akademien vorchristlicher, griechischer Philosophenschulen. Mit der Orientierung an der griechischen Philosophie geht auch die Rückgängigmachung der mittelalterlichen, der christlichen universitas einher. Dies geschah über ein monistisches Naturverständnis und über die Rückwendung zur Welt der Germanen und Indogermanen. Dafür stehen Referenten wie Bernhard Kummer und Jakob Wilhelm Hauer, der nun nicht mehr von der indogermanischen Frömmigkeit spricht, sondern von der Sittlichkeit des abendländischen Menschen (im Gegensatz zum morgenländischen Menschen).

Der biographische Zugang zur *Freien Akademie* hat einerseits gezeigt, daß die Mehrzahl der Gründungsmitglieder Nationalsozialisten waren, und zweitens, daß diese für sich in Anspruch nahmen, an das anzuknüpfen, was sie vor 1933 auch schon geglaubt hatten. Ihre Vorstellungen aus der Weimarer Republik hatten sie aber auch schon im Nationalsozialismus eingebracht. Das heißt, daß einige der Gründer ihr weltanschauliches Weltbild schon in der Weimarer Republik ausgebildet hatten und dieses danach weiter- beziehungsweise umbildeten. Andere wie die ehemaligen Deutschen Christen Griesinger und Stark veränderten ihre prokirchliche Einstellung im Nationalsozialismus zur Kirchenkritik. Diese Sozialisationsgeschichten muß man bei einer Religionsgeschichte nach 1945 berücksichtigen.

Diese Personen, die meist in der Weimarer Republik ihre entscheidende Prägung erhalten hatten, verfochten nach 1945 weiterhin eine Weltanschauung, die als ökologisch und ganzheitlich zu charakterisieren ist. Sie trugen mit dazu bei, dieses Naturverständnis in der Gesamtgesellschaft zu fördern. Zum Gesamtprozeß gehört zum Beispiel die Wirkungsgeschichte des Biologieunterrichts an der Schule, der seinen Aufschwung erst Ende der dreißiger Jahre erlebt hatte, wie auch die Wirkungsgeschichte der Werke Teilhard de Chardins, die zum *New Age* führt, oder die Geschichte der Anthroposophie oder auch die der *Deutschen Unitarier Religionsgemeinschaft*.

Daß es sich bei der *Freien Akademie* nicht einfach nur um eine Vereinigung von ehemaligen Nationalsozialisten handelt, geht aus dem Bezug zur freireligiösen Bewegung hervor, aber auch zur Jugendbewegung. Die Gründungen des *Bundes der Köngener*, der *Deutschen Glaubensbewegung* wie auch der *Freien Akademie* geschahen gegen das herrschende Establishment und waren immer mit Religion verbunden. Sie verstanden sich als überkonfessionell und wollten keine Parteipolitik pflegen. Letzteres gilt für die *Deutsche Glaubensbewegung* nur sehr bedingt. Das alles ist bei der Erforschung der Religionsgeschichte der Nachkriegszeit und Adenauer-Ära zu berücksichtigen. Der Blick nur auf den Nationalsozialismus reicht nicht weit genug. Das beleuchtet das vielleicht wichtigste Selbstverständnis der *Freien Akademie*: Bei ihrer ersten Jahrestagung vom 24. bis 31. Juli 1957 prangte die Losung des Hohen Meißners vom Oktober 1913 an der Wand: »Die Freideutsche Jugend will ihr Leben nach eigener Bestimmung vor eigener Verantwortung mit innerer Wahrhaftigkeit gestalten. Für diese innere Freiheit tritt sie unter allen Umständen geschlossen ein.« Das war der Spruch der *Freideutschen Jugend* bei der Hundertjahrgedenkfeier zur Leipziger Völkerschlacht, einer entscheidenden Schlacht der

»Befreiungskriege«. In dieser Tradition sieht sich die *Freie Akademie*. Sie ist wie die Bündische Jugend oder die *Deutsche Glaubensbewegung* ein Teil, aber wirklich nur ein kleiner Teil der Wirkungsgeschichte der Freideutschen Jugend.

Anhang

Kurzbiographien der Gründungsmitglieder

Berger, Friedrich (1901–1975), Studium der Philosophie und Pädagogik in Tübingen, Direktor der *Bernhard-Rust-Hochschule* Braunschweig; *Bund der Köngener*, Mitherausgeber des *Deutschen Glaubens*, Mitautor der Grundlinien einer deutschen Glaubensunterweisung von 1934.

Genschel, Rudolf (1892–1972), aus einer Arbeiterfamilie stammend, Studienrat, zuletzt Professor für Didaktik der Biologie an der Pädagogischen Hochschule Hannover; Mitglied einer freireligiösen Gemeinde, des *Deutschen Monistenbundes*; Autor der Zeitschrift *Der Biologe*, 1957 Gründer der Zeitschrift *Freigeistige Aktion* des *Deutschen Monistenbundes*.

Griesinger, Karl (1899–1976), evangelischer Pfarrer in Ulm, 1936 Entlassung aus dem Pfarrdienst; Mitglied der *Deutschen Christen*; 1945 Gründung der *Freien Christlichen Vereinigung*, 1946 aktives Mitglied in der *Christlichen Einungsvolkskirche* bzw. *Einung Christliche Volkskirche*, 1950 aktives Mitglied in den *Freunden Christlicher Freiheit (Bund für religiöse Erneuerung und überkonfessionelle Verständigung)*.

Grunsky, Hans Alfred (1902–1988), Professor der Philosophie am *Reichsinstitut für Geschichte des Neuen Deutschlands*, Forschungsabteilung Judenfrage, 1945 Lehrverbot, Autor von *Der Einbruch des Judentums in die Philosophie* (1937).

Hauer, Annie (geb. Brügemann, 1903–1994), Ehefrau Hauers, Mitarbeiterin bei der Zeitschrift *Deutscher Glaube*. Zusammen mit Jakob Wilhelm Hauer Herausgeberin des fünfbändigen Werkes *Der deutsche Born* (1952–59), Referentin bei der *Deutsch Unitarier Religionsgemeinschaft*.

Heim, Erwin, Diplomkaufmann in Hamburg; Mitglied im *Bund der Köngener*, 1. Vorsitzender des *Freundeskreises der Freien Akademie*.

Hennig, Edwin (*1882–?), Professor der Geographie an der Universität Tübingen, Direktor des Geologisch-paläontologischen Instituts der Universität Tübingen; Mitglied der NS-Studentenkampfhilfe, 1937 Eintritt in die NSDAP; Autor in Hauers *Deutschem Glauben*.

Hermann, Fritz (*1907), Volksschullehrer, zuletzt Schulleiter einer Grund-, Haupt- und Realschule in Hamburg; Führer in der *Deutschjugend*, 1946 Gründung der *Vereinigung für freigläubige Feiergestaltung*, der späteren *Eekboom-Gesellschaft*.

Heuer, Albert (1894–1960), Volksschullehrer, 1933 Entlassung und KZ, 1945 Inspekteur für die Entnazifizierung, Referent für das Berufsschulwesen der Polizei in Niedersachsen, Oberregierungsrat; 1947 Geschäftsführer des *Deutschen Monistenbund*, Mitglied im *Volksbund für Geistesfreiheit*.
Hingkeldey, Hellmuth
Jantzen, Walther, Oberstudiendirektor; Burgwart Burg Ludwigstein.
Keller, Erich (*1894–?), evangelischer Pfarrer in Württemberg, 1933 entlassen, seit 1936 Professor an der *Hochschule für Lehrerbildung* in Esslingen; Autor bei Hauers *Deutschem Glauben*; Mitglied des Geistigen Rates der *Deutsch Unitarier Religionsgemeinschaft*.
Kreiner, Friedrich, (1889–1976), Studienprofessor am Gymnasium; Geschäftsführer des *Förderkreises der Freunde der Freien Akademie*; Autor in der *Deutsch Unitarier Religionsgemeinschaft*.
Kreiner, Alma, Ehefrau von Friedrich Kreiner.
Manz, Otto, Dr., Oberstudienrat; Sektionsleiter Süd der *Freien Akademie;* Mitglied der *Deutsch Unitarier Religionsgemeinschaft*.
Meyer, Otto, Bund der Köngener.
Reinitzer, Gernot
Schäfer, Ewald, Dirigent und Komponist.
Stark, Reinhold (1901–1963), evangelischer Pfarrer in Württemberg, 1936 Studienrat, Mitglied der *Deutschen Christen*, Leiter der *Religionsgemeinschaft Freier Protestanten*.
Stengel-von Rutkowski (1908–1992), Studium der Medizin und Rassenkunde, Assistent am *Institut für menschliche Erbforschung und Rassenpolitik*, Abteilung Lehre und Forschung des *Thüringischen Landesamtes für Rassewesen* in Weimar, Dozent an der Universität Jena, nach 1945 Amtsarzt, Medizinaldirektor; SS, NSDAP; Mitglied im *Bund Adler und Falken, Deutsche Glaubensbewegung*, Ehrenmitglied der *Eekboom-Gesellschaft*.

Anmerkungen

1 Lächele, Volk.
2 Seibert, Deutsch Unitarier.
3 Kratz, Götter.
4 Jakob Wilhelm Hauer (1881–1962), 1900–15 bei der Basler Mission, 1915–19 Pfarrvikar bei der Evangelischen Kirche in Württemberg, 1921–45 Privatdozent und Professor; Mitglied im Hahnschen Pietismus, zeitweise Leiter des Religiösen Menschheitsbundes, 1920–33 Kanzler des Bundes der Köngener, 1933–36 Gründer und Führer der Deutschen Glaubensbewegung, 1937–45 Leiter der Kameradschaft arttreuen Glaubens; 1937 Eintritt in die NSDAP, seit 1934 für den SD tätig und damit zur SS-Laufbahn gelangt.
5 Bundesarchiv Koblenz (BA), Nachlaß Hauer 13,339, Hauer an Umfrid vom 25.11.1930.

6 Zur Bedeutung der Philosophie von Paul Krannhals in der Weimarer Republik siehe: Flasche, Kaiserreich S. 44–46.
7 BA Hauer 15,236 Ev. Presseverband an Knoch vom 21.5.1932; siehe auch: Nanko, Gottschau 1934. S. 173.
8 Cancik, Staat; ausführlich dazu Nanko, Glaubensbewegung.
9 Schützinger, Auseinandersetzung.
10 Dierks, Hauer S. 269; Nanko, Glaubensbewegung S. 287; Nanko, Gottschau S. 175.
11 Siehe Nanko, Glaube S. 162f.
12 Vgl. dazu Flasche, Religionsmodelle S. 273f.
13 Zur Geschichte der Freireligiösen siehe Heyer, Religion S. 13–51.
14 Dierks, Hauer, S. 322.
15 Dierks, Hauer, S. 335–336
16 In gedruckter und überarbeiteter Form siehe: Hauer, Ursprung.
17 Bäumer-Schleinkofer, NS-Biologie, S. 57–59.
18 Vgl. dazu: Assheuer/ Sarkowicz, Rechtsradikale, S. 192.
19 Dierks, Hauer, S. 347.
20 Ebd.
21 Matthäus Ziegler, geboren 1911 in Nürnberg, gestorben 1993 am Starnberger See, gehörte zum jugendbewegten Bund Adler und Falken, den der völkische Dichter Wilhelm Kotzde 1921 bei Kirchzarten im Südschwarzwald gegründet hatte. Ziegler war früh Mitglied in der SS. Er begann zunächst mit dem Studium der evangelischen Theologie und Volkskunde, nach dem Austritt aus der Kirche 1933 studierte er nur noch Volkskunde, die er 1937 mit der Promotion abschloß. Daneben erlebte er seine NS-Karriere: 1933 im Stabsamt der Reichsbauernführung, 1934 Schriftleiter der NS-Monatshefte, 1934–41 im Amt Rosenberg als Leiter des Archivs für kirchenpolitische Fragen (später umbenannt in Amt für weltanschauliche Information), 1941 Arbeit an Sonderaufträgen des Reichsleiters Bormann in Veldes/Slowenien, ab 1943 Mitarbeit am Handbuch der Romfrage, zusammen mit Hans Strobel verantwortlich für die NS-Fest- und Feierkultur. Nach 1945 trat er wieder in die evangelische Kirche ein, beendete sein Theologiestudium und wurde Pfarrer. Vgl. dazu: Bollmus, Amt Rosenberg; Gajek, »Feiergestaltung«.
22 Siehe dazu Seibert, Unitarier, S. 25. Hauers Deutscher Born wurde als Hausbuch der Deutsch Unitarier Religionsgemeinschaft empfohlen: BA, Hauer, 152, 227.
23 Der Urteilsspruch ist abgedruckt bei Dierks, Hauer, S. 340–346.
24 Dierks, Hauer, S. 343.
25 Dierks, Hauer, S. 351.
26 Rupp, Opposition, S. 52, 60–63.
27 BA Hauer, 152, 249.
28 Brief an Bundeskanzler Dr. Adenauer vom 28.6.1951. In: Briefe nach Bonn. Stuttgart Verlag Theodor Körner 1951. Dierks, Hauer S. 350f.
29 Dierks, Hauer, S. 351.
30 BA Hauer 146, 536.
31 Ebd.
32 Ebd.
33 Ebd.
34 Diese Formulierung stammt von Kurt Holler aus seiner Trauerrede zum Tode Richard Eichenauers, in: Wirklichkeit und Wahrheit, 3. und 4. Jahresrundbrief Dezember 1956, S. 11.
35 Siehe die Selbstbiographie von Lothar Stengel-von Rutkowski in: Jantzen, Namen, S. 299–304.
36 BA Hauer 146, 536.

37 Dierks, Hauer, S. 315–328.
38 BA Hauer 146, 537.
39 Ebd.
40 Pädagogisch-Theologisches Zentrum Stuttgart (Hg.), 450 Jahre S. 293; Thierfelder, Auseinandersetzungen S. 243.
41 Wilhelm Brachmann arbeite im Amt Rosenberg. Dort war er mit der Inhaftierung Niemöllers beschäftigt, die er gegenüber Rosenberg als ein Unrecht bezeichnete. Zusammen mit Matthäus Ziegler arbeitete er am »Handbuch der Romfrage« mit. Etwa 1942 wurde er an das Institut für Religionswissenschaft in Halle berufen, einer sogenannten Außenstelle von Rosenbergs Hoher Schule. Literatur zu Brachmann bei Bollmus: Amt Rosenberg, S. 291 Anm. 67 (mit Literaturhinweis Hans Buchheim: Ein NS-Funktionär zum Niemöller-Prozeß, in: VJZG 4, S. 311–315), S. 292 Anm. 79; Bollmus: Projekt, S. 125 Anm. 2, 141 Anm. 24, 142.
42 Berger war Mitautor von Hauer/Solger, Grundlinien.
43 Adam, Hochschule, S. 144f., Anm. 149 und 151.
44 Dierks, Gruß, S. 21.
45 Ebd., S. 21.
46 Ebd., S. 22.
47 Ebd., S. 18.
48 Ebd., S. 23.
49 Ebd., S. 25.
50 Stengel-von Rutkowski, Arbeit, S. 116.
51 Dierks, Hauer, S. 352.
52 BA Hauer 15,168; 15,170.
53 Dierks, Hauer, S. 352.
54 Abgedruckt in: Stengel-v. Rutkowski, Arbeit, S. 117. Zu den Unterzeichnern siehe deren Biographien im Anhang.
55 Nachlaß A. Hauer, Tübingen, Dr. Küthe an Hauer vom 10.6.1956.
56 Siehe zu dem schwierigen Verhältnis Griesingers zur Kirchenführung: Lächele, Volk, S. 203–215, 234.
57 Der Brief ist als Dokument 5 abgedruckt bei Schützinger, Auseinandersetzungen.
58 Lächele, Volk, S. 137.
59 Ebd., S. 131f.
60 Praktisch-Theologisches Zentrum Stuttgart, 450 Jahre, S. 293.
61 Stockhorst, Köpfe S. 167; Kratz, Götter, S. 301.
62 BA Hauer 5, 395.
63 Schmidt, Mater, S. 546.
64 Stengel-von Rutkowski, Arbeit, S. 124.
65 Bäumer-Schleinkofer, NS-Biologie, S. 54f.
66 Bäumer-Schleinkofer, NS-Biologie, S. 22–24. Lehmann wählte den »deutschesten Verleger« deshalb aus, weil Biologie die »stärkste Stütze des völkischen Gedankens« sei.
67 Adam, Hochschule, S. 30.
68 Wie Anm. 14.
69 Mohler, Revolution, S. 382f.
70 Stengel-von Rutkowski, Arbeit, S. 119–125.
71 Meyer, Religion, S. 49f.
72 Meyer, Unitarier, S. 212.
73 Von Schnurbein, Göttertrost, S. 96f.
74 Nachlaß A. Hauer, Tübingen, J. W. Hauer an Oskar Rühle vom 9.8.1956.

Eva-Maria Seng

Zwischen Kontinuität, Notkirche und Neuanfang: Evangelischer Kirchenbau in Württemberg 1925 bis 1955

Der evangelische Kirchenbau der Nachkriegszeit steht genausowenig beziehungslos zu der architektonischen Diskussion und Entwicklung zwischen den beiden Weltkriegen, ja zu derjenigen des 19. Jahrhunderts, wie andere Bereiche, so daß auch hier nicht von einer »Stunde Null« geredet werden kann. Deshalb erscheint es sinnvoll, die Zäsur nicht nach 1945 zu setzen und die Kirchen dieses Zeitraumes isoliert von den vorigen zu betrachten, sondern in der Mitte der zwanziger Jahre unseres Jahrhunderts, seitdem man allgemein die Bauten mit dem Schlagwort »moderner Kirchenbau« belegt. Von hier ausgehend sollen Verbindungslinien und Anknüpfungspunkte aufgezeigt und mit dem Bauschaffen nach dem Krieg in Beziehung gesetzt werden. Dabei werden zunächst die Einführung neuer Baustoffe und die Bauten der zwanziger Jahre unter dem Einfluß der liturgischen Bewegung anhand einiger Beispiele vorgestellt. Es folgt eine knappe Darstellung des Kirchenbaus während des Dritten Reiches und der Zeit des Wiederaufbaus; daran schließen sich Beispiele von Kirchenbauten der fünfziger Jahre und die *Rummelsberger Grundsätze* von 1951 an. Den Abschluß bildet ein Bau der beginnenden sechziger Jahre, der nochmals gleichnishaft die Diskussion zusammenfaßt.

Der »moderne Kirchenbau« und Bauten unter dem Einfluß liturgischer Strömungen

Die beiden großen architektonischen Stilrichtungen beziehungsweise Kirchenbaugruppen der zwanziger Jahre lassen sich einerseits hinsichtlich des verwendeten oder vorgeschlagenen Materials als technologisch fortschrittliche und andererseits aufgrund ihres liturgischen und theologischen Hintergrundes als verinnerlichte oder liturgisch durchdachte Bauten charakterisieren.[1]

Der Einsatz neuer Baustoffe und der Saalbau

Die Erprobung und Anwendung neuer Baustoffe wie Beton, Stahlbeton, Eisen, Glas und Stahl sowie damit einhergehend neue Proportions- und Raumverhältnisse prägten schon den Kirchenbau des ersten Jahrzehnts des 20. Jahrhunderts. Als zwei charakteristische Bauten in Württemberg, die auf den evangelischen

Kirchenbau des gesamten deutschsprachigen Raumes ausstrahlten, lassen sich hier die Ulmer Garnisonskirche von Theodor Fischer, die von 1906 bis 1910 errichtet wurde, und die Stuttgarter Markuskirche von Heinrich Dolmetsch anführen, die dieser von 1906 bis 1908 erbaute. Beide Kirchen sind Eisenbetonbauten, die auch das neue Raumideal des beginnenden 20. Jahrhunderts – den Saalbau – entweder in reiner Form oder als Emporensaalanlage aufweisen.

Die Ulmer Garnisonskirche zeigt dabei den Typus des reinen Saalbaues. Bei ihr verzichtete Theodor Fischer zugunsten einer möglichst großen Geschlossenheit des Raumes ganz auf seitliche Emporen, obwohl der Bau aufgrund der erforderlichen 2000 Sitzplätze stark verlängert werden mußte. Lediglich über dem westlichen Eingang weist sie noch zwei Emporen übereinander auf. Der kastenartige Raum ist dabei mit einem flachen Korbbogengewölbe – einer Stahlbetonkonstruktion – überspannt, wobei die Stahlbetonbinder ohne Verkleidung sichtbar belassen wurden. Im Äußeren hingegen errichtete Fischer über dem östlichen Altarbereich eine massive monumentale Doppelturmanlage, der im westlichen Eingangsbereich ein an Vierungstürme erinnernder Turm gegenübergestellt ist. Trotz der Umkehrung traditioneller Kirchenbauschemata, nämlich einer Doppelturmanlage über dem Chor (anstelle des Turms über dem Eingang) und Vierungs- oder Chorturm über dem westlichen Haupteingang anstatt im Osten über oder vor dem Chor, zeigt der Bau im Gegensatz zum konsequent »modernen« Innenraum im Äußeren durch seine wuchtige, romanisierende, monumentale Formensprache noch Reminiszenen an historische Stile.[2]

Ähnlich läßt sich die Stuttgarter Markuskirche von Heinrich Dolmetsch charakterisieren. Im Inneren zeigt der einheitliche Saalraum, der von schmalen, gleichsam ausgegrenzten Seitenschiffen flankiert ist, wiederum ein Korbbogengewölbe, dessen Betonkonstruktion jedoch aus akustischen Gründen durch eine Kassettierung verdeckt ist. Damit ist das Innere also erneut konsequent einer modernen Formensprache verpflichtet, während der Außenbau in seiner romanisierenden Formensprache historischen Vorbildern folgt.[3]

Diese modernen funktionalen Bauten mit historischen Stilanklängen sind aber abgesehen von dem Einsatz neuer, zuvor fast ausschließlich im profanen Ingenieurbau angewandter Materialien vor allem hinsichtlich des neuen Raumideals, nämlich des einheitlichen Saalraumes charakteristisch. Sie lassen darin die Abkehr vom evangelischen Kirchenbau des 19. Jahrhunderts mit seiner zum Zentralbau tendierenden beziehungsweise Zentral- und Längsbau verschmelzenden Raumform erkennen.

Mit diesem veränderten Raumempfinden geht eine zunehmende Entsakralisierung des Kirchengebäudes gegenüber dem 19. Jahrhundert und hier insbesondere der Kirchenbauten, die auf dem *Eisenacher Regulativ* von 1861 fußten, einher. Dies zeigt sich im Bedeutungsverlust des Altars und, damit zusammenhängend, des Chors. Erneut tritt zugleich der zuvor gesuchte

Ausgleich zwischen Kanzel- und Altardienst beziehungsweise reicheren liturgischen Elementen im protestantischen Predigtgottesdienst zugunsten des einseitigen Kanzeldienstes zurück.[4]

Johannes Merz, der erste württembergische Kirchenpräsident, charakterisierte diesen Umschwung 1906 in einem Bericht gegenüber dem *Evangelischen Konsistorium* in Stuttgart, als dessen Vertreter er den *Zweiten Kongreß für protestantischen Kirchenbau 1906* in Dresden besucht hatte, folgendermaßen: »Die Konstruktionsweise wird zur Zeit am meisten beeinflußt durch den Beton-Eisenbau. Derselbe gestattet die Überdeckung der größten Räume, ohne daß Seitenschub entsteht u. macht die Breite des überdeckten Raumes anders als der mittelalterliche Gewölbebau unabhängig von der lichten Höhe derselben. Diese beiden Momente der neuen Bauweise hat Theodor Fischer bei dem Entwurf der Ulmer Garnisonskirche in vollkommenster Weise ausgenützt. Auf dieser Grundlage baut sich ein neues Raumideal auf, das bei einfachstem Grundriß vor allem eine großflächige schlichte Innenwirkung unter Beschränkung der Seitenemporen erstrebt. Interessant war zu sehen, wie rasch und gründlich sich die Probleme seit 1894 [Erster Kongreß für den Kirchenbau des Protestantismus in Berlin] weiterentwickelt haben: damals war Centralbau Ideal, jetzt ist derselbe allgemein für protestantische Kirchen aufgegeben [...]«.[5]

Der evangelische Kirchenbau der zwanziger Jahre

Diese in erster Linie zweckorientierten und auf die Predigt ausgerichteten Kirchenbauten stießen nach dem ersten Weltkrieg, in einer Zeit tiefgreifender Besinnung, auf zunehmende Kritik und Ablehnung.

Ähnlich wie in der ersten Hälfte des 19. Jahrhunderts, als man begann, das Kirchengebäude nicht nur als Predigt- und Versammlungsort der Gemeinde, sondern auch als sakralen Feier- und Andachtsraum mit stimmungsmäßigen Komponenten anzusehen, wurden diese baulichen Überlegungen und Umsetzungen von einer liturgischen Erneuerungsbewegung begleitet. Wichtigste Vertreter dieser Strömung waren neben dem Theologen Rudolf Otto die in der *»Berneuchener Bewegung«* oder *Michaelsbruderschaft* zusammengeschlossenen Theologen und Laien. Auch zwei Architekten traten sowohl durch Entwürfe als auch theoretische Schriften wegbereitend hinzu: der Württemberger Martin Elsaesser und der Badener Otto Bartning.[6] Rudolf Otto kam dabei in seinem Hauptwerk *»Das Heilige«* von 1917 über den Begriff des »Numinosen«, mit dem er das Heilige als mystisches Erschauern (mysterium tremendum) und faszinierend Anziehendes (mysterium fascinosum) charakterisierte, zu der Vorstellung eines zweiteiligen Gottesdienstes: Einem auf das Wort ausgerichteten Predigtteil sollte ein auf die Begegnung mit dem Numinosen ausgerichteter Andachtsteil folgen.[7]

Die *Berneuchener Bewegung* entstand aus einer Gruppe von Theologen um Karl Bernhard Ritter und Wilhelm Stählin, die sich seit 1923 auf dem Gut Berneuchen in der Neumark mit dem Ziel einer liturgischen Neudefinition der protestantischen Liturgie traf. Sie stellte neben die Wortverkündigung der Predigt als eines Bestandteiles der Verkündigung die Liturgie als symbolkräftige, anschauliche Form. Den Höhepunkt gottesdienstlichen Lebens bildet dabei das Abendmahl (»Opfergang und Wandlung«). Aus dieser Berneuchener Bewegung ging 1931 die *Michaelsbruderschaft* hervor.[8]

Otto Bartning

Otto Bartning, dessen Schrift »*Vom neuen Kirchbau*« von 1919 teilweise als Anfang des modernen Kirchenbaus gesehen wird[9], forderte einen »Sakralbau«, in dem die »örtliche Gebundenheit der Religionsübung« zum Ausdruck kommt. Auf der Suche nach einer symbolischen Raumform, die den Zusammenschluß der protestantischen Gemeinde widerspiegeln, zugleich aber auch die Wechselbeziehung der liturgischen und architektonischen Spannung verkörpern sollte, also ein Entwurf, der Bau, Raum, Liturgie und Predigt und somit eine ausgewogene Form des Kanzel- und Altardienstes umfassen sollte, kam Bartning 1922 zu seinem Modell der Sternkirche (S. 251, Abb. 1), einer Kombination von Predigt- und Feierkirche. Dabei ordnete er auf einem Kreisgrundriß die beiden Zentren der Liturgie Kanzel und Altar im Mittelpunkt an, wobei bis auf ein kleines ausgespartes Kreissegment der Feierkirche die restlichen Segmente des Kreisgrundrisses von der Predigtkirche mit der dort in konzentrischen Kreisen angeordneten Gemeinde gebildet wird.[10]

Die Sternkirche blieb Entwurf, jedoch erstellte Bartning 1929 bis 1930 mit der Auferstehungskirche in Essen-Ost einen Bau mit dieser Grundrißlösung. Die zeittypische, expressive, gotisierende Formensprache des Sternkirchenentwurfs, war in Essen jedoch der bei Bartning bis in die Nachkriegszeit typischen spannungsgeladenen, »klassizistischen« Formensprache gewichen.

Ein weiterer aufsehenerregender Entwurf Bartnings, der auch realisiert wurde und sowohl die technologisch fortschrittliche als auch die liturgisch verinnerlichte Richtung der Suche nach einem sakralen Raum in den zwanziger Jahren verkörperte, ist die 1928 in Köln anläßlich der *Internationalen Presse-Ausstellung »Pressa«* errichtete Pressa-Kirche. (S. 252, Abb. 3) Ein ganz in den neuen Materialien Glas und Stahl errichteter Bau auf parabelförmigem Grundriß, wobei der Altar mit einem großen Kreuz in der Kurve erhöht auf einem Podest angeordnet war, während sich das Ambo axial einige Stufen niedriger befand. Die Stätte des Altars war somit von einer gläsernen Wand umzogen, die aus einer Doppelreihe von stählernen I-Trägern gebildet wurde. Zwischen der äußeren Reihe der Träger spannten sich Farbglasfenster, während die innere frei aufstieg und einen Umgang formte. Die westliche Eingangsfront war demgegenüber mit einer kupferverkleideten Doppelturmfassade versehen.

Bartning selbst äußerte sich anläßlich der Einweihung zur »symbolischen Raumform«, daß dieselbe sich »gleich den ausgebreiteten Armen des Liturgen [...] strahlenförmig [... ausbreite] und gleich der zum Sakrament sich sammelnden Gemeinde [... schließe] und [...] sich der Raum [somit] um den Altar [runde]«[11]. Die Kirche wurde nach der Ausstellung 1931 nach Essen-Holsterhausen als Melanchthonkirche transloziert und dort im Zweiten Weltkrieg zerstört.

Der parabolische Grundriß tauchte fortan sowohl auf evangelischer wie auf katholischer Seite im Kirchenbau auf, während die reine Glas-Stahl-Architektur erst durch Egon Eiermann 1959 bis 1963 in der Kaiser-Wilhelm-Gedächtniskirche in Berlin, nun als Beton-Glas-Stahlkonstruktion, wieder aufgegriffen wurde.[12]

Martin Elsaesser

Martin Elsaesser kam 1918, ähnlich wie Otto Bartning mit dem Projekt der Sternkirche, zu einer Trennung von Predigt- und Feierkirche, wobei er jedoch nicht einen integrierenden Entwurf, sondern einen additiven vorlegte. Im Unterschied zu Bartning ist für ihn das evangelische Kirchengebäude nicht als ganzes Sakralraum, sondern es dient zwei Bedürfnissen: einem profanen, welches einen Versammlungsraum für die Gemeinde und Platz für das Halten und Hören der Predigt verlangte, und einem sakralen, das einen Ort für liturgische Feiern benötigt.

Baulich umgesetzt wurde Elsaessers Konzept in der 1925/26 errichteten Südkirche in Esslingen. Dort wurde einem rechteckigen mit großen hell verglasten Fenstern bestückten, flach gedeckten Predigtsaal ein kleinerer mit einem rippenartigen Rabitzgewölbe versehener Zentralraum angefügt, welcher aufgrund stark farbiger Fensterverglasung in gedämpftes, »mystisches Halbdunkel«[13] getaucht ist. Ähnlich wie Bartnings Modell der Sternkirche zeigt der Bau dabei eine expressive Formensprache mit gotisierenden Anklängen. Im Gegensatz zu Bartnings Verwendung moderner Materialien führte Elsaesser seinen Bau jedoch in traditionellem Material mit handwerklicher Verarbeitung in Backstein aus, dem neben den technologisch neuen Materialien bevorzugten Baumaterial des expressionistischen Kirchenbaus der zwanziger Jahre.

Diese Idee der räumlichen Trennung der verschiedenen Funktionen in eine Predigt- und eine Feier- oder Abendmahlskirche bestimmte schon die Diskussion um den evangelischen Kirchenbau in der ersten Hälfte des 19. Jahrhunderts und war im 16. Jahrhundert an einigen Neueinrichtungen von Kirchen nach Einführung der Reformation (zum Beispiel der St. Marienkirche in Beeskow/ Mark Brandenburg und der Großen Kirche in Emden) verwirklicht worden.

Im 19. Jahrhundert hatte vor allem Karl Friedrich Schinkel in seinem vieldiskutierten Projekt eines Denkmaldoms zur Erinnerung an die Befreiungskriege 1814/1815 in Berlin auf dem Leipziger Platz diese Trennung in einen Langhausbau als reine Predigtkirche und einen achtseitigen, überkuppelten, östlichen Zentralraum für die Abhaltung des Abendmahls und nationaler Feiern vorgeschlagen. Als süddeutsche Variante entwickelte der Stuttgarter Architekt Karl Marcell Heigelin fast gleichzeitig in seinem bis zum Ende des 19. Jahrhunderts rezipierten dreibändigen *Lehrbuch der höheren Baukunst für Deutsche* 1832 für eine protestantische »Grose Metropolitan-Kirche« ebenfalls einen Langhausbau für das Abhalten der Predigten und das Vorlesen der Evangelien und einen daran östlich angefügten Zentralbau für Abendmahlfeiern sowie Taufen und Trauungen.[14]

Insgesamt zeigt der Kirchenbau der zwanziger Jahre aufgrund der Einflüsse der liturgischen Bewegungen und Strömungen jener Zeit wieder eine stärkere Betonung des Altars beziehungsweise seiner liturgischen Funktionen innerhalb des Gottesdienstes. Damit einhergehend trat auch der Chorraum oder – wie in den besonders herausragenden besprochenen radikalen Modellen – ein eigenständiger Feierraum oder Raumteil wieder in die Diskussion um den evangelischen Kirchenbau. Diese reinen Zentralbauten oder zentralisierenden Tendenzen in evangelischen Kirchen gelangten jedoch erst bei den Bauten der Nachkriegsjahre zur vollen Bedeutung. In den zwanziger Jahren wurden hingegen üblicherweise – auch in Württemberg – Kirchenbauten als traditionelle Langhausbauten (entweder in Form eines saalartigen Einraumes oder mit lediglich zu Laufgängen ausgeschiedenen Seitenschiffen), jedoch mit der »Hauptbetonung der Raumgestaltung auf den Chor« als stimmungsvollen durch Farbglasfenster abgedunkelten Raum, errichtet.

Meist zeigten diese Bauten eine gotisch-expressive Formensprache, womit häufig auch überwölbte Raumteile, vor allem im Chor und in den Seitenschiffgängen einhergingen. Die Baumaterialien waren neben Stein der bevorzugte Backstein und nur in einzelnen Bauteilen wie Turm, Deckenkonstruktion etc. Beton. Als Beispiele für Kirchenbauten jener Jahre in Württemberg lassen sich, abgesehen von den Bauten Elsaessers, diejenigen des Architekturbüros Klatte und Weigle in Gerhausen von 1927 und vor allem in Betzweiler, ebenfalls von 1927 (S. 252, Abb. 4), sowie die Pauluskirche in Fellbach von Wilhelm Jost anführen, die auch im Jahre 1927 fertiggestellt wurde.[15]

Einen gewissen Abschluß der Überlegungen der zwanziger Jahre stellt schließlich der *Magdeburger Kirchenbaukongreß 1928* dar, auf dem als erster Leitsatz die Bestrebungen zusammengefaßt wurden: »Der evangelische Kultraum ist nicht schlechthin ›Predigtkirche‹, sondern Stätte einer Selbstkundgebung Gottes und des Verkehrs mit ihm und daher als Ganzes sakraler Raum und einheitlich als solcher zu gestalten.«[16]

Monumentalität und traditionelle Beharrung.
Der evangelische Kirchenbau 1933 bis 1945

Schon nach der Machtergreifung 1933 ließ die Kirchenbautätigkeit merklich nach, bis im Jahr 1937 Bauten über 60000 RM ganz untersagt wurden, worunter praktisch alle Kirchenneubauten fielen. Mit Ausbruch des Krieges 1939 kam die Bautätigkeit nahezu ganz zum Erliegen. Im Jahr 1936 zum Beispiel wurden in sämtlichen evangelischen Landeskirchen fünf Bauaufträge registriert, worunter auch ein württembergisches Bauprojekt, nämlich die Stuttgarter Christuskirche, zu verzeichnen ist. Ihr Bau wurde 1937 nach einem Wettbewerbsentwurf nach dem Plan des ersten Preisträgers Silvester Laible aus Bad Cannstatt beschlossen; aufgrund der Zeitverhältnisse wurde die Kirche jedoch erst 1954 bis 1955 nach dem etwas verkleinerten Vorkriegsplan ausgeführt.

Sie zeigt die typische Formensprache der Vor- und Nachkriegszeit, nämlich einfache saalartige, flachgedeckte Langhausbauten mit Chor und wuchtigem Turm – meist über dem Haupteingang – in traditionellen oder auch restaurativen, archaisierenden Formen, die an die frühe Romanik erinnern. Charakteristisch sind dabei neben den kubisch-blockhaften Grundformen die weitgehend geschlossenen Mauerflächen mit lediglich sparsamen Gliederungselementen und die Betonung des Massig-Monumentalen, das auch durch das bevorzugte Material, unverputzter Naturstein, später häufig verputzter Backstein, evoziert wurde.[17]

Als weiteres Beispiel in Württemberg kann die 1936 eingeweihte Erlöserkirche in Ludwigsburg von Otto Eichert angeführt werden – eine dreischiffige flachgedeckte Basilika in romanisierenden Formen aus verputztem Backstein.[18] Neben diesen zwar archaisierenden, aber dennoch einfachen Beispielen gab es außerhalb Württembergs auch wenige ins Monumentale gesteigerte Repräsentativbauten, wie beispielsweise die Reformations-Gedächtnis-Kirche in Nürnberg-Maxfeld (S. 251, Abb. 2). Auch für ihre Errichtung wurde 1933 ein Wettbewerb veranstaltet, in dessen Preisgericht bezeichnenderweise Paul Ludwig Troost, der Erbauer des Hauses der Deutschen Kunst in München, saß. Zur Ausführung empfohlen wurde dabei unter den 108 eingereichten Entwürfen derjenige von Gottfried Dauner aus Bamberg, der dann von 1935 bis 1938 auch realisiert wurde. Der zwölfseitige mit drei wuchtigen Türmen umstellte burgartige Zentralbau aus Muschelkalkstein zeigt dabei die gesteigerte und ins Große übersetzte Seite dieser Bauauffassung.[19]

Die Kriegszerstörungen an evangelischen Kirchen in Württemberg und Beginn des Wiederaufbaus

Durch die schweren Bombenangriffe gegen Ende des Krieges in Württemberg wurden auch zahlreiche Kirchengebäude entweder ganz oder teilweise zerstört. So stellte die evangelische Landeskirche 1951 folgende Bilanz auf: »Am Ende des Krieges waren von den 1436 evang. Kirchen in Württemberg 499 (35%) beschädigt«, davon waren 110 (22%) nicht mehr benutzbar und 65 (13%) total zerstört oder völlig ausgebrannt. Von diesen zerstörten Bauten wurden bis zum Ende des Jahres 1951 41 (63%) wiederaufgebaut, 7 weitere befanden sich damals noch im Bau und bei 5 Kirchengebäuden wurde aufgrund am Ort ausreichend vorhandener weiterer Bauten oder Bevölkerungsveränderungen auf den Wiederaufbau verzichtet. Außerdem waren von 26 schwer kriegsbeschädigten Kirchen, die jedoch nicht ausgebrannt waren, 25 (96%) schon wiederhergestellt.

Einerseits läßt diese Statistik das Ausmaß der Zerstörungen erahnen, wobei unter den historisch wertvollen alten Kirchenbauten in den großen Städten die Verlustrate besonders hoch war; andererseits wird aber auch deutlich, daß der Wiederaufbau nach ersten Sicherungsmaßnahmen insbesondere nach der Währungsumstellung 1948 relativ schnell in Angriff genommen wurde. Neben den vielfältigen Möglichkeiten und Diskussionen der Wiederherstellung der historischen Baudenkmäler bestimmte aber auch der Bau sogenannter »Notkirchen« in einzelnen besonders schwer getroffenen Städten und für die großen Flüchtlingsströme die erste Nachkriegszeit. So waren 1951 fünf Notkirchen und drei Diasporakirchen für Flüchtlinge in Württemberg gebaut worden.[20]

Das Notkirchenprogramm

Schon in den Kriegsjahren 1942/43 wurden geheime Gespräche zwischen den evangelischen Kirchen in Amerika und in Deutschland über Maßnahmen nach dem deutschen Zusammenbruch aufgenommen und eine Spendenaktion ins Leben gerufen. Sofort nach Kriegsende nahm der in Genf vom »*Weltrat der Kirchen*« eingerichtete Wiederaufbauausschuß des »*Hilfswerkes der Ev. Kirchen in Deutschland*« seine Arbeit auf. Finanzielle Unterstützung bekam der Ausschuß dabei vor allem vom »*Lutherischen Weltbund*« und kirchlichen Organisationen in den USA und in der Schweiz. Zunächst wurden Planungen erörtert, den Mangel an Gotteshäusern durch die Aufstellung von Militärbaracken zu beheben. Diese erwiesen sich aber mit ihren 200 Sitzplätzen für Großstadtgemeinden als zu klein, zu kurzlebig und damit zu teuer, zu wenig motivierend – als Anreiz zur Selbsthilfe – und für die Ausnutzung und Beseitigung des reichlich vorhandenen Trümmermaterials vor Ort als ungeeignet.

Deshalb verhandelte Eugen Gerstenmaier, der Leiter des Hilfswerks, mit Otto Bartning, dem führenden evangelischen deutschen Kirchenbauarchitekten, über die Erstellung eines Notkirchenentwurfs. Bartning entwickelte daraufhin, aufbauend auf seine Erfahrungen im Montage- und Systembau (Pressa-Kirche) und serieller Bauproduktion, eine Notkirche auf der Grundlage zweier Typen einfacher Saalbauten mit Variationsmöglichkeiten. Typ A konnte dabei mit einer spitztonnenförmigen Dachkonstruktion lediglich in einer Ausformung mit gemauertem, gerade schließendem Altarraum geliefert werden, während Typ B mit einfacher Satteldachkonstruktion in drei Varianten mit polygonalem Altarraum, gemauertem rechteckigem Altarraum, flankiert von zwei Sakristeien, oder ohne gesonderten Altarraum bestellt werden konnte. Sämtliche Bautypen boten für 450 bis 500 Personen Platz und kosteten durchschnittlich 70 000 bis 90 000 DM und damit nur die Hälfte bis zwei Drittel der Kosten einer herkömmlichen Kirche vergleichbarer Größe.

Die vorgefertigten leichtmontierbaren Konstruktionsteile bestanden aus Holzleim-Bindern, Pfetten und Dachplatten, Fenstern, Verbindungslaschen und Schrauben etc. Ergänzt wurden diese durch das Trümmermaterial vor Ort, womit regional geprägte Bauweisen in den Plan aufgenommen werden konnten. Die Gemeinde übernahm dabei die Herstellung der Fundamente, worauf dann in ein bis zwei Wochen die Notkirche erstellt wurde (S. 253, Abb. 6). Ebenso waren die Maurerarbeiten und der Innenausbau durch die Gemeinde zu leisten, was die Bewahrung und Berücksichtigung liturgischer Traditionen begünstigte. Auf Türme wurde bei den im Baukastensystem angelieferten Teilen ebenfalls verzichtet, so daß noch verwendbare Turmstümpfe etc. der zerstörten Kirchen weiter verwandt oder einfache Glockenträger vor Ort errichtet werden konnten.

Innerhalb weniger Jahre, von 1947 bis 1951, wurden nach diesen Schemata 48 Notkirchen (S. 253, Abb. 5) geplant und 43 realisiert, von denen heute noch 41 erhalten sind. Die erste »Modellkirche« wurde dabei 1948 in Pforzheim errichtet, das nach dem schweren Bombenangriff im Februar 1945 über keine einzige intakte evangelische Kirche mehr verfügte. Als zweite Gemeinde bekam eine württembergische Parochie, nämlich die Heilbronner Friedensgemeinde, 1948 eine Notkirche, die nach Typ B mit gemauertem Altarraum erstellt wurde. Sie benannte den Bau »Wichernkirche«, nach Johann Hinrich Wichern, dem Begründer des »Rauhen Hauses« in Hamburg (S. 254, Abb. 7). Als dritte Notkirche nach dem Bartningschen Typ wurde 1950 dann in Württemberg noch die Ludwig-Hofacker-Kirche in Stuttgart errichtet.[21]

Die oben erwähnten beiden weiteren Notkirchen, die bis 1951 in Württemberg erbaut wurden, waren individuelle Lösungen, wie zum Beispiel die Notkirche der Paulusgemeinde in Stuttgart, die 1948/49 auf dem Leipziger Platz aufgestellt wurde und ebenfalls heute noch erhalten ist. Sie wurde nach Plänen von Rudolf Lempp als Fachwerkkonstruktion mit Chor und Eingangsfassade aus Trümmerbruchsteinwerk aufgeführt.[22]

Der Wiederaufbau

Der 1949 begründete *Kirchbautag* veranstaltete bis 1957 fünf spezielle Tagungen, auf denen – neben den sonstigen Zusammenkünften – die Leitlinien für die Wiederaufbaumaßnahmen bestimmt wurden.[23] Nach der Behebung der drängendsten Raumprobleme durch die Errichtung von Notkirchen traten besonders seit den beginnenden fünfziger Jahren Fragestellungen des Wiederaufbaus der historischen Kirchenbauten in den Mittelpunkt der Diskussion vor Ort und auch der zahlreichen überregionalen Fachtagungen, die seit Kriegsende zu dieser Aufgabe stattfanden. Dabei wurden die Möglichkeiten einer totalen Rekonstruktion, einer vereinfachenden Aufbaulösung oder einer Konservierung der noch vorhanden Ruinenen oder Mauerreste mit moderner Ergänzung eingehend erörtert.

Wiederaufbau als Totalrekonstruktion

Abgesehen davon, daß völlig zerstörte Bauten nie total rekonstruiert werden können, verhinderte der Anspruch einer möglichst dem Vorkriegszustand nahekommenden Rekonstruktion bei zahlreichen Kirchen den Wiederaufbau. Hindernd kamen hinzu der Mangel an ausreichenden und geeigneten Baumaterialien, das Fehlen qualifizierter Handwerker, fehlende finanzielle Mittel, vor allem aber auch der nach dem Krieg verbreitete Wille zum Neuschaffen, der Veränderung und der »Korrektur« auf seiten der Architekten und Städteplaner.[24] So lassen sich auch in Württemberg trotz der großen Zahl zerstörter oder teilzerstörter Bauten nur wenige möglichst originalgetreue Wiederaufbauten benennen. Als eines der bekanntesten und sofort in Angriff genommenen Bauwerke dürfte dabei das Ulmer Münster anzuführen sein, das 1944 und 1945 durch Brandbomben im Dachstuhl, den Gewölben und dem Chor schwer getroffen worden war und in den folgenden zehn Nachkriegsjahren wiederhergestellt wurde.[25]

Ein weiteres Beispiel – nun einer Korrektur oder eines historischen Rückbaus – stellt die Kilianskirche in Heilbronn dar. Sie wurde ebenfalls 1944/45 – noch ungleich schwerer als das Ulmer Münster – zerstört. So war der Ostchor mit seinem Netzgewölbe von 1487 fast völlig vernichtet, Mittelschiff und Nebenschiffe waren ausgebrannt, die Säulen der Hochschiffwand geborsten, und Gewölbe, Orgel und Empore konnten als Totalverlust bezeichnet werden. Beim Wiederaufbau stand nun zur Diskussion, ob die Veränderungen einer Restaurierung des ausgehenden 19. Jahrhunderts durch den damaligen Ulmer Münsterbaumeister August von Beyer wieder auf den Zustand des 15. Jahrhunderts rückgebaut werden sollten.

Dieser Rückbau wurde schließlich beschlossen, so daß der basilikale Aufbau mit sichtbarer Hochschiffwand sowie Fenstern und der daraus folgenden Überdeckung durch ein eigenes Satteldach über dem Hochschiff und Pultdächern über den Seitenschiffen in ein gemeinsames alle drei Schiffe überfangendes Dach geändert wurde. Ebenfalls rückgebaut wurde der Turm. Der Hallenchor samt Netzgewölbe war auch im 19. Jahrhundert nicht verändert worden; er wurde lediglich rekonstruiert, wenn auch die Dachformen zusammengefaßt wurden. Im Langhaus dagegen entschied man sich (um eine möglichst schnelle Wiederbenutzbarkeit der Kirche zu erreichen) zunächst nicht für die Herstellung der Gewölbe, sondern für eine flache Holzkassettendecke und eine Vereinfachung der Gestaltung der zuvor in Gips ausgeführten Kapitele.

Die endgültige Rekonstruktion sollte dabei auf einen späteren Zeitraum verschoben werden. Diese Maßnahmen wurden dann auch seit Beginn der fünfziger Jahre durchgeführt, wobei schließlich die flache Holzkassettendecke als Narbe des Krieges akzeptiert und auf eine Einwölbung auch des Langhauses verzichtet wurde.[26]

Als letztes Beispiel soll die kleine Nikolaikirche in Reutlingen erwähnt werden, ein ursprünglicher Bau des 14. Jahrhunderts, der beim großen Brand der freien Reichsstadt 1726 verschont geblieben war. Nach einiger Zeit einer profanen Nutzung als Magazin war das Kirchlein von 1823 an Gottesdienstort der katholischen Gemeinde und wurde schließlich im Jahre 1910 nach dem Bau der ersten katholischen Kirche in Reutlingen nach Einführung der Reformation und nach einer grundlegenden Erneuerung 1912 wieder evangelische Kirche. Der Sandsteinbau erfuhr also durch die vielfältige Nutzung vor allem im 19. und beginnenden 20. Jahrhundert einige Änderungen.

So wurde 1825 über dem Westgiebel ein Dachreiter in neugotischen Formen errichtet, und die Renovierung von 1910 bis 1912 umfaßte neben der Wiederherstellung des kreuzrippengewölbten Chores aus dem 14. Jahrhundert die Um- und teilweise Neueindeckung des Daches, den Neubau einer Orgelempore und die Verlängerung der nur auf einer Langhausseite eingebauten Seitenempore sowie vor allem ein neues segmentbogenförmiges Rabitztonnengewölbe im Schiff. 1945 war die Kirche dann bis auf die Außenwände ausgebrannt, wobei, abgesehen vom Chor mit seinen Rippengewölben, auch der gesamte Dachstuhl und das Rabitztonnengewölbe zerstört worden waren.

Der Wiederaufbau der dachlosen Ruine wurde dann vor allem aus historischen und künstlerischen Gründen befürwortet. Besonders hervorgehoben wurde dabei in der Argumentation, daß in Reutlingen dieses Kirchlein eines der wenigen Dokumente aus der »grossen Zeit der Reichsstadt« sei, die den Brand von 1726 überdauert hätten. Dieser Umstand verhinderte schließlich auch den inneren Umbau der Nikolaikirche zu einem Gemeindezentrum. Die Rekonstruktion wurde dann aber auch korrigierend ausgeführt, indem die Zutaten des 19. Jahrhunderts (Dachreiter) und beginnenden 20. Jahrhunderts nicht wiederhergestellt wurden. In diesem Falle wurde also der Wiederaufbau weniger aus Bedarfsgründen gerechtfertigt, sondern historisch.[27]

Die vereinfachende Wiederaufbaulösung

Die häufigste Variante des Wiederaufbaus stellte schließlich eine bewußt vorgenommene vereinfachende Lösung dar, für die in Württemberg als Paradebeispiel die Stuttgarter Stiftskirche angeführt werden kann. Die Stuttgarter

Stiftskirche, die Hauptkirche Württembergs, war eine für Schwabens spätgotische Baukunst typische dreischiffige netz- und sternrippengewölbte Staffelhalle mit Seitenkapellen zwischen den Strebepfeilern aus dem 15. Jahrhundert und einem älteren, aus der Achse des Langhauses gerückten, hochgotischen netzrippengewölbten Chor aus der Mitte des 14. Jahrhunderts. Der Südturm zeigte dabei noch Reste von Vorgängerbauten aus dem 12., 13., 14. und 15. Jahrhundert mit einem Umgang, Laterne und Helm des 16. Jahrhunderts, während der westliche Fassadenturm nach Abschluß des Langhauses um und nach 1500 errichtet wurde.

In diese Bauzeit fiel auch das kunsthistorisch bedeutsame sogenannte Aposteltor mit seinem skulpturalen Schmuck an der Südseite des Langhauses. Die Kirche wurde 1944 bis auf die beiden »Stummel« der Türme, die südlichen Mittelschiffarkaden, die nördliche Außenwand des Langhauses und die Umfassungsmauern des Chores zerstört. Der Wiederaufbau des Chores und der Sakristeien sowie die Bestandssicherung der Türme und der spätere Wiederaufbau der Türme wurde sobald als möglich bis 1953 beziehungsweise 1958 durchgeführt, während der Außenbau des Langhauses in seinen Proportionen zwar rekonstruiert, jedoch in den Formen purifiziert wurde.

So wurde das Apostelportal zum Beispiel nicht mehr an seinem einstigen Standort an der Südseite des Langhauses errichtet, sondern etwas verschoben an der Stelle der ehemaligen Vergenhanskapelle und die Skulpturen in einer für die fünfziger Jahre typischen stereotypen nüchternen Reihung aufgestellt. Das Innere hingegen wurde vollkommen neu gestaltet. Anstelle der alten dreischiffigen Staffelhalle wurde nun ein Saalbau mit flacher hölzerner Tonne und asymmetrischer Emporenanlage erstellt. Die Einraumlösung, die vom Architekten Hans Seytter auch im Hinblick auf eine »protestantische Predigtkirche« befürwortet wurde, stieß bei den im Wiederaufbauausschuß vertretenen Theologen zunächst aufgrund des profanen Charakters und der kaum vorhandenen sakralen Würde nicht sofort auf Zustimmung. Schließlich konnten sie jedoch ebenso wie die übrigen Ausschußmitglieder auch aufgrund auswärtiger Architektengutachten überzeugt werden.

In der erst relativ spät informierten Öffentlichkeit sowie bei Vertretern von Staat und Stadt, bei Denkmalpflegern und Kunsthistorikern verursachten die Wiederaufbaupläne einen Sturm der Entrüstung. Im Mittelpunkt der Kritik stand dabei der Verzicht auf einen Architekturwettbewerb bei einem so zentralen Bauwerk, die Aufstellung der Apostelfiguren, die innere Neuanlage der Kirche und ihr »empfindlicher Verlust an Feierlichkeit und sakraler Würde« durch diesen »provinziellen Neubau«. Die dabei vorgetragene Alternativlösung einer dreigliedrigen Deckenkonstruktion und damit die Wiederaufnahme der alten Dreischiffigkeit wurde nicht berücksichtigt. Die Decke sollte bei diesem Vorschlag ebenfalls modern als kassettierte Rundbogentonne im Mittelraum und als Flachdecken über den Seitenschiffen ausgeführt werden.[28]

In den letzten Jahren ist die Kritik an der Gestaltung der Stuttgarter Stiftskirche, die nie ganz verstummte, erneut wieder besonders laut geworden und hat auch kirchliche Kreise erfaßt. Im Zuge einer anstehenden Innenrenovierung wurde deshalb ein Architektenwettbewerb ausgelobt, der über Instandsetzungsmaßnahmen hinaus eine Neugestaltung der Deckenkonstruktion wieder hin zu einer dreischiffigen Lösung zum Inhalt hatte.

Konservierung alter Mauerreste mit moderner Ergänzung als eine Variante des Wiederaufbaus

Als dritte Variante in der Diskussion um den Wiederaufbau historischer Kirchenbauten soll die ebenfalls häufig angewandte Form einer modernen Ergänzung der Ruinen – oder Baureste – anhand der Stuttgarter Gedächtniskirche erörtert werden. Wie nahezu alle evangelischen Kirchenbauten Stuttgarts wurde die 1896 bis 1899 von Robert von Reinhardt erbaute historistische Gedächtniskirche auf zweischiffigem Grundriß in frühgotischer Formensprache 1943/44 bis auf den Turm und Teile der Längsmauern zerstört. Ein Wettbewerb 1954 mit 42 eingereichten Entwürfen bildete dann die Grundlage für die Neubauplanung der Kirche, die dem ersten Preisträger, Helmut Erdle aus Stuttgart, übertragen wurde. Erdle kam über die Frage der Erhaltung und Verbindung des alten Turmes mit dem Neubau schrittweise über eine unverblendete Bewahrung und Anbindung des Sandsteinbauwerkes (S. 255, Abb. 8) hin zu einer Ummantelung des Turmes mit Backstein und Betonkränzen, dem Material des Neubaues, so daß heute nur noch die alte Turmspitze vom früheren Bau sichtbar ist (S. 255, Abb. 9).[29] Radikaler gingen demgegenüber andere Architekten bei Neubauplanungen in Stuttgart vor. So wurde zum Beispiel der Turm der Stuttgarter Pauluskirche gesprengt und nicht in den Neubau einbezogen – ebenso wie die Reste der Friedenskirche.

Kirchenbauten der fünfziger Jahre

Neben diesen Wiederherstellungsmaßnahmen kam es im Laufe der fünfziger Jahre auch wieder zu Kirchenneubauten, die am besten mit dem Schlagwort Kontinuität zu den Neubauten der dreißiger Jahre in heimatverbundener, handwerklich volkstümlicher Formensprache – häufig wiederum mit romanisierenden Anklängen – zu charakterisieren sind. Die einfachen flachgedeckten Saalbauten mit Satteldach, meist eingezogenem rechteckigem Chor und mächtigem Turm an den jeweils gegenüberliegenden Schmalseiten in traditionellen, schlichten Materialien (Holz, Stein, Backstein), fast ohne jeglichen künstlerischen Schmuck, erinnern in ihrer Nüchternheit damit auch an die

Kameralamtskirchen der ersten Hälfte des 19. Jahrhunderts, die als einfache Saalbauten ihre Vorbilder in reformierten Kirchenbauidealen hatten. Eine Raumauffassung, die sich auch beim Wiederaufbau der Stuttgarter Stiftskirche sowie anderer Aufbaumaßnahmen zeigte.

So kann der häufige Verzicht, Wölbungen wieder zu errichten, wie zum Beispiel bei der Heilbronner Kilianskirche, abgesehen von finanziellen Überlegungen, auch in dieser Hinsicht gedeutet werden. Damit einhergehend ist in jenen Jahren wiederum eine liturgische Reduktion des Gottesdienstes auf die Wortverkündigung der Predigt zu verzeichnen.

Beispielhaft für diese Gruppe von Kirchenbauten, die gegenüber der gesamtdeutschen Entwicklung in Württemberg besonders lange anhielt, lassen sich die Johanneskirche in Kornwestheim 1955 von Hans Seytter, die Kirche in Esslingen-Hohenkreuz 1957 von Rudolf Lempp (sie erinnert in der klassizistischen Formensprache besonders an Kameralamtskirchen von Bernhard Friedrich Adam Groß, zum Beispiel an die Kirche in Oberesslingen von 1828) und als romanisierende Variante die Kirche in Scharnhausen, die 1951/52 von Erich Fritz aufgrund der Baufälligkeit der alten Kirche erstellt wurde (S. 255, Abb. 10), anführen.[30] Eine regionalistische Spielart mit ihrem Zwiebelturm stellt dann die Kirche mit Gemeindesaal, Pfarrhaus und Kindergarten in Aulendorf 1953/54 von Walter Ruff dar (S. 256, Abb. 11).[31]

Die *Rummelsberger Grundsätze* von 1951

Die Grundsätze für die Gestaltung des gottesdienstlichen Raumes der evangelischen Kirchen, die von den Teilnehmern des *Zweiten Evangelischen Kirchbautages* in Rummelsberg bei Nürnberg 1951 erarbeitet wurden, zeigen in vielem noch das Nachwirken der zahlreichen Konferenzen des 19. Jahrhunderts: nämlich in erster Linie die Frage nach der Stellung der Prinzipalstücke Kanzel, Altar und Taufstein. Der damals erstrebte Ausgleich des lutherischen und reformierten Verständnisses wurde in Rummelsberg nicht erreicht, statt dessen wurden einfach zwei Grundsatzpapiere herausgegeben.

Vergleicht man die *Rummelsberger Grundsätze* mit den im 20. Jahrhundert immer wieder verteufelten Richtlinien des *Eisenacher Regulativs* von 1861 bzw. seiner Überarbeitungen 1898 und 1908, so lassen sich einige Übereinstimmungen feststellen. So verlangten Rummelsberg und Eisenach gute Hör- und Sichtbarkeit auf Kanzel und Altar, den beiden Brennpunkten des Gottesdienstes; eine massive Ausführung des Altars (vgl. 1898), also kein Einsatz nicht natürlicher Materialien wie Kunststoff, Beton, Eternit, Faserplatten oder Sperrholz. Hier wird einerseits nochmals die Forderung des 19. Jahrhunderts nach Materialgerechtigkeit deutlich, andererseits werden alte liturgische Anschauungen bedeutsam. Eben solches wird übereinstimmend bei beiden für den Taufstein beziehungsweise das Taufgerät bestimmt, wobei die Taufe in Rummelsberg sogar noch eine stärkere Betonung bekommt. Auch die mittlere Begehungsachse zum Altar wird erneut empfohlen, sowie die Forderung nach künstlerischem Schmuck (vgl. 1898 und 1908) aufgestellt.

Auf stilistische Vorgaben oder Raumformen wird allerdings wie schon in den Leitsätzen von 1908 verzichtet, wenn auch die noch in den zwanziger Jahren oder wie erwähnt im 19. Jahrhundert diskutierte Trennung in eine Predigt- und Abendmahlskirche beziehungsweise additive Anordnung dieser Funktionsräume nun kategorisch abgelehnt wird. Insgesamt waren damit die *Rummelsberger Grundsätze* eher konservativ rückwärts gewandt, wiesen aber in ihrer erneuten Betonung des Ausgleichs zwischen Kanzel- und Altardienst, also von Wortverkündigung und Liturgie, wieder den Weg zur Sammlung der Gemeinde um diese beiden Fixpunkte und damit erneut zur Aufbrechung des streng längsgerichteten Sitzens in den saalartigen Räumen. Dies wird unterschwellig durch die Ablehnung des Kanzelaltars sowie die Aufstellung der Kanzel in der Mitte der Längswand des Kirchenschiffes, aber die Zulassung der Kanzel vor, seitlich oder hinter dem Altar noch begünstigt.[32]

Neue Lösungen im württembergischen Kirchenbau gegen Ende der fünfziger Jahre

Stufenweise erfolgte gegen Ende der fünfziger Jahre auch in Württemberg, wie im übrigen deutschen Kirchenbauwesen, ein Abbau der Längenausrichtung der Bauten zugunsten zentralisierender Grundrißformen, die um 1960 dominierten. Durch das Aufweiten des rechteckigen Saalraumes kam es nun mit der Verwendung neuer Baumaterialien (Beton) auch zu gekurvten und gebogenen Wänden. Auch das Aufbrechen ganzer Kirchenwände in transparente Glaswände mit ihrer transzendenten Wirkung, wie schon in den 20er Jahren erprobt, kam wieder zur Anwendung, ebenso wie komplizierte vieleckige Deckenkonstruktionen, die die flachgedeckten Saalräume verdrängten.

Ein Beispiel für einen Kirchenbau auf sechseckigem Grundriß mit zeltartiger Dachkonstruktion und einer völlig in Glas aufgelösten Südwand stellt die Christuskirche in Korntal (1960) von Wolf Irion dar, wobei gerade diese Gemeinde mit ihrer Herrnhuter Tradition – und damit dem einfachen Betsaal als Gottesdienstraum – die Gruppierung um Kanzel und Altar im Halbkreis anstatt des gewohnten längsgerichteten Sitzens zunächst – wie Kirchengemeinderatsprotokolle und Schriften belegen – »schockierte«.[33]

Abschließend soll noch ein Kirchenneubau besprochen werden, in dem nicht nur die *Rummelsberger Grundsätze* ihre Umsetzung fanden, sondern der auch an die württembergische Bautradition der großen Architekten des 19. und 20. Jahrhunderts wie Christian Friedrich von Leins, Heinrich Dolmetsch, Theodor

Fischer und Martin Elsaesser anknüpfte. Charakteristisch war für deren Architekturauffassung die Verbindung landschaftlicher baulicher Tradition mit stimmungsmäßigen und funktionalen Elementen.

Dies trifft auch auf das Schaffen des Architekten Olaf Andreas Gulbransson und im besonderen Maße auf die Versöhnungskirche in Ulm-Wiblingen zu, die 1961 bis 1963 nach seinen Plänen erstellt wurde (S. 256, Abb. 12). Gulbransson suchte in seinen in nur acht Jahren entstandenen neun und geplanten weiteren elf Kirchen, die nach seinem Tode ausgeführt wurden, die Übereinstimmung von liturgischer Spannung und Raumdynamik zu verwirklichen. Von diesem Gedanken ausgehend, kam er zu Bauten auf dreieckigem, sechseckigem oder quadratischem Grundriß, in denen im Schnittpunkt der Gänge der Taufstein vor dem etwas erhöhten in der Regel auf einem runden podestartigen Unterbau errichteten Altar stand. Die Kanzel hätte seiner Meinung nach ihren besten Standort dann axial hinter dem Altar gehabt (wie in den *Rummelsberger Richtlinien* zugelassen). Diese Aufstellung wurde ihm jedoch häufig mit dem Hinweis auf die Tradition verwehrt. Gekonnte Lichtführung – hinter dem Altar meist durch Farbglas, ansonsten weiß und ungefiltert – machten seine relativ kleinen aus natürlichen Materialien erstellten »werkgerecht handwerklich« ausgeführten Kirchen optisch groß und hoch.

Zum Stil seiner Bauten, die heute neben den Betonbauten jener Jahre so »modern« über ihre Zeit hinausweisend erscheinen, äußerte er sich folgendermaßen: »Die Tendenz zum Zeitgemäßen sollte nicht dazu führen, daß unsere Kirchen auf irgendeine Weise profaniert werden. Im Gegenteil müßten sie sich, müßte sich auch der Sonntag klar von dem Gehetze des Werktages und der werktäglichen Welt absetzen. Hierfür die Form zu finden, die dies nicht mit einer sakralen Attitüde ›in modernen Formen‹, aber auch nicht im Rückgriff auf Historisches zu verwirklichen sucht, erscheint ungeheuer schwer. Es geht nicht um ›Modern‹ oder ›Tradition‹, sondern um etwas, das beides umfaßt: um das Heute, weil es von uns kommt, von Menschen, herausgerissen aus dem Gestern und vor ein Neues gestellt – und um die Tradition, nicht als Gestalt, sondern als innere Grundhaltung, der wir verpflichtet sind, mit unseren Mitteln lebendige Form zu geben.«[34]

Die Kirche in Ulm-Wiblingen ist ein Bau auf sechseckigem Grundriß mit drei hohen Dreiecksgiebeln im Aufriß, zwischen die sich eine Zeltfaltdachkonstruktion spannt. Im Inneren ist dabei der scheinbar konsequente Zentralbau des Äußeren aufgegeben zugunsten eines »exzentrischen Zentralraumes«, in dem von zwei Giebelseiten zur dritten diagonal verlaufende Gänge das halbkreisförmige Gestühl teilen und damit auf den Taufstein und das Altarpodest vor dem dritten Giebel zuführen. Die Kanzel beziehungsweise das Ambo fanden dabei ihren Aufstellungsort seitlich auf dem Altarpodest.[35] Wiederum sind die Fenster des Eingangsgiebels hell verglast, während der Giebel hinter dem Altar bunte Farbglasfenster in Form eines Kreuzes aufweist. Weiterhin unterstützt wird diese Bewegungsrichtung zum Altar noch durch die Dachkonstruktion, so daß Architektur und Lichtführung die Sammlung der Gemeinde um die Prinzipalstücke betonen.[36]

Im Äußeren nimmt der Bau die Spannungslinie nochmals auf mit dem freistehenden oktogonalen Campanile und dem seitlich entlang von Kirche und Turm angefügten langgestreckten Pfarr- und Gemeindehausbau. Ein Überblick über seine Bauten vor diesem letzten Entwurf zeigt, daß diese sein ansonsten angewandtes kleines Format überschreitende Kirche einen gewissen Schluß- und Kulminationspunkt seines Schaffens bildete. Gulbransson brachte hier die liturgischen Brennpunkte Altar, Kanzel und Taufstein in den Mittelpunkt der Gemeinde, ohne sie zusammenfallen zu lassen. So scharf sich die Gemeinde in einem demokratischen Verständnis selbst um die Prinzipalstücke, während sie noch dreißig Jahre zuvor bei Otto Bartning von ihnen umfaßt wurden.

Abschließend läßt sich rückblickend über den evangelischen Kirchenbau in Württemberg zwischen 1925 (respektive zu Beginn unseres Jahrhunderts) und 1955 festhalten, daß er einerseits geprägt war vom Erproben neuer Materialien, die zugleich auch den Saalbau durch ihre konstruktiven Möglichkeiten wieder hervortreten ließen. Andererseits neigte er aber kurze Zeit später aufgrund der durch Zeitströmungen begünstigten Suche nach symbolkräftigen Raumformen für liturgische Handlungen wieder zu zentralisierenden Bauten beziehungsweise additiven Raumfolgen, die teilweise auch auf historischen Denkmodellen beruhten.

Eine Phase des Rückzuges auf scheinbar bewährte Raummuster in den dreißiger und fünfziger Jahren, begleitet von Notkirchenbauten und Wiederaufbau, führte dann am Ende der fünfziger Jahre – in Anwendung der technischen Errungenschaften – wieder zu zentralisierenden Räumen, die auch erneut eine verstärkte liturgische Beteiligung der Gemeinden begünstigte und damit neben der Wortverkündigung wieder den Altardienst betonten. Dies geschah nun aber nicht wie im Kirchenbau des 19. Jahrhunderts und, wie gezeigt werden konnte, bis in die dreißiger Jahre des 20. Jahrhunderts durch eine Aufwertung des Chores, sondern aufgrund neuer, teils an Grundrißformen des 18. Jahrhunderts anknüpfender Raumformen im Kirchenraum selbst. Die Kulmination der Möglichkeiten bildete dabei nicht der Zentralbau, sondern der exzentrische Zentralbau.

Der evangelische Kirchenbau Württembergs scheint somit ein Spiegel des württembergischen Sonderweges bei Einführung der Reformation zwischen oberdeutscher und lutherischer Prägung zu sein – also zwischen dem Saalbau oder Betsaal reformierter Tradition und dem reichen mehrgliedrigen Gotteshaus lutherischer Tradition. Auch sonst kreiste diese Suche nach dem gültigen evangelischen Gottesdienstraum um die beiden Pole Längs- oder Zentralbau. Die Frage nach der Stellung von Kanzel und Altar prägte die Geschichte des evangelischen Kirchenbaues in besonderem Maße seit der einsetzenden Reflexion im 19. Jahrhundert.

Evangelischer Kirchenbau in Württemberg 1925 bis 1955

DIE STERNKIRCHE 1922

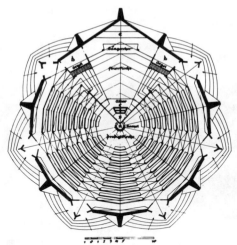

Abb. 1: Grundriß der Sternkirche 1922 von Otto Bartning mit Feier- und Predigtkirche.

Abb. 2: Reformations-Gedächtnis-Kirche in Nürnberg-Maxfeld 1935–1938 von Gottfried Dauner.

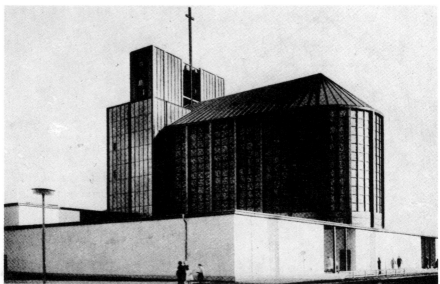

Abb. 3: Stahlkirche von Otto Bartning auf der Pressa-Ausstellung von 1928 in Köln.

Abb. 4: Evangelische Kirche in Betzweiler von 1927 von den Architekten Klatte und Weigle. Blick gegen die Orgelempore.

Evangelischer Kirchenbau in Württemberg 1925 bis 1955

Abb. 5: Landkarte der Orte, wo die 48 (43) Notkirchen in Deutschland nach den typisierten Plänen Otto Bartnings aufgestellt wurden.

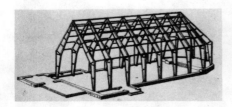

Abb. 6: Anleitungen zum Aufbau einer Notkirche nach den typisierten Plänen Otto Bartnings mit den serienmäßig vorgefertigten Teilen.

Abb. 7: Notkirche in Heilbronn (Wichernkirche), die 1948 als 2. Notkirche nach den Plänen Otto Bartnings erstellt wurde. Blick ins Innere auf den aus Trümmersteinen gemauerten Altarraum (Typ B mit gemauertem Altarraum).

Evangelischer Kirchenbau in Württemberg 1925 bis 1955

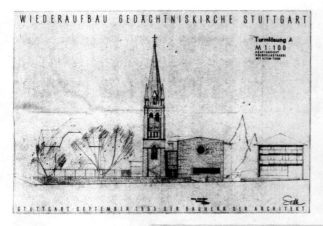

Abb. 8: Stuttgart Gedächtniskirche, Wiederaufbauplanung. Turmlösung A mit dem alten Turm 1955 von Helmut Erdle.

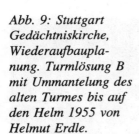

Abb. 9: Stuttgart Gedächtniskirche, Wiederaufbauplanung. Turmlösung B mit Ummantelung des alten Turmes bis auf den Helm 1955 von Helmut Erdle.

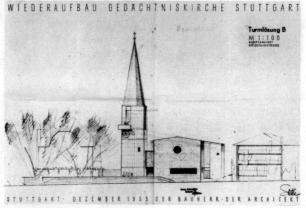

Abb. 10: Scharnhausen. Plan der neuen Kirche von Süden 1951 von Erich Fritz.

Abb. 11: Evangelische Kirche in Aulendorf mit Pfarrhaus 1954 von Walter Ruff.

Abb. 12: Ulm-Wiblingen Versöhnungskirche 1961–63 von Olaf Andreas Gulbransson. Äußeres der Kirche auf sechseckigem Grundriß mit Campanile, Gemeindehaus und Pfarrhaus.

Abbildungsnachweis

Abb. 1: Hans K. F. Mayer, Der Baumeister Otto Bartning. Heidelberg 1951, Abb. S. 31. Foto: Medienzentrale der Martin-Luther-Universität Halle-Wittenberg.

Abb. 2: Hans K. F. Mayer, Der Baumeister Otto Bartning. Heidelberg 1951, Abb. S. 49. Foto: Medienzentrale der Martin-Luther-Universität Halle-Wittenberg.

Abb. 3: Landeskirchliches Archiv Stuttgart A 129 Betzweiler. Foto: Hauptstaatsarchiv Stuttgart. Film im Landeskirchlichen Archiv Neg. Nr. 6.

Abb. 4: Verein zur Erbauung einer Reformations-Gedächtnis-Kirche und Evang.-Luth. Pfarramt Nürnberg-Maxfeld (Hg.): Die Reformations-Gedächtnis-Kirche Nürnberg-Maxfeld. Nürnberg 1938. Abb. S. 9 Foto: Medienzentrale der Martin-Luther-Universität Halle-Wittenberg

Abb. 5: Die 48 Notkirchen in Deutschland o.O. o.J. Titelseite. Landeskirchliches Archiv Stuttgart A 126 Fasz. 436 Nr. XVIII. Foto: Hauptstaatsarchiv Stuttgart. Film im Landeskirchlichen Archiv Neg. 26.

Abb. 6: Die 48 Notkirchen in Deutschland o.O. o.J. Landeskirchliches Archiv Stuttgart A 126 Fasz. 436 Nr. XVIII Foto: Hauptstaatsarchiv Stuttgart. Film im Landeskirchlichen Archiv Neg. 28.

Abb. 7: Die 48 Notkirchen in Deutschland o.O. o.J. Landeskirchliches Archiv Stuttgart A 126 Fasz. 436 Nr. XVIII Foto. Hauptstaatsarchiv Stuttgart. Film im Landeskirchlichen Archiv Neg. 32.

Abb. 8: Plan im Landeskirchlichen Archiv Stuttgart A 129 Stuttgart-Gedächtniskirche. Foto: Hauptstaatsarchiv Stuttgart. Film im Landeskirchlichen Archiv Planfilm.

Abb. 9: Plan im Landeskirchlichen Archiv Stuttgart A 129 Stuttgart-Gedächtniskirche. Foto: Hauptstaatsarchiv Stuttgart. Film im Landeskirchlichen Archiv Planfilm.

Abb. 10: Plan im Landeskirchlichen Archiv Stuttgart A 129 Scharnhausen. Foto: Hauptstaatsarchiv Stuttgart. Film im Landeskirchlichen Archiv Neg. 22.

Abb. 11: Adolf Gommel (Hg.): Festschrift des Vereins für Christliche Kunst in der Evangelischen Kirche Württembergs zur Feier des 100jährigen Bestehens. Stuttgart 1957. Abb. 23. Foto: Medienzentrale der Martin-Luther-Universität Halle-Wittenberg.

Abb. 12: Peter Poscharsky: Kirchen von Olaf Andreas Gulbransson. München 1966. Abb. S. 65. Foto: Medienzentrale der Martin-Luther-Universität Halle-Wittenberg.

Anmerkungen

1 Langmaack, Kirchenbau, S. 46–54
2 Nerdinger, Fischer, S. 103–113 v. a. S. 103ff. Koch, Garnisonskirche; Horn, Baukunst.
3 Gerok, Markuskirche.
4 Seng, Kirchenbau.
5 Bericht des Oberkonsistorialrates Johannes Merz über den II. Kongreß für protestantischen Kirchenbau in Dresden an das Präsidium des Evangelischen Konsistoriums in Stuttgart vom 12. Nov. 1906. Landeskirchliches Archiv Stuttgart (LKAS) A 26 Bü 1462.
6 Langmaack, Kirchenbau, S. 45–48; Kahle, Kirchenbaukunst, S. 1–20, v. a. S. 11ff. Spitzbart-Maier, Kirchenbauten, S. 24–34, S. 65–73; Schwebel, Kirchenbau.
7 Kahle, Kirchenbaukunst, S. 11f; Spitzbart-Maier, Kirchenbauten, S. 25f.
8 Ebd. S. 28–30.
9 Schwebel, Kirchenbau, S. 516.
10 Spitzbart-Maier, Kirchenbauten, S. 65–67; Kahle, Kirchenbaukunst, S. 14; Langmaack, Kirchenbau, S. 47; Schnell, Kirchenbau, S. 33f.; Bartning, Raum; Mayer, Bartning; Kunst und Kirche, S. 5–13.
11 Bartning, Raum, S. 95.
12 Langmaack, Kirchenbau, S. 55; Schnell, Kirchenbau, S. 45f. Zur Pressa-Kirche allgemein die damalige Diskussion: Beratungsstelle, Kirchbau; Mayer, Baumeister, S. 14f. mit zahlreichen Abbildungen S. 46–55.
13 Spitzbart-Maier, Kirchenbauten, S. 70–72. 265–275. 409–414; Kahle, Kirchenbaukunst, S. 35; Langmaack, Kirchenbau, S. 47f. 51; Elsäßer, Gedanken.
14 Seng, Kirchenbau; Fritsch, Kirchenbau, S. 26ff. Die Idee der räumlichen Trennung der verschiedenen Funktionen in eine Predigt- und Abendmahls- oder Feierkirche tauchte bei Schinkel dann nochmals beim ebenfalls unausgeführten Entwurf zur Gertraudenkirche auf dem Spittelmarkt in Berlin 1819 auf. Ebd. S. 164ff. Forssman, Schinkel, S. 72ff. Frowein-Ziroff, Kaiser-Wilhelm-Gedächtniskirche, S. 77f. Heigelin, Lehrbuch, Bd. 3, S. 146f. u. Tafel XXI.
15 Kahle, Kirchenbaukunst, S. 39. 44f. 49. 71. 73. Zwanzig Jahre Bauschaffen, S. 1–13. Zu Betzweiler siehe auch LKAS A 129 Betzweiler. Zu Fellbach LKAS A 129 Fellbach, dort auch eine Festschrift zur Einweihung 1927. Jost, Pauluskirche.
16 Langmaack, Kirchenbau, S. 53. Die Leitsätze S. 282.
17 Ebd. S. 61–66. Schnell, Kirchenbau, S. 39f. 51. Kahle, Kirchenbaukunst, S. 61–68. LKAS A 129 Stuttgart Christuskirche.
18 Zur Erlöserkirche LKAS A 129 Ludwigsburg 1925–1952. Dort auch die Festschrift zur Einweihung: Dekan Dr. Dörrfuß und Architekt Eichert (Hg.): Festschrift zur Einweihung der Erlöserkirche in der Weststadtgemeinde Ludwigsburg. Ludwigsburg 1936.
19 Verein, Reformations-Gedächtnis-Kirche.
20 Schreiben des Evang. Oberkirchenrats an das Hilfswerk der Evang. Landeskirche in Württemberg vom 10. Jan. 1952 betr. »Eigenleistungen im kirchlichen Wiederaufbau seit Kriegsende.« LKAS A 126 Fasz. 436 XIX. Kirchengebäude H.A. 1952–1954. Gommel, Kopp, Kirchenkunst, S. 12f.
21 Die 48 Notkirchen in Deutschland o.O. o.J. LKAS A 126 Fasz. 436 Nr. XVIII. LKAS A 129 Heilbronn 1938–1951. Langmaack, Kirchenbau Heute, S. 63–76. Gemeindekirchenrat, Bartning. Kunst und Kirche, Vierteljahresschrift für Kirchenbau und Kirchliche Kunst, Heft 1, 1958, S. 24–29. Kahle, Kirchenbaukunst, S. 78–80.
22 Gommel/Kopp, Kirchenkunst, Abb. 2 u. 3. 100 Jahre Evangelische Paulusgemeinde Stuttgart-West. Stuttgart 1992. S. 28f.

23 Langmaack, Kirchenbau, S. 68. 141-146.
24 Kunze, Kirchenbau. Vgl. dort die 1946 gehaltenen Vorträge und besonders denjenigen von Kunze selbst. Ders.: Wiederherstellung oder Neubau – eine Kostenfrage. Oder mehr? Ebd. S. 62-67.
25 Beseler/Gutschow, Kriegsschicksale, Bd. 2, S. 1294-1295.
26 Ebd. S. 1145-1146. Vgl. hierzu auch den Schadensbericht aus Heilbronn an den Oberkirchenrat Schauffler in Stuttgart vom 19. Sept. 1947 und den Bericht des Oberbaurates Hannes Mayer an den Oberkirchenrat Kopp über den Wiederaufbau der Kilianskirche nach den Zerstörungen im Kriege 1939–1945 vom August 1950. Beide Schriftstücke befinden sich im LKAS Stuttgart A 129 Heilbronn 1938-1951.
27 Beseler/Gutschow, Kriegsschicksale, Bd. 2. S. 1237. Zur Instandsetzung 1910-12: Anläßlich der Erneuerung und des Umbaues des Kircheninnern von Architekt Lubrecht Reutlingen (Hg.): Die Nikolai-Kirche in Reutlingen. Reutlingen o.J. Gutachten des Architekten A. Staiger in Reutlingen über den baulichen Zustand der Überreste und über den beabsichtigten Wiederaufbau der Nikolai-Kirche Reutlingen vom 30. Juni 1947 und Schreiben des Hauptberaters der württ. ev. Landeskirche in Baufragen Hans Seytter an den Evang. Oberkirchenrat vom 4. Jan. 1950 mit der Ablehnung eines inneren Umbaues; sowie die Stellungnahme des Sachbearbeiters des Bauwesens in der Landeskirche Oberkirchenrat Georg Kopp [ebenfalls gegen einen inneren Umbau] vom 10.1.1950. Sämtliche Schriftstücke: LKAS A 126 Fasz. 436 Nr. XIX. Kirchengebäude H.A. 1952-1954.
28 Beseler/Gutschow, Kriegsschicksale, Bd. 2, S. 1244-1245. Die zahlreichen Schriftstücke und Zeitungsnotizen im LKAS A 129 Stuttgart – Stiftskirche. Besonders umfassend aber: Wendschuh, Wiederaufbau. Dort auch die Resolutionen v. a. S. 336f. Gradmann, Wanderführer, S. 16-18.
29 Beseler/Gutschow, Kriegsschicksale, Bd. 2, S. 1249. LKAS A 129 Stuttgart – Gedächtniskirche.
30 Gommel/Kopp, Kirchenkunst. Dort die meisten Beispiele auch im Bild. Schnell, Kirchenbau, S. 169. LKAS A 129 Scharnhausen. Seng, Kirchenbau.
31 LKAS A 129 Aulendorf.
32 Langmaack, Kirchenbau, S. 272-273. 277-279. 280-281. 286-289.
33 Kahle, Kirchenbaukunst, S. 90. 95. 126. 144-153. LKAS A 129 Korntal. Siehe besonders dort: Auszug aus dem Verhandlungsbuch des Kirchengemeinderats vom 18. Sept. 1958.
34 Poscharsky, Kirchen, S. 8.
35 Ebd. S. 66. LKAS A 129 Wiblingen.
36 Poscharsky, Kirchen, S. 66.

Rainer Lächele

Vom Reichssicherheitshauptamt in ein evangelisches Gymnasium – Die Geschichte des Eugen Steimle[1]

Die Karriere des Eugen Steimle

Dr. Rudolf Weeber, der juristische Berater des württembergischen Landesbischofs Theophil Wurm, notierte einmal in einem Brief lakonisch: »Die Taten der Einsatzgruppen sind auf Jahrzehnte hinaus die schwerste Belastung des deutschen Namens in der Welt.«[2] Nach ersten Erfahrungen mit Einsatzgruppen im Polenfeldzug wurde ab Mai 1941 das Stammpersonal für die Einsatzgruppen im Rußlandfeldzug rekrutiert. Sie agierten im »Windschatten« der Wehrmachtsverbände, jeweils nach den eigentlichen Kampfhandlungen.[3] Ihre mörderischen Aktivitäten galten kommunistischen Funktionären, »Asiatisch-Minderwertigen«, Zigeunern und Juden. Mit irgendeinem rechtsstaatlichen Verfahren oder Kriegsrecht hatte ihr Vorgehen nichts zu tun. Alle vier Einsatzgruppen und ihre stationären Nachfolger brachten im sowjetischen Einflußgebiet etwa 2,2 Millionen Juden um.[4]

Mit der Geschichte der Einsatzgruppen stand der spätere SS-Standartenführer Eugen Steimle in enger Verbindung. Der am 8. Dezember 1909 in Neubulach im Schwarzwald als fünftes von insgesamt sechs Kindern geborene Steimle kam aus einfachen Verhältnissen.[5] Seine Mutter war Marie Steimle, geborene Merkle, sein Vater der Landwirt Hermann Steimle. Nach Besuch von Volksschule und Realschule legte Steimle an der Oberrealschule Pforzheim das Abitur ab, um an der Universität Tübingen Geschichte, Deutsch, Französisch und Philosophie zu studieren. Bereits im Wintersemester 1931/32 in Berlin hatte sich Eugen Steimle für die Ideen des Nationalsozialismus begeistert. Im März 1932 trat er in die NSDAP ein. Der Beitritt zur SA und zum Tübinger *Nationalsozialistischen Deutschen Studentenbund* (NSDStB) schlossen sich an. Im Sommer 1933 stand er dem NSDStB vor und war Führer der dortigen Studentenschaft.

Aus seiner Tübinger Zeit rührte die enge Verbindung mit Gustav Adolf Scheel her. Der Pfarrerssohn Scheel war Tübinger Studentenführer und Führer des *SD-Oberabschnitts Südwest*.[6] Er vermittelte Steimle wie auch einen weiteren Kollegen an den *Sicherheitsdienst des Reichsführers SS*, kurz SD genannt. Steimle hatte im Frühjahr 1935 die 1. Dienstprüfung für das höhere Lehramt bestanden, im März 1936 die Assessorenprüfung. Steimle gehörte zu jenen Jahrgängen, die nach der Weltwirtschaftskrise ihr Studium absolvierten und deren berufliche Möglichkeiten äußerst schlecht waren.[7] Vielleicht auch deshalb trat er beim *SS-Unterabschnitt Württemberg-Hohenzollern* als Stabsführer ein. Am 1. September 1936 rückte er zum Führer des *SD-Leitabschnitts Stuttgart* auf.

Der SD war bereits 1930 als eigener Nachrichtendienst der NSDAP entstanden, um Informationen für die Auseinandersetzung mit den Gegnern der Partei zu gewinnen, »aber auch, um oppositionelle Strömungen und Agenten der Politischen Polizei in den eigenen Reihen zu ermitteln«.[8] In der Abgrenzung von der immer wichtiger werdenden *Geheimen Staatspolizei* erwuchsen dem SD weitere Aufgaben. So verlegte man sich auf den Auslandsnachrichtendienst und auf die eher wissenschaftliche Untersuchung der Gegner des Nationalsozialismus. »Endlich aber wurde die Beobachtung der Kirchen, der Juden, der Arbeiterschaft und aller Gruppen, in denen Widerstand gegen den Nationalsozialismus erwartet wurde, erweitert zur Meinungsforschung, zur umfassenden Ermittlung der Stimmung der Bevölkerung überhaupt und ihrer Reaktion auf politische Ereignisse und die Maßnahmen der Organe von Partei und Staat.«[9] 1939 wurde dann das SD-Hauptamt in Berlin mit dem von Heydrich geführten *Hauptamt Sicherheitspolizei*, das *Geheime Staatspolizeiamt* wie auch das *Reichskriminalpolizeiamt* zum *Reichssicherheitshauptamt* vereinigt. Es stellte die Spitze eines Systems von SD-Leitabschnitten im ganzen Reich dar. Etwa 30000 Vertrauensleute lieferten das Informationsmaterial, das zu SD-Berichten verarbeitet wurde. Diese gingen an die Spitzen der Partei, an wichtige Reichsministerien und vermutlich auch an die Gauleiter.

Keineswegs jedoch war der SD nur ein Vorgänger heutiger Meinungsforschung, wie dies SD-Funktionäre nach dem Zweiten Weltkrieg verharmlosend glauben machen wollten. Die Gegnerbekämpfung als ursprüngliches Ziel des SD blieb weiterhin von Bedeutung, wenn man bedenkt, daß das Judenreferat II 112 des SD-Hauptamtes wesentlichen Anteil an der Verfolgung der Juden vor 1939 hatte. Des weiteren waren die SD-Außenstellen später an Judendeportationen beteiligt und spionierten überdies den streng verbotenen Beziehungen zwischen Deutschen und ausländischen Zwangsarbeitern nach.

Schließlich stellte der SD einen Teil der Einsatzgruppen von SS und SD. Steimle war nach seinen eigenen Aussagen im Nürnberger *Einsatzgruppenprozeß* im Jahre 1947[10] vor allem an dem noch zu schaffenden Auslandsnachrichtendienst der SS interessiert. Bei alledem schien ihm damals der SD »eine gute Gelegenheit, eingehend die inner- und außenpolitischen Probleme Deutschlands kennenzulernen. Ich glaubte [so Steimle] auch darin, gesehen aus dem Stuttgarter Gesichtskreis heraus, auf dem Weg über den SD positive Einwirkung auf die Entwicklung des nationalsozialistischen Staates zu haben. Das Wort von einer positiven Kritik das [sic] der SD habe, war bei uns sehr häufig gebraucht und es wurde auch von einer solchen Kritik Gebrauch gemacht.«[11]

Steimle arbeitete zunächst als Stabsführer beim *SD-Unterabschnitt Württemberg*. In Beurteilungen schnitt er stets überdurchschnittlich ab. Ihm wurde 1936 ein »hervorragender Charakter«, »ein klarer, entschlossener Wille« und »ein besonders weitgehend vorhandenes Wissen« bescheinigt.[12] Weiter hieß es: »SS-H'scharf.[ührer] Steimle ist einer der bekanntesten und angesehensten Parteiführer Württembergs. Er war Mitglied der Gauleitung und SA-Stuf. [Sturmführer], als er vom SD gewonnen wurde. Seine Leistungen sind ganz hervorragend. Der von ihm als Stabsführer zur Zeit vorgenommene Aufbau des SD-Unterabschnitts Württemberg ist zweifellos für das Reich vorbildlich. Es ist ihm gelungen, allerbeste Kräfte für die SD-Arbeit zu gewinnen und Leistung und Ansehen des SD ungeheuer zu heben.«

Schon im Dezember 1936 erreichte Steimle den Rang eines SS-Obersturmführers.[13] Weitere Beurteilungen zeichnen das Bild des hochqualifizierten SD-Mitarbeiters.[14] Besonderen Nachdruck legten sie auf Steimles gute Redegabe und dessen »völlig gefestigte Einstellung zur NS-Weltanschauung«[15].

Welche Aufgaben Steimle als Führer des *SD-Unterabschnitts Württemberg* übernahm, läßt sich schwer klären, da die Akten seiner Stelle, abgesehen von einigen Lageberichten, nicht mehr existieren. Jedoch muß Steimle am Judenprogrom des 8. November 1938 in Württemberg beteiligt gewesen sein. Dafür spricht allein schon ein Disziplinarverfahren der SS, das am 13. Juli 1939 gegen Steimle eingeleitet wurde. Man legte ihm zur Last, daß »im Zusammenhang mit der Judenaktion«, wie die Reichskristallnacht im Partei-Deutsch genannt wurde, »auf dem SD-Unterabschnitt Württ.[emberg]-Hohenz.[ollern] eine Reihe von schweren Ordnungswidrigkeiten und von Verstössen gegen die Befehle der vorgesetzten Dienststellen« vorgekommen seien.[16]

Seit September 1936 also war Steimle als Stabsführer des *SD-Leitabschnitts Stuttgart* verantwortlich für zwölf hauptamtlich beschäftigte SD-Mitarbeiter. Diese Zahl wuchs bis Kriegsende auf 20 an. Gegenstand der Bespitzelung durch den württembergischen SD waren übrigens auch die beiden großen christlichen Kirchen und deren Pfarrerschaft. Steimle muß seine Arbeit im Sinne seiner Vorgesetzten gut gemacht haben. Anders ist sein schneller beruflicher Aufstieg kaum zu erklären. Am 21. Juni 1944 ernannte man den gerade 35 Jahre alten SD-Mann zum SS-Standartenführer, was dem militärischen Rang eines Oberst entsprach. Seit Februar 1943 war Steimle im *Reichssicherheitshauptamt* als Leiter der Gruppe VI B – Westeuropa beschäftigt. Als Privatadresse gab er an: Berlin-Wannsee, Am Großen Wannsee 56. Er wohnte also in jenem Domizil, in dem am 20. Januar 1942 die sogenannte *Wannsee-Konferenz* über die »Endlösung der Judenfrage« abgehalten worden war.[17]

Daß Steimle so schnell und reibungslos befördert wurde, hatte seinen Grund in seinen zweifellos vorhandenen Qualifikationen. Die Vorgesetzten attestierten ihm 1944 »eine überdurchschnittliche geistige Veranlagung, eine geschickte Verhandlungsgabe und ein äußerst gewandtes Auftreten«[18]. Zugleich erhielt er ein großes Lob: »Im Osteinsatz hat er als Führer eines Sonderkommandos ausgezeichnete Eigenschaften in der Führung und Behandlung der ihm anvertrauten Männer bewiesen. Das Kommando war besonders in der Winterschlacht 42/43 häufig in Kampfhandlungen mit einbezogen und hat sich hierbei bewährt.«[19]

War damit ein normaler Fronteinsatz gemeint? Wohl nicht. Denn Steimle leitete von Anfang September bis Mitte Dezember 1941 das *Sonderkommando 7a der Einsatzgruppe B* und von Ende August 1942 bis zum 15. Januar 1943 das *Sonderkommando 4a der Einsatzgruppe C.*[20] Will man wissen, was sich hinter der Bezeichnung »Einsatzgruppen« verbirgt, führt man sich am besten die sogenannten »Ereignismeldungen UdSSR« der Einsatzgruppen vor Augen. Diese geheimen Berichte schildern »Personalien, Gliederung und Marschweg der Einsatzgruppen, ihre wechselnden Aktionszentren, Taktik und Technik eines Vollzugs, der allenfalls äußere Hindernisse kennt, und – vor allem – genaue zahlenmäßige Angaben über den jeweiligen ›Stand der Liquidierungen‹«.[21]

So führt beispielsweise die Ereignismeldung Nr. 133 vom 14. November 1941 – unter Punkt 5 »Sonderaktionen« auf:[22] »Von mehreren Hundert [sic] Insassen des Zwangsarbeitslagers in Mogilew wurden 83 am 15. Oktober 1941 liquidiert, da es sich bei ihnen um rassisch minderwertige Elemente mit asiatischem Einschlag handelte, deren weitere Belassung im rückwärtigen Heeresgebiet nicht zu verantworten war.« Etwas später heißt es: »Auf Grund zahlreicher Beschwerden wegen des aufreizenden Benehmens der Juden in Gorki (nordöstlich Mogilew) und Umgebung wurden bei einer Überholung von 8 Ortschaften insgesamt 2200 Juden aller Altersklassen liquidiert. Es handelte sich bei ihnen in der Hauptsache um aus der Gegend von Minsk zugewanderte Juden, die wie auch die übrigen gegen die Anordnungen der deutschen Behörden verstoßen hatten.«[23] Und schließlich der lapidare Satz: »Das SK. 7a hat in der Berichtszeit 173 Liquidierungen durchgeführt.«[24] In der »Berichtszeit« stand das Sonderkommando 7a unter dem Befehl Steimles! In der Ereignismeldung UdSSR Nr. 124 vom 25. Oktober 1941 heißt es dann:[25] »Das SK. 7a führte in der Berichtszeit weitere 63 Sonderbehandlungen an kommunistischen Funktionären, NKGB-Agenten und Agitatoren durch.«

Steimle schilderte im *Nürnberger Einsatzgruppenprozeß* 1947/48 seine persönlichen Motive als Führer eines Einsatzgruppen-Sonderkommandos. In Mitteilungen von Verwandten sei ihm der Eindruck einer völligen Willkürherrschaft in der Sowjetunion vermittelt worden. Der Bolschewismus schien ihm ein menschenverachtendes System zu sein, das die Weltrevolution anstrebte: »Dafür gab ja auch das Auftreten der kommunistischen Partei in Deutschland, zum Beispiel die Aufstände in Hamburg, Berlin und sonstwo, genügend Hinweise«, meinte Steimle.[26] Des weiteren berichtete er von einem Massaker an einem württembergischen Infanterie-Bataillon, von dem er im August 1941 gehört habe.[27]

Nach seinem zweiten Auftrag als Einsatzgruppenführer des *Sonderkommandos 7a der Einsatzgruppe C* stieg Steimle zum Leiter der Gruppe VI B – West-Europa im *Reichssicherheitshauptamt* auf. Konkret war er mit Aufbau und Führung eines Auslandsgeheimdienstes des *Reichssicherheitshauptamtes* in Westeuropa betraut.[28] Seine Zuständigkeit erstreckte sich auf die Länder Frankreich, Belgien, Holland, Spanien, Portugal, Schweiz und Italien.[29] Von entscheidender Bedeutung war dabei, wichtige geheime Dokumente frühzeitig zu beschaffen.[30]

Daneben führte Steimle ab August 1944 noch die Abteilung Mil.B im *Militärischen Amt* des *Reichssicherheitshauptamtes*.[31] Dieses war aus der früher beim *Oberkommando der Wehrmacht* angesiedelten militärischen Spionageabteilung, der *Abwehr*, und dem politischen Nachrichtendienst des Amtes entstanden.[32] Steimle war also ebenfalls zuständig für militärische Spionage in feindlichem Gebiet. Sein damaliger Vorgesetzter, SS-Oberführer Walter Schellenberg, ließ in einer Beurteilung spezifische Züge Steimles hervortreten:[33] »Seiner Persönlichkeit nach ist er einem einmal gesteckten Ziel völlig verfallen und verfolgt es mit einer Intensität bis zur Leidenschaftlichkeit. Dies besagt nicht, daß sich diese Haltung mit seiner Arbeitsintensität deckt. Hier neigt er mehr zur intuitiven Sprunghaftigkeit und bedarf stets einer ihn unmittelbar führenden Aufsicht, um gesteckte Arbeitsziele methodisch zu erreichen. [...] Seine charakterliche Veranlagung ist gut, hat vielleicht nur dann eine kleine Schwäche, wenn er glaubt, mit seinem Partner zu leicht fertig werden zu können. Er neigt dann zuweilen zu einer gewissen Härte. Er besitzt eine überdurchschnittliche geistige Veranlagung, ist in seinem Auftreten geschmeidig, in seinem Wesen diplomatisch (letzteres scheint aber mehr anerzogen als natürliche Veranlagung zu sein).«

Das Kriegsende brachte das Ende der Karriere Steimles im *Reichssicherheitshauptamt*. Er setzte sich mit zwei Kollegen nach Oberbayern ab und lebte dort unter dem Namen Hermann Bulach, bis er am 1. Oktober 1945 gefangengenommen wurde.[34] Nach der Vernehmung durch französische Behörden wurde Steimle im sogenannten Fall 9 der Nürnberger Prozesse, dem Einsatzgruppenprozeß, vor ein Gericht der amerikanischen Besatzungsmacht gestellt.[35]

Das Urteil des Nürnberger Gerichtshofes enthält eine kurze Schilderung der Tätigkeit Steimles im Zweiten Weltkrieg.[36] Man legte ihm zur Last, als Leiter des *Sonderkommandos 7a der Einsatzgruppe B* zwischen 7. September und 10. Dezember 1941 den Befehl für die Exekution von über 500 Menschen gegeben zu haben. Außerdem hatte er als Leiter des *Sonderkommandos 4a der Einsatzgruppe C* weitere Liquidierungen zwischen August 1942 und Januar 1943 zu verantworten.

Die Protokolle der Vernehmung Steimles in Nürnberg lassen dessen geschickte Verteidigungsstrategie erkennen. Er betonte, nur Sabotage, Plünderung und Partisanentätigkeit[37] gemäß Kriegsrecht geahndet zu haben. Im Urteil heißt es dazu: »Der Angeklagte unterstellt, daß alle von ihm befohlenen Exekutionen den Charakter von Strafaktionen hatten für Vergehen, die unter die festgelegten Verstöße gegen das Kriegsrecht fallen, wie z. B. Sabotage, Plündern und Partisanentätigkeit. Es ist augenscheinlich, daß dieser Angeklagte genau so wie der Angeklagte Blobel, eine etwas verzerrte Ansicht von dem hat, was festgelegte Vergehen sind, wenn er erklärt [...], daß unter seiner Führung sein Kommando sogar ›Verdächtige‹ exekutierte.«[38]

Steimle verwickelte sich in Widersprüche und mußte mehrmals Falschaussagen einräumen.[39] So behauptete er anfangs, lediglich im ermittelnden, nachrichtendienstlichen Sinn tätig gewesen zu sein[40], und Verhaftungen, Verhöre und Erschießungen einem SS-Obersturmführer überlassen zu haben. Steimle schob also, obwohl er Führer des Kommandos war, die gesamte Verantwortung auf untergeordnete Chargen. Zudem bekundete er dem sogenannten *Führerbefehl*[41], der die Tötung aller Juden vorsah, dadurch ausgewichen zu sein, daß er das Einsatzkommando vor allem mit der Bekämpfung von Partisanen beauftragt habe.[42] Steimle stritt ebenfalls zuerst ab, Exekutionen befohlen zu haben.[43] Mehrmals behauptete er auch, nicht über den dazu nötigen militärischen Sachverstand wie auch die entsprechende Erfahrung zu verfügen.[44]

Prinzipiell schob also Steimle die Verantwortung für unter seinem Kommando durchgeführte Exekutionen auf seine Untergebenen ab. Das Gericht beharrte jedoch auf Steimles Verantwortung für die Tötungen. Überdies bezweifelten die Richter die Behauptung Steimles, daß es lediglich vor und nach seiner Zeit als Führer der Einsatzkommandos Exekutionen von Juden gegeben habe. Abschließend stellte der Gerichtshof fest, »daß Steimle zu Tötungen unter Verletzung des Rechtes, die Ermächtigung gab und sie billigte und des Mordes schuldig ist.«[45]

Steimle selbst reagierte auf das Todesurteil vom 10. April 1948 mit einer gewissen Gelassenheit.[46] Das Urteil fand bald schon gewichtige Kritiker. Der angesehene Heidelberger Jurist Gustav Radbruch[47] – im Dritten Reich seines Lehrstuhls enthoben – monierte, daß der Angeklagte allzu wörtlich genommen worden sei und manche belastende Aussagen der zweisprachigen Verhandlungsführung zu verdanken seien.[48] Weiterhin bemängelte Radbruch die dem Angeklagten gestellten hypothetischen Fragen. Überdies habe man im Urteil gegen Steimle Indizienbeweise angeführt.[49]

Dabei war es Radbruch wichtig, nicht im persönlichen Interesse Steimles zu sprechen, sondern »aus dem dringenden Gewissensbedürfnis der strengen Wahrung von Recht und Gerechtigkeit«.[50] Gleichwohl bestätigte im März 1949 der amerikanische Militärgouverneur für Deutschland, Hochkommissar

John McCloy, das Todesurteil gegen Steimle. Somit blieb nur ein Weg, um Steimle vor dem Galgen zu bewahren: ein Gnadengesuch, das wichtige Persönlichkeiten des öffentlichen Lebens unterstützten.

Theophil Wurm und die »Kriegsverbrecher«

Der evangelische Landesbischof von Württemberg, Theophil Wurm, war nicht von ungefähr eine geeignete Adresse für solche Anliegen. Der Nestor unter den protestantischen Bischöfen in Deutschland besaß einen fast legendären Ruf, den er sich aufgrund seiner Interventionen im Dritten Reich zugunsten von Euthanasieopfern und jüdischen Mitbürgern erworben hatte.[51] Aus allen Teilen Deutschlands trafen bei Wurm Bittbriefe ein – nun jedoch von Menschen, deren Angehörige als Täter von alliierten Gerichten verurteilt worden waren.[52]

Zu ihnen gehörte die Ehefrau des früheren Kommandeurs von Sicherheitspolizei und SD in Weißruthenien, SS-Obersturmführer Strauch.[53] Sie bat Wurm, sich bei McCloy für ihren im *Einsatzgruppenprozeß* zum Tode verurteilten Mann einzusetzen. Wurm ließ dem die Bitte vermittelnden Pfarrer mitteilen, daß er sich keineswegs um jeden Einzelfall kümmern könne, sondern sich grundsätzlich für eine Appellationsinstanz einsetze.[54] In diesem Zusammenhang betonte er, daß er Schuldige ihrer gerechten Strafe nicht entziehen wolle.

Auch die Gattin des SS-Brigadeführers Jürgen Stroop, der die Vernichtung des Warschauer Ghettos zu verantworten hatte, wandte sich an Wurm.[55] Stroop war im März 1947 von einem amerikanischen Militärgericht in Dachau zum Tode verurteilt worden, weil er in Griechenland die Erschießung amerikanischer Piloten und griechischer Geiseln befohlen hatte.[56] Danach hatte man ihn an Polen ausgeliefert. Auch in diesem Fall unternahm Wurm keine konkreten Schritte.[57] Die Zahl der Bittgesuche an Wurm war Legion. Sie reichte vom einfachen Mitglied einer Einsatzgruppe[58] bis zu Prominenten wie Ferdinand aus der Fünten[59].

Besonders beeindruckt hatte Wurm ein Besuch im Nürnberger Justizpalast, wo er an Ostern 1948 mit den Gefangenen einen Gottesdienst hielt.[60] Danach schienen ihm die Nürnberger Folgeprozesse keine fairen Verfahren zu sein. Die Angeklagten hatten zudem bei Wurm vorgebracht, daß sie durch das Verbleiben in ihren Positionen »Schlimmeres« hätten verhüten wollen. Doch das zentrale Anliegen des greisen Bischofs war, Hinrichtungen zu verhindern. Konkret brachte er das in Schreiben an den amerikanischen Außenminister, John Foster Dulles, zum Ausdruck: »Es ist nach Lage der Dinge für uns keinerlei Gewähr dafür gegeben, daß in diesen Tagen in Landsberg nur Schuldige und nicht auch Unschuldige aufgehängt werden.«[61] Wurm bestand auf öffentlicher und intensiver Nachprüfung jedes einzelnen Falles, letztlich also auf einer echten Appellationsinstanz. Er erhielt dabei Schützenhilfe von recht undurchsichtigen Leuten, wie etwa von Helene Elisabeth Prinzessin von Isenburg, die den im 82. Lebensjahr stehenden Landesbischof durchaus überlegt für ihre Ziele einspannen wollte.[62]

Dieser jedoch stellte ihr gegenüber klar: »Von Anfang an habe ich aber auch dies betont, daß es mir nicht einfällt, der Gerechtigkeit in den Arm zu fallen und wirkliche Verbrechen der Sühne, wirkliche Verbrecher der Strafe zu entziehen. [...] Wo die Schuld einwandfrei durch zuverlässige Zeugen oder durch Geständnis des Angeklagten nachgewiesen ist, muß auch die Sühne vollzogen werden.«[63]

Wurm war nicht der einzige, der Kritik an den Prozessen der Alliierten übte.[64] Betrachtet man andere kirchliche Äußerungen dieser Jahre, kehren bestimmte Motive immer wieder. Gegenstand der Kritik war die Tatsache, daß russische Richter im Nürnberger *Hauptkriegsverbrecherprozeß* zu Gericht saßen.[65] Ebenfalls stand zur Debatte, daß die Sowjetunion nach wie vor deutsche Kriegsgefangene festhalte. Schließlich prangerte man die Verhörmethoden in den Internierungslagern an. Man forderte Gerechtigkeit und Einschreiten gegenüber den Verantwortlichen.

Die Ankläger selbst hielten ihr Vorgehen für korrekt und fair. So mußte sich Wurm etwa von dem amerikanischen Ankläger in Nürnberg sagen lassen, daß die Angeklagten in Nürnberg weit mehr Rechte hätten, als ihnen nach deutschem Recht zustünde.[66] Außerdem mußte er sich vorhalten lassen, kein einziges Verfahren selbst beobachtet zu haben, noch sich anhand der Gerichtsakten ein Bild gemacht zu haben.[67]

Doch insistierten Wurm und vor allem sein juristischer Mitarbeiter Weeber darauf: »Sind diese Prozesse gerecht geführt worden? Sind nur Schuldige, oder auch Unschuldige verurteilt worden?«[68] Eine wesentliche Motivation war dabei auch der Eindruck: »Daß Gott uns das Dritte Reich und was danach kam, bis heute hat überleben lassen, nehmen wir als eine Verpflichtung, in keinem Fall zu schweigen, in dem nach unserem besten Wissen und Gewissen Unrecht geschieht. Deshalb reden wir, und reden sogar auch dann, wenn man uns beschimpft. Auch dieses sind wir nämlich seit vielen Jahren schon gewohnt.«[69]

Konkret kritisierten die Kirchenleute auch die *Dachauer Prozesse*, bei denen wesentliche Kriterien einer fairen Prozeßführung nicht berücksichtigt worden seien.[70] Angeklagte seien gefoltert und zu Aussagen erpreßt worden. Schließlich seien sie nicht über Revisionsmöglichkeiten informiert worden. Die entscheidende Forderung an die Alliierten war also die nach einer Appellationsinstanz für die Angeklagten. Zudem sollte eine unabhängige Kommission volle Akteneinsicht erhalten, das Beweismaterial prüfen und Verurteilte wie auch Verteidiger anhören können.

Die evangelische Kirchenleitung und die Einsatzgruppenprozesse

Wie stellte sich nun die Stuttgarter Kirchenleitung konkret zu den *Einsatzgruppenprozessen*? Wer bislang meinte, die württembergischen Protestanten hätten sich allein zum umfassenden Protest gegen alliierte Jurisdiktion aufgerufen gesehen, wird eines anderen belehrt. Ein kleiner Vorfall im August 1948 zeigt dies deutlich. Der bekannte Tübinger Theologieprofessor Helmut Thielicke schickte Akten der Verteidigung im Fall Six des *Einsatzgruppenprozesses* an Wurm.[71] Der zuständige Oberkirchenrat Weeber notierte auf dem Schreiben: »Einsatzgruppenprozeß. Zurückhaltung zu empfehlen!«.

Daß dies kein Einzelfall war, zeigt ein Ereignis ein halbes Jahr später. Schon im Oktober 1948 hatte Landesbischof Lilje aus Hannover darum gebeten, von Wurm Unterstützung bei Gnadengesuchen für Verurteilte des *Einsatzgruppenprozesses* zu erhalten.[72] Konkret ging es dabei um die Fälle Seibert und Haensch. Im März 1949 beantwortete die Stuttgarter Kirchenleitung die Anfrage.[73] Das Ganze läßt die grundsätzliche Position Wurms in diesen Fragen deutlich werden. Wurm sollte sich prinzipiell nicht für Einzelfälle einsetzen, sondern auf eine grundlegend andere Haltung der Alliierten hinwirken.

Weeber meinte: »Es liegt nahe, daß die Vertretung von einzelnen Angeklagten des sogenannten Einsatzgruppenprozesses die Durchsetzung dieser allgemeinen Forderung nicht hätte begünstigen können.«[74] Doch der Kirchenjurist wurde noch deutlicher. Er vertrat – im Namen der württembergischen Kirchenleitung – die Auffassung, »daß die schwere Verantwortung, die sich die Führer der Einsatzgruppen aufgeladen haben, ein spezielles Eintreten der Kirche für sie außergewöhnlich erschwert. Wir haben zudem die Erfahrung gemacht, daß die weitschichtige Anlage der Nürnberger Prozesse es einem Außenstehenden fast unmöglich macht, sich ein umfassendes Bild des Prozeßstoffes zu verschaffen und daß man deshalb in hohem Maße in Gefahr steht, sich nur einseitig unterrichten zu lassen.«[75]

So elegant es hier auch formuliert wurde: Weeber hielt es schlicht für unmöglich, sich kirchlicherseits kritisch zum *Einsatzgruppenprozeß* zu stellen. Selbst in dem Fall des Führers des *Sonderkommandos 1a der Einsatzgruppe A*, dem aus einer angesehenen Stuttgarter Familie stammenden Dr. Martin Sandberger[76], habe Wurm wegen persönlichen Verbindungen zur Familie Sandberger zwar ein Gnadengesuch befürwortet, doch eine Äußerung zum Urteil bewußt vermieden. Das war eine klare Absage an Lilje. Es zeigt deutlich, daß man sich in Stuttgart keineswegs für jeden einsetzte, der darum bat.

Der Dissens zwischen Wurm und seinem Juristen Weeber hinsichtlich Sandbergers Rolle kommt hier auch zum Ausdruck.[77] Weeber, dessen »kritische Einstellung zum Einsatzgruppen-Prozeß [der Familie Sandberger] sicher nicht unbekannt ist«, notierte nüchtern, daß der »Vater Sandberger [...] sich in den letzten Monaten zunehmend in eine Rechtfertigung seines Sohnes hineingeredet (hat), obwohl er mit allem, was sein Sohn politisch getan hat, nie einverstanden war. Er ist der Ansicht, daß sein Sohn eine Anerkennung u. Belobigung, nicht aber eine Strafe verdiene.«[78]

Weeber stand mit seiner Beurteilung des Einsatzgruppenverfahrens keineswegs allein. Die *Evangelisch-Lutherische Landeskirche Bayerns* wurde mehrfach bedrängt, sich für die Revision der Urteile einzusetzen.[79] Doch auch die bayerischen Oberkirchenräte waren »in eingehenden Besprechungen dieser Frage zu dem Schluß gekommen, daß eine Verwendung kirchlicher Stellen für die gesamte Ohlendorff-Gruppe mit Rücksicht auf deren außerordentlich schwere Belastung nicht in Frage kommen kann«. Hingegen war man für die Initiative in einigen besonderen Fällen aufgeschlossen. Gegenüber den bayerischen Kollegen äußerte der Jurist Weeber offen seine Ansicht:[80]

»Ich stimme durchaus mit Ihnen überein, daß kirchliche Stellen für die Leute vom Einsatzgruppenprozeß im ganzen sich nicht verwenden können. [...] Bedenkt man die Summe der Morde, die von den Einsatzgruppen ›befehlsgemäß‹ begangen worden sind, so ist mir bis heute noch unfaßlich, wie Männer, über deren untadelige Haltung in anderer Beziehung nicht wenige Zeugnisse beigebracht werden, psychisch und physisch in der Lage waren, solche Kommandos zu übernehmen und durchzuhalten. [...] Mir ist bekannt, daß auch für andere Angeklagte des Einsatzgruppenprozesses kirchliche Unterstützung begehrt worden ist. Sie wurde, soweit die Württ. Kirchenleitung in Frage kam, nicht gewährt. [...] Meines Erachtens sollte sich die Kirche gerade in diesem Prozeß vollständig zurückhalten.«[81]

In der Öffentlichkeit wie auch in privaten Briefen wurde genau dies öfters gefordert. Gerade Wurm sah sich mehrfach harten Angriffen ausgesetzt. Eine Briefschreiberin meinte:[82] »Schon einige Tage schäme ich mich mal wieder, daß ich eine Deutsche bin. Es handelt sich um die 100%igen Nazi-Verbrecher, die man mit vollem Recht zum Tode verurteilte, u. für die Sie so warm einstehen. Ich kann nicht verstehen, wie Sie sich für solche ›Brüder‹ einsetzen. Haben diese Leute nicht genug Menschenleben auf dem Gewissen?« Ein anderer warf Wurm vor, »sich für die Landsberger Massenmörder vom Schlage Pohl und Ohlendorf, von denen keiner weniger als 15000 Menschenleben auf dem Gewissen hat, einzusetzen«[83].

Es kann hier nicht die gesamte Diskussion der Nürnberger Folgeprozesse in Gesellschaft und Kirche nachgezeichnet werden.[84] Das muß einer weiteren Untersuchung vorbehalten bleiben. Ein Ziel der Kirchenleute war jedenfalls, den Angeklagten jeweils ein faires Verfahren zu ermöglichen und zweifellos vorhandene Ungerechtigkeiten anzuprangern.

Unterstützung des protestantischen Milieus für Eugen Steimle

Es fragt sich, ob sich die Kirchenleute in besonderem Maße für aus kirchlich engagierten Kreisen stammende Verurteilte einsetzten. Gerade bei Eugen Steimle war diese kirchliche Prägung sicherlich gegeben. Während seiner Vernehmung in Nürnberg sagte er auf die Frage, ob er religiös sei: »Ich selbst gehöre keiner Kirche an. Ich habe in meinem ganzen Leben ernst um die religiöse Frage gerungen. Ich bin sehr streng christlich erzogen worden und stand stets mit meiner sehr christlichen Familie auf gutem Fuße. Ich habe jederzeit vor der religiösen Überzeugung Anderer Achtung gehabt.«[85]

Dahinter verbarg sich die Tatsache, daß Eugen Steimle in einer stark pietistisch bestimmten Familie aufgewachsen war. Sein Geburtsort Neubulach wies noch in den dreißiger Jahren eine weithin ungebrochene Kirchlichkeit auf.[86] Im Elternhaus Steimles fand die neupietistische Bibel-»Stunde« Liebenzeller Prägung statt.[87] Der seit 1933 der SS angehörende Steimle und seine katholische Ehefrau ließen sich auch kirchlich trauen. Vor der Geburt des ersten Kindes traten jedoch beide aus der Kirche aus, um Schwierigkeiten konfessioneller Art mit den jeweiligen Angehörigen zu vermeiden. Der älteste Bruder Steimles war zudem mit einer Schwester der württembergischen Dekane Johannes und Hermann Josenhans verheiratet. Diese wenigen Bemerkungen lassen die enge Verbindung mit dem protestantischen Milieu in Württemberg deutlich werden.

Nachdem das Todesurteil gegen Steimle bestätigt worden war, setzte sich der Stuttgarter Studienrat Friedrich Planck intensiv für Steimle ein. Planck selbst war Sohn des bekannten württembergischen Prälaten Heinrich Planck. Und er stand in einem freundschaftlichen Verhältnis zu Steimle, von dem er sagte, daß jener einst »sein Chef« gewesen sei.[88] Ob sich diese Äußerung auf die Universität Tübingen bezog oder auf den SD, ist offen. Jedenfalls veranlaßte er den Rektor der Universität Heidelberg, Professor Karl Geiler, zu Interventionen bei der französischen Besatzungsmacht, denen jedoch kein Erfolg beschieden war.[89] Im Sommer 1949 wandte sich Friedrich Planck an den württembergischen Landesbischof Theophil Wurm, dem er über Steimles Anwalt Dokumente zukommen ließ.[90] Dieser wiederum schrieb Wurm, »daß Ihr geplanter Besuch in Landsberg auch für meinen Mandanten einen Schritt vorwärts bedeuten wird, nachdem er nun seit mehr als 1¼ Jahren unter der ständigen Drohung eines rechtskräftigen Todesurteils steht.«[91]

Die Akten lassen nichts von einer persönlichen Bemühung Wurms um Steimle erkennen.[92] Doch über andere kirchliche »Knotenpunkte« liefen Initiativen, Steimle vor dem Galgen zu retten. Zu ihnen gehörte der Tübinger evangelische Studentenpfarrer Hans Stroh, der vermutlich von der in Tübingen lebenden Ehefrau Steimles um Unterstützung angegangen wurde.[93] Stroh besaß gute Verbindungen zu dem prominenten amerikanischen Theologen Reinhold Niebuhr, dem er »genaue und sorgfältig geprüfte Akten« zum Fall Steimle übergab.[94] Er hoffte, daß Niebuhr das Material dazu verwenden würde, um ein »Fehlurteil« zu verhindern.

Niebuhr seinerseits konnte Stroh keine allzu großen Hoffnungen machen.[95] Er habe zwar im Fall des früheren Staatssekretärs im *Auswärtigen Amt*, von Weizsäcker, manches unternommen, doch war er pessimistisch, was den Erfolg solcher Aktivitäten anging. Schon ein Dreivierteljahr zuvor hatte Stroh bei Niebuhr interveniert.[96] Damals hatte Niebuhr schon die Probleme benannt, die dem Erfolg der Bemühungen entgegenstanden: Die wichtigen Persönlichkeiten seien über die ganzen Vereinigten Staaten verteilt, so daß die nötigen Kontakte schwer herzustellen seien. Überdies meine er, daß Stroh die Möglichkeiten Niebuhrs überschätze. »Anything that Bishop Wurm would say to General Clay would certainly be more effective than any word from me.«[97]

Eugen Steimle war keineswegs der einzige, um den sich der Tübinger Studentenpfarrer kümmerte. Auch Dr. Martin Sandberger, einst Führer des *Einsatzkommandos 1 a der Einsatzgruppe A*, der in Nürnberg gleichfalls zum Tod durch den Strang verurteilt worden war, später aber dann begnadigt und 1958 aus der Haft entlassen wurde, gehörte zu Strohs Klientel. Der aus einer württembergischen Pfarrersfamilie stammende Sandberger hatte seinerzeit die persönliche Fürsprache Wurms erfahren. Er beschäftigte sich in der Haft intensiv mit theologischer Literatur und ließ sich dafür von dem Theologen Stroh einen Studienplan aufstellen.[98] Stroh sollte nach der Entlassung Sandbergers auch dessen *Parole-Sponsor*, also eine Art Bewährungshelfer, werden.[99]

Doch nicht nur Stroh setzte sich für Steimle ein. Auch der einstige katholische Studentenseelsorger und nunmehrige Theologieprofessor in Tübingen, Franz Arnold, bemühte sich.[100] Sogar der *Allgemeine Studentenausschuß der Universität Tübingen* nahm am 16. Januar 1951 einstimmig eine Resolution an, in der gegen eine Vollstreckung des Todesurteils gegen Steimle protestiert wurde.[101] Giselher Wirsing schließlich, einst Chefredakteur der *Münchener Neuesten Nachrichten*, versuchte alles, um Steimle zum heimlichen Widerstandskämpfer im Amt VI des *Reichssicherheitshauptamtes* zu stilisieren.[102]

Steimle konnte im Juni 1950 ein schriftliches Gnadengesuch einreichen, nachdem er 34 Monate in der Todeszelle verbracht hatte.[103] Am 31. Januar 1951 begnadigte der von McCloy eingerichtete *Beratende Ausschuß für die Begnadigung von Kriegsverbrechern*[104] Steimle zu 20 Jahren Haft. Die Begnadigungsgründe im einzelnen sind nicht bekannt. In einer von McCloy herausgegebenen Broschüre[105] heißt es jedoch: »In anderen Fällen ist die Todesstrafe bereits einmal bestätigt worden. Ich bin jedoch der Ansicht, daß die Vollstreckung des Urteils hier eine Ungerechtigkeit darstellen würde.

Zum großen Teil ist das auf die Beibringung neuen und überzeugenden Beweismaterials zurückzuführen, das kürzlich verfügbar geworden ist. Hierfür bieten die Fälle Hänsch und Steimle ein Beispiel. Obwohl sie nach wie vor schuldig befunden werden müssen, läßt das neue Beweismaterial ihre Verbindung mit den Verbrechen wesentlich weniger direkt erscheinen.«

Steimle gehörte damit zu jenen 79 von 89 Häftlingen in Landsberg, deren Strafen verringert wurden.[106] Die Entscheidung McCloys war wesentlich durch Juristen und Kirchenleute bewirkt worden, wenngleich sich auch die politischen Parteien, allen voran die FDP, für die Begnadigung stark machten.[107] Amerikanische Historiker heben dabei die Rolle der Kirchenmänner hervor. Neben dem Kölner Kardinal Frings und dem Münchner Weihbischof Johannes Neuhäusler intervenierten auf protestantischer Seite vor allem Wurm und der bayerische Landesbischof Hans Meiser.[108]

Ganz erhebliches politisches Gewicht besaß in diesem Zusammenhang die von den drei Westmächten im September 1950 beschlossene Wiederbewaffnung Deutschlands. Sie bot allen, die sich für die Landsberger Häftlinge einsetzten, eine hervorragende Argumentationsbasis. Zu ihnen zählten neben dem damaligen Bundeskanzler Konrad Adenauer auch der SPD-Vorsitzende Kurt Schumacher und Inge Scholl, die Schwester der von den Nationalsozialisten hingerichteten Geschwister Scholl.[109]

Das 1953 von den Alliierten eingerichtete *Interim Mixed Parole and Clemency Board* war im folgenden für Anträge auf Strafaussetzung zuständig und damit auch für Eugen Steimle. Dieser konnte schon am 28. Juni 1954 das Landsberger Gefängnis verlassen und zu seiner in Tübingen lebenden Familie zurückkehren. Bis zum Mai 1955 war er dann als kaufmännischer Angestellter bei einer Stuttgarter Aufzugsfirma beschäftigt. Wie stand es jedoch um die Rückkehr in den staatlichen Schuldienst? Steimle war – wenn auch pro forma – 1943 zum Studienrat am Stuttgarter *Dillmann-Realgymnasium* und damit zum Beamten auf Lebenszeit ernannt worden. Auch im Landsberger Gefängnis betätigte er sich als Geschichtslehrer für die Gefangenen.[110]

Steimle bemühte sich nach seiner Entlassung um die Wiedereinstellung in den höheren Schuldienst des Landes Baden-Württemberg.[111] Im *Kultministerium* hatte man über die Vorgehensweise in dieser Hinsicht klare Vorstellungen. Steimle sollte sich zunächst einige Jahre in einer Privatschule bewähren, wie etwa der Urspringschule, der Schwarzwaldschule Triberg oder Salem.[112] Doch diese Überlegungen erledigten sich von selbst, als der Leiter des *Gymnasiums der Zieglerschen Anstalten* im südwürttembergischen Wilhelmsdorf im Frühjahr 1955 von der Stellensuche Steimles erfuhr.[113] Die Gemeinde Wilhelmsdorf, eine Korntaler Gründung, trug damals noch stark den Charakter der pietistischen Kolonie des frühen 19. Jahrhunderts.[114] Heinrich Gutbrod, der Direktor des traditionsreichen Knabeninstituts, kannte Steimle als

Klassenkameraden einer seiner Brüder und suchte angesichts des überall spürbaren Lehrermangels dringend einen Geschichtslehrer. Kurze Zeit später konnte Steimle als angestellter Lehrer für Geschichte und Deutsch an der privaten Oberstufe des Wilhelmsdorfer Gymnasiums arbeiten. Das Tübinger Oberschulamt hatte ein Wirken Steimles an der staatlichen Unter- und Mittelstufe des Gymnasiums untersagt. Pikant war, daß der aus der Kirche ausgetretene Steimle nunmehr in einem Hort des württembergischen Pietismus eine Anstellung fand.

Mit der Anstellung in Wilhelmsdorf hatte Steimle das Ziel der beruflichen Reintegration erreicht. Ungelöst geblieben war hingegen die Wiedererlangung des Beamtenstatus, die wiederum von einer sogenannten »politischen Unbedenklichkeitsbescheinigung« abhängig war. Um letztere hatten sich die Anwälte Steimles schon des längeren bemüht.[115] Ein *Säuberungsausschuß des Justizministeriums* wies dieses Ansuchen jedoch zurück. Die Rechtsanwälte hoben anläßlich eines erneuten Vorstoßes beim *Justizministerium* in ihren Ausführungen mit besonderem Nachdruck auf die angeblichen Bemühungen des früheren württembergischen Landesbischofs Wurm für Steimle ab.

Weiterhin hofften sie durch eine Anhörung Steimles vor dem Entnazifizierungsausschuß einen unmittelbaren Eindruck von Steimle erreichen zu können: »Der Betroffene wird vor allem über seinen persönlichen Werdegang Einiges [sic] zu sagen haben. Dabei wird er auch Ausführungen machen können über sein Elternhaus, über seine Erziehung, über sein Verhältnis zu religiösen Fragen, das auch während seiner SS-Zeit uneingeschränkt ein absolut positives gewesen ist – wobei man die Frage des Kirchenaustritts gerade in diesem Fall nicht im Sinn der These beantworten darf, daß, wer aus der Kirche austritt, sich damit antireligiös gebärden will – und er wird auch in glaubhafter und überzeugender Weise dem Ausschuß sagen können, was er selbst innerlich gelitten hat unter dem Druck, auf Grund einer vermeintlichen politischen Überzeugung und eines scheinbaren politischen Glaubens einer Gemeinschaft angehören zu müssen, die in ihrem Tun und Handeln sich so ganz anders gab als es seinen eigenen Ideen entsprechen mußte.«[116]

Doch auf diese Stilisierung Steimles zum Widerstandskämpfer ging der *Säuberungsausschuß* nicht ein. Er lehnte im Mai 1954 das Unterfangen Steimles ab[117] und stellte nüchtern fest: »Allein die Tatsache, daß der Betroffene [Steimle] Führer der Sonderkommandos 7a und 4a war und das Wissen um den Sinn und Zweck dieser Vernichtungskommandos reicht aus, seine Verantwortlichkeit in festgestelltem Maße zu begründen. Er ist somit Hauptschuldiger im Sinne des Gesetzes zur politischen Säuberung, weshalb die Erteilung einer Unbedenklichkeitsbescheinigung abgelehnt werden mußte.«[118] Auch die Anfechtung dieses Bescheides vor dem Stuttgarter Verwaltungsgericht war vergeblich.

Doch damit hatten die Bemühungen Steimles um die Wiedererlangung des Beamtenstatus noch kein Ende. Ende Dezember 1957 unternahm er weitere Schritte, um im Gefolge des *Abschlußgesetzes zur Befreiung vom Nationalsozialismus* die politische Unbedenklichkeitsbescheinigung zu erhalten.[119] In seinem Gnadengesuch an Ministerpräsident Gebhard Müller präsentierte er sich in noch stärkerem Maße als einen, der »zwar dem Nationalsozialismus aus jugendlichem, verirrtem Idealismus gedient« habe, »dies aber mit reinem Herzen getan habe«. Er versicherte, »daß ich während meiner Amtstätigkeit menschlich sauber geblieben bin und jederzeit dort geholfen habe, wo ich helfen konnte, und, daß ich keine Verbrechen gegen die Menschlichkeit begangen habe, sondern daß ich vielmehr solche in meinem Amtsbereich verhinderte«[120].

Diesen Erläuterungen fügte Steimle Äußerungen einiger Zeitgenossen bei. Der Schulleiter des bekannten Stuttgarter *Eberhard-Ludwigs-Gymnasiums* und Studienfreund Steimles, Walter Haussmann, gehörte zu ihnen.[121] Auch der am *Oberschulamt Tübingen* für die kirchlichen Schulen zuständige Oberregierungsrat Dr. Heinrich Dietz stellte seinem Kollegen Steimle ein einwandfreies Zeugnis aus.[122] Dabei führte dieser wohlweislich nur aktuelle Beurteilungen Steimles an. Dabei müssen sich Dietz und Steimle schon früher gekannt haben. Dietz war seit dem 1. Mai 1933 Mitglied der NSDAP (Nr. 3232566) und SS-Sturmmann (Nr. 218275) in der *SS-Motor-Staffel I/10 Waiblingen*.[123] Seine umfangreiche schriftstellerische Tätigkeit – er publizierte zwischen 1937 und 1940 allein 21 Aufsätze zu Themen wie »Englischer Imperialismus und das Judentum« oder »Die britische Jugenderziehung im Dienste des Imperialismus« – ließ ihn 1940 die Mitgliedschaft in der *Reichsschrifttumskammer* beantragen. Wichtig für diesen Zusammenhang ist jedoch seine mehrfach bezeugte Tätigkeit für den SD. Korntaler Schülern soll Dietz mit seiner SD-Zugehörigkeit gedroht haben.[124] Ein Zusammenhang mit Steimle ist damit einigermaßen plausibel.

Schließlich trat noch der Saulgauer Landtagsabgeordnete Oberstudiendirektor Christian Rack[125], an das *Staatsministerium* heran: »Zur Übernahme des Herrn Steimle als planmäßige Lehrkraft ist eine Unbedenklichkeitsbescheinigung des Staatsministeriums erforderlich. Um diese zu erreichen, kann ich Ihnen, Herr Oberregierungsrat, mitteilen, daß Steimle von evangelischer Seite ein gutes Zeugnis und auch die Zusage des Herrn Kultusministers Dr. Simpfendörfer erhalten hat.« Letzteres war eine Lüge. Doch dazu später.[126]

Ganz besonderes Gewicht besaß die Erklärung Eberhard Müllers.[127] Müller war Begründer und Leiter der *Evangelischen Akademie Bad Boll*. Er hatte sich auch stark für Martin Sandberger eingesetzt und kannte diesen wie auch Steimle aus seiner Zeit als Generalsekretär der *Deutsch-Christlichen Studentenvereinigung* in den dreißiger Jahren. Zu konkreten Kontakten mit

Steimle kam es, als Müller in seiner Funktion als Generalsekretär wiederholt mit ihm verhandeln mußte. Er habe immer gerne mit Steimle zusammengearbeitet, betonte Müller. Und: »Herr Steimle gehörte zweifelsohne zu jenem idealistischen Flügel der Nationalsozialisten, der mit den verbrecherischen Entwicklungen der Hitlerbewegung nichts zu tun hatte, sondern je länger je mehr dazu in einen inneren Gegensatz geriet. Seine Verwicklung in die Nürnberger Prozesse ist m. E. rein zufällig dadurch bedingt, daß er aufgrund seiner Dienststellungen während des Krieges in die Nähe von Aktionen kam, die jeden als einen Verbrecher erscheinen ließen, der überhaupt der nationalsozialistischen Bewegung angehörte, auch wenn er mit den Maßnahmen des Nationalsozialismus selbst nichts zu tun haben wollte. Ich glaube deswegen, daß Herr Studienrat Steimle volles Vertrauen für die Erziehung unserer heutigen Jugend im Sinn eines demokratischen Staates verdient.«[128]

Der Vorgesetzte Steimles, Oberstudiendirektor Heinrich Gutbrod, schilderte den Kollegen schließlich als »eine Persönlichkeit, von der junge Menschen viel haben, einen Menschen, der in ehrlichem Ringen Vorbild ist, und einen Mitarbeiter und Kollegen, der immer zur Zusammenarbeit bereit ist.«[129] Er meinte: »Überhaupt ist es mir ein Erlebnis zu sehen, wie ein Mann seine Vergangenheit nicht beschönigt, einstige Fehlentscheidungen zugibt, ohne dabei umzufallen, und aus der inzwischen gewonnenen Einsicht sich voll bejahend zum demokratischen Staate stellt.« Auch lobte er den lebendigen Unterricht und das »freundschaftlich-väterliche« Verhältnis Steimles zu seinen Schülern.

Überhaupt scheint nach den Akten Gutbrod die treibende Kraft bei der Rehabilitierung Steimles gewesen zu sein. Er war es auch, der im Februar 1958 persönlich beim zuständigen Referenten des Stuttgarter *Evangelischen Oberkirchenrates*, Manfred Müller, darum bat, »durch ein Gesuch der Kirchenleitung unsere Bemühungen zu unterstützen, die dahin zielen, Herrn Steimle wieder zu seinen Beamtenrechten zu verhelfen.«[130] Was erwartete Gutbrod von den Kirchenleuten?

Er beklagte die Verzögerungstaktik der Schulbehörden, die immer wieder die Bundestags- oder Landtagswahl vorschieben würden. Er meinte, daß, »durch ein Gesuch der Kirchenleitung das Staatsministerium sehen würde, daß nicht nur eine Schule, sondern eben die Kirchenleitung hinter dem Gesuch steht.«[131] Gutbrod wollte seinem Ansuchen weiteres Gewicht verleihen, indem er behauptete, daß Bischof Wurm sich mehrfach für Steimle eingesetzt habe. Der einst stark beteiligte Jurist Weeber notierte am Rande hierzu: »In dieser Form wahrscheinlich (d. h. nach meiner Erinnerung) nicht ganz zutreffend wiedergegeben.«

Weeber warnte:[132] »Gerade in diesem Zusammenhang [der Einsatzgruppenprozesse] waren wir seinerzeit, was Fürsprache betraf, sehr vorsichtig. Dabei weiß ich natürlich nicht, ob ohne meine Kenntnis noch andere Schritte unternommen worden sind. – Aber wie dem auch sei, das Gesuch ist natürlich rebus sic stantibus zu beurteilen; es sollte nur nicht mit Argumenten bzgl. der Vergangenheit unterstützt werden, die nicht ganz stimmen.« Gleichwohl hielt er es für möglich, das Anliegen Steimles zu unterstützen.[133] Ein eigenes Gesuch des *Oberkirchenrates*, wie es Gutbrod erwartete, hielt er jedoch für nicht geboten. Vor einer Unterstützung des Gesuchs sollten, so meinte der vorsichtige Kirchenmann, Sondierungen bei den zuständigen hohen Beamten unternommen werden. Diese sollten zutage bringen, »ob allgemein politische oder speziell auf die Sache (?) bezogene, und welche Gesichtspunkte beim Ministerpräsidium bei der Entscheidung des Gesuchs (– positiv oder negativ –) eine Rolle spielen.« Ergebnis dieser Erwägungen war der Vorschlag, daß sich Martin Haug, der Nachfolger Wurms im Bischofsamt, brieflich an den Ministerpräsidenten wenden solle.

Referent Manfred Müller – übrigens ein Bruder des oben erwähnten Akademiegründers Eberhard Müller – entwarf daraufhin ein Schreiben, worin der Bischof zum Ausdruck bringen sollte, daß er sich gerne zum Anwalt Steimles mache, »weil es sich nach all dem, was mir über ihn berichtet worden ist, und was er selbst zum Ausdruck bringt, um einen Mann handelt, der nicht bloß echt umgekehrt ist, sondern diese Umkehr auch durch sein Verhalten während der letzten 13 Jahre unter Beweis gestellt hat. Die günstigen Beurteilungen des Schulleiters, des Pfarramts, der Elternschaft und des Präsidenten des Oberschulamts Tübingen stimmen überein.«[134]

Dieser Entwurf wurde jedoch nicht abgeschickt. Im *Oberkirchenrat* folgte man dem Rat Weebers und stimmte sich mit dem *Staatsministerium* ab. Jenes wiederum orientierte die Kirchenleitung darüber, daß man in Kürze die Erledigung des Falles im *Gnadenausschuß des Landtages* – gemeint war das Gnadenrecht des Ministerpräsidenten – erwarte.[135] Diese Hoffnung erwies sich dann als vergeblich. Das um eine Äußerung im Fall Steimle gebetene *Kultministerium* ließ nämlich keinen Zweifel an seiner ablehnenden Haltung. Kultusminister Wilhelm Simpfendörfer persönlich stellte am 28. August 1958 fest[136], daß man eine Verwendung Steimles im öffentlichen Schuldienst nicht verantworten könne. Wörtlich brachte er zum Ausdruck, was bislang niemand so eindeutig formulieren mochte: »Die hohen politischen Funktionen Steimles im NS-Sicherheitsdienst und im Reichssicherheitshauptamt zeigen, daß er in starkem Maße dazu beigetragen hat, die NS-Gewaltherrschaft zu stützen und zu festigen. Die Bedenken gegen eine Verwendung im öffentlichen Schuldienst können nach Ansicht des *Kultministeriums* nicht durch die 3-jährige Bewährung Steimles im Privatschuldienst aufgewogen werden, die der Leiter des privaten Progymnasiums Wilhelmsdorf wiederholt bescheinigt hat. Zu dem Schreiben des Herrn Abgeordneten Oberstudiendirektor Rack [...] darf noch bemerkt werden, daß von hier eine Zusage, daß Steimle in den öffentlichen Schuldienst übernommen werde, nicht gegeben worden ist.«

Nachdem die Kirchenleitung über diese Ablehnung informiert worden war, äußerte das Staatsministerium die Vermutung, daß man im *Kultministerium* derzeit sehr zurückhaltend sei wegen »der Fälle Sommer, Dr. Eisele«[137]. Trotz dieses negativen Bescheids faßte die Kirchenleitung mehrfach beim *Staatsministerium* nach.[138] Am 1. April 1960 notierte Oberkirchenrat Müller: »Der Zeitpunkt, diese Frage aufzugreifen, ist denkbar ungünstig. Deshalb Zurückhaltung.«[139] Bei dieser Bewertung der Situation sollte es auch bleiben. 1961 forderte der Ministerialrat im *Kultministerium*, Albert Kieffer, aufgrund der Vergangenheit Steimles dessen Entfernung aus dem Schuldienst.[140] Schulleiter Gutbrod bat darauf die Kirchenleitung, den *Kultusminister* auf Steimles Fall anzusprechen. Oberkirchenrat Manfred Müller blieb bei der Einschätzung, daß die »Situation« ein entsprechendes Vorgehen verbiete.[141] Damit war vermutlich die seit Ende 1959 auftretende Welle antisemitischer Schmierereien gemeint. Im Mai 1960 war schließlich Adolf Eichmann verhaftet worden.[142]

Soweit die Akten es erkennen lassen, war dies das Ende der kirchlichen Aktivitäten im Fall Steimle. Auch Heinrich Gutbrod mußte feststellen, »daß auch jetzt der Zeitpunkt zur Verhandlung wegen Rückführung von Studienrat Steimle ins Beamtenverhältnis nicht günstig ist«[143].

Resümee

Das hier gezeichnete Bild des Eugen Steimle hat klare Grenzen, die durch die Vorgaben hinsichtlich des Umfangs, aber auch durch langwierige Recherchen im Blick auf Steimles Personalakte gezogen sind. Sie könnte letztlich erst Aufschluß geben über die Position, die die Schulbehörden zu Steimle einnahmen. Die Personalakte tauchte im *Oberschulamt Tübingen* bis zum heutigen Tage nicht auf; eine sogenannte »Personalnebenakte« im *Ministerium für Kultus und Sport Baden-Württemberg* wurde »im Zuge einer Aktenaussonderung anfangs des Jahres [1994]« vernichtet.[144]

Eugen Steimle stammte aus dem protestantisch-pietistischen Kontext Württembergs. Durch seine Aktivitäten als junger Studentenführer in Tübingen, überhaupt durch jenes von Pietismus, Schule, Studium und Verwandtschaft konstituierte Milieu baute er jene Verbindungen auf, die sich in der Nachkriegszeit als so nützlich erweisen sollten. Er war begabt und ehrgeizig und gehörte zu jenen jungen Leuten, die über die nationalsozialistische Hochschularbeit zu SS und SD fanden. Steimle wurde wegen seiner aktiven Rolle als Einsatzgruppenkommandant von einem amerikanischen Militärgericht zum Tode verurteilt und entging durch engagierte Bemühungen von Persönlichkeiten aus dem protestantisch-bürgerlichen Milieu Württembergs dem Galgen. Das Gewicht der evangelischen Kirchenleitung scheint hier eher marginal gewesen zu sein. Alte Bekannte aus dem universitären und schulischen Bereich, wie auch aus seiner Zeit als SD-Chef in Stuttgart, vielleicht auch ein gewisser pietistischer »Stallgeruch« spielten die entscheidende Rolle. Gleichwohl wurde sein Bemühen, wieder als Beamter eingestellt zu werden, von Kirchenleuten unterstützt. Man fragt sich: Warum ließen sich die Verantwortlichen nur einseitig von Steimle informieren? War vielleicht die »Hypothek des Nationalprotestantismus« stärker als die genaue Kenntnis der Fakten? Und schließlich: Wirkt der hohe ideelle und finanzielle Einsatz von Kirchenleuten für die »Kriegsverbrecher« nicht einigermaßen grotesk im Vergleich zu den doch wahrhaft bescheidenen Bemühungen für Verfolgte und Opfer des Nationalsozialismus?[145]

Die Akten erwecken weithin den Eindruck, daß niemand den ganzen Umfang von Steimles Aktivitäten im Dritten Reich kannte oder kennen wollte. Überdies reflektieren sie die Steimle eigene Gabe der Verschleierung der eigenen Rolle. Allein *Kultminister* Simpfendörfer ließ sich durch Erklärungen nicht beeindrucken und bezog sich auf die Fakten. Er allein stellte sich der Tatsache, daß Eugen Steimle eine hohe Position im *Reichssicherheitshauptamt* nach seinen Einsätzen in Rußland bekleidet hatte. Er allein war der Ansicht, daß jemand, der so stark in die Vernichtungspolitik der Nationalsozialisten eingebunden war, nicht mehr für eine Erziehungsaufgabe in Frage kommen konnte. Ganz ähnlich dachte auch der erwähnte Ministerialrat (und spätere Ministerialdirigent) Albert Kieffer im Stuttgarter *Kultministerium*. Vorstellbar ist, daß die Stellungnahme Kieffers, der Leiter der Abteilung Gymnasien im *Kultministerium* war, Simpfendörfer in seiner Entscheidung beeinflußt hat. Kieffer hatte guten Grund für seine Position, war er doch durch das NS-Regime stark benachteiligt worden. Er hatte sich geweigert, den Eid auf Hitler zu leisten und konnte deshalb nicht Beamter werden.

Bei der jeweils unterschiedlichen Gewichtung der Faktoren, die die berufliche Reintegration des Täters Steimle in die Nachkriegsgesellschaft beförderten, konnte eines klar herausgearbeitet werden: »Die Kirche«, die den »Nazis half«, hat es sicherlich nicht gegeben. Viel komplizierter und komplexer waren die Beziehungen, in denen solche schwer belasteten Gestalten standen. Und schließlich war es doch auch unter den veränderten politischen Vorzeichen einer Zusammenarbeit der westlichen Alliierten mit dem Nachkriegsdeutschland kaum noch opportun, »Kriegsverbrecher« in Haft zu halten.

Eugen Steimle starb am 6. Oktober 1987. In der Beerdigungspredigt sagte der Geistliche: »Wenn wir am Sarg die einfachen Daten eines abgeschlossenen Erdenlebens von dieser Stelle nennen, dann doch nur, um zu sagen: Auch dieses Leben war von der Barmherzigkeit Gottes geprägt.« [...] »Eugen Steimle war das Bild eines Mannes. Viele Schüler haben an ihm emporgeschaut. Er war gerecht und ein ebenso gütiger wie strenger Erzieher. Es ging von ihm eine bestimmte Kraft aus. Und wie es bei gewachsener Autorität ist: Neben ihm war dennoch Raum für Wachstum der jungen Leute und Platz für Kollegialität. Er erdrückte seine Mitmenschen nicht. Kurz: Er war ein Mann! Und nun so ganz klein, ganz ausgeliefert!«[146]

Es gab also viele Perspektiven auf Eugen Steimle. Viele, Landesbeamte wie auch die Mitarbeiter der Kirchenleitung, wollten nicht wissen oder wußten wirklich nicht, welche Rolle Eugen Steimle im Zweiten Weltkrieg gespielt hatte. Sie wußten wohl auch nichts von Zeugenaussagen, die in Prozessen der sechziger Jahre gegen Mitglieder der *Einsatzgruppen* gemacht wurden. Im November 1963 etwa berichtete ein Zeuge einigen Beamten des *Landeskriminalamts Baden-Württemberg* von den Geschehnissen des Sommers 1942 im russischen Nischnije-Tschersskaja:[147]

»Dort wurde im Sommer 1942 ebenfalls eine Irrenanstalt geleert. Die Insassen waren Kinder, die etwa im Alter von 10 Jahren standen. Es können außer diesen Kindern aufgegriffene elternlose Kinder gewesen sein. Zur näheren Erläuterung möchte ich sagen, daß diese Kinder nicht im Wachstum altersbedingt zurückgeblieben waren, sondern geistig. Es können etwa 50 Kinder gewesen sein. An der Exekution dieser Kinder habe ich selbst teilgenommen. Daher weiß ich es so genau. Wenn ich mich nicht irre, wurden sie an einem Waldrand nahe der Stadt erschossen.«

Der Zeuge wurde gefragt, warum diese Kinder erschossen wurden. »Welche Gefahr rein sicherheitspolizeilich gedacht ging von diesen Kindern aus? Warum hat man das Leben dieser Kinder auf solch eine schändliche Art und Weise ausgelöscht?« Der Zeuge antwortete: »Weil es sich um eine Irrenanstalt handelte. Eine andre Erklärung finde ich nicht. Ich muß zugeben, daß von diesen Kindern keine Gefahr ausging. Ich habe diese Aktion von Anfang an als Unrecht angesehen, wie ich überhaupt die Erschießung von Kindern als ein furchtbares Verbrechen angesehen habe.«

Ein weiterer Zeuge berichtete ebenfalls über die Vorgänge in Nischnije-Tschersskaja:[148] »Ich kann mich noch gut an diese Ortschaft erinnern. Ich weiß noch, daß in der Nähe dieser Ortschaft ein Heim war, in dem Kinder untergebracht waren. Es waren in diesem Heim viele Kinder. Ich weiß, daß an einem Tag im Sommer 42, es war zu der Zeit, als die Offensive auf Stalingrad gerade begonnen hatte, 36 Kinder herausgeholt wurden. Ich habe das selbst gesehen. Beim Kommando hatte es sich herumgesprochen, daß eine Aktion gegen Kinder geplant war und ich wollte sehen, ob man tatsächlich so weit ging, Kinder zu erschießen. Ich ging an [!] diese Anstalt, wo diese Kinder waren und zwar freiwillig, weil ich sehen wollte, ob es zuträfe, daß die Kinder erschossen wurden. Ich sah also, daß die 36 Kinder aus dem Heim geholt wurden, die Schwestern haben die Kinder herausgeholt, die Kinder waren etwa 3–7 Jahre alt. Es waren verkrüppelte Kinder dabei. Die Kinder wurden auf einen LKW geladen, dann wurden sie etwas außerhalb von N. T. gefahren, wo sie in einer Grube erschossen wurden. Die Kinder wurden vom LKW geladen und an die Grube geführt. Dort wurden die Kinder erschossen, ob mit Gewehr oder M. P., kann ich nicht sagen. Die Kinder waren in der Grube selbst, die Schützen standen am Grubenrand und schossen von oben.«

Ein dritter Zeuge meinte:[149] »Diese Kinder wurden auf LKW's verladen. Es waren 2 LKW voll Kinder. Die Kinder wurden zum Teil auf den LKW raufgeworfen. Es waren Krüppel dabei. [...] Die Aktion stand unter Führung von Steimle.« Auch der zuerst zitierte Zeuge meinte:[150] »Die Leitung hatte der Kommandeur Steimle.« Ein dritter Zeuge äußerte dann:[151] »Die Leitung der Aktion hatte Steimle, er war ja Kommandoführer.«

Steimle selbst, wegen diesem Vorgang vernommen, gab zu Protokoll:[152] »Ich bin in Nischnije-Tschersskaja gewesen. Diese Exekution der geisteskranken Kinder ist mir weder bekannt noch war ich dabei.« Eine Strafverfolgung aufgrund solcher Aussagen war nicht mehr möglich. Der *Überleitungsvertrag* verbot eine erneute Anklageerhebung gegen die von den alliierten Gerichten Verurteilten.[153]

Anmerkungen

1 Am Karfreitag, den 29. März 1991, zeigte die ARD einen Film des Journalisten Ernst Klee mit dem Titel: »Persilscheine und falsche Pässe – Wie die Kirchen nach dem Kriege den Nazis halfen.« Darin und in einem etwas später erschienenen Buch behauptete Klee, die Kirchen in Deutschland seien nach 1945 »die effektivsten Helfer von NS-Verbrechern« gewesen. (Klee, Persilscheine, S. 7) Dies löste eine Reihe von Protesten auf kirchlicher Seite aus. Bei alldem konzedierte der Vorsitzende der *Arbeitsgemeinschaft für Kirchliche Zeitgeschichte* der EKD, Joachim Mehlhausen, daß Klee auf Forschungsdefizite der Kirchlichen Zeitgeschichte aufmerksam gemacht habe. (Meldung des Evangelischen Pressedienstes ZA Nr. 96 vom 22.5.1991). Die Darstellung Klees steht hier nicht zur Debatte. Doch möchte ich an einer bei Klee erwähnten Gestalt differenziert die Rolle kirchlicher Kreise in Württemberg bei der »Reintegration« eines Täters untersuchen. Die einschlägige Arbeit mit wissenschaftlichem Anspruch über den Umgang der deutschen Gesellschaft mit den Täterinnen und Tätern der Nazizeit steht noch aus. Es mag einer Anmerkung wert sein, daß der Nürnberger Prozeß gegen die Hauptkriegsverbrecher und seine Folgeprozesse bislang kaum die Aufmerksamkeit der deutschen Geschichtswissenschaft gefunden haben, wohl aber das Interesse einiger amerikanischer Historiker.
2 Schreiben Oberkirchenrat Weebers an Kirchenrat Rusam, München, vom 7.3.1949. Entwurf. Landeskirchliches Archiv Stuttgart (LKAS) D1, 293.
3 Krausnick, Wilhelm, Truppen, S. 14. »Die ›Einsatzgruppen der Sicherheitspolizei und des SD‹ – geführt von Angehörigen der Geheimen Staatspolizei, der Kriminalpolizei und des Sicherheitsdienstes der SS – waren nicht die alleinigen, wohl aber herausragenden Werkzeuge solcher verbrecherischer Führerbefehle, die – ohne jede Rechts-

formalität – zu ihrer Realisierung einer ›Truppe‹ bedurften, die nicht auf Gesetz und Recht, sondern allein auf weltanschauliche Normen und Führerloyalität festgelegt war. Einer Truppe, die auch den Massenmord als ›Dienst‹ zu verrichten geschult und fähig war, beflissen und rationell, konsequent und methodisch, gleichzeitig streng dazu angehalten, ›planlose‹ Ausschreitungen aus persönlichen Motiven zu unterlassen oder zu verhindern, da diese außer der Disziplin ›die Systematik der Aktion‹ beeinträchtigen würden.« Ebd., S. 15.

4 Krausnick, Wilhelm, Truppen, S. 621. Siehe dort auch die Auseinandersetzung mit anderen Berechnungen. Zum Ablauf der Vernichtungsaktionen siehe die detaillierten Ausführungen in Krausnick, Wilhelm, Truppen, S. 555–583.
5 Angaben nach: Lebenslauf des SS-Hauptscharführers Eugen Steimle vom 10.7.1936. Berlin Document Center (BDC), Personalunterlagen.
6 Vgl. dazu auch die Aussage Steimles vor dem Nürnberger Gerichtshof. Militärgericht Nr. II. Fall Nr. 9. Staatsarchiv Nürnberg. Bestand (Best.) KV Prozesse Fall 9, Nr. A 24–26. S. 1984–1990.
7 Ruck, Kollaboration, S. 145.
8 Vgl. dazu Boberach, Meldungen. Hier auch weitere Literatur.
9 Ebd., S. 13.
10 Militärgericht Nr.II. Fall Nr.9. Staatsarchiv Nürnberg. Best. KV Prozesse Fall 9, Nr. A 24–26, S. 1984.
11 Ebd., S. 1985.
12 Personal-Bericht des SS-Hauptführers Eugen Steimle vom 8.7.1936. BDC. Personalunterlagen Steimle.
13 Sicherheitsdienst des Reichsführer SS. SD-Oberabschnitt Süd-West an das SicherheitsHauptamt Berlin vom 7.12.1936. BDC. Personalunterlagen Steimle.
14 »Wie Ohlendorf und Biberstein waren die meisten Offiziere der Einsatzgruppen Akademiker. Bei der Durchsicht der Akten begegnen wir einem Arzt (Weinmann), einem ausgebildeten Opernsänger (Klingelhöfer) und einer großen Anzahl von Rechtsanwälten. Bei allen diesen Menschen handelte es sich keineswegs um Rowdys, Gangster, gewöhnliche Kriminelle oder Sexualverbrecher. In der Mehrheit waren sie Intellektuelle. Die meisten waren in den Dreißigern und strebten zweifellos nach Macht, Ruhm und Erfolg.« Hilberg, Vernichtung, Bd. 2, S. 302.
15 Personal-Bericht des SS-Hauptführers Eugen Steimle. O.J. (nach dem 20.4.1938). BDC. Personalunterlagen Steimle.
16 Sicherheitsdienst des Reichsführer SS. Der SD-Führer des SS-Oberabschnittes Süd-West an die SS-Personalkanzlei vom 14.7.1939. BDC. Personalunterlagen Steimle. Vgl. dazu die Aussage Steimles in Nürnberg am 6.11.1947. Militärgericht Nr. II. Fall Nr. 9. Staatsarchiv Nürnberg. Best. KV Prozesse Fall 9, Nr. A 24–26, S. 2118–2123.
17 Rürup, Topographie, S. 142–146.
18 Vermerk des Reichssicherheitshauptamts, Amt VI vom 20.5.1944. BDC. Personalunterlagen Steimle.
19 Ebd.
20 Eidesstattliche Erklärung Steimles vom 24.7.1947. Staatsarchiv Nürnberg Best. KV Anklage Interrogations S 293. Steimle erklärte sich seine Einberufung zu den Einsatzgruppen folgendermaßen: »Ich habe im Jahre 1939 und 1940 mehrmals auf verschiedensten Wegen versucht, zur kämpfenden Truppe zu kommen. Meine Gesuche wurden jeweils abgelehnt. Ich war darüber sehr unglücklich, weil ich als junger Mann nicht in der Heimat sitzen wollte, während zum Beispiel ein um 10 Jahre älterer Bruder an der Front sich befand. Ich schämte mich vor meiner Familie und fürchtete auch den Vorwurf der Drücke-

bergerei. Ich hielt es vor allen Dingen für meine Pflicht, als Soldat Dienst zu tun und hielt meine Aufgabe im SD für die Aufgabe eines Kriegsuntauglichen.« Militärgericht Nr. II. Fall Nr. 9. Staatsarchiv Nürnberg. Best. KV Prozesse Fall 9, Nr. A 24–26, S. 1987f.
21 Krausnick, Wilhelm, Truppen, S. 16. Siehe zum hohen Quellenwert der »Ereignismeldungen UdSSR« Krausnick, Wilhelm, Truppen, S. 333–347.
22 S. 81. Zentrale Stelle der Landesjustizverwaltungen Ludwigsburg (ZSLL.) Sonstige: »Ereignismeldungen UdSSR«. Ebenfalls in Bundesarchiv Best. R 58/219.
23 Ebd.
24 Ebd., S. 82.
25 ZSLL. Sonstige: »Ereignismeldungen UdSSR«. Ebenfalls in Bundesarchiv Best. R 58/218.
26 Militärgericht Nr. II. Fall Nr. 9. Staatsarchiv Nürnberg. Best. KV Prozesse Fall 9, Nr. A 24–26, S. 1989.
27 Ebd.
28 Vgl. dazu auch den Geschäftsverteilungsplan des Reichssicherheitshauptamtes von 1943. BDC, O 457.
29 Eidesstattliche Erklärung Steimles vom 24.7.1947. Quelle wie Anm. 21.
30 Militärgericht Nr. II. Fall Nr. 9. Staatsarchiv Nürnberg. Best. KV Prozesse Fall 9, Nr. A 24–26, S. 2057.
31 Vgl.dazu Militärgericht Nr.II. Fall Nr.9. Staatsarchiv Nürnberg. Best. KV Prozesse Fall 9, Nr. A 24–26, S. 2057f. Vgl. ebenfalls Boberach, Findbücher, S. XVIf.
32 Vgl. zu den Hintergründen Höhne, Canaris, S. 527f.
33 Reichssicherheitshauptamt, Amt VI an Reichssicherheitshauptamt, Amt I, vom 21.3.1944.
34 Vernehmung Steimles vom 24.7.1947. Wie Anm. 21.
35 Besonderes Aufsehen und einen heute noch hohen Bekanntheitsgrad erlangte der Prozeß gegen 24 führende Gestalten des nationalsozialistischen Regimes vor dem Internationalen Militärgerichtshof in Nürnberg. Die 12 Folgeverfahren vor dem amerikanischen Militärgerichtshof in Nürnberg hingegen sowie die Verfahren in den anderen Besatzungszonen fanden nicht im entferntesten solch große Resonanz. Rückerl, NS-Verbrechen, S. 88f. Eine Übersicht der Verfahren findet sich bei Rückerl, NS-Verbrechen, S. 96–104.
36 Urteil des Militärgerichtshofes Nürnberg II. Spezieller Teil: Fall Eugen Steimle. Abschrift. LKAS D 1, 311, 6. Es handelt sich hier um Unterlagen, die dem württembergischen Landesbischof Theophil Wurm von dem Stuttgarter Rechtsanwalt Hans Triebskorn, einem Verteidiger Steimles, zur Verfügung gestellt wurden. Danach das folgende.
37 Vgl. zum Argument der Partisanentätigkeit Rückerl, NS-Verbrechen, S. 115.
38 Quelle wie Anm.37.
39 Vgl. dazu die Einzelnachweise in: Militärgericht II, Fall No. 9. Schriftsatz für die Vereinigten Staaten von Amerika gegen Eugen Steimle. Vom 14.2.1948. Staatsarchiv Nürnberg, Best. KV Prozesse Fall 9, Nr.Z 7.
40 Militärgericht Nr.II. Fall Nr.9. Staatsarchiv Nürnberg. Best. KV Prozesse Fall 9, Nr. A 24–26, S. 1997.
41 Vgl. dazu Krausnick, Wilhelm, Truppen, S. 159–167.
42 Militärgericht Nr.II. Fall Nr.9. Staatsarchiv Nürnberg. Best. KV Prozesse Fall 9, Nr. A 24–26, S. 2016.
43 Ebd., S. 2022.
44 Ebd., S. 2029.
45 Quelle wie Anm. 37.

46 Schreiben Erich Mayer an Steimles Gattin vom 12.4.1948. Abschrift. LKAS D1, 311, 6. Hier auch zwei private Briefe Steimles an seine Frau vom 11.4. und 13.4.1948.
47 Zu Radbruch siehe seine Autobiographie: Radbruch, Weg. Vgl. ebenfalls Kaufmann, Radbruch. Warum gerade Radbruch sich äußerte, ist bislang unbekannt.
48 Ich folge hier: Gutachten über das Todesurteil gegen Eugen Steimle. S.d. Abschrift. Beglaubigung der Abschrift vom 1.2.1950. LKAS D 1, 311, 6.
49 »Wenn z. B. aus der Tatsache zahlreicher Judenerschießungen durch die Vorgänger Steimles die Fortsetzung dieser Praxis auch nach Übernahme des Amtes durch ihn geschlossen wird, dann wird der Angeklagte für schuldig gesprochen für Taten, hinsichtlich deren weder das objektive Vorliegen, noch die Zahl, noch die Zeit, noch der Ort, noch die Ausführungsweise feststeht. Es erscheint zweifelhaft, ob eine solche Beweisführung den allgemeinen Grundsätzen des Strafverfahrens entspricht.«
50 Radbruch richtete in dieser Angelegenheit am 6.4.1949 ein Schreiben an den amerikanischen Ankläger in Nürnberg, Kempner. Hier schrieb er: »Ich habe mit Entsetzen die tatsächlichen Feststellungen im allgemeinen Teil des Urteils gelesen. Ich habe natürlich auch für einen SS-Standartenführer keine Sympathie, auch wenn seine Lebensbeschreibung, wie sie bei den Akten ist, menschliches Verständnis weckt. Ich weiß nicht, ob Steimle schuldig oder unschuldig ist – jedenfalls aber muß ich feststellen, daß eine Überführung nicht gelungen ist, vielmehr ein äußerst zweifelhafter Versuch eines Indizienbeweises vorliegt, der keineswegs geeignet ist, die Schuld ›über jeden vernünftigen Zweifel‹ festzustellen.« Abschrift in LKAS D 1, 311, 6. Dieser Argumentation schloß sich weitgehend der Münchener Jurist Edmund Mezger an. Auch er monierte bloße Beweisvermutungen und schlichte Gesinnungswürdigung im Verfahren. Gutachtliche Äußerung in der Sache gegen Eugen Steimle, z.Zt. Landsberg/Bay. Vom 23.7.1951. Abschrift. LKAS D 1, 311, 6. Radbruchs Frau Lydia vermerkte am Ende der Biographie Radbruchs: »Unter den zahllosen Einzelfällen, denen er [Radbruch] sein Ohr und seine Hilfe lieh, ist mir der eines ihm unbekannten, zum Tode verurteilten Nationalsozialisten in Erinnerung geblieben, der, da Radbruch die Rechtslage als nicht eindeutig geklärt betrachtete, seine letzte Lebenszeit umdüstert hat. War doch die Todesstrafe an sich für ihn immer ein Gegenstand des Abscheus gewesen.« Radbruch, Weg, 200f. Ob damit Eugen Steimle gemeint war?
51 Zu Wurms Aktivitäten siehe Thierfelder, Wurm, S. 47–59.
52 Vgl. dazu etwa Schreiben Sallwey an Wurm vom 29.10.1946. LKAS D 1, 249.
53 Schreiben Luise Strauch an Wurm vom 10.6.1948. LKAS D 1, 311, 7.
54 Schreiben Weeber an Pfarrer Meiswinkel, Waldbröl vom 19.6.1948. LKAS D1, 311, 7.
55 Schreiben Käte Stroop an Wurm vom 8.8.1948. LKAS D1, 330 S.
56 Zu Stroop siehe Wistrich, Reich, S. 348f.
57 Schreiben Strobel an Käthe Stroop vom 20.8.1948. Durchschlag. LKAS D 1, 330 S.
58 Schreiben Hermann A. an Wurm vom 4.7.1948. LKAS, Altregistratur (Altreg.) Generalia (Gen.) 345a, VII.
59 Vgl. dazu die Korrespondenz wegen aus der Fünten in LKAS Altreg. Gen. 345a, XI.
60 Das Folgende nach dem Bericht Wurms an Kempner vom 30.3.1948. Abschrift. LKAS Altreg. Gen. 345a, VI.
61 Schreiben Wurms an Dulles vom 18.10.1948. Abschrift. LKAS Altreg. Gen. 345a, VIII. Die Verurteilten der Nachfolgeprozesse waren in Landsberg am Lech in Haft.
62 Siehe dazu den Brief Isenburgs an Wurm vom 6.12.1950. Hier heißt es: »Mein hochverehrter, väterlicher Herr Landesbischof! Es drängt mich nun einmal wieder nach längerer Zeit, Ihnen, lieber väterlicher Freund, die Hand zu drücken, besser: nach Ihrer Hand zu greifen, dieser festen, treuen Hand, um mir Kraft zu holen in meinen Sorgen

um unsere Gefangenen, vornehmlich die 28 Landsberger Rotjacken, um deren ›Köpfe‹ wir eben – im wörtlichen Sinn – kämpfen.« LKAS D1, 295. Über die Organisation der Prinzessin siehe Oppitz, S. 195–202.
63 Wurm an Isenburg vom 4.1.1951. Entwurf. LKAS D 1, 295.
64 Einen Überblick über die Bemühungen kirchlicher Stellen bietet Vollnhals, Hypothek, S. 58–69. Zu den Aktivitäten des bayerischen evangelischen Landesbischofs Hans Meiser vgl. Renner, Nachkriegsprotestantismus, 133–139.
65 Ich folge hier einem Brief des württembergischen Prälaten Wilfried Lempp an den Direktor der Militärregierung Württemberg-Baden, Charles M. Lafollette vom 21.6.1948. LKAS Altreg., Gen. 345a, VII.
66 Kempner an Wurm vom 5.4.1948. LKAS Altreg. Gen. 345a VII. Vgl. Zu diesem Briefwechsel auch Sauer, Neubeginn, S. 174–176.
67 Kempner an Wurm vom 15.5.1948. Abschrift. LKAS D 1, 289.
68 Schreiben Weeber an Rechtsanwalt George C. Dix, New York vom 16.3.1949. LKAS, D 1, 293.
69 Ebd. Wurm betonte dieses Motiv in seinen Erinnerungen: »Und nun muß ich mich noch einem Gebiet zuwenden, das mir im Ruhestand ein besonders wichtiges Feld der Betätigung geworden ist. Ich meine den Kampf um das Recht und das Eintreten für die, denen Unrecht geschehen ist. Ich bin in einem langen Leben hauptsächlich durch das Fortwuchern sozialer Mißstände und die Rechtsverwilderung sowohl unter der Herrschaft der Braunen als auch der Siegermächte zu der Erkenntnis gelangt, daß der Kampf für das Recht und der Kampf gegen das Unrecht eine zentrale Aufgabe der Kirche ist, der sie sich nicht entziehen kann.« Wurm, Erinnerungen, S. 212.
70 Das folgende nach dem Memorandum Weebers vom 21.2.1949. LKAS D1, 249.
71 Schreiben Thielicke an Wurm vom 25.8.1948. LKAS Altreg. Gen. 345a, VIII.
72 Vgl. dazu Schreiben Kanzlei Lilje an EKD-Kanzlei Schwäbisch Gmünd vom 16.3.1949. Abschrift. LKAS Altreg. Gen. 345a, VIII.
73 Schreiben Weebers an die EKD-Kanzlei vom 30.3.1949. Entwurf. LKAS Altreg. Gen. 345a, VIII. Vgl. dazu auch die Schreiben der Kirchenkanzlei Hannover an den Ev. Oberkirchenrat Stuttgart vom 23.4.1949 und die Antwort darauf vom 9.5.1949. Entwurf. Beide in LKAS Altreg. Gen. 345a, VIII. Ähnlich argumentiert das Schreiben Weebers an die EKD-Kirchenkanzlei vom 14.3.1949 in einem anderen Fall. LKAS Altreg. Gen. 345a, VIII. Zur Haltung der EKD-Kanzlei in diesen Fragen siehe Schreiben derselben an die deutschen evangelischen Landeskirchen vom 24.1.1949. LKAS Altreg. Gen. 345a, VIII.
74 Schreiben Weebers an die Kirchenkanzlei Hannover vom 9.5.1949. Entwurf. LKAS Altreg. Gen. 345a, VIII.
75 Ebd.
76 Zu Sandberger siehe u. a. Ruck, Kollaboration, S. 145
77 Aktennotiz Weebers vom 16.3.1949. LKAS Altreg. Gen. 345a, VIII. Siehe zu Sandberger auch Klee, Persilscheine, S. 172f.
78 Aktennotiz Weebers vom 16.3.1949. LKAS Altreg. Gen. 345a, VIII.
79 Schreiben Evang.-Luth. Landeskirchenrat, Kirchenrat Rusam an Weeber vom 4.3.1948. LKAS, D 1, 293.
80 Schreiben Weeber an Rusam vom 7.3.1949. LKAS D1, 293.
81 Ebd.
82 Schreiben Martha Maier an Wurm vom 21.2.1951. LKAS D1, 295. Hier auch die Antwort Wurms vom 2.3.1951.
83 Auch ein Gruppenleiter bei Klöckner Humboldt Deutz meinte, es sei unangebracht, »die

kirchliche Autorität als [sic] eines Landesbischofs dazu zu benützen, um den in Nürnberg II gehängten Gaunern ihre Hintermänner zu rechtfertigen oder rehabilitieren zu wollen, ja sogar noch als Märtyrer hinzustellen.« Jener schilderte Weeber Berichte von Werksangehörigen über Erschießungen im Zweiten Weltkrieg wie etwa jenen: »Hauptmann Ru., der in Urlaub 1943 kam, sagte, Fischer – wenn wir das zu büßen haben, was wir tun müssen, dann geht es uns noch schlecht. Wir Offiziere sagen das oft unter uns. Warum fragte ich ihn. Ja, sagte er, bei Leningrad hatten wir zum Ausbau der Rollbahn 60 000 Arbeiter. Als die Strecke fertig war, fragten wir an, was mit den Leuten zu tun sei? Befehl – Erschießen. Und es wurden sämtliche getötet. Soldat D. In Warschau wurde von uns ein Soldat umgebracht. Befehl: Das Straßenviertel absperren und sämtl. erschießen. Da ist ein etwa 12 jähriges Mädchen auf unseren Feldwebel zugekommen und fragte: Herr Feldwebel tut das Erschießen weh. Uns sind die Tränen aus den Augen gelaufen.« Die Konsequenz war dem Schreiber klar: »Ich finde es aus all dem unbegreiflich, die kirchliche Autorität zu benützen, für die paar gefaßten Verbrecher einzustehen und dabei das riesengroße Leid, das all die Millionen in ihrer letzten Stunde auskosten mußten, zu vergessen.« Schreiben Henry Ormond an Weeber vom 13.2.1951. LKAS D1, 295.

84 Bemerkenswert ist dabei allemal, daß es bis heute in Deutschland keine wissenschaftliche Auseinandersetzung mit diesem Thema gegeben hat.
85 Militärgericht Nr. II. Fall Nr. 9. Staatsarchiv Nürnberg. Best. KV Prozesse Fall 9, Nr. A 24–26, S. 2127.
86 Vgl. dazu den Pfarrbericht für die auf den 27.April 1930 ausgeschriebene Visitation der Pfarrei Neubulach. LKAS Altreg. Gen., Pfarrberichte Neubulach.
87 Schreiben Dekan Plieninger, Leonberg an Direktor Weeber, Stuttgart, vom 7.6.1949. LKAS D 1, 311, 6. Danach auch das folgende.
88 Schreiben Plancks an Oberst Hübner vom 18.4.1948. Übersetzung aus dem Französischen. Abschrift. LKAS D 1, 311, 6.
89 Dieses und das folgende nach einem Schreiben Plancks an Geiler vom 17.7.1949. Abschrift. LKAS D 1, 311, 6.
90 Schreiben Rechtsanwalt Triebskorn, Stuttgart an Wurm vom 3.8.1949. LKAS D 1, 311, 6. Im Juli 1945 charakterisierte Wurm Planck als »vielseitig interessierte(n), vor allem politisch stark interessierte(n) Mann [...], der zugleich sehr positiv zur evang. Kirche und zu ihm stehe, der jedoch zur Zeit keinen Beruf habe und jedenfalls keinen kirchlichen Auftrag besitze.« Dies bezieht sich auf die Vermittlerrolle zwischen evangelischer Kirche und Besatzungsmacht, die sich Planck angemaßt hatte. Bericht über den Empfang Wurms beim amerikanischen Militärgouverneur für Württemberg am 19.7.1945. LKAS D 23, 52.
91 Ebd. Planck schrieb ebenfalls an Bundeskanzler Konrad Adenauer, um diesen für Steimle und Sandberger zu interessieren. Schreiben vom 9.2.1950. LKAS D1, 295.
92 Als Wurm im Februar 1951 McCloy nochmals die Einstellung der Exekutionen in Landsberg forderte, erwähnte er dabei auch Steimle. Ludwigsburger Kreis-Zeitung vom 14.2.1951, 1.
93 Das Ehepaar Stroh unterhielt Verbindungen zur Familie Steimle, wie ein Schreiben Strohs an Sandberger vom 4.8.1955 zeigt. Damals war Steimle bereits aus der Haft entlassen worden. Durchschlag. LKAS Nachlaß (NL) Hans Stroh Private Briefe ± 1960.
94 Schreiben Stroh an Niebuhr v. 12.5.1949. LKAS NL Hans Stroh, Private Briefe ± 1960.
95 Schreiben Niebuhr an Stroh v. 18.5.1949. LKAS NL Hans Stroh, Private Briefe ± 1960.

96 Schreiben Niebuhr an Stroh v. 14.7.1949. LKAS NL Hans Stroh, Private Briefe ± 1960.
97 Ebd.
98 Vgl. dazu die Korrespondenz zwischen Stroh und Sandberger in LKAS NL Hans Stroh, Private Briefe + 1960 sowie in LKAS NL Hans Stroh K7/8.
99 Bescheinigung vom 8.9.1956. Durchschlag. LKAS NL Hans Stroh K7/8.
100 Gutachten Arnolds für Steimle vom 20.5.1949. Staatsarchiv Ludwigsburg (StAL) EL 902/2037/SV 3532.
101 Resolution des ASTA vom 18.1.1951. Abschrift von der Abschrift. StAL EL 902/ 2037/SV 3532. Vgl. zu den Einzelheiten das Protokoll der Sitzung des ASTA am 16.1.1951. Universitätsarchiv Tübingen, Best. 169/11.
102 Eidesstattliche Erklärung Wirsings vom 13.1.1948. Abschrift. StAL EL 902/2037/SV 3532.
103 Ergänzung zum Meldebogen des Eugen Steimle, geb. 8.12.1909. LKAS Altreg. Gen. 104f, 1959–1966. Dort liegt ebenfalls eine Abschrift des Gnadengesuchs vom 10.6.1950.
104 Zur Vorgeschichte des Ausschusses siehe Schwartz, Begnadigung, 389–400. Fatal für den Ausschuß war, daß er in kürzester Zeit lediglich die Urteilsbegründungen überprüfte, nicht jedoch das wesentlich umfangreichere Beweismaterial. Schwartz, Begnadigung, S. 391.
105 Landsberg. Ein dokumentarischer Bericht. Herausgegeben von der Information Services Division. Office of the U.S. High Commissioner for Germany. O.O. O.J.
106 Schwartz, Begnadigung, S. 375.
107 Siehe zum folgenden Schwartz, passim.
108 Siehe dazu auch Buscher, U.S.War, S. 91–101.
109 Schwartz, Begnadigung, S. 395.
110 Wie Anm. 103.
111 Schreiben Birk an Ministerpräsident Gebhard Müller vom 2.2.1955. Hauptstaatsarchiv Stuttgart (HSTA) EA 1/921. Nr.0655, Az.2576/58A.
112 Schreiben des Staatsministeriums an Birk vom 19.3.1955. Ebd.
113 Gespräch des Verfassers mit Oberstudiendirektor i.R. Heinrich Gutbrod vom 21.4.1994.
114 Vgl. dazu Gemeinde Wilhelmsdorf (Hg.), Wilhelmsdorf und Zieglersche Anstalten (Hg.), Wie's anfing.
115 Schreiben der Rechtsanwälte Steimles an das Justizministerium Baden-Württemberg vom 18.2.1954. StAL EL 902/2037/SV 3532. Vgl. dazu das Schreiben des Staatsministeriums an das Kultusministerium vom 11.6.1958. HSTA EA 1/921. Nr. 0655, Az. 2576/58A. Hier heißt es: »Steimle hatte die Erteilung der politischen Unbedenklichkeitsbescheinigung zum ersten Mal am 20. Januar 1953 beantragt. Die Erteilung der Bescheinigung war damals vom Justizministerium mit Entscheidung vom 1. Dezember 1953 verweigert und der Einspruch gegen die Entscheidung durch den seinerzeit tätigen Gnadenausschuß mit Verfügung vom 13. Mai 1954 zurückgewiesen worden. Die vor dem Verwaltungsgericht Stuttgart gegen diese Entscheidung am 2. Juni 1954 erhobene Anfechtungsklage wurde am 1. Juni 1955 vom Anfechtungskläger zurückgenommen. Der Antragsteller strebt offensichtlich seine Verwendung im öffentlichen Dienst an.«
116 Schreiben der Rechtsanwälte Steimles an das Justizministerium Baden-Württemberg vom 18.2.1954. StAL EL 902/2037/SV 3532.
117 Schreiben des »nach § 5 Ziffer 5 des Gesetzes zur einheitlichen Beendigung der politischen Säuberung vom 13.7.1953 gebildeten Ausschuß« an Steimle vom 13.5.1954. StAL EL 902/2037/SV 3532.

118 Ebd.
119 Schreiben Steimles an Ministerpräsident Gebhard Müller vom 7.12.1951. LKAS Altreg. Gen. 104f, 1959–1966.
120 Ebd.
121 Stellungnahme Haussmanns vom 9.11.1957. HSTA Stgt. EA 1/921. Nr.0655, Az.2576/58A.
122 Vom 9.11.1957. Ebd. Hier hieß es: »Als Referent für Neuere Sprachen und Deutsch hatte ich mehrfach Gelegenheit, Herrn Steimle in seinem Unterricht, in privaten Gesprächen, in der Reifeprüfung, in Diskussionen mit seinen Schülern und durch Diskussionsprotokolle kennenzulernen.« [...] »Herr Steimle gliedert sich sehr positiv in die Gemeinschaft ein und zeigt dabei eine saubere und klare Haltung. Auch in der Reifeprüfung erwies er sich als ein Lehrer, der im Sinn der demokratischen Ordnung das Verständnis für Gemeinschaft und demokratische Formen beim Schüler zu wecken verstand.«
123 Die folgenden Angaben nach den Unterlagen im früheren Berlin Document Center, jetzt Bundesarchiv, Außenstelle Berlin-Zehlendorf. Folgende Signaturen wurden benutzt: RKK 2101 Box 0222 File 01, NSDAP-Mitgliederkarteikarte, Mitgliedskarte NS-Lehrerbund, Barcode: 6005015430. Vgl. ebenfalls ZA V 129, S. 423–424.
124 Mitteilung des früheren Schülers in Korntal, Werner Simpfendörfer, an den Autor.
125 Zu Rack siehe Jg. Landtagsabgeordneten, 94. Für weitere Informationen über Rack habe ich Herrn Dr. Bradler vom Landtagsarchiv Stuttgart zu danken.
126 Schreiben Rack an Oberregierungsrat Dr. Feuchte vom 2.12.1957. Ebd. Hier hieß es weiter: »Außerdem hat Herr Präsident Dr. Zug, Leiter des Oberschulamtes von Württ.-[-emberg] Hohenz.[ollern], den Fall Steimle genau nachgeprüft und ihn positiv, also zu Gunsten des Herrn Steimle im Rahmen des Oberschulamts Tübingen entschieden. Darf ich Sie bitten, den vorliegenden Fall durch Erteilung der gewünschten Unbedenklichkeitsbescheinigung zu einer endgültigen Lösung zu bringen.« Rack geriet übrigens gegen Jahresende 1959 in die Schlagzeilen, da ihm vorgeworfen wurde, an seiner Schule den Sohn des Tübinger Oberschulamtspräsidenten Dr. Zug begünstigt zu haben. Siehe dazu Stuttgarter Nachrichten vom 24.12.1959.
127 Erklärung Eberhard Müllers vom 13.11.1957. HSTA EA 1/921. Nr. 0655, Az. 2576/58A. Zur Biographie Müllers siehe: Müller, Widerstand. Müller trat auch für Dr. Martin Sandberger ein. Siehe dazu die eidesstattliche Erklärung Müllers vom 27.10.1947. Abschrift. LKAS Altreg. Gen. 345a, XIII. Sandberger schrieb an Stroh am 4.9.1956: »Darf ich Sie bitten, auch Herrn D. Eberhard Müller meinen besten Dank zu übermitteln für alles, was er inzwischen in meinen Dingen getan hat.« LKAS NL Stroh K 7/8.
128 Ebd.
129 Stellungnahme Gutbrods vom 5.12.1957. LKAS Altreg. Gen. 104f, 1959–1966.
130 Schreiben Gutbrods an den OKR Stuttgart vom 19.2.1958. LKAS Altreg. Gen. 104f, 1959–1966.
131 Ebd.
132 Aktennotiz Weebers vom 20.2.1958. LKAS Altreg. Gen. 104f, 1959–1966.
133 Notiz Weebers vom 5.3.1958. Ebd.
134 Präsidialschreiben des Landesbischofs an Ministerpräsident Gebhard Müller vom 19.3.1958. Entwurf. LKAS Altreg. Gen. 104f, 1959–1966.
135 Aktennotiz A.2560/10 vom 25.3.1958. Ebd.
136 Kultusminister Simpfendörfer an das Staatsministerium vom 28.8.1958. HSTA EA 1/921. Nr. 0655, Az. 2576/58A.
137 Schreiben Oberkirchenrat Müller an Gutbrod vom 10.9.1958. LKAS Altreg. Gen. 104f,

1959–1966. Dazu paßt auch die mündliche Auskunft Herrn Gutbrods, daß das Oberschulamt Tübingen mehrfach anordnete, Steimle allein in der privaten Oberstufe des Wilhelmsdorfer Gymnasiums zu verwenden. Quelle wie Anm.114. Bisher konnte nicht geklärt werden, was mit den »Fällen Sommer und Dr. Eisele« gemeint war.
138 Siehe dazu die Aktennotizen vom 13.4. und 1.10.1959. Ebd.
139 Aktennotiz vom 4.4.1960. Ebd.
140 Aktennotiz Müllers über einen telefonischen Anruf Gutbrods vom 19.9.1961. Ebd.
141 Aktennotiz Müllers vom 1.10.1961. Ebd.
142 Vgl. dazu Kleßmann, Staaten, S. 179–185.
143 Schreiben Gutbrod an Müller vom 11.10.1962. Quelle wie Anm. 137.
144 Schreiben des Ministeriums für Kultus und Sport Baden-Württemberg an den Autor vom 28.6.1994.
145 Vgl. dazu Hermle, Kirche.
146 Trauerfeier für Eugen Steimle 8.12.1909 – 6.10.1987 am 9.10.1987 in Wilhelmsdorf. In: Wilhelmsdorfer Blätter 3/4, 1987, S. 43–45.
147 Zeugenvernehmung von Weirup durch LKA Baden-Württemberg vom 28.11.1963. ZSLL. Verfahren 4 AR-Z 269/1960 (Callsen, Kuno) Bd. VII, Bl. 1761–1763.
148 Zeugenvernehmung von Otto Heit, LG Darmstadt am 9.9.1965. ZSLL. Verfahren 4 AR-Z 269/1960 (Callsen, Kuno u. a.) Bd. XV, Bl. 3959f.
149 Zeugenvernehmung von Deinlein, LG Darmstadt am 9.8.1965. ZSLL. Verfahren 4 AR-Z 269/1960 (Callsen, Kuno u. a.) Bd. XIV, Bl. 3768f.
150 Quelle wie Anm. 1.
151 Quelle wie Anm. 2.
152 Vernehmung von Eugen Steimle. LG Darmstadt am 15.3.1967. ZSLL. Verfahren 4 AR-Z 269/1960 (Callsen, Kuno u. a.) Bd. XXV, Bl. 237–247.
153 Rückerl, NS-Verbrechen, S. 138f.

Bibliographie

Abenheim, Donald: Bundeswehr und Tradition. Hg. v. Militärgeschichtlichen Forschungsamt. München 1989 (= Beiträge zur Militärgeschichte, Bd. 27).
Adam, Uwe Dietrich: Hochschule und Nationalsozialismus. Die Universität Tübingen im Dritten Reich. Mit einem Anhang von Wilfried Setzler: Die Tübinger Studentenfrequenz im Dritten Reich. Tübingen 1977.
Altmann, Peter (Hg.): Hauptsache Frieden. Kriegsende – Befreiung – Neubeginn 1945–1949: Vom antifaschistischen Konsens zum Grundgesetz. Frankfurt 1985.
Anschütz, Kurt: »Der ökumenische Glaube ist primär ...« Georges Casalis in Berlin 1946–1950. – Einblicke in seine Korrespondenz. In: Evangelische Theologie 54, 1994, S. 79–100.
Assheuer, Thomas/Sarkowicz, Hans: Rechtsradikale in Deutschland. Die alte und die neue Rechte. 2. aktualisierte Aufl. München 1992.
Bäumer-Schleinkofer, Änne: NS-Biologie und Schule. Frankfurt a. M., Berlin, Bern, New York, Paris, Wien 1992.
Bardua, Heinz: Stuttgart im Luftkrieg 1939–1945. 2. Aufl. Stuttgart 1985. (= Veröffentlichungen der Stadt Stuttgart, Bd. 35).
Barth, Karl: Der Götze wackelt. Berlin 1961.
Bartning, Otto: Vom Raum der Kirche. Bramsche bei Osnabrück 1958.
Baudis, Andreas u. a. (Hg.): »Richte unsere Füße auf den Weg des Friedens«. München 1979.
Bausinger, Hermann/Eschenburg, Theodor u. a. (Hg.): Baden-Württemberg. Eine politische Landeskunde, Stuttgart 1975.
Beratungsstelle für kirchliche Kunst beim Evangelischen Preßverband für Rheinland in Essen (Hg.): Evangelischer Kirchbau. Vorträge u. Aussprache der Westdeutschen Tagung für Evangelischen Kirchbau in Essen. Essen 1930.
Becker, Josef/Stammen, Theo/Waldmann, Peter (Hg.): Vorgeschichte der Bundesrepublik Deutschland. Zwischen Kapitulation und Grundgesetz. München 1979.
Berghahn, Volker R.: Unternehmer und Politik in der Bundesrepublik. Frankfurt 1985.
Bergner, Dieter/Jahn, Wolfgang: Der Kreuzzug der evangelischen Akademien gegen den Marxismus. Berlin 1960.
Beseler, Hartwig/Gutschow, Niels: Kriegsschicksale deutscher Architektur.

Verluste – Schäden – Wiederaufbau. Eine Dokumentation für das Gebiet der Bundesrepublik Deutschland. 2 Bde. Neumünster 1988.

Besier, Gerhard: »Selbstreinigung« unter britischer Besatzungsherrschaft. Die Evangelisch-lutherische Landeskirche Hannovers und ihr Landesbischof Marahrens 1945–1947. Göttingen 1986.

Ders./Sauter, Gerhard: Wie Christen ihre Schuld bekennen. Die Stuttgarter Erklärung 1945. Göttingen 1985.

Ders./Thierfelder, Jörg/Tyra, Ralf (Hg.): Kirche nach der Kapitulation. Bd. 1: Die Allianz zwischen Genf, Stuttgart und Bethel. Stuttgart, Berlin, Köln 1989. Bd. 2: Auf dem Weg nach Treysa. Stuttgart, Berlin, Köln 1990.

Blum, Reinhard: Soziale Marktwirtschaft. Wirtschaftspolitik zwischen Neoliberalismus und Ordoliberalismus. Tübingen 1969 (= Schriften zur angewandten Wirtschaftsforschung, Bd. 15).

Boberach, Heinz (Bearb.): Findbücher zu den Beständen des Bundesarchivs. Bd. 22. Bestand R 58. Reichssicherheitshauptamt. Koblenz 1982.

Ders. (Hg.): Meldungen aus dem Reich 1938–1945. Die geheimen Lageberichte des Sicherheitsdienstes des SS. Bd. 1. Herrsching 1984.

Boelcke, Willi A.: Sozialgeschichte Baden-Württembergs 1800–1989. Politik, Gesellschaft, Wirtschaft. Stuttgart 1990. (= Schriften zur politischen Landeskunde Baden-Württembergs, Bd. 16.).

Böhret, Carl: Probleme politischer Entscheidung am Beispiel der Auseinandersetzungen um ein Mitbestimmungsgesetz in Württemberg-Baden 1945/1949. In: Politische Vierteljahresschrift 8, 1967, S. 608–624.

Bollmus, Reinhard: Das Amt Rosenberg und seine Gegner. Zum Machtkampf im nationalsozialistischen Herrschaftssystem. Stuttgart 1970.

Ders.: Zum Projekt einer nationalsozialistischen Alternativ-Universität: Alfred Rosenbergs »Hohe Schule«. In: Heinemann, Manfred (Hg.): Erziehung und Schulung im Dritten Reich. Teil 2: Hochschule, Erwachsenenbildung. Stuttgart 1980, S. 125–152.

Boyens, Armin: Die Kirchenpolitik der amerikanischen Besatzungsmacht in Deutschland von 1944 bis 1946. In: Boyens, Armin u. a.: Kirchen in der Nachkriegszeit, Göttingen 1979, S. 7–99. (= Arbeiten zur Kirchlichen Zeitgeschichte, Reihe B, Bd. 8).

Buscher, Frank M.: The U. S. War Crimes Trial Program in Germany, 1946 bis 1955. New York u. a. 1989. (= Contributions in military studies 86).

Cancik, Hubert: »Neuheiden« und totaler Staat. Völkische Religion am Ende der Weimarer Republik. In: Hubert Cancik (Hg.): Religions- und Geistesgeschichte der Weimarer Republik. Düsseldorf 1982, S. 176–212.

Ders. (Hg.): Religions- und Geistesgeschichte der Weimarer Republik. Düsseldorf 1982.

Casalis-Thurneysen, Dorothée (Hg.): Von Basel nach Managua. Georges Casalis – Ein Leben im Widerstand. Berlin 1990.
Christmann, Alfred: Wirtschaftliche Mitbestimmung im Meinungsstreit. Bd. I, Darstellung. Köln 1964. Bd. II, Dokumentation. Köln 1964.
Conzemius, Victor/Greschat, Martin/Kocher, Hermann (Hg.): Die Zeit nach 1945 als Thema kirchlicher Zeitgeschichte. Göttingen 1988.

Dehn, Günther: Unsere Predigt heute. 1946. (= Kirche für die Welt, H. 18)
Dibelius, Otto: Ein Christ ist immer im Dienst, Stuttgart 1961.
Diem, Hermann: Restauration oder Neuanfang in der Evangelischen Kirche? Stuttgart 1946.
Ders.: Kirche oder Christentum, Stuttgart 1947 (= Kirche für die Welt, H. 13).
Ders.: Ja oder Nein. 50 Jahre Theologie in Kirche und Staat. Stuttgart 1974.
Ders./Schempp, Paul/Müller, Kurt (Hg.): Kirche und Entnazifizierung. Denkschrift der Kirchlich-Theologischen Sozietät in Württemberg. Stuttgart 1946.
Diephouse, David J.: Pastors and Pluralism in Württemberg 1918–1933. Princeton 1987.
Ders.: Between mobilisation and marginality: The Württemberg Evangelical Volksbund and the Quest for a »Living Parish«, 1919–1934. In: Fides et Historia, XXI: 3, October 1989, S. 49–67.
Dierks, Margarete: Gruß und Dank an Fritz Hermann. In: Homo Humanus. Jahrbuch 84, hg. von der Eekboom-Gesellschaft e. V. Vereinigung zur Förderung freigläubiger Kultur. Pinneberg 1984, S. 18–26.
Dies.: Jakob Wilhelm Hauer 1881–1962. Leben, Werk, Wirkung. Mit einer Personalbibliographie. Heidelberg 1986.
Dietze, Constantin von: Eigengesetzlichkeit und Verantwortlichkeit in der Wirtschaft. In: Wirtschaftsmacht und Wirtschaftsordnung. Tübingen 1947, S. 5–31 (= Schriftenreihe der Evangelischen Akademie, Reihe IV, H. 4).
Dipper, Theodor: Die Evangelische Bekenntnisgemeinschaft in Württemberg 1933–1945. Ein Beitrag zur Geschichte des Kirchenkampfes im Dritten Reich. Göttingen 1966. (= Arbeiten zur Geschichte des Kirchenkampfes Bd. 17).

Ehlert, Hans: Interessenausgleich zwischen Staat und Kirchen – Zu den Anfängen der Militärseelsorge in der Bundesrepublik Deutschland. In: Militärgeschichtliche Mitteilungen 1, 1991, S. 39–72.
Ders.: Innenpolitische Auseinandersetzungen um die Pariser Verträge und die Wehrverfassung 1954 bis 1956. 2. Teil in: Anfänge westeuropäischer Sicherheitspolitik 1945–1956. Bd. 3: Die NATO-Option, herausgegeben vom Militärgeschichtlichen Forschungsamt, München 1993, S. 235–560.

Elsässer, Martin: Neue Gedanken zum evangelischen Kirchenbau in: Christliches Kunstblatt Nr. 1/2 Jg. 1919. S. 6–12 u. Abb. S. 13.15.18.19.

✗ *Engelhardt, Ulrich:* Strukturelemente der Bundesrepublik Deutschland. Überlegungen zum Problem historischer Kontinuität am Beispiel der Betriebsverfassung. In: Vierteljahresschrift für Sozial- und Wirtschaftsgeschichte 69, 1982, S. 373–392.

Epting, Wilhelm/Hartenstein, Markus/Martin, Gerhard: Nach 1945. In: PTZ Stuttgart (Hg.): 450 Jahre Kirche und Schule in Württemberg, Stuttgart 1984, S. 334–374.

Evangelisches Bildungswerk Berlin (Hg.): Georges Casalis und die Ökumene in Berlin nach dem Zweiten Weltkrieg. (=Dokumentation 98, 1993).

Faltin, Inge: Norm – Milieu – Politische Kultur. Normative Vernetzungen in Gesellschaft und Politik der Bundesrepublik. Wiesbaden 1990.

Feuchte, Paul: Verfassungsgeschichte von Baden-Württemberg. Veröffentlichungen zur Verfassungsgeschichte von Baden-Württemberg. Stuttgart 1983.

Fischer, Richard/Schäfer, Gerhard (Bearb.): Landesbischof D. Wurm und der nationalsozialistische Staat. Stuttgart 1968.

Flasche, Rainer: Religionsmodelle und Erkenntnisprinzipien der Religionswissenschaft in der Weimarer Republik. In: Cancik, Hubert (Hg.): Religions- und Geistesgeschichte, S. 261–276.

Ders.: Vom Deutschen Kaiserreich zum Dritten Reich. Nationalreligiöse Bewegungen in der ersten Hälfte des 20. Jahrhunderts in Deutschland. In: Zeitschrift für Religionswissenschaft 1. Jg. 1993, H. 2, S. 28–49.

Forssman, Erik: Karl Friedrich Schinkel, Bauwerke und Baugedanken. München, Zürich 1981.

Frowein–Ziroff, Vera: Die Kaiser-Wilhelm-Gedächtniskirche. Entstehung und Bedeutung. Berlin 1982.

Gajek, Esther: »Feiergestaltung« – Zur Entwicklung eines »aus nationalsozialistischer Weltanschauung geborenen, neuen arteigenen Brauchtums« am »Amt Rosenberg«. In: Schnurbein, Stefanie von/Ulbricht, Justus (Hg.): Völkische Religiosität und Krisen der Moderne. Arteigene Religionsentwürfe seit der Jahrhundertwende. Weimar/Wien 1995.

Gemeindekirchenrat der Ev. Himmelfahrt-Gemeinde Berlin (Hg.): Baumeister Otto Bartning – Notkirchen. Berlin 1988.

Genschel, Dietrich: Wehrreform und Reaktion. Die Vorbereitung der Inneren Führung 1951–56. Hamburg 1972.

Gerok, G.: Die Markuskirche in Stuttgart in: Christliches Kunstblatt Nr. 2, 1909, S. 33–36.

Gerstenmaier, Eugen: Streit und Frieden hat seine Zeit. Ein Lebensbericht. Frankfurt 1981.
Goldmann, Erwin: Zwischen zwei Völkern – ein Rückblick. Königswinter 1975.
Gommel, Adolf / Kopp, Georg (Hg.): Evangelische Kirchenkunst der Gegenwart in Württemberg. Festschrift des Vereins für Christliche Kunst in der Evangelischen Kirche Württembergs zur Feier des 100jährigen Bestehens. Stuttgart 1957.
Gottschick, Konrad / Schäfer, Gerhard (Hg.): Lesebuch zur Geschichte der Evangelischen Landeskirche in Württemberg. Bd. 4. Unerwartete Wege in der ersten Hälfte des 20. Jahrhunderts. Stuttgart 1988.
Gradmann, Eugen u. a.: Kunsthistorischer Wanderführer. Württemberg und Hohenzollern. Stuttgart 1984.
Greschat, Martin: Die Schuld der Kirche. Dokumente und Reflexionen zur Stuttgarter Schulderklärung vom 18./19. Oktober 1945. München 1982 (= Studienbücher zur Kirchlichen Zeitgeschichte Bd. 4).
Ders.: Weder Neuanfang noch Restauration. Zur Interpretation der deutschen evangelischen Kirchengeschichte nach dem Zweiten Weltkrieg. In: Ursula Büttner (Hg.): Das Unrechtregime. Festschrift Werner Jochmann, Bd. 2. Hamburg 1986, S. 326–357.
Ders.: Zwischen Aufbruch und Beharrung. In: Conzemius u. a. (Hg.), Zeit, S. 99–126.
Ders.: Protestantischer Antisemitismus in Wilhelminischer Zeit – Das Beispiel des Hofpredigers Adolf Stoecker. In: Günter Brakelmann, Martin Rosowski (Hg.), Antisemitismus. Von religiöser Judenfeindschaft zur Rassenideologie. Göttingen 1989, S. 27–51.
Ders.: »Rechristianisierung und Säkularisierung.« Anmerkungen zu einem europäischen konfessionellen Interpretationsmodell. In: Kaiser / Doering-Manteuffel (Hg.), Christentum, S. 1–24.
Ders.: Kontinuität und Diskontinuität im deutschen Protestantismus nach 1945. In: Monatshefte für Evangelische Kirchengeschichte des Rheinlandes 41, 1992, S. 255–272.
Grohnert, Rainer: Die Entnazifizierung in Baden 1945–1949, Stuttgart 1991.
Gross, Herbert: Manager von Morgen. Partnerschaft als Wirtschaftsform der Zukunft. Düsseldorf 1949.
Grosse, Franz: Protestantismus und Mitbestimmungsrecht. In: Gewerkschaftliche Monatshefte 1, 1950, S. 345–352.
Gutteridge, Richard: Open thy mouth for the dumb! The German evangelical church and the Jews 1879–1950. Oxford 1976.

Häcker, Otto: Der deutsche Soldat von morgen. In: Stuttgarter Zeitung v. 24.10.1958.

Hagen, August: Geschichte der Diözese Rottenburg, Bd. III. Stuttgart 1980.

Hartenstein, Karl: Der wiederkommende Herr. Eine Auslegung der Offenbarung des Johannes. Stuttgart 1940.

Hauer, J. Wilhelm / Solger, Friedrich (Hg.): Grundlinien einer deutschen Glaubensunterweisung. Mit Hauptentwurf zu einem Lehrplan der Deutschen Glaubensbewegung. In Verbindung mit Friedrich Solger, Friedrich Berger, Friedrich Schöll, Ernst Küster, Bodo Ernst, Marie Eckert. Stuttgart 1934. (= Schriften Zur Deutschen Glaubensbewegung. H. 1. Hg. von J. W. Hauer).

Hauer, J. Wilhelm: Ursprung und Geltungsmacht des Sittlichen. In: Hauer, J. Wilhelm: Verfall oder Neugeburt der Religion? Ein Symposion über Menschsein, Glauben und Unglauben. Stuttgart 1961, S. 200–261.

Heiber, Helmut: Walter Frank und sein Reichsinstitut für Geschichte des neuen Deutschland. Stuttgart 1966.

Heigelin, Karl Marcell: Lehrbuch der höheren Baukunst für Deutsche. 3 Bde. Leipzig 1828–1832.

Heinonen, Reijo E.: Anpassung und Identität: Theologie und Kirchenpolitik der Bremer Deutschen Christen 1933–1945. Göttingen 1978. (= Arbeiten zur Kirchlichen Zeitgeschichte Reihe B, Bd. 5).

Herbert, Karl: Kirche zwischen Aufbruch und Tradition. Entscheidungsjahre nach 1945. Stuttgart 1989.

Hermelink, Heinrich: Geschichte der Evangelischen Landeskirche in Württemberg von der Reformation bis zur Gegenwart. Stuttgart, Tübingen 1949.

Ders.: Die Evangelische Kirche in Württemberg von 1918 bis 1945. In: Blätter für Württembergische Kirchengeschichte 50, 1950, S. 121–171.

Hermle, Siegfried: Evangelische Kirche und Judentum – Stationen nach 1945. Göttingen 1990. (= Arbeiten zur Kirchlichen Zeitgeschichte, Reihe B, Bd. 16.)

Ders.: Die Evangelische Kirchenregierung in Württemberg. Hintergrund, Entstehung und Wirksamkeit des Gesetzes von 1898. In: Blätter für Württembergische Kirchengeschichte 91, 1991, S. 189–241.

Ders. / Lächele, Rainer / Nuding, Albrecht (Hg.): Im Dienst an Volk und Kirche. Theologiestudium im Nationalsozialismus. Erinnerungen; Darstellungen, Dokumente und Reflexionen zum Tübinger Stift 1930 bis 1950. Stuttgart 1988.

Ders. / Lächele, Rainer: Die Evangelische Landeskirche in Württemberg und der »Arierparagraph«. In: Dies., Nuding, Albrecht (Hg.): Dienst, S. 179–214.

Heyer, Friedrich: Religion ohne Kirche. Die Bewegung der Freireligiösen. Ein Handbuch hg. von Friedrich Heyer unter Mitarbeit von Volker Pitzer. Stuttgart 1977.

Ders.: Deutsche Unitarier und Freie Akademie. In: Materialdienst der EZW der EKD. 41. August 1978, S. 204–212.
Hilberg, Raul: Die Vernichtung der europäischen Juden. Bd. 2. Frankfurt a. M. 1990.
Horn, Curt: Kirchliche Baukunst. In: Wasmuths Lexikon der Baukunst, Bd. 3. Berlin 1931, S. 350–370.
Huckabee, Weyman C.: A new Spirit rising in Germany. In: Christian Laymen 5, 1948, S. 3f.
Hübner, Jörg: Nicht nur Markt und Wettbewerb. Friedrich Karrenbergs wirtschaftsethischer Beitrag zur Ausgestaltung der Sozialen Marktwirtschaft. Bochum 1993 (= SWI ... außer der Reihe, Nr. 16).

Jablonowski, Harry Walter: Kirchliches Handeln in der Arbeitswelt und die Mitbestimmungsfrage – ein historischer Abriß. Einleitung und konzeptionelle Vorüberlegungen. In: Harry Walter Jablonowski (Hg.), Kirche und Gewerkschaften im Dialog, Bd. 1, Bochum 1987, S. 15–20.
Jähnichen, Traugott: Vom Industrieuntertan zum Industriebürger. Der soziale Protestantismus und die Entwicklung der Mitbestimmung (1948–1955). Bochum 1993 (= SWI ... außer der Reihe, Nr. 13).
Jantzen, Hinrich: Namen und Werke. Bd. 3. Biographien und Beiträge zur Soziologie der Jugendbewegung. Frankfurt am Main 1975. (= Quellen und Beiträge zur Geschichte der Jugendbewegung. Bd. 12).
Jost, Wilhelm: Pauluskirche in Fellbach bei Stuttgart in: Deutsche Bauzeitung Nr. 35, 1928. S. 308f.
Jürgensen, Kurt: Die Stunde der Kirche. Die Ev.-Luth. Landeskirche Schleswig-Holsteins in den ersten Jahren nach dem Zweiten Weltkrieg. Neumünster 1976.

Kahle, Barbara: Deutsche Kirchenbaukunst des 20. Jahrhunderts. Darmstadt 1990.
Kaiser, Jochen-Christoph / Doering-Manteuffel, Anselm (Hg.): Christentum und politische Verantwortung. Kirchen im Nachkriegsdeutschland. Stuttgart, Berlin, Köln 1990. (= Konfession und Gesellschaft, Bd. 2).
Kater, Horst: Die Deutsche Evangelische Kirche in den Jahren 1933 bis 1934. Eine rechts- und verfassungsgeschichtliche Untersuchung zu Gründung und Zerfall einer Kirche im nationalsozialistischen Staat. Göttingen 1970. (= Arbeiten zur Geschichte des Kirchenkampfs, Bd. 24).
Kaufmann, Arthur: Gustav Radbruch. Rechtsdenker, Philosoph, Sozialdemokrat. München 1987.
Keil, Wilhelm: Christentum und Sozialismus. Stuttgart 1976.
Kempski, Hans Ulrich: ... aber das Gewissen will nicht schweigen. In: Süddeutsche Zeitung Nr. 12, 1955.
Kirchliches Jahrbuch für die Evangelische Kirche in Deutschland

1933–1944. Hg. v. Joachim Beckmann. 60.–71. Jahrgang. 2. Aufl. Gütersloh 1976.
Klee, Ernst: Persilscheine und falsche Pässe – Wie die Kirchen nach dem Kriege den Nazis halfen. Frankfurt a. M. 1991.
Kleinmann, Dieter: Staatsleistungen und Religionsunterricht in der Evangelischen Landeskirche in Württemberg. In: Blätter für Württembergische Kirchengeschichte 89, 1989, S. 309–335.
Kleinmann, Hans-Otto: Geschichte der CDU 1945–1982. Hg. v. Günter Buchstab. Stuttgart 1993.
Kleßmann, Christoph: Betriebsräte und Gewerkschaften in Deutschland 1945–1952. In: Heinrich August Winkler (Hg.): Politische Weichenstellungen im Nachkriegsdeutschland 1945–1953, Göttingen 1979, S. 45–71 (= Geschichte und Gesellschaft, Sonderheft 5).
Ders.: Die doppelte Staatsgründung. Deutsche Geschichte 1945–1955. Bonn 3. Aufl. 1984.
Ders.: Zwei Staaten, eine Nation. Deutsche Geschichte 1955–1970. Bonn 1988. (= Bundeszentrale für politische Bildung. Schriftenreihe, Bd. 265).
Klumpp, Martin (Hg.): Wer ist unser Herr? Evangelische Christen und das Dritte Reich. Erfahrungen aus Stuttgart. Stuttgart 1982.
Koch, David: Die evangelische Garnisonskirche zu Ulm in: Christliches Kunstblatt Nr. 1 Jg. 1912, S. 10–14.
Koch, Diether: Heinemann und die Deutschlandfrage. München 1972.
Krakauer, Max: Lichter im Dunkel. Flucht und Rettung eines jüdischen Ehepaars im Dritten Reich. Hg. von Otto Mörike. Stuttgart 1975.
Kratz, Peter: Die Götter des New Age. Im Schnittpunkt von »Neuem Denken«, Faschismus und Romantik. Berlin 1994.
Krausnick, Helmut / Wilhelm, Hans-Heinrich: Die Truppe des Weltanschauungskrieges. Die Einsatzgruppen der Sicherheitspolizei und des SD 1938–1942. Stuttgart 1981.
Krüger, Dieter / Ganser, Dorothee: Quellen zur Planung des Verteidigungsbeitrages der Bundesrepublik Deutschland 1950 bis 1955 in westdeutschen Archiven. In: Militärgeschichtliche Mitteilungen 1, 1991, S. 121–146
Kupper, Alfons: Staatliche Akten über die Reichskonkordatsverhandlungen 1933. Mainz 1969.
Kuß, Ernst: Mitbestimmung und gerechter Lohn als Elemente einer Neuordnung der Wirtschaft. Duisburg 1950.

Lächele, Rainer: Religionsfreiheit und Vergangenheitsbewältigung. Die Deutschen Christen und die Besatzungsmächte nach 1945. In: Evangelische Theologie 51, 1991, S. 131–154.
Ders.: Ein Volk, ein Reich, ein Glaube. Die »Deutschen Christen« in Würt-

temberg 1925–1960. Stuttgart 1994. (= Quellen und Forschungen zur württembergischen Kirchengeschichte, Bd. 12).
Langmaack, Gerhard: Kirchenbau Heute. Grundlagen zum Wiederaufbau und Neuschaffen. Hamburg 1949.
Ders.: Evangelischer Kirchenbau im 19. und 20. Jahrhundert. Geschichte – Dokumentation – Synopse. Kassel 1971.
Lehmann, Hartmut: Pietismus und weltliche Ordnung in Württemberg vom 17. bis zum 20. Jahrhundert. Stuttgart 1969.
Ders: Pietism and nationalism. The relationship of protestant revivalism and national renewal in nineteenth-century Germany. In: Church History 51, 1982, S. 39–52.
Ders.: The Germans as a chosen people. Old Testament themes in German nationalism. In: German Studies Review 14, 1991, S. 261–274.
Leikam, Alfred: Wiederaufrüstung? Aus dem Glauben: nein. Bad Cannstatt 1955. (= Schriftenreihe der Kirchlich-Theologischen Sozietät in Württemberg, H. 5).
Löwisch, Günther/Müller, Franz (Hg.): Betriebsrätegesetz für Württemberg-Baden vom 18. August 1948. Stuttgart 1948 (= Kohlhammer Gesetzestexte, Gesetz Nr. 726 über die Beteiligung der Arbeitnehmer an der Verwaltung und Gestaltung der Betriebe der Privatwirtschaft vom 18. August 1948).
Lotz, Martin: Evangelische Kirche 1945–1952. Die Deutschlandfrage: Tendenzen und Positionen, Stuttgart 1992.
Ludwig, Hartmut: Die Entstehung des Darmstädter Wortes. In: Beiheft 8/9 zur Jungen Kirche 1977.

Maier, Reinhold: Ein Grundstein wird gelegt. Die Jahre 1945–1947. Tübingen 1964.
Martiny, Friedrich: Die Evangelischen Akademien: Kirche zwischen Anpassung und Parteilichkeit. Ein Beitrag zum Problem des gesellschaftlichen Handelns der Kirche. Frankfurt a. M. 1977.
Maurer, Wilhelm: Das synodale evangelische Bischofsamt seit 1918. In:
Ders., Die Kirche und ihr Recht. Gesammelte Aufsätze zum evangelischen Kirchenrecht, hg. von Gerhard Müller und Gottfried Seebaß. Tübingen 1976, S. 427ff.
Mayer, Hans K. F.: Der Baumeister Otto Bartning. Heidelberg 1951.
Ders.: Der Baumeister Otto Bartning und die Wiederentdeckung des Raumes. Heidelberg 1951. Kunst und Kirche. In: Vierteljahresschrift für Kirchenbau und Kirchliche Kunst H. 1, 1958. S. 5–13.
Meier, Kurt: Der Evangelische Kirchenkampf. Gesamtdarstellung in drei Bänden. Bd. I Der Kampf um die Reichskirche. Göttingen 1976. Bd. II Gescheiterte Neuordnungsversuche im Zeichen staatlicher Rechtshilfe«.

Göttingen 1976. Bd. III Im Zeichen des zweiten Weltkrieges. Göttingen 1984.
Metzger, Wolfgang (Hg.): Karl Hartenstein. Ein Leben für Kirche und Mission, Stuttgart 1953.
Meyer, Georg: Zur inneren Entwicklung der Bundeswehr bis 1960/61. 4. Teil in: Anfänge westdeutscher Sicherheitspolitik, Bd. 1: Die NATO-Option, herausgegeben vom Militärgeschichtlichen Forschungsamt, München 1993, S. 581–1162.
Ders.: Zur Situation der deutschen militärischen Führungsschicht im Vorfeld des westdeutschen Verteidigungsbeitrages 1945–1950/51. 5. Teil in: Anfänge westdeutscher Sicherheitspolitik, Bd. 1: Von der Kapitulation bis zum Pleven-Plan, herausgegeben vom Militärgeschichtlichen Forschungsamt, München 1982, S. 577–735.
Möller, Martin: Evangelische Kirche und Sozialdemokratische Partei in den Jahren 1945–1950. Grundlagen der Verständigung und Beginn des Dialoges. Göttingen 1984 (= Göttinger Theologische Arbeiten, Bd. 29).
Mohler, Armin: Die konservative Revolution in Deutschland 1918–1932. Ein Handbuch. Zweite, völlig neu bearbeitete und erweiterte Fassung. Darmstadt 1972.
Müller, Eberhard: Evangelische Akademie – Kurhaus Bad Boll Württemberg. Stuttgart 1946.
Ders.: Wie kann der Arbeiter ein Mensch sein? Tübingen 1947 (= Schriftenreihe der Evangelischen Akademie, Reihe II, H. 2).
Ders.: Recht und Gerechtigkeit in der Mitbestimmung. Ein Evangelischer Ratschlag. Stuttgart 1949 (= Der Deutschenspiegel, Bd. 36/37).
Ders.: Mitbestimmung – eine Kunst der Verständigung. In: Die Mitarbeit, Bd. 1, H. 4, 1952/1953, S. 3–5.
Ders.: Die Welt ist anders geworden. Vom Weg der Kirche im zwanzigsten Jahrhundert. Hamburg 1953.
Ders.: Hier treffen sich Theologie und Welt. Beginn und Entfaltung evangelischer Akademie-Arbeit. In: Zehn Jahre Evangelische Akademien in Deutschland. Das Parlament, 1955, Nr. 42, S. 7–16.
Ders.: Widerstand und Verständigung. Fünfzig Jahre Erfahrungen in Kirche und Gesellschaft 1933–1983. Stuttgart 1987.
Müller, Kurt: Zur Kontroverse zwischen dem Ev.OKR in Stuttgart und der Kirchl. Theolog. Sozietät in Württemberg. Stuttgart 1946.
Müller, Roland: Stuttgart zur Zeit des Nationalsozialismus. Stuttgart 1988.
Müller-List, Gabriele (Bearb.): Neubeginn bei Eisen und Stahl im Ruhrgebiet. Die Beziehungen zwischen Arbeitgebern und Arbeitnehmern in der nordrhein-westfälischen Eisen- und Stahlindustrie 1945–1948. Düsseldorf 1990 (= Quellen zur Geschichte des Parlamentarismus und der Politischen Parteien, Vierte Reihe, Bd. 6).

Muster, Kirsten: Die Reinigung der Evangelischen Landeskirche in Baden 1945–1950. Diss. jur. Kiel 1989.

Nanko, Ulrich: Deutscher Glaube – Ein Beitrag der Jugendbewegung zur Abwehr fremder Religionen. In: Michael Pye / Stegerhoff, Renate (Hg.): Religion in fremder Kultur. Religion als Minderheit in Europa und Asien. Saarbrücken-Scheidt 1987, S. 155–173.

Ders.: Deutsche Gottschau, 1934. Eine Religionsstiftung durch einen Deutschen Religionswissenschaftler. In: Antes, Peter / Pahnke, Donate (Hg.): Die Religion von Oberschichten. Religion, Profession, Intellektualismus. Marburg/Lahn 1989, S. 165–179.

Ders.: Die Deutsche Glaubensbewegung 1933–1945. Eine historische und soziologische Untersuchung. Marburg 1993.

Nerdinger, Winfried: Theodor Fischer. Architekt und Städtebauer 1862–1938. Katalog der Ausstellung der Architektursammlung der Technischen Universität München und des Münchener Stadtmuseums in Verbindung mit dem Württembergischen Kunstverein. Berlin 1988.

Neuloh, Otto: Die deutsche Betriebsverfassung und ihre Sozialformen bis zur Mitbestimmung. Tübingen 1956.

Niemeier, Gottfried: Schule und Kirche. In: Religion in Geschichte und Gegenwart, 3. Aufl. Bd. V, Sp. 1559–1564.

Niemöller, Wilhelm: Kampf und Zeugnis der Bekennenden Kirche. Bielefeld 1948.

Nicolaisen, Carsten (Bearb.): Dokumente zur Kirchenpolitik des Dritten Reiches Bd. 1. Das Jahr 1933. München 1971.

Nipperdey, Thomas: Religion im Umbruch. Deutschland 1870–1918. München 1988.

Noormann, Harry: Protestantismus und politisches Mandat 1945–1949. Bd. 1, Gütersloh 1985.

Norden, Günther van: Der deutsche Protestantismus im Jahr der nationalsozialistischen Machtergreifung. Gütersloh 1979.

Ohlemacher, Jörg: Kontinuität? Schulpolitik und evangelischer Religionsunterricht unter den Bedingungen der Nachkriegszeit. In: Ders. (Hg.): Religionspädagogik im Kontext kirchlicher Zeitgeschichte, Göttingen 1993, S. 164–188.

Oppitz, Ulrich-Dieter: Strafverfahren und Strafvollstreckung bei NS-Gewaltverbrechen. Ulm 1976.

Ders. / Volker Wittmütz (Hg.): Evangelische Kirche im Zweiten Weltkrieg. Köln 1991. (= Schriftenreihe des Vereins für Rheinische Kirchengeschichte Bd. 104).

Pineas, Hermann und Herta: Bericht über ihre Flucht. In: Monika Richarz (Hg.): Bürger auf Widerruf. Lebenszeugnisse deutscher Juden 1780–1945. München 1989, S. 556–570.
Poscharsky, Peter: Kirchen von Olaf Andreas Gulbransson. München 1966.

Radbruch, Gustav: Der innere Weg. Aufriß meines Lebens. Stuttgart 1951.
Raem, Heinz-Albert: Katholische Kirche und Nationalsozialismus, Paderborn 1980.
Renner, Michael: Nachkriegsprotestantismus in Bayern. Untersuchungen zur politischen und sozialen Orientierung der Evangelisch-Lutherischen Kirche Bayerns und ihres Landesbischofs Hans Meiser in den Jahren 1945–1955. München 1991. (= Tuduv-Studien: Reihe Politikwissenschaften, Bd. 46).
Röhm, Eberhard/Thierfelder, Jörg: Evangelische Kirche zwischen Kreuz und Hakenkreuz. 3. Aufl. Stuttgart 1983.
Dies.: Kirche und Schule im Dritten Reich. In: PTZ Stuttgart (Hg.): Kirche und Schule in Württemberg, Stuttgart 1984, S. 238–333.
Dies.: Juden-Christen-Deutsche. Bd. 1: 1933–1935. Stuttgart 1990. Bd. 2/1: 1935–1938. Stuttgart 1992. Bd. 2/2: 1935–1938. Stuttgart 1992. Bd. 3/1: 1938–1941. Stuttgart 1995. Bd. 3/2: 1938–1941. Stuttgart 1995.
Rothmund, Paul/Wiehn, Erhard R. (Hg.): Die F.D.P./DVP in Baden-Württemberg und ihre Geschichte. Liberalismus als politische Gestaltungskraft im deutschen Südwesten. Stuttgart 1979. (= Schriften zur politischen Landeskunde Baden-Württembergs Bd. 4).
Ruck, Michael: Kollaboration – Loyalität – Resistenz. Administrative Eliten und NS-Regime am Beispiel der südwestdeutschen Innenverwaltung. In: Landeszentrale für Politische Bildung Baden-Württemberg u. a. (Hg.): Formen des Widerstandes im Südwesten 1933–1945. Scheitern und Nachwirken. Ulm 1994, 124–151.
Rückerl, Adalbert: NS-Verbrechen vor Gericht. Versuch einer Vergangenheitsbewältigung. Heidelberg 1982.
Rürup, Reinhard (Hg.): Topographie des Terrors. Gestapo, SS und Reichssicherheitshauptamt auf dem »Prinz-Albrecht-Gelände«. Eine Dokumentation. Berlin 1987.

Sauer, Paul: Württemberg in der Zeit des Nationalsozialismus. Ulm 1975.
Ders.: Demokratischer Neubeginn in Not und Elend. Das Land Württemberg-Baden von 1945 bis 1952. Ulm 1978.
Sautter, Reinhold: Theophil Wurm. Sein Leben und sein Kampf. Stuttgart 1960.
Schadt, Jörg/Schmierer, Wolfgang (Hg.): Die SPD in Baden-Württemberg und ihre Geschichte. Von den Anfängen der Arbeiterbewegung bis heute.

Stuttgart 1979. (= Schriften zur politischen Landeskunde Baden-Württembergs Bd. 3).
Schäfer, Gerhard: Die evangelische Landeskirche in Württemberg und der Nationalsozialismus. Eine Dokumentation zum Kirchenkampf. Bd. I, Um das politische Engagement der Kirche 1932–1933. Stuttgart 1971. Bd. II, Um eine deutsche Reichskirche 1933. Stuttgart 1972. Bd. III, Der Einbruch des Reichsbischofs in die Württembergische Landeskirche 1934. Stuttgart 1974. Bd. IV, Die intakte Landeskirche 1935–1936. Stuttgart 1977. Bd. V, Babylonische Gefangenschaft 1937–1938. Stuttgart 1982. Bd. VI, Von der Reichskirche zur Evangelischen Kirche in Deutschland 1938–1945. Stuttgart 1986.
Ders.: Zu erbauen und zu erhalten das rechte Heil der Kirche: eine Geschichte der Evangelischen Landeskirche in Württemberg. Stuttgart 1984.
Scheerer, Reinhard: Evangelische Kirche und Politik 1945 bis 1949. Zur theologisch-politischen Ausgangslage in den ersten Jahren nach der Niederlage des »Dritten Reiches«. Köln 1981.
Schempp, Paul: »Der Weg der Kirche« vom 29. Mai 1945. Neu hg. von Aktion Sühnezeichen u. a., Berlin 1985.
Ders.: Die Stellung der Kirche zu den politischen Parteien und das Problem einer christlichen Partei. Stuttgart 1946. (= Kirche für die Welt, H. 5).
Ders.: Wir fangen an. Ein Ruf an die Jugend und ein Wort auf den Weg. Stuttgart 1946.
Ders.: Wer hilft der Jugend? Stuttgart 1946.
Ders. (Hg.): Evangelische Selbstprüfung. Beiträge und Berichte von der gemeinsamen Arbeitstagung ... im Kurhaus Bad Boll vom 12. bis 16. Oktober. Stuttgart 1947.
Ders.: Christenlehre in Frage und Antwort. Bad Cannstatt 1958. (= Schriftenreihe der Kirchlich-Theologischen Sozietät in Württemberg, H. 9).
Ders.: Briefe. Ausgewählt und herausgeben von Ernst Bizer. Tübingen 1966.
Schenkel, Gotthilf: Kirche, Sozialismus, Demokratie. Stuttgart 1946.
Scherffig, Wolfgang: Junge Theologen im Dritten Reich. Dokumente, Briefe, Erfahrungen, 3 Bde. Neukirchen-Vluyn 1989/1990/1994.
Schildt, Axel: Nachkriegszeit. Möglichkeiten und Probleme einer Periodisierung der westdeutschen Geschichte nach dem Zweiten Weltkrieg und ihrer Einordnung in die deutsche Geschichte des 20. Jahrhunderts. In: Geschichte in Wissenschaft und Unterricht 44, 1993, S. 567–584.
Schmidt, Irmtraut: Politische Bewußtseinsbildung in Evangelischen Akademien. Diss. Phil. Bonn 1969.
Schmidt, Siegfried (Hg.): Alma mater Jenensis. Geschichte der Universität Jena. Weimar 1983.
Schmidt, Ute: Zentrum oder CDU. Politischer Katholizismus zwischen Tradition und Anpassung. Opladen 1987 (= Schriften des Zentralinstituts für

sozialwissenschaftliche Forschung der Freien Universität Berlin. Ehemals Schriften des Instituts für politische Wissenschaft, Bd. 51).

Schmidt, Wolf: Sozialer Frieden und Sozialpartnerschaft. Kapital und Arbeit in der Gesellschaftspolitik der westdeutschen Christdemokraten 1945 bis 1953. Frankfurt am Main, Bern, New York 1985 (= Europäische Hochschulschriften, Reihe III: Geschichte und ihre Hilfswissenschaften, Band 263).

Schmitt, Karl: Die CDU im Landesbezirk Nordwürttemberg. In: Paul-Ludwig Weinacht (Hg.): Die CDU in Baden-Württemberg und ihre Geschichte. Stuttgart, Berlin, Köln, Mainz 1978, S. 137–162 (= Schriften zur politischen Landeskunde Baden-Württembergs, Bd. 2).

Schnabel, Thomas: Württemberg zwischen Weimar und Bonn 1928–1945/46. Stuttgart 1986. (= Schriften zur politischen Landeskunde Baden-Württembergs, Bd. 13).

Schneider, Thomas Martin: Reichsbischof Müller. Eine Untersuchung zu Leben, Werk und Persönlichkeit. Göttingen 1993. (= Arbeiten zur Kirchlichen Zeitgeschichte, Reihe B, Bd. 19).

Schnell, Hugo: Der Kirchenbau des 20. Jahrhunderts in Deutschland. Dokumentation, Darstellung, Deutung. München, Zürich 1973.

Schnurbein, Stefanie von: Göttertrost in Wendezeiten. Neugermanisches Heidentum zwischen New Age und Rechtsradikalismus. München 1993.

Scholder, Klaus: Die Kirchen und das Dritte Reich. Bd. I. Vorgeschichte und Zeit der Illusionen. Frankfurt a. M., Berlin, Wien 1977. Bd. II. Das Jahr der Ernüchterung 1934. Barmen und Rom. Berlin 1985.

Ders.: Die Kirchen zwischen Republik und Gewaltherrschaft. Gesammelte Aufsätze, herausgegeben von K. O. von Aretin und Gerhard Besier. Berlin 1988.

Schützinger, Klaus: Die Auseinandersetzungen zwischen Rudolf Daur und Wilhelm Hauer um den Köngener Bund (1932–1935). Hausarbeit zum 1. Theologischen Examen im WS 1982/83 an der Eberhard-Karls-Universität Tübingen im Fach Kirchengeschichte. Betreuung: Prof. Klaus Scholder.

Schwartz, Thomas Alan: Die Begnadigung deutscher Kriegsverbrecher. John J. McCloy und die Häftlinge von Landsberg. In: Vierteljahreshefte für Zeitgeschichte 1990, S. 375–414.

Schwarz, Gerold: Mission, Gemeinde und Ökumene in der Theologie Karl Hartensteins. Stuttgart 1980. (= Calwer Theologische Monographien, Reihe C, Bd. 5).

Schwebel, Horst: Art. Kirchenbau V, Moderner Kirchenbau (ab 1919) in: Theologische Realencyklopädie, Bd. XVIII, S. 514–528.

Seibert, Wolfgang: Deutsch Unitarier Religionsgemeinschaft. Entwicklung, Praxis und Organisation. Stuttgart 1989.

Seng, Eva-Maria: Der evangelische Kirchenbau im 19. Jahrhundert, die

Eisenacher Bewegung und der Architekt Christian Friedrich von Leins. Tübingen 1995.
Serfas, Günther: »Lieber Freiheit ohne Einheit als Einheit ohne Freiheit«. Der Neubeginn der Demokratischen Volkspartei in Württemberg-Baden 1945/46. Heidelberg 1986.
Smith-von Osten, Annemarie: Von Treysa 1945 bis Eisenach 1948. Zur Geschichte der Grundordnung der Evangelischen Kirche in Deutschland. Göttingen 1980. (= Arbeiten zur kirchlichen Zeitgeschichte, Reihe B, Bd. 9).
Spitzbart-Maier, Elisabeth: Die Kirchenbauten Martin Elsaessers und ihre Voraussetzungen in der protestantischen Kirchenbautheorie und Liturgiediskussion. Diss. Stuttgart 1989.
Spotts, Frederic: Kirchen und Politik in Deutschland. Stuttgart 1976.
Steinjan, Werner: Soziale Partnerschaft aus evangelischer Sicht. In: Das Mitbestimmungsgespräch, 6. Jg., H. 10, 1960, S. 5–8.
Stengel-von Rutkowski, Lothar: Die Arbeit der Freien Akademie 1956–1976. Der wissenschaftliche Sekretär erinnert sich. In: Wirklichkeit und Wahrheit. Vierteljahreszeitschrift für Forschung, Kultur und Bildung. Hg. von der Freien Akademie. Jg. 1977, H. 2, S. 116–129.
Die Stimme der Gemeinde. Monatszeitschrift der Bekennenden Kirche. Für den Bruderrat der EKiD hg. von Martin Niemöller u. a. 1949 ff.
Stockhorst, Erich: 5000 Köpfe. Wer war was im 3. Reich. Wiesbaden o. J.

Teuteberg, Hans Jürgen: Geschichte der industriellen Mitbestimmung in Deutschland. Ursprünge und Entwicklung ihrer Vorläufer im Denken und in der Wirklichkeit des 19. Jahrhunderts. Tübingen 1961 (= Soziale Forschung und Praxis, Bd. 15).
Ders.: Kirche und Betriebsverfassung. In: Zeitschrift für Evangelische Ethik 4, 1960, S. 27–45.
Thamer, Hans-Ulrich: Verführung und Gewalt. Deutschland 1933–1945. Berlin 1986. (= Die Deutschen und ihre Nation, Bd. 5).
Thielicke, Helmut: Wo ist Gott? Aus einem Briefwechsel. 2. Aufl. Göttingen 1940.
Ders.: Fragen des Christentums an die moderne Welt. Untersuchungen zur geistigen und religiösen Krise des Abendlandes. Tübingen 1947.
Ders.: Der Glaube der Christenheit. Göttingen 1947 (und weitere Aufl.).
Ders.: Begegnungen. Hamburg 1957.
Ders.: Auf Kanzel und Katheder. Hamburg 1965. (= Stundenbücher Bd. 55).
Ders.: Zu Gast auf einem schönen Stern. Erinnerungen. Hamburg 1984.
Thierfelder, Jörg: Das Kirchliche Einigungswerk des württembergischen Landesbischofs Theophil Wurm. Göttingen 1975. (= Arbeiten zur kirchlichen Zeitgeschichte, Reihe B, Bd. 1).
Ders.: Die Auseinandersetzungen um Schulform und Religionsunterricht im

Dritten Reich zwischen Staat und evangelischer Kirche in Württemberg. In: Manfred Heinemann (Hg.): Erziehung und Schule im Dritten Reich. Bd. 1. Stuttgart 1980, S. 230–250.

Ders.: Zwischen Tradition und Erneuerung. Die Evangelischen Landeskirchen in Baden und Württemberg nach dem Zweiten Weltkrieg. In: Thierfelder, Jörg/Uffelmann, Uwe (Hg.), Weg, S. 201–221.

Ders.: Theophil Wurm. Landesbischof von Württemberg. In: M. Bosch/W. Niess (Hg.), Der Widerstand im deutschen Südwesten. Stuttgart u. a. 1984, 47–59. (= Schriften zur politischen Landeskunde Württembergs Bd. 10).

Ders.: »Es lag wie ein Bann über uns«. Landesbischof Theophil Wurm und die nationalsozialistische Judenverfolgung. In: Blätter für Württembergische Kirchengeschichte 88, 1988, S. 446–464.

Ders.: Die Kirchenpolitik der Besatzungsmacht Frankreich und die Situation der evangelischen Kirche in der französischen Zone. In: Kirchliche Zeitgeschichte 2, 1989, S. 221–238.

Ders.: Die Kirchenpolitik der vier Besatzungsmächte und die evangelische Kirche nach der Kapitulation 1945. In: Geschichte und Gesellschaft 18, 1992, 5–21.

Ders.: Kirche und Schule – Neuanfang nach 1945 in Baden und Württemberg. In: Ohlemacher, Jörg (Hg.): Religionspädagogik im Kontext kirchlicher Zeitgeschichte, Göttingen 1993, S. 152–173.

Ders.: Der Kampf um die Evangelisch-theologischen Seminare in Württemberg 1941–1945. In: Blätter für Württembergische Kirchengeschichte 92, 1992, S. 136–157.

Ders./Röhm, Eberhard: Die evangelischen Landeskirchen von Baden und Württemberg in der Spätphase der Weimarer Republik und zu Beginn des Dritten Reiches. In: Schnabel, Thomas (Hg.): Die Machtergreifung in Südwestdeutschland. Das Ende der Weimarer Republik in Baden und Württemberg 1928–1933. Stuttgart u. a. 1982.

Ders./Uwe Uffelmann (Hg.): Der Weg zum Südweststaat. Stuttgart 1991.

Thimm, Gerhard: Diskussionen um Soldateneid und Verantwortung. In: Die Neue Zeitung, München, Nr. 284 v. 30.11.1950.

Thum, Horst: Mitbestimmung in der Montanindustrie. Der Mythos vom Sieg der Gewerkschaften. Stuttgart 1982 (= Schriftenreihe der Vierteljahreshefte für Zeitgeschichte, Nr. 45).

Verantwortung für die Kirche. Stenographische Aufzeichnungen und Mitschriften von Landesbischof Hans Meiser 1933–1955. Bd. 1: Sommer 1933 bis Sommer 1935, bearb. von Hannelore Braun und Carsten Nicolaisen. Göttingen 1985. (= Arbeiten zur Kirchlichen Zeitgeschichte, Reihe A, Bd. 1).

Verband Württembergisch-Badischer Metallindustrieller e. V. (Hg.): Zwölf

Jahre Verband Württembergisch-Badischer Metallindustrieller e. V. 1947–1959. Darmstadt 1959.
Verein zur Erbauung einer Reformations-Gedächtnis-Kirche und Evang. Luth. Pfarramt Nürnberg-Maxfeld (Hg): Die Reformations-Gedächtnis-Kirche Nürnberg-Maxfeld. Nürnberg 1938.
Vereinigung Berliner Architekten (Hg.): Karl Emil Otto Fritsch: Der Kirchenbau des Protestantismus von der Reformation bis zur Gegenwart. Berlin 1893.
Vogel, Johanna: Kirche und Wiederbewaffnung. Die Haltung der Evangelischen Kirche in Deutschland in den Auseinandersetzungen um die Wiederbewaffnung der Bundesrepublik 1949–1956, Göttingen 1978. (= Arbeiten zur Kirchlichen Zeitgeschichte, Reihe B, Bd. 4).
Volkmann, Hans-Erich: Die innenpolitische Dimension Adenauerscher Sicherheitspolitik in der EVG-Phase. 2. Teil in: Anfänge westdeutscher Sicherheitspolitik 1945–56, Bd. 2: Die EVG-Phase, herausgegeben vom Militärgeschichtlichen Forschungsamt, München 1990, S. 235–604.
Vollnhals, Clemens: Evangelische Kirche und Entnazifizierung 1945–1949. Die Last der nationalsozialistischen Vergangenheit. München 1989.
Ders. (Hg.): Entnazifizierung und Selbstreinigung im Urteil der evangelischen Kirche. Dokumente und Reflexionen 1945–1949. München 1989. (= Studienbücher zur Kirchlichen Zeitgeschichte, Bd. 8).
Ders.: Kirchliche Zeitgeschichte nach 1945. Schwerpunkte, Tendenzen, Defizite. In: Kaiser, Doering-Manteuffel, Christentum, S. 176–191.
Ders.: Die Hypothek des Nationalprotestantismus. Entnazifizierung und Strafverfolgung von NS-Verbrechen nach 1945. In: Geschichte und Gesellschaft 18, 1992, S. 51–69.

Wagenbach, Klaus u. a. (Hg.): Vaterland, Muttersprache. Deutsche Schriftsteller und ihr Staat seit 1945. Ein Nachlesebuch für d. Oberstufe. Berlin 1971.
Wassmann, Harry: Der »Fall Bultmann« in Württemberg (1941–1953). Der Alpirsbacher Mythologievortrag im Spannungsfeld von Kirchenleitung und Universitätstheologie. In: Bausteine zur Tübinger Universitätsgeschichte 4, 1989, S. 136–176.
Weik, Josef: Die Landtagsabgeordneten in Baden-Württemberg seit 1946. 5. Aufl. Stuttgart 1993.
Weismann, Christoph: Eine kleine Biblia. Die Katechismen von Luther und Brenz. Einführung und Texte. Stuttgart 1985.
Wendschuh, Peggy-Petra: Der Wiederaufbau der Stuttgarter Stiftskirche. Diss. phil. Tübingen 1990.
Widmann, Martin: Die Geschichte der Kirchlich-theologischen Sozietät in Württemberg. In: Bauer, Karl-Adolf (Hg.): Predigtamt ohne Pfarramt? Neukirchen-Vluyn 1993, S. 110–190.

Wieck, Hans Georg: Christliche und freie Demokraten in Hessen, Rheinland-Pfalz, Baden und Württemberg 1945/46. Düsseldorf 1958 (= Beiträge zur Geschichte des Parlamentarismus und der politischen Parteien, Bd. 10).

Gemeinde Wilhelmsdorf, Evangelische Brüdergemeinde Wilhelmsdorf (Hg.): Wilhelmsdorf 1824–1974. Wilhelmsdorf. O. J.

Winkeler, Rolf: Schulpolitik in Württemberg-Hohenzollern, Stuttgart 1971.

Winterhager, Wilhelm Ernst (Bearb.): Der Kreisauer Kreis. Porträt einer Widerstandsgruppe. Berlin 1985.

Wir Christen und die Atheisten. Vorträge und Predigten der Landestagung der Kirchlichen Bruderschaft in Württemberg am 7. und 8. November 1959. Darmstadt 1959.

Wirtz, Cornelia: Simultanschule und Bekenntnisschule im Widerstreit. Die Schulfrage im Erzbistum Freiburg 1945–1953. In: Freiburger Diözesanarchiv 105, 1985, S. 373–446.

Wistrich, Robert: Wer war wer im Dritten Reich? Frankfurt a. M. 1987.

Wurm, Theophil: Christus–Christentum–Kirche. Ein Wort zu den kirchlichen Wahlen. Stuttgart 1937.

Ders.: Das religiöse Problem in der neuern deutschen Geschichte. Schwäbisch Gmünd o. J. [1946]. (= Schriftendienst der Kanzlei der Evangelischen Kirche in Deutschland Nr. 1).

Ders.: Erinnerungen aus meinem Leben. Stuttgart 1953.

Zieglersche Anstalten e. V. Wilhelmsdorf (Hg.): Wie's anfing. Wilhelmsdorf 1983.

Zum Gedenken an Helmut Thielicke (1908–1986) (Hamburger Universitätsreden 45), Hamburg 1987.

Zwanzig Jahre Bauschaffen der Architekten B. D. A. Klatte und Weigle Stuttgart Degerloch. Sonderdruck aus: »Neue Baukunst«, Berlin o. J. S. 1–13.

Die Autoren

DIETHARD BUCHSTÄDT, geb. 1963 in Hof/Saale. Studium der evangelischen Theologie in München und Heidelberg. 1990 1. theologische Prüfung bei der Ev.-Luth. Kirche in Bayern. 1995 Promotion bei Prof. Dr. Adolf Martin Ritter zum Thema: »Kirche für die Welt. Entstehung, Entwicklung und Geschichte der Kirchlichen Bruderschaften im Rheinland und in Württemberg 1945–1960«. Seit dem 1.9.1994 Vikar in der bayerischen Landeskirche.

DAVID J. DIEPHOUSE, geb. 1947, Dr. phil. (Princeton University). Seit 1984 Professor für Neuere Geschichte am Calvin College, Grand Rapids, Michigan (USA). Veröffentlichungen zur deutschen Kultur- und Kirchengeschichte.

HERMANN EHMER, geb. 1943, Studium der Evangelischen Theologie in Tübingen, Heidelberg und Mainz, Stiftler 1963 bis 1968. Nach Vikariat Promotion zum Dr. theol. über »Valentin Vannius und die Reformation in Württemberg« im Jahr 1972. Von 1972 bis 1988 im Archivdienst des Landes Baden-Württemberg. Seit 1989 Direktor des Landeskirchlichen Archivs Stuttgart. Publikationen zur Landesgeschichte und Landeskirchengeschichte. Verheiratet, vier Kinder.

SIEGFRIED HERMLE, geb. 1955 in Ludwigsburg, nach dem Besuch der Evang.-theol. Seminare in Schöntal und Bad Urach (1971–1975) Theologiestudium als Stipendiat des Evang. Stifts in Tübingen und München. 1981 Vikariat in Blaubeuren, 1984 Repetent am Evang. Stift. 1988 Assistent am Lehrstuhl für Kirchenordnung (Prof. Dr. Joachim Mehlhausen) an der Evang.-theol. Fakultät der Eberhard-Karls-Universität Tübingen, 1994 Pfarrer der Matthäusgemeinde Gerlingen. 1988 Promotion mit einer Arbeit über das Verhältnis von Kirche und Judentum nach 1945 an der Evangelisch-theologischen Fakultät der Ruprecht-Karls Universität Heidelberg, 1994 Habilitation mit einer Studie über »Reformation und Gegenreformation in der Herrschaft Wiesensteig«; Privatdozent für das Fach Kirchengeschichte. Verheiratet, vier Kinder.

RAINER LÄCHELE, geb. 1961 in Aalen. Nach Arbeit und Zivildienst Studium der Fächer Evangelische Theologie, Geschichte und Politikwissenschaften in Tübingen und Gießen. 1989–1994 Wissenschaftlicher Mitarbeiter am Fachbereich Evangelische und Katholische Theologie und deren Didaktik an der

Justus-Liebig-Universität Gießen. 1992 Promotion zum Dr. phil. über das Thema »Von der ›Deutschkirche‹ zum ›Freien Christentum‹. Die Deutschen Christen in Württemberg in den Jahren 1925 bis 1960«. Seit Mai 1994 Stipendiat der Fritz Thyssen Stiftung Köln. Johannes-Brenz-Preis für herausragende Arbeiten auf dem Gebiet der württembergischen Kirchengeschichte 1994. Derzeit Lehrbeauftragter für Kirchengeschichte an den Evangelisch-theologischen Fachbereichen der Universitäten Gießen und Marburg und befaßt mit einem Habilitationsprojekt zum Thema »Pietistische Zeitschriften 1690–1760«. Verheiratet, ein Kind.

ULRICH NANKO, geb. 1948, Studium der Fächer Katholische Theologie, Vergleichende Sprachwissenschaften und Vergleichende Religionswissenschaften in Tübingen. 1976 bis 1983 Lehrauftrag für katholischen Religionsunterricht an der Realschule Rottenburg/Neckar. 1989 Promotion zum Dr. phil. mit einer Arbeit über die Deutsche Glaubensbewegung. Seit 1991 Lehrbeauftragter an der PH Ludwigsburg. Publikationen zum Thema Religion und Nationalsozialismus. Alleinerziehend, zwei Kinder.

CHRISTOPH NÖSSER, geb. 1964, Studium der Geschichte, Kunstgeschichte und des Staatsrechts in Bonn und München. Seit 1992 Doktorand im Rahmen des Forschungsprojektes »Geschichte der Ev. Akademien nach 1945« an der Universität Münster.

EBERHARD RÖHM, geb. 1928, bis 1993 Dozent am Pädagogisch-Theologischen Zentrum in Stuttgart-Birkach und verantwortlicher Redakteur der Zeitschrift »entwurf«. Lebt in Leonberg und arbeitet an Publikationen zur Religionspädagogik und zur Kirchlichen Zeitgeschichte. Mitherausgeber der Reihe Oberstufe Religion. Biograph des Kriegsdienstverweigerers unter Hitler, Hermann Stöhr. Seit 1990 erscheint das mit Jörg Thierfelder zusammen verfaßte Werk »Juden–Christen–Deutsche«, von dem bisher die Bände 1, 2/I und 2/II erschienen sind.

THOMAS SCHNABEL, geb. 1952, Studium der Geschichte, Germanistik und Politik. Leiter des Hauses der Geschichte Baden-Württemberg.

EVA-MARIA SENG, geb. 1961, Studium der Kunstgeschichte, Geschichte und Empirischen Kulturwissenschaft in München und Tübingen 1981 bis 1988; Magister Artium Tübingen 1992 mit einer Arbeit über die Stuttgarter Johanneskirche; Promotion Tübingen 1992 mit der Arbeit: »Der Evangelische Kirchenbau im 19. Jahrhundert, die Eisenacher Bewegung und der Architekt Christian Friedrich von Leins«, Tübingen 1995. Seit 1993 Hochschulassistentin im Fach Kunstgeschichte der Martin-Luther-Universität Halle-Wittenberg und zugleich als Geschäftsführerin des Instituts mit dem Wiederaufbau des Faches Kunstgeschichte beauftragt.

JÖRG THIERFELDER, geb. 1938, Professor für Evangelische Theologie und Religionspädagogik an der Pädagogischen Hochschule Heidelberg, Mitglied der Evangelischen Arbeitsgemeinschaft für Kirchliche Zeitgeschichte, Verfasser zahlreicher Beiträge zur kirchlichen Zeitgeschichte Südwestdeutschlands.

RULF TREIDEL, geb. 1961, Studium der Geschichte, Philosophie und Politik in Hannover, Cardiff (Wales) und Barcelona (Katalonien). Stipendiat des »Institut d'Estudis Catalans« (Barcelona). Magisterarbeit: »Bäuerliche Familienwirtschaft und Industrialisierung in Katalonien«, Abschluß 1989 in Hannover bei Hans-Heinrich Nolte. Wissenschaftlicher Mitarbeiter im Landeskirchlichen Archiv Hannover. Seit 1992 Stipendiat der VW-Stiftung im Rahmen des Forschungsprojektes: »Geschichte der Ev. Akademien nach 1945« am Historischen Seminar der Universität Münster. Weitere Forschungsvorhaben im Bereich neuzeitlicher vergleichender Regionalgeschichte (Spanien) und protestantischer Milieus im Deutschland des 19. und 20. Jahrhunderts.

MARTIN WIDMANN, geb. 1928, aufgewachsen in einem württembergischen Sozietäts-Pfarrhaus. 1946–1951 Studium in Tübingen, Göttingen und Basel, zwischen Barth und Bultmann, bei Ernst Wolf und Gerhard Ebeling. 1952 Assistent für Neues Testament bei Friedrich Lang. 1953–1957 Repetent am Tübinger Stift. 1957–1964 Pfarrer in Rottweil. 1964–1991 Dozent für evangelische Theologie und Religionspädagogik an der Pädagogischen Hochschule Weingarten. – »Geschichte der Alten Kirche im Unterricht«. »Die Reformation in Oberschwaben. Sebastian Lotzer und die Bauern-Gemeinde-Reformation 1525, Reformation in oberdeutschen Reichsstädten«. – Literarkritische Analysen zu den Paulusbriefen 1. Thess., Gal., Phil., Röm., 1. Kor., 2. Kor. Rekonstruktion der Briefe in ursprünglicherer Gestalt. – Leben und Werk von Paul Schempp (1900–1959). »Die Geschichte der Kirchlich-theologischen Sozietät in Württemberg«. 1993.

Quellen und Forschungen zur württembergischen Kirchengeschichte

Rainer Lächele
Ein Volk, ein Reich, ein Glaube
Die »Deutschen Christen« in Württemberg 1925–1960

Quellen und Forschungen zur württembergischen Kirchengeschichte, Band 12.
X, 319 Seiten, 15 schwarzweiße Abbildungen ISBN 3-7668-3284-0

Das Buch zeichnet den Weg der deutsch-christlichen Bewegung in Württemberg von ihren Anfängen in der Weimarer Republik über die Zeit des Nationalsozialismus bis in die frühe Phase der Bundesrepublik nach. Der religiöse und geistesgeschichtliche Hintergrund der »Deutschen Christen«, ihre Anlehnung an den Nationalsozialismus und – damit verbunden – die konfliktvolle Distanz zur Landeskirche werden in ihrem politischen und kirchenhistorischen Zusammenhang minutiös nachgezeichnet. Daß die Geschichte der Deutschen Christen nach 1945 nicht zu Ende war, zählt zu den wichtigen Ergebnissen dieser Studie. Die Arbeit wurde mit dem Johannes-Brenz-Preis ausgezeichnet.

Rainer Lächele, Dr. phil., geb. 1961, ist Wissenschaftlicher Mitarbeiter am Fachbereich Evangelische Theologie der Universität Gießen.

Stäbler, Walter
Pietistische Theologie im Verhör
Das System Philipp Matthäus Hahns und seine Beanstandung durch das württembergische Konsistorium.

Quellen und Forschungen zur Württembergischen Kirchengeschichte Band 11.
330 Seiten. ISBN 3-7668-3130-5

Eine umfassende Darstellung der Theologie Philipp Matthäus Hahns (1739–1790) zählte bisher zu den größten Desideraten der theologie- und kirchengeschichtlichen Forschung. Die vorliegende Studie schließt diese Lücke durch eine fundierte Analyse von Lehrzuchtverfahren, die das württembergische Konsistorium 1781 gegen Hahn eingeleitet hatte. Ausgehend von der Untersuchung dieses Vorgangs wird die spezifische Theologie Hahns entfaltet. In die Darstellung einbezogen ist auch seine frühe theologische Entwicklung, für die erstmals das bisher nicht entzifferte »Theologische Notizbuch« Hahns herangezogen wird.

Walter Stäbler, Dr. theol., geb. 1948, ist Studiendirektor am Dietrich-Bonhoeffer-Gymnsaium in Metzingen.

Die Reihe im Überblick

Band 1: Brecht, Martin,
Kirchenordnung und Kirchenzucht in
Württemberg vom 16. bis zum 18.
Jahrhundert.
104 Seiten, ISBN 3-7668-0018-3

Band 2: Joachim Trautwein,
Die Theologie Michael Hahns
und ihre Quellen.
400 Seiten, 12 Kunstdrucktafeln.
ISBN 3-7668-0229-1

Band 3: Gunther Franz,
Die Kirchenleitung in Hohenlohe in
den Jahrzehnten nach der Reformation.
Visitation, Konsistorium, Kirchenzucht
und die Festigung des landesherrlichen
Kirchenregiments 1556–1586.
168 Seiten, ISBN 3-7668-0329-8

Band 4: Johann V. Andreae,
Christianopolis 1619. Deutsch und
lateinisch. Hg. v. Richard van Dülmen.
(Übersetzung von 1741).
234 Seiten, ISBN 3-7668-0350-6

Band 5: Johann V. Andreae,
Theophilus. Deutsch und lateinisch.
Übersetzung von 1878 (Oehler). Eingel.
u. hg. v. Richard van Dülmen.
184 Seiten, ISBN 3-7668-0408-1

Band 6: Johann V. Andreae,
Chymische Hochzeit.
Christiani Rosenkreutz (1616) mit
Fama Fraternitatis (1614) und Confessio
Fraternitatis (1615). Eingel. u. hg. v.
Richard van Dülmen.
128 Seiten, ISBN 3-7668-0421-9

Band 7: Werner U. Deetjen,
Studien zur Württembergischen Kirchenordnung Herzog Ulrichs 1534–1550. Das
Herzogtum Württemberg im Zeitalter
Herzog Ulrichs (1498–1550), die Neuordnung des Kirchengutes und der Klöster
(1534–1547).
564 Seiten, ISBN 3-7668-0687-4

Band 8: In Wahrheit und Freiheit.
450 Jahre Evangelisches Stift
in Tübingen.
Friedrich Hertel (Hg.)
340 Seiten, ISBN 3-7668-0785-4

Band 9: Eberhard Fritz,
Dieweil sie so arme Leuth.
Fünf Albdörfer zwischen Religion
und Politik 1530–1750.
182 Seiten, 45 Abbildungen
ISBN 3-7668-0799-4

**Band 10: Leben des Jakob Andreae,
Doktor der Theologie, von ihm selbst
mit großer Treue und Aufrichtigkeit
beschrieben, bis auf das Jahr Christi
1562.**
Lateinisch und deutsch.
Eingeleitet, herausgegeben und
übersetzt von Hermann Ehmer.
146 Seiten, ISBN 3-7668-3036-8

Band 11: Walter Stäbler,
Pietistische Theologie im Verhör.
Das System Philipp Matthäus Hahns
und seine Beanstandung durch das
württembergische Konsistorium.
330 Seiten, ISBN 3-7668-3130-5

Band 12: Rainer Lächele,
Ein Volk, ein Reich, ein Glaube
Die »Deutschen Christen« in
Württemberg 1925–1960
X, 319 Seiten, 15 Abbildungen
ISBN 3-7668-3284-0

**Band 13: Rainer Lächele /
Jörg Thierfelder,**
Das evangelische Württemberg
zwischen Weltkrieg und Wiederaufbau
311 Seiten, ISBN 3-7668-3289-1